Gra w kości Einsteina i kot Schrödingera

Paul Halpern

Gra w kości Einsteina i kot Schrödingera

Zmagania dwóch wielkich uczonych z nieoznaczonością kwantową

Przełożył Marek Krośniak

Prószyński i S-ka

Tytuł oryginału
EINSTEIN'S DICE AND SCHRÖDINGER'S CAT
How Two Great Minds Battled Quantum Randomness
to Create a Unified Theory of Physics

Projekt okładki
Zbigniew Larwa

Ilustracja na okładce
© Michele Zumbini/Depositphotos.com

Redaktor serii
Adrian Markowski

Redakcja
Anna Kaniewska

Korekta
Bronisława Dziedzic-Wesołowska

Łamanie
Jacek Kucharski

ISBN 978-83-8097-027-4

Warszawa 2016

Wydawca
Prószyński Media Sp. z o.o.
02-697 Warszawa, ul. Rzymowskiego 28
www.proszynski.pl

Druk i oprawa
OPOLGRAF Spółka Akcyjna
45-085 Opole, ul. Niedziałkowskiego 8-12

Spis treści

Książkę tę dedykuję pamięci Maxa Dresdena, promotora mojej pracy doktorskiej, którego zapał do zgłębiania historii dwudziestowiecznej fizyki był dla mnie ogromną inspiracją

Kimże jestem? (Pytanie to rozumiem ogólnie, nie tylko w odniesieniu do piszącego te słowa). Obrazem Boga, obdarzonym umiejętnością myślenia, by móc podejmować próby poznania stworzonego przez Niego świata. Jakkolwiek naiwna może wydawać się ta moja wizja, cenię ją sobie wyżej aniżeli badanie Przyrody w celu wynalezienia przyrządu (...) powiedzmy, zapobiegającego zachlapaniu sobie okularów przy jedzeniu grejpfruta czy też jakiegoś innego urządzenia mającego ułatwiać życie.

– Erwin Schrödinger, *The new Field Theory* (Nowa teoria pola)

PODZIĘKOWANIA

Chciałbym podziękować członkom mojej rodziny, przyjaciołom i współpracownikom, których wsparcie pozwoliło mi napisać tę książkę. Dziękuję gronu naukowemu i personelowi University of the Sciences, w tym Helen Giles-Gee, Heidi Anderson, Suzanne Murphy, Elii Eschenaziemu, Kevinowi Murphy'emu, Brianowi Kirschnerowi i Jimowi Cummingsowi, a także moim kolegom z Wydziału Matematyki, Fizyki i Statystyki oraz Wydziału Humanistyki, za pomoc udzieloną mi przy zbieraniu materiałów i w trakcie pisania. Jestem wdzięczny społeczności historyków nauki, między innymi APS Forum on the History of Physics, Philadelphia Area Center for History of Science i AIP Center for History of Physics. Doceniam serdeczne wsparcie ze strony Philadelphia Science Writers Association, w szczególności Grega Lestera, Michala Mayera, Faye Flam, Dave'a Goldberga, Marka Wolvertona, Briana Siano i Neila Gussmana. Dziękuję historykom nauki, Davidowi C. Cassidy'emu, Dianie Buchwald, Tilmanowi Sauerowi, Danielowi Siegelowi, Catherine Westfall, Robertowi Crease i Peterowi Pesicowi za cenne uwagi oraz Donowi Howardowi za wskazanie ważnych źródeł. Wysoko cenię sobie współpracę ze strony rodziny Schrödingera, zwłaszcza Leonharda, Arnulfa i Ruth Braunizerów, przy ustalaniu szczegółów życia i pracy badawczej Erwina Schrödingera. Dziękuję muzykowi Rolandowi Orzabalowi i filozofowi Hilary'emu Putnamowi, że byli uprzejmi udzielić mi odpowiedzi na pytania o swoją pracę. Dziennikarzowi naukowemu Michaelowi Grossowi jestem wdzięczny za informacje o niemieckiej kulturze i języku. Dziękuję Davidowi Zitarellemu, Robertowi Jantzenowi, Lindzie Dalrymple Henderson, Rogerowi Stuewerowi, Lisie Tenzin-Dolma, Jenowi Goveyowi, Cheryl Stringall, Tony'emu Lowe, Michaelowi LaBossiere, Peterowi D. Smithowi, Antony'emu Ryanowi, Davidowi Boodowi, Michaelowi Erlichowi, Fredowi Schuepferowi, Pam Quick, Carolyn Brodbeck, Marlon Fuentes, Simone Zelitch, Dougowi Buchholzowi, Lindzie Holtzman, Markowi Singerowi, Jeffowi Shubenowi, Jude Kuchinsky, Krisowi Olsonowi, Meg i Woody'emu Carsky-Wilsonom, Carie Nguyen, Lindsey Poole, Gregowi Smithowi, Josephowi Maguire, Dougowi DiCarlo, Patrickowi Phamowi i Vance'owi Lehmkuhlowi. Szczere wyrazy wdzięczności kieruję pod adresem Ronana i Joego Mehiganów za fotografie miejsc związanych ze Schrödingerem w Dublinie. Dziękuję Oddziałowi Rękopisów Biblioteki Uniwersytetu Princeton za zezwolenie na przeglądanie Albert Einstein Duplicate Archives i innych materiałów źródłowych, oraz bibliotece American Philosophical Society Library za dostęp do Archiwum Historii Fizyki Kwantowej. Wielokrotne dzięki dla Barbary Wolff i Albert Einstein Archives w Jerozolimie za sprawdzenie moich cytatów z listów Einsteina do Schrödingera. Dziękuję Royal Irish Academy za informację o sprawozdaniach z jej posiedzeń. Dziękuję Fundacji Johna Simona Guggenheima za przyznane mi w 2002 roku stypendium, dzięki któremu po raz pierwszy zetknąłem się z korespondencją między Einsteinem i Schrödingerem.

Dziękuję mojemu wydawcy, T.J. Kelleherowi za cenne porady i pomocne sugestie oraz personelowi wydawnictwa Basic Books, w szczególności Collinowi Tracy, Quynh Do, Betsy DeJesu i Sue Warga, za pomoc, jaką mi służyli. Dziękuję mojemu nieocenionemu agentowi, Gilesowi Andersonowi, za jego entuzjastyczne wsparcie.

Szczególnie gorące podziękowania kieruję pod adresem mojej żony Felicii; moich synów, Eliego i Adena; moich rodziców, Bernice i Stanleya

Halpernów; moich teściów, Arlene i Josepha Finstonów; Richarda, Anity, Jake'a, Emily, Alana, Beth, Tessy i Kena Halpernów; Aarona Stanbro; Lane'a i Jill Hurewitzów; Shary Evans; jak i innych członków rodziny, za ich serdeczność, cierpliwość, rady i wspieranie mnie w tym przedsięwzięciu.

WSTĘP

SPRZYMIERZEŃCY I WROGOWIE

Jest to opowieść o dwóch wybitnych fizykach, sporze medialnym z 1947 roku, który zakończył ich długoletnią przyjaźń, oraz delikatnej naturze naukowej współpracy i odkryć.

Kiedy obydwu uczonych przeciwstawiono sobie wzajemnie, każdy z nich był laureatem Nagrody Nobla, mocno zaawansowanym w latach, i szczytowy okres aktywności naukowej bez wątpienia miał za sobą. Jednak międzynarodowa prasa przedstawiała to zupełnie inaczej, odwołując się do znanego motywu starcia zaprawionego w bojach mistrza z żądnym sukcesu pretendentem. Podczas gdy Albert Einstein cieszył się ogromną sławą, a każda jego wypowiedź była szeroko relacjonowana przez prasę, nazwisko i dokonania austriackiego fizyka Erwina Schrödingera znane były stosunkowo niewielkiej liczbie czytelników.

Tym, którzy śledzili karierę Einsteina, wiadomo było, że od dziesięcioleci pracuje nad jednolitą teorią pola, by kontynuując dzieło dziewiętnastowiecznego brytyjskiego fizyka Jamesa Clerka Maxwella, wyrazić wszystkie istniejące w przyrodzie oddziaływania w postaci układu nieskomplikowanych równań. Maxwell ujął elektryczność i magnetyzm w ramach jednej struktury pojęciowej, zwanej polem elektromagnetycznym, oraz doszedł do wniosku, że światło jest falą elektromagnetyczną. Z kolei Einstein w swej ogólnej teorii względności opisał grawitację jako zakrzywienie czasu i przestrzeni. Potwierdzenie tej teorii uczyniło go sławnym.

© The Library of Congress

Albert Einstein (1879–1955)

Jednak on sam nie zamierzał na tym poprzestać. Jego marzeniem było rozszerzenie ogólnej teorii względności, tak by jej integralną częścią były równania Maxwella, czyli połączenie elektromagnetyzmu z grawitacją.

Co kilka lat Einstein oznajmiał z wielkimi fanfarami, że udało mu się stworzyć taką jednolitą teorię, by ją potem po cichu wycofać i sformułować kolejną wersję. Poczynając od drugiej połowy lat dwudziestych

Erwin Schrödinger (1887–1961)

XX wieku, jednym z jego głównych celów było znalezienie deterministycznej alternatywy dla probabilistycznej interpretacji mechaniki kwantowej głoszonej przez Nielsa Bohra, Wernera Heisenberga, Maxa Borna i innych. Choć był świadom, że mechanika kwantowa znakomicie sprawdzała się empirycznie, uważał ją za teorię niekompletną. W głębi serca czuł, że, jak się wyraził, „Pan Bóg nie gra w kości", formułując problem w kategoriach tego, jak jego zdaniem powinna wyglądać idealna teoria mechaniki. Przez pojęcie „Bóg" rozumiał istotę nadprzyrodzoną występującą w koncepcji siedemnastowiecznego holenderskiego filozofa Barucha Spinozy – uosobienie najlepszego możliwego porządku naturalnego. Spinoza twierdził, że Bóg, tożsamy z przyrodą, jest bytem niezmiennym i wiecznym, niedopuszczającym żadnego elementu przypadkowości. Zgadzając się ze Spinozą, Einstein poszukiwał niezmiennych praw rządzących mechanizmami przyrody. Był absolutnie przekonany, że świat jest ściśle deterministyczny.

Przebywając na emigracji w Irlandii w latach czterdziestych XX wieku po aneksji Austrii przez hitlerowskie Niemcy, Schrödinger podzielał pogardę Einsteina dla ortodoksyjnej interpretacji mechaniki kwantowej i widział w nim naturalnego współpracownika. Podobnie Einstein znajdował pokrewną duszę w Schrödingerze. Gdy przedyskutowali oni swoje idee dotyczące unifikacji oddziaływań, Schrödinger nieoczekiwanie ogłosił sukces, co wywołało burzę zainteresowania i zapoczątkowało rozdźwięk pomiędzy obydwoma uczonymi.

Być może słyszeliście o kocie Schrödingera – eksperymencie myślowym, który rozsławił jego nazwisko wśród szerokiej opinii publicznej. Jednak w czasie, gdy zaczęła się owa waśń, praktycznie nikt poza społecznością fizyków nie słyszał o nim ani o zagadce z kotem. Prasa przedstawiała go jako mieszkającego w Dublinie ambitnego naukowca, który zadał nokautujący cios wielkiej naukowej sławie.

Było to szeroko relacjonowane na łamach „Irish Press". Z tej to właśnie gazety międzynarodowa społeczność dowiedziała się o wyzwaniu, jakie rzucił Schrödinger. Przesłał on do redakcji obszerny tekst, w którym opisywał swoją nową „teorię wszystkiego", niezbyt skromnie stawiając ją na równi z osiągnięciami greckiego myśliciela Demokryta (który pierwszy użył słowa „atom"), rzymskiego poety Lukrecjusza, francuskiego filozofa Kartezjusza oraz samego Einsteina. „Uczonemu nie przystoi zbytnio promowanie własnych odkryć – pisał Schrödinger. – Ale skoro «Press» sobie tego życzy, niech tak będzie"[1].

„New York Times" przedstawił całą sprawę jako konfrontację niekonwencjonalnego naukowca stosującego tajemnicze metody z nieruchawym establishmentem. „Jakimi drogami podążał Schrödinger, tego się nie dowiedzieliśmy", donosił[2].

Przez moment wyglądało na to, że oto fizyk z Wiednia, którego nazwisko nic nie mówiło szerszej opinii publicznej, ubiegł wielkiego Einsteina w stworzeniu teorii wyjaśniającej wszystko, co istnieje we Wszechświecie. Zaintrygowani czytelnicy mogli dojść do wniosku, że najwyższy czas, by poznać tego Schrödingera lepiej.

OKRUTNA ZAGADKA

Obecnie większości ludzi nazwisko Schrödingera kojarzy się z kotem, pudełkiem i paradoksem. Jego słynny eksperyment myślowy, opublikowany w 1935 roku w artykule *The Present Situation in Quantum Mechanics* (Aktualna sytuacja w mechanice kwantowej), należy bodaj do najbardziej drastycznych, jakie wymyślono w dziejach nauki. Jeśli ktoś słyszy o nim po raz pierwszy, odczuwa najpierw przerażenie, a następnie ulgę, że chodzi jedynie o hipotetyczne doświadczenie, którego nikt nigdy nie próbował przeprowadzić z udziałem prawdziwego kota.

Schrödinger zaproponował ów eksperyment w ramach pracy, w której rozważał konsekwencje splątania w mechanice kwantowej. Ze splątaniem (terminu tego po raz pierwszy użył właśnie Schrödinger) mamy do czynienia wtedy, gdy układ dwóch lub większej liczby cząstek charakteryzowany jest przez pojedynczy stan kwantowy, wskutek czego cokolwiek dzieje się z jedną cząstką, dotyczy jednocześnie wszystkich pozostałych.

Zainspirowana po części rozmową z Einsteinem zagadka z kotem Schrödingera posuwa konsekwencje fizyki kwantowej do ostatecznych granic, każąc nam wyobrazić sobie, co się stanie, jeśli stan kota ulegnie splątaniu ze stanem cząstki. Kot zostaje umieszczony w pudełku wraz z substancją promieniotwórczą, licznikiem Geigera–Müllera i zapieczętowaną fiolką trucizny. Po zamknięciu pudełka mechanizm zegarowy zostaje ustawiony na czas dający 50 do 60 procent szans, że nastąpi rozpad promieniotwórczy, któremu towarzyszy emisja cząstki. Badacz ustawia całą aparaturę w ten sposób, że gdy tylko licznik Geigera zarejestruje choć jedną cząstkę pochodzącą z rozpadu, fiolka zostanie stłuczona, a tym samym kot wyprawiony na tamten świat. Jeśli jednak do rozpadu nie dojdzie, życie kota będzie oszczędzone.

Schrödinger zwrócił uwagę na to, że zgodnie z teorią pomiaru kwantowego stan kota (żywy lub martwy) pozostaje splątany ze stanem licznika Geigera (rozpad lub brak rozpadu). Zatem kot, niczym zombi, będzie znajdował się w superpozycji stanu żywego i martwego dopóty, dopóki na sygnał zegara badacz nie otworzy pudełka i kwantowy stan układu kot–licznik nie „skolapsuje" (sprowadzi się) do jednej z tych dwu możliwości.

Od końca lat trzydziestych do początku lat sześćdziesiątych o tym eksperymencie myślowym rzadko wspominano, a jeśli już, to przywoływano go jako dykteryjkę dla słuchaczy na wykładach. Na przykład T.D. Lee, profesor Uniwersytetu Columbia i laureat Nagrody Nobla, opowiadał o nim swoim studentom, by zilustrować niezwykły charakter kolapsu kwantowego[3]. W 1963 roku fizyk z Princeton Eugene Wigner uwzględnił ów eksperyment w swym artykule na temat pomiaru kwantowego, rozbudowując go do postaci znanej obecnie jako „paradoks przyjaciela Wignera".

Słynny filozof z Harvardu Hilary Putnam – który dowiedział się o tym paradoksie od swoich kolegów fizyków – jako jeden z pierwszych uczonych spoza kręgu fizyki przeanalizował eksperyment myślowy Schrödingera[4] i przedstawił jego konsekwencje w swym klasycznym artykule z 1965 roku *A Philosopher Looks at Quantum Mechanics* (Filozof patrzy na mechanikę kwantową), opublikowanym jako rozdział w książce. Gdy w tym samym roku praca została omówiona w przeglądzie książkowym „Scientific American", termin „kot Schrödingera" przyjął się na stałe w popularnej wizji nauki. W ciągu następnych dziesięcioleci wszedł do kultury jako symbol niejednoznaczności pojawiający się w opowiadaniach, esejach i poematach.

Pomimo iż obecnie paradoks z kotem jest dobrze znany opinii publicznej, nie można tego powiedzieć o fizyku, który go wymyślił. Podczas gdy Einstein od lat dwudziestych XX wieku funkcjonuje jako ikona – symbol genialnego uczonego, postać Schrödingera jest praktycznie zapoznana. Jest w tym swoista ironia losu, gdyż metafora niepewności w fizyce kwantowej, jaką odzwierciedla ów eksperyment – w sensie pogmatwanej egzystencji – najbardziej pasuje właśnie do niego samego.

CZŁOWIEK PEŁEN SPRZECZNOŚCI

Niejednoznaczność kota Schrödingera doskonale odpowiada wypełnionemu przeciwieństwami życiu jego twórcy. Tego tkwiącego w książkach profesora w okularach charakteryzowała wręcz superpozycja kwantowa rozbieżnych poglądów. Opozycje w stylu jin-jang miały swój początek już w dzieciństwie, gdy wzrastał w środowisku dwujęzycznym, nabywając znajomości niemieckiego i angielskiego od różnych członków rodziny. Mając związki z różnymi krajami, lecz najbardziej kochający rodzinną Austrię, nie sympatyzował nigdy ani z nacjonalizmem, ani z internacjonalizmem, i starał się unikać polityki w ogóle.

Będąc entuzjastą ćwiczeń fizycznych i aktywności na świeżym powietrzu, pogrążał innych w dymie fajki, z którą się nie rozstawał. Na uroczyste konferencje przychodził ubrany jak turysta. Nazywał siebie ateistą, lecz często rozprawiał o boskich zamiarach. W pewnym okresie swojego życia mieszkał jednocześnie z żoną oraz inną kobietą, która była matką jego pierworodnego dziecka. Jego rozprawa doktorska była mieszanką fizyki eksperymentalnej i teoretycznej. U początków swojej kariery przez krótki czas rozważał zajmowanie się filozofią, lecz zdecydował się powrócić do fizyki. Potem niczym gnany wiatrem, pracował w wielu instytucjach naukowych w Austrii, Niemczech i Szwajcarii.

Jak opisał to Walter Thirring, który miał kiedyś okazję z nim współpracować: „Można było odnieść wrażenie, że jego geniusz wręcz przepędzał go od jednego problemu do drugiego, a siły polityczne działające w XX wieku z jednego kraju do drugiego. Był człowiekiem pełnym sprzeczności"[5].

Na pewnym etapie swojej kariery przekonywał zawzięcie, by zrezygnować z przyczynowości na rzecz czystego przypadku. W kilka lat później, gdy wynalazł równanie deterministyczne, zmienił zdanie w tej kwestii, twierdząc, że być może zależności przyczynowo-skutkowe jednak istnieją w przyrodzie. Gdy fizyk Max Born zinterpretował jego równanie w kategoriach probabilistycznych, Schrödinger początkowo oponował przeciwko takiej interpretacji, lecz potem zaczął ponownie przychylać się do koncepcji przypadku. W późniejszych latach życia koło jego filozoficznej ruletki raz jeszcze obróciło się ku przyczynowości.

W 1933 roku Schrödinger w heroicznym geście zrezygnował z prestiżowej posady w Berlinie po dojściu do władzy nazistów. Był najwybitniejszym z nieżydowskich fizyków, który odszedł na własną prośbę. Krótko pracował w Oksfordzie, a następnie zdecydował się powrócić do Austrii, gdzie został profesorem na Uniwersytecie w Grazu. Zaskakuje fakt, że po aneksji Austrii przez hitlerowskie Niemcy próbował ułożyć się z rządem, by zachować profesurę. W opublikowanym wyznaniu przepraszał za swoją wcześniejszą postawę opozycyjną i obiecywał lojalność wobec nowej władzy. Pomimo tej całej czołobitności musiał opuścić Austrię i objął prominentne stanowisko w nowo założonym Dublin Institute for Advanced Studies. Gdy tylko znalazł się na neutralnym gruncie, odwołał swoją samokrytykę.

„Po dojściu Hitlera do władzy w Niemczech Schrödinger wykazał imponującą odwagę cywilną, rezygnując z najbardziej prestiżowej niemieckiej profesury w dziedzinie fizyki – wspominał Thirring. – Gdy ponownie znalazł się pod władzą nazistów, został zmuszony do żałosnej demonstracji poparcia dla okrutnego reżimu"[6].

KWANTOWI TOWARZYSZE

Einstein, który był współpracownikiem i bliskim przyjacielem Schrödingera w Berlinie, przez cały czas utrzymywał z nim kontakt, chętnie korespondując na interesujące ich obu tematy z zakresu fizyki i filozofii. Obaj zwalczali wspólnego przeciwnika – czystą przypadkowość, przeciwieństwo porządku naturalnego.

Einstein i Schrödinger, podobnie jak obeznany z dziełami Spinozy Schopenhauer – dla którego czynnikiem unifikującym była siła woli, łącząca ze sobą wzajemnie wszystko, co istnieje w przyrodzie – oraz inni filozofowie podzielali niechęć wobec uwzględniania niejednoznaczności i subiektywności w jakimkolwiek fundamentalnym opisie Wszechświata. Pomimo iż odegrali doniosłą rolę w powstaniu mechaniki kwantowej, obaj byli przekonani, że teoria ta nie jest kompletna. Jakkolwiek uznawali jej eksperymentalne osiągnięcia, głęboko wierzyli, że dalsza praca teoretyczna doprowadzi do odkrycia bezczasowej, obiektywnej rzeczywistości.

Ich sojusz umocnił się w konsekwencji reinterpretacji równania falowego dokonanej przez Borna. W swej oryginalnej wersji równanie Schrödingera miało opisywać przemieszczanie się ciągłych fal materii reprezentujących elektrony wewnątrz i na zewnątrz atomów. Podobnie jak Maxwell, który podał deterministyczne równania opisujące światło jako fale elektromagnetyczne rozchodzące się w przestrzeni, Schrödinger chciał stworzyć równanie wyrażające przepływ fal materii, mając nadzieję, że pozwoli ono wyjaśnić całościowo wszystkie fizyczne właściwości elektronów.

Born pozbawił opis Schrödingera całej jego precyzji, zastępując fale materii falami prawdopodobieństwa. Zamiast bezpośredniego wyznaczania właściwości fizycznych, musiały być one obliczane na drodze matematycznych manipulacji wartościami fal prawdopodobieństwa. W ten sposób doprowadził do zgodności równania Schrödingera z koncepcją Heisenberga, według której pewne pary wielkości fizycznych, na przykład położenie i pęd (masa pomnożona przez prędkość), nie mogły być zmierzone jednocześnie z dużą dokładnością. Heisenberg wyraził to jako swą słynną zasadę nieoznaczoności – im dokładniej wyznaczy się położenie cząstki, z tym mniejszą precyzją można określić jej pęd – i na odwrót.

Ponieważ Schrödingerowi zależało na opisaniu elektronów i innych cząstek jako takich, a nie jedynie ich prawdopodobieństw, skrytykował on elementy nieokreśloności w podejściu Heisenberga–Borna. Analogicznie odrzucał filozofię kwantów głoszoną przez Bohra, tak zwaną komplementarność, zgodnie z którą w poszczególnych eksperymentach przejawiają się albo aspekty korpuskularne, albo falowe, w zależności od tego, jaką aparaturę pomiarową zastosuje eksperymentator. Przyroda powinna dać się zwizualizować, a nie stanowić tajemniczą czarną skrzynkę, w której dzieje się nie wiadomo co.

W miarę jak idee Borna, Heisenberga i Bohra zyskały powszechne uznanie w społeczności fizyków, określane łącznie jako „interpretacja kopenhaska" bądź ortodoksyjna wizja mechaniki kwantowej, Einstein i Schrödinger stali się naturalnymi sojusznikami. W późniejszych latach każdy z nich usiłował stworzyć jednolitą teorię pola, która wypełniłaby luki mechaniki kwantowej i zunifikowała oddziaływania fizyczne. Taka teoria, stanowiąca rozszerzenie ogólnej teorii względności, tak by opisywała wszystkie znane w przyrodzie siły, zastąpiłaby materię czystą geometrią – spełniając marzenie pitagorejczyków, którzy głosili, że „wszystko jest liczbą".

Schrödinger miał wszelkie powody, by odczuwać duży dług wdzięczności wobec Einsteina. Wysłuchany w 1913 roku wykład starszego kolegi rozbudził w nim zainteresowanie fundamentalnymi aspektami fizyki. Artykuł, który Einstein opublikował w 1925 roku, przytaczał koncepcję fal materii francuskiego fizyka Louisa de Broglie'a, co skłoniło Schrödingera do sformułowania równania opisującego zachowanie się takich fal. Równanie to zapewniło mu Nagrodę Nobla, do której jego kandydaturę zgłosił między innymi Einstein. Wielki uczony poparł też jego nominację na profesora w Uniwersytecie Berlińskim oraz na członka Pruskiej Akademii Nauk, serdecznie zaprosił do swego letniego domku w Caputh i nieustannie udzielał mu wskazówek naukowych w prowadzonej z nim bogatej korespondencji. Eksperyment myślowy EPR, wykoncypowany przez Einsteina oraz jego asystentów Borisa Podolskiego i Nathana Rosena w celu zilustrowania osobliwego efektu splątania kwantowego, wraz z podanym przez Einsteina przykładem samozapłonu prochu strzelniczego jako analogii niejednoznaczności procesu kwantowego, zainspirowały Schrödingera do wymyślenia paradoksu z kotem. I wreszcie, idee wysuwane przez Schrödingera w trakcie podejmowanych przez niego prób unifikacji były wariantami propozycji Einsteina. Obaj teoretycy prowadzili obfitą korespondencję dotyczącą tego, jak podrasowując ogólną teorię względności, uczynić ją na tyle elastyczną matematycznie, by mogła objąć poza grawitacją również inne oddziaływania.

PORTRET KLĘSKI

Dubliński Institute for Advanced Studies, gdzie Schrödinger był czołowym fizykiem w latach czterdziestych i na początku lat pięćdziesiątych XX wieku, był wzorowany bezpośrednio na Institute for Advanced Study w Princeton, w którym Einstein miał analogiczny status w latach trzydziestych. Irlandzka prasa często porównywała obydwu uczonych, uznając Schrödingera za odpowiednik Einsteina na Szmaragdowej Wyspie.

Schrödinger wykorzystywał każdą okazję, by wspominać o swoich kontaktach z Einsteinem, posuwając się nawet do ujawniania fragmentów ich prywatnej korespondencji, kiedy miał w tym jakiś interes. Na przykład w 1943 roku, gdy Einstein napisał mu w prywatnym liście, że pewien model unifikacji w latach dwudziestych okazał się „grobem jego nadziei", Schrödinger wykorzystał to stwierdzenie, aby dać do zrozumienia, że on sam odniósł sukces tam, gdzie Einsteinowi się nie udało, odczytując ten list publicznie na forum Królewskiej Akademii Irlandzkiej i przechwalając się, że jego własne obliczenia „ekshumowały" nadzieje Einsteina. Tekst tego wystąpienia ukazał się w „Irish Times" opatrzony wprowadzającym w błąd tytułem: „Hołd Einsteina dla Schrödingera"[7].

Początkowo Einstein wykazał się powściągliwością i ignorował przechwałki Schrödingera. Jednakże oddźwięk prasowy na wygłoszoną przez młodszego kolegę w styczniu 1947 roku mowę, jakoby odniósł on zwycięstwo w wyścigu do teorii wszystkiego, przepełnił czarę goryczy. Bezczelna wypowiedź Schrödingera dla prasy, że osiągnął cel, który wymykał się Einsteinowi przez dziesięciolecia (przez stworzenie teorii mogącej zastąpić teorię względności), została wręcz ciśnięta wielkiemu fizykowi w twarz w celu sprowokowania go, by jakoś zareagował.

I faktycznie zareagował. Kąśliwa odpowiedź Einsteina odzwierciedlała jego głębokie oburzenie przesadnymi roszczeniami Schrödingera. We własnym komunikacie dla prasy, przetłumaczonym na angielski przez jego asystenta Ernsta Strausa, napisał: „Najnowszą próbę profesora Schrödingera należy oceniać jedynie od strony jej matematycznej poprawności, lecz nie z punktu widzenia «prawdy» i zgodności z faktami empirycznymi. Ale nawet pod tym względem nie dostrzegam w niej żadnych szczególnych zalet – wręcz przeciwnie"[8].

Scysja ta relacjonowana była przez gazety takie jak „Irish Press", która przytaczała reprymendę Einsteina, że jest „rzeczą niepożądaną (...) by prezentować takie wczesne próby opinii publicznej w jakiejkolwiek postaci. Jeszcze gorzej, jeśli stwarza się wrażenie, iż chodzi o przełomowe odkrycia dotyczące rzeczywistości fizycznej"[9].

Satyryk Brian O'Nolan, publikujący w „Irish Times" pod pseudonimem literackim Myles na gCopaleen, nie pozostawił na odpowiedzi Einsteina suchej nitki, zarzucając mu przede wszystkim arogancję i oderwanie od normalnego życia. „Co taki Einstein wie o sensie i używaniu słów? – pisał. – Powiedziałbym, że tyle, co nic (...). Na przykład co rozumie przez terminy takie jak «prawda» i «fakty empiryczne». Jego usiłowania, by spotkać się z nie w ciemię bitymi czytelnikami gazety na ich własnym gruncie, nie robią większego wrażenia"[10].

Ci dwaj przyjaciele, towarzysze walki przeciwko ortodoksyjnej interpretacji mechaniki kwantowej, nigdy wcześniej nie spodziewali się, że będą występować przeciwko sobie w międzynarodowej prasie. Z pewnością nie było to intencją ani Einsteina, ani Schrödingera, kiedy kilka lat wcześniej zaczynali ze sobą korespondować na temat jednolitej teorii pola. Jednakże śmiałe wystąpienie Schrödingera na forum Akademii nie mogło ujść uwagi gorliwych reporterów, którzy rzucali się na wszystko, co miało jakikolwiek związek z Einsteinem.

Jednym z impulsów do konfrontacji była chęć Schrödingera, by zadowolić swojego gospodarza, irlandzkiego taoiseacha (premiera) Éamona de Valerę, który osobiście zaangażował się w sprowadzenie go do Dublina i mianowanie na stanowisko w Instytucie. Premier żywo interesował się dokonaniami uczonego, mając nadzieję, że przyniesie on chlubę od niedawna niepodległej Republice Irlandii. Jako były nauczyciel matematyki, de Valera był fanem irlandzkiego matematyka Williama Rowana Hamiltona. W 1943 roku doprowadził do tego, że stulecie jednego z odkryć Hamiltona – pewnego szczególnego typu liczb, zwanych kwaternionami – było obchodzone w całej Irlandii. Schrödinger w wielu swych pracach posługiwał się metodami wynalezionymi przez Hamiltona. Czyż można by lepiej uhonorować niepodległą Irlandię i jej wybitnego syna Hamiltona niż przez okrycie jej sławą jako miejsca, gdzie zdjęto teorię względności Einsteina z piedestału i zastąpiono bardziej ogólną teorią? Buńczuczne stwierdzenia Schrödingera doskonale wpasowywały się w oczekiwania jego mecenasa. Należąca do de Valery „Irish Press" zadbała o to, by świat się dowiedział, że w ojczyźnie Hamiltona, Yeatsa, Joyce'a i Shawa powstanie także „teoria wszystkiego".

Schrödinger podchodził do nauki (a w istocie do życia jako takiego) w sposób impulsywny. W euforii spowodowanej uzyskaniem obiecujących wyników pragnął obwieścić je całemu światu, nie uświadamiając sobie, zanim było za późno, że stanowi to afront wobec człowieka będącego zarówno jego naukowym mentorem, jak i jednym z najbliższych przyjaciół. Uważał swoje odkrycie – rzekomo ujmujące w prostej matematycznej formie całość praw przyrody – za coś w rodzaju nadprzyrodzonego objawienia danego wyłącznie jemu. Dlatego chciał się czym prędzej podzielić tą fundamentalną prawdą ze wszystkimi.

Rzecz jasna, jak słusznie wytknął mu Einstein, Schrödinger był bardzo daleki od stworzenia teorii, która wyjaśniałaby wszystko, jedynie otrzymał jeden z wielu wariantów ogólnej teorii względności, który od strony technicznej dopuszczał możliwość uwzględnienia innych oddziaływań. Jednakże do czasu znalezienia jego rozwiązań, które byłyby zgodne z rzeczywistością fizyczną, wariant ten był jedynie abstrakcyjną manipulacją symbolami, a nie rzeczywistym opisem przyrody. Choć ogólną teorię względności próbowano już uogólnić na niezliczenie wiele sposobów, jak dotąd żaden z nich nie pozwalał przewidzieć prawidłowo zachowania się cząstek elementarnych, a w szczególności ich właściwości kwantowych.

Jeśli zaś chodzi o prowokowanie szumu medialnego wokół własnej osoby, Einstein nie był bynajmniej niewiniątkiem. Co jakiś czas ogłaszał swoje modele unifikacji i przeceniał ich znaczenie w wypowiedziach dla prasy. Na przykład w 1929 roku ogłosił z wielką pompą, że opracował teorię wychodzącą poza ogólną teorię względności, która łączy w sobie wszystkie oddziaływania znane w przyrodzie. Zważywszy, że nie znalazł (ani wtedy, ani później) żadnych realistycznych fizycznie rozwiązań dla swoich równań, jego obwieszczenie było absolutnie przedwczesne. A jednak skrytykował Schrödingera, kiedy ten postąpił w zasadzie tak samo.

Żona Schrödingera Anny wyjawiła później fizykowi Peterowi Freundowi, że jej mąż i Einstein rozważali podanie siebie nawzajem do sądu za plagiat. Fizyk Wolfgang Pauli, wspólny przyjaciel obu uczonych, przestrzegał ich przed możliwymi konsekwencjami wejścia na drogę prawną. Ewentualny proces, relacjonowany na bieżąco w prasie, byłby bardzo niezręczny. Szybko przerodziłby się w farsę, kładąc się cieniem na ich reputacji. Walczyli ze sobą tak zaciekle, że Schrödinger powiedział raz fizykowi Johnowi Moffatowi, który odwiedził Dublin: „Moja metoda jest znacznie lepsza od tej Alberta! Mówię ci, Moffat, Albert to stary pierdoła"[11].

Freund zastanawiał się, co właściwie skłania dwóch starzejących się fizyków do zaangażowania się w poszukiwanie teorii wszystkiego. „Na pytanie to można odpowiedzieć dwojako – mówił. – Z jednej strony wynika to z ich wybujałych ambicji (...) [Obaj] odnieśli olbrzymie sukcesy na polu fizyki. I teraz, czując, że ich siły twórcze słabną, chcą jeszcze stawić czoło największemu problemowi – stworzeniu teorii ostatecznej, która stanowiłaby *koniec* fizyki. (...) Z drugiej strony jednak niewykluczone, że napędza ich ta sama nienasycona ciekawość, na której tak dobrze wyszli za młodu. Chcą poznać rozwiązanie zagadki, która nie dawała im spokoju przez całe życie; chcą, zanim umrą, zdążyć choć raz rzucić okiem na ziemię obiecaną"[12].

NADSZARPNIĘTA WIĘŹ

Większość fizyków przez całą swoją karierę naukową skupia się na bardzo szczegółowych pytaniach o konkretne aspekty rzeczywistości fizycznej. Einstein i Schrödinger mieli znacznie szerzej zakrojone aspiracje. Będąc oczytani w filozofii, byli przekonani, że przyroda działa według jakiegoś jednolitego planu. Młodzieńcze eksploracje doprowadziły ich do wielkich odkryć, takich jak teoria względności u Einsteina i równanie falowe u Schrödingera, które częściowo wpisywały się w ów plan. To częściowe rozwiązanie ich nie zadowalało, stąd uznali za swoją życiową misję stworzenie teorii, która wyjaśniałaby wszystko.

Jednakże, podobnie jak w wypadku sekt religijnych, nawet drobne różnice poglądów mogą rodzić głębokie konflikty. Schrödinger nazbyt się pospieszył, gdyż sądził, że jakimś cudem wpadł na trop, który uszedł uwagi Einsteina. Fałszywe przekonanie, jakoby doznał objawienia, oraz presja na wyniki, jaka wiązała się z jego akademickim stanowiskiem, wytworzyły u niego impulsywną potrzebę, by ogłosić swoją teorię wszem wobec, zanim jeszcze zebrał dostatecznie wiele argumentów na jej potwierdzenie.

Ich konflikt miał swoją cenę. Od tej pory żywione przez nich marzenie o jedności kosmosu przyćmione było osobistymi animozjami. Zaprzepaścili szansę, by spędzić resztę życia na przyjaznym dialogu i wspólnym dociekaniu możliwych mechanizmów Wszechświata. Oczekujący od miliardów lat na pełne wyjaśnienie rządzących nim praw kosmos mógł sobie dalej czekać cierpliwie, lecz tym dwóm wielkim uczonym okazja, by tego dokonać, przeszła koło nosa.

ROZDZIAŁ 1

MECHANIZM WSZECHŚWIATA

Te ulotne fakty,
Te umykające wrażenia.
Muszą być przekształcone w człowieczej głowie
Na jednoznaczne ustalenia.
Byście potem wytężali umysł,
Wy, narwani uczeni,
Dopóki widoki i dźwięki zespolone myślą
Nie staną się prawdą głęboką.

James Clerk Maxwell, fragment poematu
To the Chief Musician upon Nabla: A Tyndallic Ode

Przed epoką teorii względności i mechaniki kwantowej dwie wielkie unifikacje fizyki były dziełem Izaaka Newtona i Jamesa Clerka Maxwella. Prawa mechaniki Newtona opisywały, jak zmienny ruch ciał uwarunkowany jest oddziaływaniami z innymi ciałami. Jego prawo powszechnego ciążenia wyrażało jeden typ takiego oddziaływania, a mianowicie siłę sprawiającą, że ciała niebieskie, takie jak planety, poruszają się po określonych trajektoriach – orbitach eliptycznych. Newton genialnie wykazał, że wszystkie typy zjawisk występujących na Ziemi – na przykład trajektorię strzały – można wyjaśnić w ramach jednego uniwersalnego ujęcia.

Fizyka newtonowska była w pełni deterministyczna. Gdybyśmy w danej chwili znali położenia i prędkości każdego ciała we Wszechświecie oraz działające na nie siły, teoretycznie moglibyśmy obliczyć ich zachowanie się w dowolnym momencie w przyszłości. Wielu dziewiętnastowiecznych myślicieli, zafascynowanych potęgą praw Newtona, było przekonanych, że jedynie względy praktyczne, takie jak beznadziejnie trudny problem zebrania tak kolosalnej liczby danych, stoją na przeszkodzie temu, by naukowcy byli w stanie przewidzieć absolutnie wszystko.

Losowość ze ściśle deterministycznej perspektywy jest wyłącznie wytworem złożoności sytuacji obejmującej dużą liczbę elementów i rozmaite czynniki zewnętrzne. Weźmy, na przykład, typowo przytaczane zjawisko losowe, jakim jest rzut monetą. Gdyby jakiś naukowiec żmudnie odtworzył wszystkie prądy powietrza działające na monetę oraz znał precyzyjną wartość prędkości początkowej i kąta, pod jakim została rzucona, to teoretycznie byłby w stanie przewidzieć jej rotację i trajektorię. Niektórzy zatwardziali determiniści posuwają się wręcz do stwierdzenia, że dysponując dostateczną informacją o historii i wcześniejszych doświadczeniach tego, kto rzuca monetą, można by przewidzieć również procesy mentalne i nerwowe tej osoby. W takim wypadku badacz wyznaczałby strukturę połączeń mózgowych, impulsy nerwowe i skurcze mięśni powodujące rzut, czyniąc końcowy efekt jeszcze bardziej przewidywalnym. Krótko mówiąc, zwolennicy tego punktu widzenia odrzucają myśl, by cokolwiek mogło mieć charakter losowy w sensie fundamentalnym.

W istocie w skali astronomicznej, na przykład w obrębie Układu Słonecznego, teoria Newtona znakomicie się sprawdza, idealnie odtwarzając sformułowane przez niemieckiego astronoma Johannesa Keplera prawa opisujące, jak planety krążą wokół Słońca. Nasza zdolność wyznaczania momentów zajścia zjawisk na sferze niebieskiej, takich jak zaćmienia Słońca i koniunkcje planet, oraz udanego wysyłania statków kosmicznych ku dalekim celom zaświadcza o tym, że w ramach mechaniki newtonowskiej da się precyzyjnie przewidywać przyszły bieg rzeczy niczym w mechanizmie zegara, zwłaszcza w odniesieniu do zjawisk związanych z działaniem prawa powszechnego ciążenia.

Równania Maxwella zunifikowały kolejne oddziaływanie występujące w przyrodzie – elektromagnetyzm. Przed XIX wiekiem nauka traktowała elektryczność i magnetyzm jako dwa całkiem odmienne zjawiska. Jednakże eksperymenty przeprowadzone przez brytyjskiego fizyka Michaela Faradaya i innych badaczy wykazały ich głębokie wzajemne powiązania, którym Maxwell nadał postać prostych relacji matematycznych. Jego cztery równania pokazują dokładnie, jak zmienny ruch ładunków i prądów elektrycznych generuje drgania, które rozchodzą się w przestrzeni jako fale elektromagnetyczne, przenosząc energię. Relacje te stanowią idealny przykład zwięzłości matematycznej – doskonale mieszczą się na T-shircie, a jednocześnie opisują wszelkie rodzaje zjawisk elektromagnetycznych. Dzięki temu zjednoczeniu elektryczności i magnetyzmu Maxwell stał się pionierem idei unifikacji oddziaływań fizycznych.

Obecnie wiemy, że w przyrodzie występują cztery fundamentalne oddziaływania – grawitacja, elektromagnetyzm oraz silne i słabe oddziaływania jądrowe – i jesteśmy przekonani, że wszelkie inne rodzaje sił (na przykład siła tarcia) wywodzą się z tej czwórki. Każda z tych czterech sił działa w innej skali i ma odmienne natężenie. Grawitacja, najsłabsze oddziaływanie, przyciąga ku sobie ciała mające masę na dużych odległościach. Elektromagnetyzm jest o wiele silniejszy i dotyczy wyłącznie ciał naładowanych. Jakkolwiek ma podobnie duży zasięg, jego wpływ jest znacznie ograniczony za sprawą faktu, że prawie wszystko we Wszechświecie jest elektrycznie obojętne. Oddziaływania silne są aktywne w skali jądrowej, wiążąc ze sobą niektóre rodzaje cząstek subatomowych (tych, które składają się z kwarków, jak protony i neutrony); z kolei oddziaływania słabe, aktywne w tej domenie, wpływają na jądra, wywołując pewne rodzaje rozpadów promieniotwórczych. Sukces Maxwella zainspirował późniejszych uczonych, w tym Einsteina i Schrödingera, do podejmowania prób dokonania jeszcze szerzej zakrojonej unifikacji.

Maxwell wykazał, że w odróżnieniu od konwencjonalnych rodzajów fal fale elektromagnetyczne mogą się propagować bez żadnego ośrodka materialnego. W 1865 roku obliczył on prędkość, z jaką fale elektromagnetyczne poruszają się w próżni; okazała się ona równa prędkości światła. Doszedł zatem do wniosku, że fale elektromagnetyczne i świetlne (w tym niewidoczne formy promieniowania, takie jak fale radiowe) to jedno i to samo.

Podobnie jak fizyka newtonowska, fizyka Maxwella jest ściśle deterministyczna – wprawiając w ruch ładunek w antenie nadawczej, można przewidzieć sygnał wzbudzony w antenie odbiorczej. Fakt ten stanowi podstawę działania komunikacji radiowej.

Niestety, jedność u Maxwella nie do końca była zgodna z jednością u Newtona. Obie teorie dostarczały sprzecznych przewidywań dotyczących prędkości światła z punktu widzenia poruszającego się obserwatora. Podczas gdy z teorii Maxwella wynikało, że jest ona stała, prawa Newtona przewidywały, że jest względna i zależy od szybkości ruchu obserwatora. Jednak obydwie odpowiedzi wydawały się równie racjonalne. Zrządzeniem losu człowiek, który rozwikłał tę zagadkę, urodził się w roku śmierci Maxwella.

KOMPAS I TANIEC PLANET

14 marca 1879 roku w niemieckim mieście Ulm Pauline Einstein (z domu Koch), żona Hermanna Einsteina, inżyniera elektryka, urodziła ich pierwsze dziecko, Alberta. Mały chłopiec nie przebywał długo w tym uroczym miasteczku w Szwabii. Jak wielu innych czerpiących profity z rewolucji Maxwella, Hermann niebawem przeprowadził się wraz z rodziną do tętniącego życiem Monachium, gdzie został współwłaścicielem firmy elektryfikacyjnej. Tam urodziła się siostra Alberta Maja.

Albert dość wcześnie zetknął się ze zjawiskiem przyciągania magnetycznego. Gdy w wieku pięciu lat pewnego dnia leżał chory w łóżku, ojciec podarował mu kompas. Obracając w ręku lśniący instrument, chłopiec podziwiał jego niezwykłe właściwości. Igła kompasu w tajemniczy sposób nieodmiennie wiedziała, jak wrócić do punktu początkowego, oznaczonego literą N. Usilnie próbował dojść przyczyny takiego dziwnego zachowania.

Choć Einstein nie miał młodszego brata, w niedalekiej Austrii był ktoś, kogo miał pewnego dnia uznać za jego najbliższy odpowiednik. 12 sierpnia 1887 roku w wiedeńskiej dzielnicy Erdberg urodził się Erwin Schrödinger. Był on jedynym dzieckiem Rudolfa Schrödingera, który studiował kiedyś chemię, oraz Georgine Bauer Schrödinger, nazywanej „Georgie", pochodzenia anglo-austriackiego, córki znakomitego chemika Alexandra Bauera (na którego wykłady uczęszczał Rudolf).

Rudolf odziedziczył przynoszącą spore dochody firmę produkującą linoleum i ceratę. Jego prawdziwą pasją jednak były nauki przyrodnicze i sztuka, w szczególności botanika i malarstwo. Wpoił on synowi przekonanie, że wykształconego człowieka powinny cechować rozliczne zainteresowania i umiłowanie kultury.

Mały Erwin był bardzo zżyty z młodszą siostrą matki, Minnie. Od najwcześniejszych lat ciotka Minnie była jego powierniczką i doradcą w rozmaitych sprawach. Ciekawiło go dosłownie wszystko i jeszcze zanim nauczył się czytać i pisać, dyktował jej swoje wrażenia, a ona je skrupulatnie notowała.

Minnie w swoich wspomnieniach podaje, że Erwinowi szczególnie spodobała się astronomia. W wieku około czterech lat uwielbiał zabawę, która naśladowała ruch planet. Biegał wokół ciotki Minnie niczym Księżyc wokół Ziemi. Potem oboje spacerowali wokół lampy, udając, że jest to Słońce. Zataczając kółka wokół ciotki, podczas gdy tak obchodzili nieruchome światło, malec poznawał bezpośrednio zawiłości ruchu ciał niebieskich.

Dziecięca fascynacja Einsteina kompasem i „taniec planet" Schrödingera zapowiadały ich późniejsze zainteresowanie elektromagnetyzmem i grawitacją, dwoma oddziaływaniami fundamentalnymi znanymi w owym czasie. Obaj już w dzieciństwie nabrali przekonania, że przyroda działa niczym precyzyjny mechanizm, i obaj w swym późniejszym życiu usiłowali odnaleźć jedność na bardziej ogólnym poziomie, która obejmowałaby oba te oddziaływania i miała równie mechanistyczny charakter.

Obaj zaczęli zapoznawać się z nauką od strony praktycznej, przyglądając się, jak ojcowie wdrażają jej zdobycze w życiu codziennym, lecz w miarę upływu lat ich aspiracje sięgały coraz wyżej. Z czasem obsesją ich obu stało się rozwikływanie zagadek Wszechświata w poszukiwaniu jego fundamentalnych zasad. Obaj byli też nadzwyczajnie utalentowani w zakresie spostrzegawczości i umiejętności obliczeniowych niezbędnych do uprawiania fizyki teoretycznej.

Każdy z nich miał nadzieję, że tak jak Newton i Maxwell poda nowe równania opisujące świat fizyczny. I faktycznie, niektóre z najważniejszych równań dwudziestowiecznej fizyki zostały sformułowane właśnie przez nich i nazwane ich imieniem. Rozpatrując hipotezy, zwłaszcza na późniejszych etapach swojej naukowej kariery, obaj opierali się w znacznym stopniu na przesłankach filozoficznych pochodzących od takich myślicieli, jak Spinoza, Schopenhauer i Ernst Mach. Zainspirowani koncepcją Spinozy utożsamiającą Boga z fundamentalnym porządkiem natury, poszukiwali prostego, niezmiennego zbioru zasad, którym podlega rzeczywistość. Zaintrygowani tezą Schopenhauera, że kształt świata wyznacza jedna zasada sprawcza, zwana „wolą", usiłowali dokonać wielkiej unifikacji. Motywowani ideą Macha, że nauka powinna odwoływać się do tego, co uchwytne, odrzucali ukryte procesy, takie jak niepoznawalne empirycznie, nielokalne powiązania kwantowe, na rzecz jawnych mechanizmów przyczynowo-skutkowych.

Utrzymująca się całe dnie, miesiące czy lata obsesja, by znaleźć jak najprostsze formuły matematyczne, które wszechstronnie opisują pewne aspekty świata, wymaga czegoś w rodzaju zapału religijnego. Owe ostateczne równania były ich świętym Graalem, kabałą i kamieniem filozoficznym. Poglądy na to, na czym polega piękno i elegancja równań, często wynikają z głęboko zakorzenionego poczucia porządku kosmicznego. Podczas gdy ani Einstein, ani Schrödinger nie byli religijni w tradycyjnym sensie – Einstein był Żydem, a Schrödinger pochodził z rodziny luterańsko-katolickiej, lecz żaden z nich nie deklarował się jako wierzący ani nie praktykował obrzędów – podzielali oni podziw dla fundamentalnych zasad Wszechświata i tego, jak wyrażają się one w postaci matematycznej. Obaj mieli zamiłowanie do matematyki, nie jako samej w sobie, lecz jako narzędzia umożliwiającego poznawanie praw przyrody.

Co może wywołać takie pozostające na całe życie zainteresowanie matematyką? Niekiedy coś tak prostego jak eleganckie rysunki i logiczne dowody w elementarnym podręczniku geometrii.

DZIWNE PARALELE

W 1891 roku, gdy Einstein miał dwanaście lat i uczęszczał do Luitpold Gymnasium, dostał książkę do geometrii. Okazała się ona dla niego czymś równie cudownym jak kompas, wprowadzając w domenę kojącego umysł porządku wykraczającego poza chaos codziennego doświadczenia. Jak sam później opisywał, nie uważał jej po prostu za podręcznik, lecz za „świętą księgę". Dowody oparte na solidnych, niepodważalnych przesłankach pokazywały, że gdzieś z dala od turkotu konnych tramwajów, stukotu wózków sprzedawców kiełbasek i harmidru fetujących monachijskich piwoszy istnieje cichy świat absolutnej prawdy. „Ta klarowność i pewność wywarła na mnie nieopisane wrażenie", wspominał[13].

Niektóre z twierdzeń podanych w tej książce uznał za oczywiste. Wcześniej znał już twierdzenie Pitagorasa dla trójkątów prostokątnych – suma kwadratów dwóch boków przyprostokątnych równa się kwadratowi trzeciego boku, przeciwprostokątnej. Książka podawała, że jeśli zmieni się jeden z kątów ostrych (mniejszych niż 90 stopni), to długości boków też muszą ulec zmianie. Wydawało mu się to jasne, nawet bez dowodu.

Jednakże prawdziwość innych tez geometrycznych nie była widoczna od razu. Einsteinowi spodobało się metodyczne omawianie w podręczniku twierdzeń, które nie były wcale ewidentne, lecz okazywały się prawdziwe – na przykład to, że wysokości trójkąta (odcinki poprowadzone prostopadle z każdego boku do przeciwległego wierzchołka) muszą się przecinać w jednym punkcie. Nie przeszkadzało mu, że podane w książce dowody wychodziły od niedowodliwych przesłanek zwanych aksjomatami (zdania powszechnie uważane za prawdziwe) oraz postulatami (zdania, których prawdziwość jest z góry założona). Był gotów pogodzić się z niekwestionowanym przyjęciem garstki aksjomatów, skoro pozwalało to udowodnić multum tez.

Geometria płaska opisana w tej książce pochodziła z powstałego przed ponad dwoma tysiącami lat dzieła greckiego matematyka Euklidesa *Elementy*, które porządkowało wiedzę geometryczną w postaci kilkudziesięciu udowodnionych twierdzeń i wniosków. Zostały one w systematyczny sposób wyprowadzone ze zbioru pięciu aksjomatów i pięciu postulatów. Podczas gdy każdy z tych aksjomatów i postulatów miał wyrażać jakąś oczywistą prawdę, taką jak to, że część jest mniejsza od całości, a dwie rzeczy identyczne z jakąś trzecią rzeczą są identyczne ze sobą, piąty postulat, dotyczący kątów, nie był aż tak ewidentny.

„Jeżeli dwie proste (...) tworzą z przecinającą je trzecią prostą kąty jednostronne wewnętrzne o sumie mniejszej od dwóch kątów prostych, to te proste przetną się w skończonej odległości”[14]. Innymi słowy, gdy narysujemy trzy proste tak, że dwie pierwsze przecinają trzecią, a kąty położone naprzeciwko siebie mają po mniej niż 90 stopni, te dwie pierwsze proste muszą się przeciąć, tworząc trójkąt. Zatem, na przykład, jeśli jeden kąt ma 89 stopni, a drugi, położony naprzeciwko, też 89 stopni, to powstaje trzeci kąt (o mierze 2 stopni) w miejscu przecięcia się tych dwu prostych i całość stanowi bardzo smukły trójkąt.

Matematycy spekulują, że Euklides umieścił ten piąty postulat na liście, ponieważ próbował go wywieść z pozostałych aksjomatów i mu to nie wyszło. W istocie Euklidesowi udało się w pełni wyprowadzić dwadzieścia osiem twierdzeń przy użyciu czterech pozostałych postulatów, zanim dodał do zestawu ów piąty postulat. Był niczym muzyk, który zagrał podczas koncertu na syntezatorze dwadzieścia osiem utworów, zanim zorientował się, że musi pożyczyć gitarę akustyczną, aby uzyskać odpowiednie dźwięki do dwudziestego dziewiątego. Tak się zdarza, że instrumenty, które ma się do dyspozycji, nie wystarczają do zagrania tego, co się chce, i trzeba naprędce organizować jeszcze jeden.

Piąty postulat Euklidesa nazywany jest „postulatem o równoległych", głównie z uwagi na prace szkockiego matematyka Johna Playfaira; podał on jego inną wersję, która, jakkolwiek nie w pełni logicznie równoważna oryginalnej, pełni podobną funkcję przy dowodzeniu twierdzeń. Brzmi ona, że dla każdej prostej i punktu nieleżącego na niej istnieje dokładnie jedna prosta równoległa przechodząca przez ten punkt.

Przez stulecia podejmowano wiele prób wyprowadzenia piątego postulatu – czy to w wersji Euklidesa, czy Playfaira – z pozostałych. Nawet słynny perski poeta i filozof Omar Chajjam usiłował bez powodzenia uczynić z niego udowodnione twierdzenie. Ostatecznie matematycy doszli do wniosku, że jest on całkowicie niezależny i nie sposób go dowieść.

Gdy mały Einstein studiował swój podręcznik, nie miał najmniejszego pojęcia o kontrowersjach dotyczących piątego postulatu, ponadto podzielał utrwalone od wieków przekonanie, że geometria euklidesowa to nienaruszalna świętość. Jej prawa i dowody wydawały mu się równie niewzruszone, bezczasowe i majestatyczne jak Alpy w Bawarii.

Jednakże daleko na północ od Monachium, w Getyndze, uroczym mieście uniwersyteckim, matematycy podjęli śmiały eksperyment mający przeobrazić geometrię. Do wyłożonego marmurem sanktuarium intelektualnego wpuszczono radykalnie nowe idee matematyczne, zwane geometrią nieeuklidesową. To nowatorskie podejście do geometrii równie mało przypominało jej tradycyjną wersję, jak psychodeliczne plakaty Petera Maxa dzieła Rembrandta. W czasie gdy Einstein poznawał klasyczne zasady dotyczące punktów, prostych i figur na powierzchniach płaskich, znakomici matematycy, jak Felix Klein – ściągnięty do Getyngi z Lipska – wprowadzali znacznie luźniejsze reguły opisujące relacje na powierzchniach zakrzywionych i powykręcanych w rozmaity sposób. Najbardziej niezwykły obiekt wymyślony przez Kleina, tak zwana butelka Kleina, jest czymś w rodzaju flakonu, którego wewnętrzna i zewnętrzna powierzchnia są tym samym, wskutek połączenia po przekręceniu w wyższym wymiarze. O takich dziwnych obiektach nie można było wtedy jeszcze przeczytać w podręcznikach, gdyż żelazne reguły Euklidesa nie dopuszczały podobnych osobliwości. Niemniej jednak Klein udowodnił, że geometria euklidesowa i nieeuklidesowa są równie prawdziwe. W latach dziewięćdziesiątych XIX wieku jego rewolucyjna wizja otworzyła drzwi do statecznego klubu geometrii przed dziwolągami rozmaitego autoramentu.

Jednakże w geometrii nieeuklidesowej nie panuje bynajmniej wolna amerykanka. Podobnie jak jej poprzedniczka rządzi się ona własnymi regułami. Istotą tej geometrii jest odrzucenie postulatu o równoległych przy utrzymaniu wszystkich pozostałych. Uznaje ona, że skoro postulat o równoległych jest niezależny, daje to możliwość zastąpienia go czymś zupełnie innym.

Matematyk Carl Friedrich Gauss pierwszy przedstawił propozycję geometrii nieeuklidesowej, jakkolwiek tych swoich wstępnych przemyśleń nie opublikował. W wersji Gaussa, później nazwanej przez Kleina „geometrią hiperboliczną", postulat równoległych zostaje zastąpiony ideą, że przez dowolny punkt nieleżący na prostej przechodzi nieskończenie wiele prostych do niej równoległych. Można to sobie próbować wyobrazić jako rękę ściskającą za jeden koniec złożonego w harmonijkę arkusza papieru tuż nad długim, wąskim stołem. Jeśli stół przedstawia prostą, a ręka – punkt położony poza tą prostą, to papierowy wachlarz odpowiada niezliczonym prostym przechodzącym przez ten punkt, które nie przecinają się z pierwotną prostą. Określenie „hiperboliczny" pochodzi od kształtu wachlarza prostych równoległych, który przypomina gałęzie hiperboli.

Gauss zauważył ciekawą właściwość trójkątów w geometrii hiperbolicznej – suma ich kątów jest mniejsza niż 180 stopni – w przeciwieństwie do kątów w trójkątach euklidesowych, które dodane do siebie zawsze dają dokładnie 180 stopni; przykładem może być równoramienny trójkąt prostokątny z dwoma kątami 45 stopni i jednym kątem 90 stopni. Obdarzony ogromną wyobraźnią grafik M.C. Escher będzie później wykorzystywał tę różnicę, tworząc osobliwe wzory z trójkątów o sumie kątów mniejszej od 180 stopni zanurzonych w hiperbolicznej rzeczywistości.

Jednym ze sposobów przedstawiania geometrii hiperbolicznej jest wyobrażanie sobie punktów, prostych i figur na powierzchni o kształcie siodła zamiast na płaszczyźnie; jeśli mamy skłonności bardziej epikurejskie niż jeździeckie, możemy równie dobrze zastąpić siodło pofałdowanym ziemniaczanym chipsem. Powierzchnia siodłowa w naturalny sposób wymusza rozchodzenie się pobliskich prostych. Niezależnie od tego, jak bardzo „chciałyby" one zachować ten sam kierunek, proste równoległe odchylają się od siebie wzajemnie, co sprawia, że się nie przecinają. Pozwala to, by przez dany punkt przechodziło nieskończenie wiele równoległych do każdej prostej nieprzechodzącej przez ten punkt. Ponadto powierzchnia siodłowa „ściska" wierzchołki trójkątów, w wyniku czego suma ich kątów jest mniejsza niż 180 stopni.

W innym wariancie geometrii nieeuklidesowej, zaproponowanym przez ucznia Gaussa, Bernharda Riemanna, w 1854 roku, opublikowanym w 1867 i nazwanym później przez Kleina „geometrią eliptyczną", postulat o równoległych zostaje zastąpiony zasadą, która wyklucza możliwość poprowadzenia prostej równoległej. Głosi ona, że przez dany punkt leżący poza daną prostą nie przechodzi ani jedna prosta do niej równoległa. Inaczej mówiąc, wszystkie proste przechodzące przez ten punkt muszą się gdzieś przecinać z pierwotną prostą. Riemann pokazał, że taką właściwość mają proste na powierzchniach sferycznych.

Jeśli idea braku prostych równoległych wydaje się wam dziwna, pomyślcie, jak to jest na powierzchni kuli ziemskiej. Każdy z południków przecina się z pozostałymi na biegunie północnym i południowym. Jeśli zatem jakaś ambitna podróżniczka wyruszy z centrum Toronto, kierując się na północ wzdłuż jego głównej arterii, Yonge Street, a następnie, wynająwszy psi zaprzęg i lodołamacz, będzie podróżowała dopóty, dopóki nie dotrze do bieguna północnego, podczas gdy jej siostra obierze analogiczną drogę z Moskwy, ich marszruty wydają się na początku równoległe, lecz siostry nieuchronnie się spotkają.

Co ciekawe, taki zakaz dotyczący równoległych zmienia charakter trójkątów w jeszcze inny sposób. W geometrii eliptycznej suma kątów trójkąta wynosi więcej niż 180 stopni. W istocie możliwy jest trójkąt o wszystkich trzech kątach prostych, które dodane do siebie dają pełne 270 stopni. Przykładem może być trójkąt utworzony przez południki 0 i 90 stopni oraz łączący je odcinek równika, który ma trzy prostopadłe boki.

Riemann podał bardzo wymyślne instrumenty matematyczne do analizowania powierzchni zakrzywionych o dowolnej liczbie wymiarów; powierzchnie takie nazywa się rozmaitościami. Pokazał również, iż różnicę między przestrzeniami płaskimi i zakrzywionymi można opisać w każdym punkcie, posługując się czymś, co obecnie nosi nazwę tensora krzywizny Riemanna. Tensor jest obiektem matematycznym, który transformuje się w określony sposób przy przechodzeniu między układami współrzędnych. Według Riemanna istnieją trzy typy krzywizny przestrzeni – dodatnia, ujemna i zerowa – które odpowiadają kolejno geometrii eliptycznej, hiperbolicznej i płaskiej (euklidesowej).

Niematematykom geometria nieeuklidesowa wydaje się czymś abstrakcyjnym i sprzecznym z intuicją. W końcu w życiu codziennym przez pojęcie równoległych rozumiemy dwie proste, które się nigdzie nie przecinają. Jeśli przy równoległym parkowaniu wjedziemy w samochód stojący obok, nie unikniemy policyjnego mandatu, powołując się na geometrię nieeuklidesową. Trójkąty, o których dzieci uczą się w szkole, są płaskie i suma ich kątów wynosi 180 stopni. Po cóż komplikować geometrię, zmieniając jej podstawowe zasady?

W miarę rozwijania swoich idei, zanim jeszcze przybrały one dojrzałą postać ogólnej teorii względności, Einstein również zadawał sobie to pytanie. Podręcznik geometrii, który odegrał tak wielką rolę w jego edukacji, wpoił mu głęboko tradycję euklidesową. Rodzące się w jego głowie koncepcje omawiał z przyjacielem rodziny, studentem medycyny Maxem Talmeyem (pierwotnie jego nazwisko brzmiało Talmud), który często zachodził z wizytą. Talmeya uderzała głębia przemyśleń dotyczących matematyki, przyrody i innych tematów u tak młodego chłopca.

Einstein dowiedział się o istnieniu geometrii nieeuklidesowej nie wcześniej niż na studiach. Przyjmując wciąż za pewnik to, co w dzieciństwie wyczytał w podręczniku geometrii, początkowo odrzucał ją jako coś naukowo nieistotnego. Dopiero znacznie później, pod wpływem swego przyjaciela z uczelni Marcela Grossmanna, uświadomił sobie jej wagę. Wprowadzając geometrię nieeuklidesową do fizyki, Einstein miał radykalnie przeobrazić tę dziedzinę nauki[15]. Dwunastolatek ściskający w rękach podręcznik geometrii nie mógł mieć najmniejszego pojęcia, że pewnego dnia tymi właśnie rękami napisze prawa fizyki na nowo, odsyłając ową książkę do lamusa.

ATOMY W RUCHU

Wiedeń w latach dziewięćdziesiątych XIX wieku był miejscem zażartych dyskusji dotyczących naukowych fundamentów świata. Podczas gdy Schrödinger był w trakcie pobierania edukacji, najpierw w formie prywatnych lekcji, a następnie, poczynając od 1898 roku, w prestiżowym Akademisches Gymnasium, dwie kluczowe postacie, które miały potem ukształtować go od strony intelektualnej, Ludwig Boltzmann i Ernst Mach, toczyły ze sobą ostry spór o istnienie atomów.

Gdy Boltzmann w 1894 roku obejmował katedrę fizyki teoretycznej na Uniwersytecie Wiedeńskim, zdobył już renomę naukową jako jeden z twórców mechaniki statystycznej (zwanej wówczas teorią kinetyczną), działu fizyki, który łączy zachowanie się maleńkich cząsteczek z makroskalowymi efektami termodynamicznymi, takimi jak zmiany temperatury, objętości i ciśnienia. Aby zastosować swoje metody, musiał przyjąć założenie, że każdy gaz składa się z olbrzymiej liczby drobnych obiektów – atomów i molekuł.

Dokonania Boltzmanna uczyniły z termodynamiki gorący temat badawczy. Wielu młodych naukowców ściągnęło do Wiednia, by móc pracować pod jego kierunkiem. Fizycy Lise Meitner, Philipp Frank i Paul Ehrenfest, wszyscy oni mieli potem zrobić bardzo udaną karierę naukową, skorzystali wiele na tym, że pisali u niego doktorat. Schrödinger podziwiał Boltzmanna i miał nadzieję, że gdy znajdzie się na uniwersytecie, również trafi do niego.

Pomimo tych wszystkich sukcesów równowaga ducha Boltzmanna została zakłócona przez przybycie Macha. W 1895 roku Mach dołączył do grona profesorskiego Uniwersytetu Wiedeńskiego, obejmując katedrę nauk indukcyjnych. Wskazując na ich niedostateczne potwierdzenie empiryczne, Mach zdecydowanie występował przeciwko atomizmowi i teoriom Boltzmanna. Termodynamika powinna być oparta na czymś, co można percypować zmysłami i bezpośrednio mierzyć, tak jak na przykład przepływ ciepła – argumentował pod wpływem systemu filozoficznego zwanego pozytywizmem, który odrzucał wiedzę abstrakcyjną i domagał się empirycznych dowodów wszelkich tez naukowych. Przyrównując przekonanie o istnieniu atomów do wiary religijnej, wolał opowiedzieć się po stronie tego, co uważał za rygor naukowy, oraz bezpośredniego doświadczenia zmysłowego.

„Jeśli wiara w realność atomów jest tak ważna – pisał Mach – odcinam się zdecydowanie od sposobu myślenia fizyków, nie chcę być prawdziwym fizykiem, zrzekam się wszelkiego naukowego szacunku – krótko mówiąc, odrzucam z podziękowaniem wejście do takiej wspólnoty wierzących. Wybieram wolność myśli”[16].

Celem kąśliwej logiki Macha nie był jedynie Boltzmann. Krytykował on nawet najbardziej szacownych fizyków, ilekroć zobaczył, że w swych teoriach odchodzą od świadectwa zmysłów. Miał wręcz tyle śmiałości, by zakwestionować jedno z podstawowych założeń mechaniki Newtona – możliwość stwierdzenia stanu inercjalnego (spoczynku lub ruchu ze stałą prędkością) ciała przez jego odniesienie do układu absolutnego zwanego „przestrzenią absolutną”. W owym czasie Newton miał status nieomal świętego, zwłaszcza w Wielkiej Brytanii. Niemniej jednak jego pojęcie ruchu inercjalnego oparte było na abstrakcji – co właśnie dla Macha w nauce było wielce podejrzane.

Argument Macha przeciwko definicji ruchu inercjalnego u Newtona odwoływał się do eksperymentu myślowego z wirującym wiadrem, który Newton wymyślił w celu wykazania potrzeby posługiwania się pojęciem przestrzeni absolutnej. Oto istota tego argumentu: wyobraźmy sobie wiadro wypełnione niemal po brzegi wodą zawieszone na linie przywiązanej do gałęzi drzewa. Teraz zakręćmy ostrożnie wiadrem dookoła, aż lina się całkiem skręci. Przytrzymajmy wiadro, poczekajmy, aż woda się w nim uspokoi i będzie miała płaską powierzchnię, a następnie je puśćmy. Wiadro zacznie wówczas wirować samo z siebie. Jeśli zajrzymy do niego, zobaczymy, że woda również zaczyna się obracać, tworząc wir, a jej powierzchnia staje się coraz bardziej wklęsła. Dzieje się tak, ponieważ wskutek swojej inercji woda wypychana jest na zewnątrz. Skoro nie może wydostać się z wiadra, unosi się przy jego ściankach. Gdybyśmy patrzyli wyłącznie do wnętrza naczynia, ignorując wszystko, co jest na zewnątrz, moglibyśmy się zastanawiać, dlaczego powierzchnia wody jest wklęsła, gdyż względem wiadra wydaje się ona zupełnie nieruchoma. Można to wyjaśnić, jedynie biorąc pod uwagę zewnętrzny układ odniesienia – który Newton nazwał przestrzenią absolutną. Wirowanie wody względem przestrzeni absolutnej, utrzymywał, odkształca jej powierzchnię.

Mach miał odmienny pogląd na tę kwestię, zarzucając Newtonowi, że brak jakichkolwiek dowodów empirycznych na istnienie przestrzeni absolutnej. Bardziej prawdopodobne jest, twierdził, że woda zmienia swój kształt pod jakimś wpływem zewnętrznym, na przykład w wyniku łącznego oddziaływania grawitacyjnego odległych gwiazd. Podobnie jak siła grawitacji pochodząca od Księżyca wywołuje pływy oceanów, być może łączne przyciąganie odległych gwiazd nadaje ciału inercję. Einstein nazwał później tę koncepcję „zasadą Macha" i inspirował się nią, tworząc ogólną teorię względności.

Dokonana przez Macha krytyka Newtona dała asumpt do przemyślenia podstaw mechaniki klasycznej, co skłoniło Einsteina i innych fizyków do rozważania koncepcji alternatywnych. Pogląd Macha, że nauka musi dostarczać dowodów dających się postrzegać zmysłami i unikać odwoływania się do ukrytych mechanizmów, wywarł silny wpływ na Schrödingera, który z entuzjazmem studiował jego prace. Jednak jego ataki na atomizm Boltzmanna być może w jakimś stopniu przyczyniły się do śmierci uczonego. We wrześniu 1906 roku cierpiący na gwałtowne zmiany nastroju i podupadający na zdrowiu Boltzmann powiesił się podczas wakacji w Trieście.

OKRES UNIWERSYTECKI

Zrządzeniem okrutnego losu samobójstwo Boltzmanna nastąpiło zaledwie kilka miesięcy przed rozpoczęciem przez Schrödingera studiów na Uniwersytecie Wiedeńskim zimą 1906/1907 roku. Schrödinger ukończył Akademisches Gymnasium jako wybijający się uczeń z matematyki i fizyki, swoich ulubionych przedmiotów. Jako najlepszy z klasy mógł wybrać praktycznie dowolny kierunek studiów, lecz jego pasjonowały równania opisujące świat fizyczny. Bardzo mu zależało, by studiować fizykę, i to najlepiej pod kierunkiem Boltzmanna. Niestety wstąpił na uniwersytet w smutnym momencie, gdy na wydziale fizyki panował ponury nastrój.

„Stary wiedeński instytut, który właśnie opłakiwał bolesną stratę Ludwiga Boltzmanna (...) umożliwił mi bezpośrednie zapoznanie się z dokonaniami tego potężnego umysłu – wspominał Schrödinger. – Można powiedzieć, że świat jego idei był moją pierwszą naukową miłością. Nikt inny od tego czasu nie wzbudził we mnie takiego zachwytu ani nie wzbudzi w przyszłości”[17].

Schrödinger podziwiał odwagę, z jaką Boltzmann podchodził do kwestii fundamentalnych. Używając swych atomów-cegiełek, nie zawahał się on formułować zasad wyznaczających termiczne właściwości całego Wszechświata. Zainspirowany jego przykładem Schrödinger w swym późniejszym życiu równie ambitnie usiłował stworzyć fundamentalną teorię, która obejmowałaby wszystkie oddziaływania fizyczne.

Katedrę fizyki teoretycznej po Boltzmannie objął jeden z jego byłych uczniów, wybitny teoretyk, Friedrich „Fritz" Hasenöhrl. Hasenöhrl wyrobił sobie nazwisko na badaniach promieniowania elektromagnetycznego emitowanego przez źródła poruszające się i odkrył zależność między energią i masą (jakkolwiek pomylił się o czynnik) jeszcze przed słynnym równaniem Einsteina[18]. Miał miłe usposobienie i przyjaźnie odnosił się do studentów. Chociaż Schrödinger nie mógł zgłębiać teorii ciepła i mechaniki statystycznej pod kierunkiem Boltzmanna, miał szczęście, że studiował te i inne przedmioty, w tym optykę, u jego dobrze wykształconego następcy. Hasenöhrl według wszystkich relacji był znakomitym nauczycielem. Zainspirowany wykładami Hasenöhrla i osiągnięciami Boltzmanna, Schrödinger miał nadzieję wykuć własną drogę do odkryć w fizyce teoretycznej.

Schrödinger szybko zyskał reputację doskonałego studenta. Hans Thirring, kolega z roku, który został jego przyjacielem na całe życie, wspominał, jak pewnego razu uczestnicząc w seminarium z matematyki, zobaczył wchodzącego do pokoju młodzieńca o blond włosach i usłyszał, jak inny student, którego znał z lat szkolnych, mówi z zachwytem: „Ach, to przecież Schrödinger!"[19].

Pomimo swego głębokiego zainteresowania teorią Schrödinger na uniwersytecie zajmował się przede wszystkim badaniami eksperymentalnymi pod kierunkiem Franza Exnera, który potem został promotorem jego pracy doktorskiej. Exner zajmował się różnorodnymi przejawami elektryczności, w tym jej powstawaniem w atmosferze i podczas pewnych reakcji chemicznych. Ponadto badał zjawiska związane ze światłem i barwą oraz promieniotwórczość. Rozprawa doktorska Schrödingera nosiła tytuł: *O przewodnictwie elektrycznym na powierzchni izolatorów w wilgotnym powietrzu*. Była to praca czysto praktyczna, dotycząca problemu ochrony instrumentów służących do pomiarów fizycznych przed zjawiskami elektrycznymi wywołanymi wilgocią. Przyszły teoretyk zaczynał swoją karierę od brudzenia sobie rąk w niewielkim laboratorium, przyczepiając elektrody do próbek bursztynu, parafiny i innych materiałów izolacyjnych, a następnie mierząc przepływający przez nie prąd. Doktorat otrzymał w 1910 roku, a *Habilitation* (najwyższy stopień akademicki w austriackim systemie edukacyjnym, uprawniający do nauczania studentów) w 1914 roku.

Dopiero wiele lat później Schrödinger i Einstein zajęli się unifikacją grawitacji i elektromagnetyzmu. Co ciekawe jednak, list od podupadającego na zdrowiu Macha, który w 1910 roku trafił do rąk Schrödingera, antycypował te poszukiwania. Jakkolwiek Mach wycofał się z czynnego życia naukowego, nie zaprzestał rozważania głębokich kwestii dotyczących świata fizycznego. Zwróciwszy uwagę, że prawo odwrotnych kwadratów obowiązuje zarówno w odniesieniu do grawitacji, jak i elektryczności, zaczął się zastanawiać, czy tych oddziaływań nie dałoby się połączyć, i dowiadywał się listownie, kto na uniwersytecie byłby w stanie odpowiedzieć na jego pytania. W szczególności zależało mu, by znaleźć kogoś potrafiącego ocenić teorie kontrowersyjnego niemieckiego fizyka Paula Gerbera. List Macha przekazano Schrödingerowi, który stwierdził, że trudno zrozumieć, o co chodziło Gerberowi w jego pracach. Niemniej jednak korespondencja ta stanowiła pośrednie spotkanie Schrödingera z Machem, jednym z jego bohaterów intelektualnych, i była zapowiedzią kierunku przyszłych teoretycznych poszukiwań młodego badacza. Ponadto fakt, że to właśnie Schrödinger został wybrany do udzielenia odpowiedzi Machowi, świadczył o wielkiej estymie, jaką darzono go na uniwersytecie. Nie przekroczywszy jeszcze trzydziestki, wyrobił już sobie silną markę.

POGOŃ ZA ŚWIATŁEM

Jakkolwiek Schrödinger nie miał okazji, by pracować z Boltzmannem, jego badania były dla niego inspiracją i pomogły mu zrozumieć wiele problemów fizycznych. Był ewidentnie studentem wybijającym się ponad przeciętność. Natomiast Einsteinowi studia dostarczały innych powodów do rozczarowania – nie miał sposobności zgłębiać poważnych kwestii teoretycznych, które go naprawdę interesowały. W konsekwencji nie podchodził do wszystkich zajęć tak poważnie, jak tego wymagały, zwłaszcza wykładów z matematyki, gdyż nie uważał ich za przydatne dla swoich rozważań. Mimo to kontakty osobiste, jakie nawiązał podczas studiów, okazały się zasadnicze dla jego rozwoju intelektualnego.

Droga Einsteina ze szkoły średniej na uczelnię, a następnie początki kariery akademickiej, były o wiele bardziej wyboiste niż u Schrödingera. W 1893 roku ojciec Einsteina utracił zamówienia municypalne Monachium na prace elektryfikacyjne, wskutek czego w następnym roku zamknął swoją firmę i postanowił przenieść się wraz z rodziną w poszukiwaniu pracy do włoskiego Mediolanu. Albert, który wciąż jeszcze uczył się w Luitpold Gymnasium, musiał pozostać w Monachium bez rodziców. W kilka miesięcy później zdecydował, że najlepiej będzie, jeśli także wyjedzie z Niemiec, i złożył prośbę o możliwość ukończenia szkoły przed czasem, uzyskując pozwolenie na wcześniejsze podjęcie studiów. Wybraną przez niego uczelnią była Szwajcarska Politechnika Związkowa w Zurychu, znana pod skrótem swojej niemieckiej nazwy jako ETH (Eidgenössische Technische Hochschule).

Mniej więcej w tym samym czasie, w wieku szesnastu lat, Einsteinowi przyszła do głowy niezwykła idea. Wyobraził sobie, że biegnie za falą świetlną i próbuje ją dogonić. Zastanowiło go, czy gdyby był w stanie poruszać z tą samą prędkością co światło, zobaczyłby falę oscylującą w miejscu. Przecież jeśli biegnie się równo z rowerem, to wydaje się, że rower pozostaje w spoczynku. Jak głosił Newton, zarówno ruch jednostajny, jak i spoczynek związane są z układami inercjalnymi, w których ruch podlega takim samym prawom. A zatem jeśli dwa ciała poruszają się obok siebie z jednakową prędkością, to będą widziane jedno z drugiego jako nieruchome. Jednakże równania elektromagnetyzmu Maxwella nie rozróżniają, czy obserwator jest w ruchu czy w spoczynku. Zgodnie z nimi światło powinno rozchodzić się w przestrzeni zawsze z taką samą szybkością. Einstein zdał sobie sprawę, że przewidywania Newtona i Maxwella są ewidentnie ze sobą sprzeczne. Tylko jeden z nich mógł mieć rację – ale który?

W czasie gdy Einstein rozważał tę kwestię, idea, że prędkość światła w próżni jest stała – a nawet że światło w ogóle może się poruszać w zupełnie pustej przestrzeni – nie spotykała się z szerszą akceptacją. Wielu ówczesnych fizyków było przekonanych, że światło rozchodzi się w środowisku niewidocznej substancji zwanej „eterem światłonośnym" lub po prostu krótko „eterem". Możliwe zatem powinno być wykrycie ruchu Ziemi względem eteru. Jednakże w słynnym eksperymencie przeprowadzonym w 1887 roku przez amerykańskich fizyków Alberta Michelsona i Edwarda Morleya nie udało się zaobserwować takiego efektu. Usiłując pogodzić zachowanie się światła z prawami mechaniki Newtona, irlandzki fizyk Edward FitzGerald i, niezależnie, holenderski fizyk Hendrik Lorentz wysunęli tezę, iż szybko poruszające się ciała ulegają skróceniu w kierunku ruchu. Ten efekt, nazwany skróceniem Lorentza–FitzGeralda, wpłynąłby na instrumenty pomiarowe użyte w eksperymencie Michelsona–Morleya w taki sposób, że wydawałoby się, iż prędkość światła pozostaje zawsze jednakowa. Nie wiedząc w owym czasie o eksperymencie Michelsona–Morleya, Einstein rozważał ten problem niezależnie, bez posługiwania się pojęciem eteru. Miał jakieś niejasne przeczucie, nawet zanim jeszcze przeczytał prace Macha, że z fizyką newtonowską nie jest najlepiej i wymaga ona radykalnego przemyślenia.

Co ciekawe, zważywszy na jego późniejszą reputację genialnego uczonego, Einstein nie zdał egzaminów wstępnych do ETH za pierwszym podejściem. Być może ta porażka była jednym ze źródeł utrzymującego się mitu, jakoby miał w szkole problemy z matematyką. W istocie jednak poległ na wypracowaniu z języka francuskiego. Zaległości nadrobił, uczęszczając przez rok do szkoły średniej w szwajcarskiej miejscowości Aarau. W śmiałym kroku zrzekł się obywatelstwa niemieckiego, jak gdyby chcąc zerwać wszelkie więzi ze swoim dotychczasowym życiem. Mieszkanie bez rodziców, i to ze statusem bezpaństwowca, było czymś nader niezwykłym jak na nastoletniego chłopca. Na szczęście za drugim razem zdał egzaminy i został przyjęty do ETH w bezprecedensowym wieku siedemnastu lat.

Rozpocząwszy studia w ETH, Einstein stwierdził, że fizyka na politechnice nauczana jest w przestarzały sposób, z naciskiem na tradycyjną problematykę – mechanikę, przewodnictwo cieplne i optykę. Machowska krytyka Newtona nie przeniknęła jeszcze w te szacowne mury. O teorii elektromagnetyzmu Maxwella ledwie wspominano. Einsteina wciąż zajmował problem prędkości światła, lecz nie zanosiło się, by mógł znaleźć jego rozwiązanie w ramach programu studiów.

Lata spędzone przez Einsteina w ETH odpowiadały niezwykłemu okresowi w fizyce. W 1897 roku, gdy w Wiedniu trwał spór Macha z Boltzmannem o teorię atomistyczną, J.J. Thomson, fizyk z Cambridge, dostarczył eksperymentalnego dowodu istnienia cząstki elementarnej znacznie mniejszej od atomu. Inni fizycy mieli początkowo wątpliwości, czy może być coś mniejszego niż rzekomo niepodzielne atomy. Thomson nazwał ujemnie naładowaną cząstkę „korpuskułą", lecz FitzGerald, zgodnie z sugestią swojego wuja, irlandzkiego fizyka George'a Stoneya, nadał jej nazwę „elektron", która się ostatecznie przyjęła. W Paryżu Henri Becquerel odkrył promieniotwórczość, badając właściwości rudy uranowej wespół ze swoją doktorantką, Marią Curie, i jej mężem, Pierre'em Curie. W 1898 roku państwo Curie zidentyfikowali kolejny pierwiastek promieniotwórczy, rad. Wszystkie te odkrycia potwierdzały złożoną strukturę atomów – czym później mieli się zajmować Einstein, Schrödinger i wielu innych fizyków ich pokolenia. Tymczasem w ETH studentów uczono, by trzymali się wypróbowanej, praktycznej fizyki, wbrew pragnieniu Einsteina, by poznawać nowatorskie podejścia do wyjaśniania zjawisk fizycznych.

Einstein na szczęście znalazł sobie krąg przyjaciół wspierających się wzajemnie w swych dociekaniach, z którymi mógł omawiać własne pomysły. Jednym z głównych takich rezonatorów – którego poznał poza uczelnią dzięki wspólnemu umiłowaniu muzyki – był błyskotliwy inżynier pochodzenia szwajcarsko-włoskiego, Michele Besso. Besso zasadniczo wpłynął na karierę naukową Einsteina, zapoznając go z pismami Macha. Obaj pozostali bliskimi przyjaciółmi do końca życia.

Innym stałym kompanem Einsteina był Marcel Grossmann, specjalista od wyższej matematyki. Sporządzał on doskonałe notatki na wykładach matematyki i Einstein korzystał z nich, ilekroć opuścił wykład – a zdarzało się to często. Później Grossmann został profesorem matematyki w ETH i pomagał Einsteinowi rozwijać aparat matematyczny ogólnej teorii względności.

Zważywszy na renomę członków grona nauczającego ETH, Einstein powinien był doprawdy zdecydowanie więcej uwagi poświęcać matematyce. Wykładał ją bowiem między innymi Hermann Minkowski, który później pomógł mu nadać szczególnej teorii względności bardziej elegancką i użyteczną formę. Minkowski urodził się na Litwie i studiował na prestiżowym uniwersytecie w Królewcu. Jako jeden z kilku profesorów ETH posiadał umiejętność rozpoznawania możliwości zastosowań matematyki wyższej w obrębie fizyki teoretycznej. Jak na ironię, z uwagi na ich późniejszą współpracę, w owym czasie nie miał on dobrej opinii o swoim niezbyt pilnym studencie. Odnotowując skrupulatnie, ile to razy Einstein był nieobecny na jego wykładzie, Minkowski nazywał go „patentowanym leniem".

Einstein usprawiedliwiał potem owo niedocenienie przez siebie matematyki, stwierdzając: „Dla mnie jako młodego studenta nie było wcale jasne, że dotarcie do fundamentalnych zasad fizyki wymaga zastosowania zaawansowanych narzędzi matematycznych. Uświadomiłem to sobie dopiero stopniowo po latach samodzielnej pracy naukowej"[20]. Niewątpliwie dobrze by było, gdyby skupił się bardziej na umiejętnościach, które mogły mu się przydać w fizyce teoretycznej. Miał wszakże powody, by opuszczać zajęcia w ogóle. Na drugim roku studiów zakochał się w jedynej dziewczynie w swojej grupie studenckiej, Serbce Milevie Marić. Ich żarliwa namiętność przejawiała się w kokieteryjnych liścikach i miłosnych wierszykach, które opinia publiczna poznała dopiero długo po śmierci Einsteina. Związek Alberta z Milevą miał w sobie coś z cyganerii, gdyż zależało mu, by był on oparty na autentycznej równości, wolnej miłości i wzajemnym wspieraniu się w realizacji celów intelektualnych. Widząc go raczej u boku kobiety bardziej zbliżonej do swojej rodziny w kategoriach klasy, wyznawanych wartości i pochodzenia etnicznego, matka Einsteina wyrażała stanowczą dezaprobatę wobec wybranki. Mimo to ich płomienny romans trwał nadal – sprzeciw rodziny jedynie podsycał uczucie, nadając mu posmak rewolucyjnego buntu.

Na trzecim roku studiów w ETH Einstein uczęszczał na kilka zajęć z fizyki, lecz nie wywarł dobrego wrażenia. Na jednych z nich, pod nazwą „Pracownia fizyki dla początkujących", pojawiał się tak rzadko, że prowadzący je profesor Jean Pernet zrugał go i wystawił najniższą możliwą ocenę. Z kolei wykład o cieple prowadzony przez profesora Heinricha Friedricha Webera pomijał koncepcje Boltzmanna i innych fizyków. Einstein postanowił zatem studiować Boltzmanna na własną rękę. W całym programie trzeciego roku najbardziej pociągała go możliwość korzystania z laboratorium elektrotechnicznego Webera, gdzie miał okazję zapoznać się z najnowszą aparaturą badawczą. Pomimo usilnych starań studenta, by zaimponować Weberowi, praktycznie myślący profesor nie miał cierpliwości do niesubordynowanego młodzieńca z głową pełną ideałów.

Einstein bezskutecznie próbował zainteresować Webera rozwiązaniem problemu prędkości światła. Proponował, by wykorzystać laboratorium do pomiaru ruchu Ziemi względem eteru, nie wiedząc, że Michelson i Morley przeprowadzili taki eksperyment kilka lat wcześniej. W świetle kompletnego ignorowania teorii elektromagnetyzmu Maxwella i innych najnowszych osiągnięć fizyki przez Webera trudno się dziwić, że podszedł do tej propozycji sceptycznie i nie wyraził zgody. Nie przysłużyło się także reputacji Einsteina, kiedy nie przestrzegając przepisów, zranił się w rękę, spowodowawszy wybuch w pracowni Perneta. Gdy jego studia dobiegły końca, nie cieszył się zbyt dobrą opinią na wydziale i w konsekwencji po zdaniu końcowych egzaminów i otrzymaniu dyplomu nauczyciela matematyki i fizyki nie udało mu się zdobyć posady asystenta w ETH. Ku jego wielkiemu zaskoczeniu i rozczarowaniu nikt z grona profesorskiego – ani matematyków, ani fizyków – nie chciał go do siebie przyjąć. „Poczułem się nagle opuszczony przez wszystkich – wspominał z przykrością – doznawszy klęski u progu życia”[21].

Jego samopoczucie pogarszał fakt, że niemal wszyscy koledzy z grupy, nie wyłączając bliskiego przyjaciela Grossmanna, po dyplomie zostali na uczelni. Wyjątkiem była Mileva – egzaminy końcowe poszły jej fatalnie i nie otrzymała dyplomu. Nie mogąc liczyć na poparcie żadnego ze swoich profesorów, Einstein nie miał co ze sobą począć. Tylko cud, i to niejeden, mógł uratować jego karierę.

DROGA DO CUDÓW

Gdy zegary wybiły koniec wieku, społeczność fizyków była podzielona w kwestii stanu uprawianej przez siebie dyscypliny. Uczeni starszego pokolenia, wybierający bezpieczną osłonę płaszcza Newtona, generalnie postrzegali fizykę jako gmach bliski ukończenia, z paroma jedynie luźnymi końcami pozostałymi do związania, podczas gdy młodszym badaczom, przywdziewającym laboratoryjne kitle, by zgłębiać doświadczalnie promieniotwórczość i elektromagnetyzm, nie dawały spokoju dziwne nowe zjawiska, które opierały się próbom wyjaśnienia – od niewidzialnych promieni X do niesamowitej poświaty radu.

27 kwietnia 1900 roku brytyjski uczony lord Kelvin (William Thomson) wygłosił mowę zatytułowaną „Dziewiętnastowieczne chmury nad dynamiczną teorią ciepła i światła”, w której zarysował dwa problemy, jakie jego zdaniem kładą się cieniem na postępie fizyki. Gdy tylko te „chmury” zostaną usunięte, zapowiadał, fizykę czeka słoneczna przyszłość. Kelvin nie zdawał sobie zupełnie sprawy, że w istocie zidentyfikował dwie kwestie, które miały wymusić rewolucyjne zmiany w fizyce.

Pierwszą „chmurę" dla Kelvina stanowiło zagadnienie rozchodzenia się światła w przestrzeni, a zwłaszcza pytanie, dlaczego w eksperymencie Michelsona–Morleya nie udało się wykryć eteru. Jakkolwiek Lorentz i inni podsunęli pewne sugestie, problem ten pozostawał nierozwiązany. Kelvin wyrażał nadzieję, że uda się znaleźć bardziej zadowalające wyjaśnienie.

Jego druga niewyjaśniona zagadka dotyczyła emisji promieniowania przez ciało doskonale czarne. Modele teoretyczne po prostu nie zgadzały się z wynikami przeprowadzonych eksperymentów. Wyglądało na to, że coś jest nie w porządku z przyjmowanymi założeniami.

Przez pojęcie ciała doskonale czarnego rozumie się ciało, które pochłania całe padające na nie światło. Możemy je sobie wyobrażać w postaci pudełka pomalowanego czarną farbą absorbującą każdy, choćby najmniejszy, dochodzący do jego powierzchni promyk. Ciało doskonale czarne może również emitować promieniowanie o różnych długościach fali. Niektóre z tych długości fali odpowiadają barwom w zakresie widzialnym, od fioletu (fale krótsze) do czerwieni (fale dłuższe). Inne długości fali reprezentują niewidoczne formy promieniowania: fale krótsze od fioletu nazywane są ultrafioletem, a dłuższe od czerwieni podczerwienią. Obecnie wiemy, że widmo elektromagnetyczne rozciąga się od fal najkrótszych – promieni gamma do najdłuższych – fal radiowych.

Dziewiętnastowieczni badacze zwrócili uwagę, że rozkład natężenia poszczególnych długości fal zależy od temperatury ciała emitującego promieniowanie. Im jest ona wyższa, tym bardziej maksimum promieniowania przesunięte jest w kierunku fal krótkich. Można to zaobserwować podczas pożaru – najgorętsze płomienie mają barwę błękitną, podczas gdy mniej gorące są pomarańczowe lub czerwone. Ludzie i większość organizmów żywych mają temperaturę na tyle niską, że promieniują głównie w podczerwieni.

Lord Rayleigh (John William Strutt), wybitny następca Maxwella w Cambridge, skrupulatnie zastosował teorię falową i mechanikę statystyczną do badań promieniowania ciała doskonale czarnego. Obliczywszy, ile maksimów dla poszczególnych długości fali mieści się we wnęce, znalazł wzór na rozkład natężenia, który uprzywilejowywał mniejsze długości fali. Jego rozumowanie wydawało się w pełni logiczne – w pudełku mieści się więcej rzeczy krótszych niż dłuższych. Wyniki swojej analizy opublikował w 1900 roku.

Problem z modelem Rayleigha polegał na tym, że przy każdej emisji ciała doskonale czarnego przewidywał gwałtowną erupcję promieniowania krótkofalowego, czyli wysokiej częstotliwości (częstotliwość to liczba drgań w jednostce czasu; im mniejsza długość fali, tym większa jej częstotliwość). Ogień, zamiast buchać błękitnym, pomarańczowym lub czerwonym płomieniem, nie byłby w ogóle widoczny. Kubek gorącej czarnej kawy postawiony na stole bombardowałby nas opalającym skórę ultrafioletem, a nawet zabójczymi promieniami rentgenowskimi, zamiast przyjemnego ciepła podczerwieni. Ehrenfest nazwał później ten problem „katastrofą w ultrafiolecie".

Rzadko zdarza się, by pozornie nierozwiązywalny problem szybko znalazł rozwiązanie, lecz jeszcze w tym samym roku niemiecki fizyk Max Planck wysunął hipotezę, że energia występuje w postaci maleńkich porcji, czyli „kwantów", które są całkowitą wielokrotnością częstotliwości pomnożonej przez pewną bardzo małą liczbę, nazwaną potem stałą Plancka. Planck nie odnosił się wprost do obliczeń Rayleigha, lecz rozważał ogólnie problem emisji ciała doskonale czarnego. Ograniczając energię światła do skończonych porcji o wielkości proporcjonalnej do częstotliwości, odkrył, że jest w stanie przesunąć maksimum rozkładu energii ku bardziej umiarkowanym częstotliwościom i długościom fali ze względu na wyższy „koszt" energetyczny kwantów przy wyższych częstotliwościach (mniejsza długość fali) niż przy niższych (większa długość fali).

Przypomina to napełnianie świnki skarbonki monetami o różnych nominałach, w tym ćwierćdolarówkami i jednocentówkami. Ponieważ ćwierćdolarówki są większe od jednocentówek, w skarbonce zmieści się mniej tych pierwszych niż tych drugich. Jeśli jednak monety będą pochodziły z kolekcji numizmatycznej, w której jednocentówki są rzadsze i cenniejsze od ćwierćdolarówek, przypuszczalnie będzie mniej jednocentówek do dyspozycji. Zatem wyższy koszt jednocentówek zrównoważy mniejszy rozmiar, dając w rezultacie ich bardziej równomierny udział w zawartości skarbonki. Podobnie w modelu Plancka wyższa wartość energii kwantów wysokiej częstotliwości równoważy ich mniejszą długość fali, prowadząc do bardziej równomiernego rozkładu, takiego, jaki faktycznie się obserwuje.

Planck traktował ideę oddzielnych kwantów bardziej jako narzędzie matematyczne aniżeli fizyczną rzeczywistość. Jednakże kolejne lata miały pokazać, że koncepcja kwantowa prowadzi do radykalnego przeobrażenia fizyki. Dzięki podaniu wyjaśnienia efektu fotoelektrycznego w trakcie swego *annus mirabilis*, czyli „cudownego roku" 1905, Einstein miał odegrać w tych przemianach zasadniczą rolę.

Cudowny rok Einsteina poprzedzony był okresem intensywnego wysiłku intelektualnego. Jakoś udało mu się wykonać przełomowe obliczenia pomimo dotkliwych problemów finansowych. „Widać było, że żyje na skraju nędzy – wspominał Max Talmey. – Mieszkał w maleńkim, prawie nieumeblowanym pokoiku i (...) z wielkim trudem wiązał koniec z końcem"[22].

Nie mając etatu na uczelni, Albert początkowo utrzymywał siebie i Milevę z udzielania prywatnych lekcji, a następnie podjął pracę w urzędzie patentowym w Bernie jako „ekspert techniczny trzeciej klasy" – posadę tę otrzymał dzięki wstawiennictwu ojca Grossmanna, który znał osobiście dyrektora urzędu. Poza rozpatrywaniem projektów nowych wynalazków i ocenianiem, jak dalece są one oryginalne i możliwe do realizacji, udawało mu się wygospodarować czas na zagłębianie się w fundamentalne problemy fizyczne. Szło mu to tak dobrze, iż szybko stwierdził, że jest w stanie wypełniać swoje obowiązki w urzędzie, poświęcając na to zaledwie kilka godzin dziennie, i reszta dnia pozostawała mu na własne badania.

Finansowa presja na Einsteina, która doprowadziła go do zatrudnienia się w urzędzie patentowym, brała się po części z tego, że Mileva zaszła w ciążę. Pomimo jego zapewnień, że wszystko będzie dobrze, nie miała powodów do radości. Jej własna kariera naukowa legła w gruzach, gdyż nie zdała egzaminów końcowych także za drugim podejściem. Albert przyrzekał wspierać ją duchowo, a tymczasem siedział cały czas zagłębiony po uszy we własnej pracy.

Pod koniec 1901 roku Mileva powróciła sama do swego rodzinnego miasta Nowego Sadu i tam, w domu jej rodziców, w styczniu 1902 roku przyszła na świat córeczka Lieserl. Nic więcej nie wiadomo na temat dalszych losów dziewczynki; niektórzy historycy przypuszczają, że po adopcji przez jakąś serbską rodzinę zmarła w dzieciństwie. Einstein prawdopodobnie nigdy nie zobaczył na oczy swojej jedynej córki, której istnienie utrzymywał w tajemnicy przed rodzicami, innymi członkami rodziny i przyjaciółmi. Dopiero pudełko z listami odnalezione przez historyków po wielu latach od jego śmierci ujawniło skrzętnie skrywaną prawdę.

Mileva powróciła do Berna i oboje wzięli ślub w styczniu 1903 roku. Później tego samego roku zamieszkali przy głównej ulicy Berna, Kramgasse, nieopodal słynnej wieży zegarowej. Mieli potem jeszcze dwóch synów, Hansa Alberta (urodzonego w 1904 roku) i Eduarda (urodzonego w 1910 roku). Zamiast kontynuować własną pracę naukową, Mileva wspierała karierę męża, prowadząc dom i wychowując dzieci. W sytuacji gdy jej marzenia pozostały niespełnione, a ich małżeństwo wystawione było na wielką próbę, prowadziła monotonne życie naznaczone depresją. Im bardziej on szedł do góry na huśtawce życia, tym niżej opadała ona.

Zasadniczo wolny od domowych obowiązków i mając niezbyt wymagającą pracę, Einstein znajdował czas na dyskusje filozoficzne z grupą przyjaciół, których poznał, gdy po raz pierwszy przyjechał do Berna. Nawiązując do starożytnych Greków, nazwali się „Akademią Olimpia". Jej założycielem był Maurice Solovine, student z Rumunii, którego zainteresowania były bardzo różnorodne. Początkowo odpowiedział on po prostu na ogłoszenie o prywatnych lekcjach zamieszczone przez Einsteina, lecz ich relacja szybko przerodziła się w przyjaźń. Innym stałym członkiem grupy był matematyk Conrad Habicht. Spotykając się regularnie, omawiali przeczytane fragmenty pism Macha, Poincarégo, Spinozy i innych filozofów. Ich ożywione debaty ukierunkowały myślenie Einsteina, w miarę jak pracował nad teoriami, które miały stać się jego fundamentalnym wkładem do ludzkiej wiedzy.

Mając nadzieję na powrót do życia akademickiego, na początku 1905 roku Einstein złożył na Uniwersytecie w Zurychu rozprawę doktorską, w której podał wzór na wyznaczenie rozmiarów cząsteczek w roztworze na podstawie pomiaru jego lepkości (oporu przy przepływie). Nic w tej czysto praktycznej pracy nie zapowiadało eksplozji teoretycznych idei, która miała wkrótce nastąpić.

Wiosną owego roku Einstein wycelował swoje działa prosto w fizykę klasyczną, zapalił lont i wystrzelił pociski, przesyłając cztery artykuły do redakcji prestiżowego czasopisma „Annalen der Physik". Jeden z nich był przerobioną wersją jego rozprawy doktorskiej. Pozostałe trzy prace – dotyczące efektu fotoelektrycznego, ruchów Browna i szczególnej teorii względności – miały wstrząsnąć podstawami fizyki.

Praca Einsteina o efekcie fotoelektrycznym ugruntowała ideę kwantów Plancka dzięki nadaniu jej konkretnego charakteru, umożliwiającego dokonywanie bezpośrednich pomiarów. Rozważał w niej, co się stanie, gdy badacz wystawi metal na działanie światła, dostarczając energii wystarczającej do wybicia elektronu. Gdyby światło było wyłącznie falą, z teorii wynikałoby, że przenoszona przez nie ilość energii zależy przede wszystkim od jego natężenia. Zatem w jaskrawym błysku czerwonego światła powinno zawierać się więcej energii niż w słabym świetle ultrafioletowym. Jasność można zwiększać lub zmniejszać w sposób ciągły. Zatem gdyby to ona stanowiła zasadniczy czynnik, energia światła mogłaby przybierać dowolną wartość, a gdy światło wybija elektron, powinien on wylatywać z metalu z szybkością proporcjonalną do jego natężenia – im jaśniejsze światło, tym szybszy elektron.

Tymczasem Einstein wysunął radykalną tezę, iż w niektórych wypadkach światło zachowuje się jak cząstka, później nazwana fotonem. Każdy foton przenosi nieciągłą porcję energii, która jest proporcjonalna do częstotliwości światła. Zatem źródło światła o wyższej częstotliwości emituje bardziej energetyczne fotony niż to o niższej częstotliwości. Na przykład fotony światła niebieskiego mają wyższą energię niż fotony światła czerwonego. W konsekwencji po oświetleniu metalu światłem o wysokiej częstotliwości istnieje większe prawdopodobieństwo wybicia elektronu i będzie on poruszał się z większą prędkością niż przy oświetleniu światłem o niskiej częstotliwości. Prędkości wyemitowanych elektronów korelują pięknie z częstotliwościami światła padającego na metal – zależność tę potwierdzono niezliczenie wiele razy w laboratoriach fizycznych na całym świecie.

Wyjaśniając efekt fotoelektryczny – pokazując, że elektrony pochłaniają światło w postaci nieciągłych kwantów – Einstein podsunął istotną wskazówkę dotyczącą tego, jak przebiegają procesy fizyczne na poziomie atomowym. Wnioski te odegrały decydującą rolę w stworzeniu w niecałe dziesięć lat później modelu atomu przez duńskiego fizyka Nielsa Bohra. W koncepcji Bohra w wyniku absorpcji fotonu elektron przechodzi na wyższy poziom energetyczny, natomiast emitując foton, powraca do niższego stanu.

Einstein byłby niewątpliwie uważany na wielkiego fizyka, gdyby nawet wyjaśnienie efektu fotoelektrycznego było jego jedynym dokonaniem owego roku. W istocie, kiedy w 1921 roku otrzymał Nagrodę Nobla z fizyki, w uzasadnieniu zacytowano wyłącznie to osiągnięcie. Niemniej jednak było ono jedynie uwerturą do jego wspaniałej symfonii naukowych rewelacji.

Kolejny artykuł opublikowany przez Einsteina w 1905 roku dotyczył zjawiska zwanego ruchami Browna, od nazwiska szkockiego botanika Roberta Browna, polegającego na drobnych chaotycznych fluktuacjach maleńkich cząstek. W 1827 roku Brown zaobserwował gwałtowne ruchy drobinek pyłku kwiatowego umieszczonych w wodzie, lecz nie potrafił wiarygodnie tego wyjaśnić. Na podstawie swojej rozprawy doktorskiej Einstein postanowił modelować ruchy maleńkich drobin popychanych we wszystkie strony przez molekuły wody i otrzymał taki sam obraz chaotycznych ruchów, jaki zaobserwował Brown. Wyjaśniając ruchy Browna jako konsekwencję niezliczonych zderzeń na poziomie molekularnym, Einstein dostarczył istotnego argumentu na rzecz realnego istnienia atomów.

Bez wątpienia najważniejszym dokonaniem Einsteina w jego *annus mirabilis* była szczególna teoria względności. Dzięki niej w końcu odpowiedział na pytanie o możliwość dogonienia fali świetlnej, które nie dawało mu spokoju od młodych lat. Niezależnie od tego, jak szybko byśmy się poruszali i jak bardzo się starali, orzekł, nie da się zrównać z falą świetlną. Żaden obiekt materialny nie może nigdy poruszać się z prędkością światła.

Obecnie koncepcja uniwersalnej granicy prędkości jest powszechnie przyjmowana w fizyce, lecz w owym czasie była czymś praktycznie nie do pomyślenia. Fizyka klasyczna, sformułowana przez Newtona i nauczana przez stulecia w postaci niezmiennych praw, głosi, że prędkości względne są wielkościami addytywnymi. Jeśli zatem poruszamy się na deskorolce w kierunku zachodnim z określoną szybkością względem pokładu statku, a statek ten płynie na zachód z określoną szybkością względem oceanu, te dwie szybkości po prostu się dodają do siebie. Nasza szybkość względem oceanu będzie sumą szybkości, jaką udaje nam się osiągnąć na deskorolce, oraz tej, jaką rozwija statek. Gdyby pruł on fale z niesamowitą szybkością, odpowiadającą dwóm trzecim prędkości światła, a nam udało się rozpędzić do takiej samej prędkości na deskorolce, z łatwością prześcignęlibyśmy światło.

W epoce Edisona dostępna moc wydawała się ograniczona jedynie przez wyobraźnię. Skoro elektryczność mogła oświetlać miasta, napędzać tramwaje i pociągi oraz zasilać zakłady przemysłowe, bez wątpienia na świecie dałoby się znaleźć wystarczająco dużo energii, by przyspieszyć cokolwiek do dowolnej prędkości. Jeżeli pojedyncza bateria była w stanie sprawić, że jakieś ciało porusza się z pewną prędkością, to nic w prawach ruchu nie wykluczało możliwości, by poruszało się ono miliardy razy szybciej, jeśli tylko użyć miliardów baterii.

Jednakże przyjmując równania elektromagnetyzmu Maxwella za dobrą monetę i zaprzeczając jakiemukolwiek wpływowi eteru, nawet gdyby on w ogóle istniał, Einstein stwierdził, że prędkość światła w próżni jest stałą absolutną, niezależnie od tego, kto dokonuje jej pomiaru. Podróżnicy pędzący niewiarygodnie szybko wzdłuż promienia światła wciąż widzieliby, że oddala się on od nich z taką samą prędkością, jak gdyby znajdowali się w spoczynku. Zatem, niczym pustynny miraż, światło zawsze ucieka przed obserwatorem, niezależnie od tego, jak szybko się on porusza.

Einstein zdał sobie sprawę, że aby pogodzić stałość prędkości światła z pojęciem prędkości względnej, będzie musiał wydrzeć kilka kartek z newtonowskiej księgi. Postanowił zrezygnować z pojęć absolutnego czasu i przestrzeni (tego drugiego tak krytykowanego przez Macha) i zastąpić je czymś bardziej elastycznym. Jeśli, rozumował, poruszający się obserwatorzy zobaczą zegary tykające wolniej i pręty pomiarowe skracające się w kierunku ruchu, to prędkość światła zachowa zawsze tę samą wartość. Te dwie idee – spowolnienie czasu i skrócenie długości – pogodziły teorię Maxwella ze skorygowaną teorią ruchu, rozwiewając jedną z chmur Kelvina i zapewniając słoneczną przyszłość.

Spowolnienie czasu polega na rozbieżności między „czasem właściwym" obserwatora poruszającego się wraz z obiektem badanym i czasem względnym drugiego obserwatora poruszającego się ze stałą prędkością, lecz inną od tej pierwszej. Przypuśćmy, na przykład, że pierwszy obserwator jest pasażerem na statku kosmicznym poruszającym się z szybkością bliską prędkości światła. Czas właściwy dla tego pasażera to wskazania zegara pokładowego. Jeśli jednak drugiemu obserwatorowi – powiedzmy, siostrze pasażera, która pozostała na Ziemi – udało się jakoś dojrzeć ten zegar (przy użyciu supersilnego teleskopu wycelowanego w duże okno statku) – stwierdziłby, że chodzi on wolniej.

Aby zrozumieć przyczyny tej rozbieżności, wyobraźmy sobie, że pasażer spędza czas na czymś w rodzaju gry w ping-ponga przy użyciu promienia świetlnego. Dla rozrywki odbija światło od zwierciadła na sklepieniu kabiny – świeci prosto do góry, obserwuje, jak światło odbija się prosto w dół, i mierzy, ile czasu mu to zajmuje. Obserwując z oddali zabawę brata, podczas gdy jego statek mknie w przestrzeni, siostra będzie z kolei widziała promień poruszający się po linii zygzakowatej, a nie w górę i w dół. Wskutek poziomego ruchu statku trajektoria wznoszącego się i opadającego światła z jej punktu widzenia przybiera kształt odwróconej litery V. Gdyby zakładała, że prędkość światła jest stała, doszłaby do wniosku, że skoro światło przebyło dłuższą drogę, trwało to dłużej w porównaniu z tym, co zmierzył jej brat. Zatem dla niej czas na statku płynie wolniej niż dla brata.

Relatywistyczne zmniejszenie długości jest odmianą skrócenia Lorentza–FitzGeralda i polega na skurczeniu się samej przestrzeni w kierunku ruchu, a nie na ściśnięciu materii. Podczas gdy obserwatorzy poruszający się wraz z danym ciałem zobaczą jego właściwą długość, inni, poruszający się z odmienną prędkością, zmierzą, że jego długość zmniejszyła się w kierunku ruchu.

Aby lepiej zrozumieć tę ideę, wyobraźmy sobie, że nasz kosmiczny podróżnik gra w „świetlnego ping-ponga", lecz tym razem promień odbija się od przedniej ściany statku (w kierunku jego ruchu), a nie od sklepienia. Umieściwszy zwierciadło na tej ścianie i wycelowawszy w nie źródło światła, odbija promień w poziomie tam i z powrotem. Mnożąc czas jednego takiego cyklu przez prędkość światła, wyznacza całkowitą długość drogi przebytej przez światło. Jego siostra na Ziemi wycelowuje swój supersilny teleskop na statek i również mierzy tę długość. Ponieważ statek pędzi w tym samym kierunku co światło (przed odbiciem), wychodzi jej, że czas, jaki zajęło promieniowi świetlnemu przebycie drogi tam i z powrotem, jest krótszy niż w odczuciu jej brata. W konsekwencji obserwowana przez nią długość drogi też będzie mniejsza.

Kolejny artykuł o szczególnej teorii względności pokazywał, co dzieje się z masą przy bardzo dużych prędkościach. Einstein wysunął tezę, iż masa relatywistyczna stanowi jedną z postaci energii i związek między nimi wyrażony jest słynnym równaniem $E = mc^2$. Rozpoczynając ruch, ciało ma pewną masę spoczynkową – jak gdyby swoje wiano. Poruszając się szybciej, zyskuje dodatkową masę powiązaną z jego energią kinetyczną. Im bardziej zbliża się do prędkości światła, tym bardziej rośnie jego masa. Aby faktycznie poruszać się z prędkością światła, ciało musiałoby przekształcić nieskończenie wiele energii w masę – co jest niemożliwe. Zatem dla ciał materialnych prędkość światła nie jest osiągalna (o ile ciało samo z siebie nie porusza się już z tą prędkością).

JEDNOŚĆ PRZESTRZENI I CZASU

Gdy Einstein opublikował swoje rewelacyjne wyniki, stał się znany w niemieckiej społeczności naukowej. Miało jednak jeszcze trochę potrwać, zanim zdobył sławę międzynarodową. Jednym z pierwszych jego zwolenników był fizyk Max von Laue, wówczas asystent Plancka w Berlinie. Latem 1906 roku von Laue umówił się z Einsteinem w biurze patentowym. Usiadł w poczekalni, niecierpliwie wyczekując, kiedy osobiście pozna wielkiego uczonego, który zdetronizował Newtona.

„Młody człowiek, który wyszedł do mnie – wspominał von Laue – wyglądał na tyle inaczej od tego, czego się spodziewałem, że nie wierzyłem, by mógł być ojcem teorii względności. Zatem przepuściłem go obok siebie i dopiero kiedy zawrócił z poczekalni, przedstawiliśmy się sobie”[23].

Von Laue włożył wiele wysiłku w propagowanie teorii względności Einsteina i badanie jej konsekwencji. Był autorem pierwszego wprowadzenia do tej teorii, opublikowanego w 1911 roku. Einstein ogromnie cenił sobie jego poparcie i przyjaźń, która trwała do końca ich życia.

Innym głośnym zwolennikiem Einsteina był Minkowski, który zmienił opinię o swoim byłym studencie o 180 stopni. Zdumiony faktem, że ten oto „leniuch" rozwiązał utrzymujący się od dawna problem z interpretacją równań Maxwella, postanowił nadać teorii względności bardziej ścisłą pod względem matematycznym formę. W owym czasie otrzymał stanowisko w mekce matematyków, Getyndze, gdzie wpływowy uczony zajmujący się logiką i geometrią, David Hilbert, przejął pałeczkę po Kleinie jako główny propagator innowacji w tych dziedzinach. W tym centrum wszystkiego, co nieeuklidesowe, Minkowski miał najlepsze warunki, by korzystać z przełomowych koncepcji geometrycznych.

Minkowski doszedł do wniosku, że teoria Einsteina będzie wyglądała o wiele bardziej elegancko ubrana w szaty czterowymiarowej geometrii. Podał alternatywę dla przestrzeni euklidesowej, różniącą się od niej pod dwoma zasadniczymi względami. Pierwszy polegał na tym, że czas (pomnożony przez prędkość światła, by zapewnić zgodność jednostek) stanowił w niej czwarty wymiar. Do długości, szerokości i wysokości używanych przy opisywaniu rzeczywistości fizycznej doszedł okres trwania. Taki konglomerat nazwał „czasoprzestrzenią".

Druga zmiana polegała na dodaniu ujemnego członu w formule twierdzenia Pitagorasa używanego do wyznaczania odległości. Jego standardowa wersja, stosowana od tysiącleci do obliczania przeciwprostokątnej trójkąta prostokątnego, głosi, że suma kwadratów przyprostokątnych trójkąta prostokątnego równa się kwadratowi jego przeciwprostokątnej. Na przykład w trójkącie prostokątnym o bokach 3, 4 i 5 jednostek zachodzi równość $3^2 + 4^2 = 5^2$. Minkowski uzupełnił tę formułę o czas, stwierdzając, że suma kwadratów odległości przestrzennych minus kwadrat czwartej współrzędnej (czasu pomnożonego przez prędkość światła) równa się kwadratowi „interwału czasoprzestrzennego". Ten interwał czasoprzestrzenny stanowi najkrótszą drogę w czterech wymiarach, uogólnienie odległości przestrzennej biorące pod uwagę zarówno przestrzeń, jak i czas. Opisuje on wzajemne położenie dwóch zdarzeń – następujących w różnym miejscu i w różnym czasie – przez określenie minimalnej czterowymiarowej trasy łączącej jedno z drugim.

Znając interwał czasoprzestrzenny między danymi dwoma zdarzeniami, jesteśmy w stanie powiedzieć, czy są one przyczynowo powiązane – czyli czy jedno mogło wpłynąć na drugie. Jeśli interwał czasoprzestrzenny jest zerowy (zwany „światłopodobnym") lub ujemny („czasopodobny"), to wydarzenie późniejsze może być skutkiem wcześniejszego; natomiast jeśli jest on dodatni („przestrzeniopodobny"), to żaden związek przyczynowo-skutkowy nie jest możliwy, ponieważ wymagałby sygnału szybszego niż światło. Zatem gdyby pewna aktorka miała na sobie sukienkę z ceremonii wręczenia Oscarów w 2016 roku, a pewna mieszkanka układu Proxima Centauri, odległego o cztery lata świetlne, włożyła taką samą w 2017 roku, nie można by jej zarzucać skopiowania stylu, ponieważ dzielący je interwał byłby typu czasoprzestrzennego, co wyklucza wszelką możliwość komunikacji. Jakiemukolwiek sygnałowi dotarcie z Ziemi do Proximy Centauri zajęłoby minimum cztery lata, i dlatego rzekoma modowa wpadka byłaby jedynie kosmicznym zbiegiem okoliczności.

Ująwszy szczególną teorię względności jako czterowymiarową teorię osadzoną w czasoprzestrzeni, Minkowski pokazał, że spowolnienie czasu i skrócenie długości można przedstawić jako obroty przekształcające przestrzeń w czas. Aby pojąć, na czym to polega, możemy sobie wyobrazić interwał czasoprzestrzenny jako coś w rodzaju wskaźnika wiatru na dachu, przy czym kierunek północny odpowiada czasowi, a wschodni przestrzeni. Przejście pomiędzy dwiema różnymi perspektywami jest niczym obrót wskaźnika z kierunku wschód–północny wschód w stronę północ–północny wschód – czyli pewne zmniejszenie jego wschodniej składowej na rzecz zwiększenia północnej składowej. Analogicznie obrót interwału czasoprzestrzennego ujmuje nieco odległości przestrzennej między dwoma zdarzeniami, powiększając ich odległość w czasie.

Minkowski triumfalnie ogłosił swoją wersję na Ósmym Zjeździe Niemieckich Przyrodników i Lekarzy w Kolonii, podkreślając jej rewolucyjny charakter: „Koncepcja przestrzeni i czasu, którą chciałbym państwu przedstawić, wyrasta na glebie fizyki doświadczalnej i w tym tkwi jej siła. Jest ona radykalna. W jej myśl przestrzeń jako taka i czas jako taki nieuchronnie stają się zaledwie cieniami, a jedynie ich połączenie zachowuje niezależny byt"[24].

Podczas gdy Einstein początkowo odrzucił przeformułowanie swojej teorii przez Minkowskiego jako zbyt intelektualnie wymagające, w ciągu kilku lat stopniowo przekonał się do jego nieodpartej elegancji. Wywarło ono wielki wpływ na jego sposób myślenia, uzmysławiając mu ogromne znaczenie matematyki wyższej w teoretycznych rozważaniach fizycznych.

W 1908 roku, tym samym, w którym Minkowski wystąpił w Kolonii, Einstein uzyskał habilitację i zaczął wykładać na Uniwersytecie Berneńskim. W następnym roku otrzymał posadę na Uniwersytecie w Zurychu, gdzie przystąpił do pracy nad rozszerzeniem szczególnej teorii względności – uniwersalną teorią grawitacji, zwaną ogólną teorią względności. W tym celu musiał zrewidować swój stosunek do matematyki wyższej.

Nadszedł czas, by wyjść poza ograniczenia wiedzy zdobytej jeszcze w dzieciństwie. Podniszczony podręcznik geometrii doskonale posłużył mu jako uczniowi, lecz jako fizyk do rozszerzenia swojej teorii potrzebował obeznania z geometriami nieeuklidesowymi i czwartym wymiarem. Jego postępy z kolei zainspirowały Schrödingera, którego dziecięca fascynacja astronomią – znajdująca swój wyraz w zabawie w „taniec planet" z ciotką – przerodziła się w głębokie zainteresowanie relatywistycznym podejściem do grawitacji. Obaj zmagali się z teoretycznymi kwestiami w burzliwym dla Europy czasie – wojny, kryzysu gospodarczego, politycznych zawieruch i znów wojny.

ROZDZIAŁ 2

PRZEPRAWA Z GRAWITACJĄ

Raz pewien skrzypek z Lutonu
Napisał marsz pogrzebowy z półtonów,
By uczcić, jak mawiał, z Helwecji Żyda Teutona,
Co niemal obalił Principia *Newtona*
I grał go po cichu bez dzwonu

Limeryk opublikowany w „Punchu" w 1919 roku[25]

Teoria Newtona była niezwykle elegancka w swojej prostocie, lecz u Einsteina budziła fundamentalny sprzeciw, gdyż traktowała grawitację jako natychmiastowe, niewidoczne powiązanie między odległymi masami. Niedostrzegalne nitki oddziaływania grawitacyjnego w nieokreślony bliżej sposób wodziły ciała niebieskie poprzez kosmos. Einstein, podzielając pogląd Macha, iż rzeczywistość fizyczna powinna być mierzalna i obserwowalna, usiłował znaleźć jakieś głębsze wyjaśnienie.

Ponadto szczególna teoria względności ustanowiła górną granicę szybkości powiązań przyczynowo-skutkowych – prędkość światła. Teoria Newtona nie zawierała takiego ograniczenia. Zgodnie z jej przewidywaniami, gdyby Słońce nagle znikło, Ziemia natychmiast zaczęłaby podążać w przestrzeni po linii prostej – jeszcze nawet przed dotarciem do niej ostatnich promieni słonecznych. Skąd zatem wiedziałaby, że ma zmienić sposób poruszania się, zanim w ogóle możliwe będzie zauważenie braku Słońca? Nasunęło to Einsteinowi myśl, że konieczne jest opisanie grawitacji na nowo w języku teorii względności.

Będąc pod wielkim wrażeniem zastosowanego przez Maxwella podejścia do elektromagnetyzmu, opartego na pojęciu pola, Einstein chciał analogicznie stworzyć teorię pola grawitacyjnego. Polem nazywamy rozkład konkretnych wartości potencjalnego wpływu jakiegoś oddziaływania dla każdego punktu przestrzeni. Natężenie pola w danym miejscu pozwala określić właściwości siły, jaka działałaby na umieszczoną w nim cząstkę. Pole elektryczne na przykład mówi nam, jak wielkiej i jak skierowanej siły oddziaływania elektrycznego doznawałby elektron, proton bądź jakiekolwiek inne ciało naładowane znajdujące się we wszelkich możliwych miejscach. To samo odnosi się do magnetyzmu i pola magnetycznego.

Wyobraźmy sobie na przykład pole reprezentujące wielkość i kierunek fal na oceanie. Niefortunny żeglarz, który znalazłby się w miejscu, gdzie jest ono wyjątkowo silne, byłby świadkiem, jak jego statkiem targają przemożne siły, znosząc go z kursu. Choćby nie znał źródła tak potężnych fal – mogłoby nim być podmorskie trzęsienie ziemi – odczuwałby bezpośrednio jego straszliwe skutki. Zatem nawet jeżeli przyczyna zaburzenia jest odległa, pole odgrywa rolę pośrednika i wywołuje lokalne skutki. Zauważając istotne podobieństwa między elektromagnetyzmem i grawitacją, takie jak fakt, że ich natężenie maleje z kwadratem odległości pomiędzy oddziałującymi ciałami, Einstein zabrał się na początku drugiej dekady XX wieku do formułowania równań pola grawitacyjnego. W wyniku tego miało powstać jego mistrzowskie dzieło – ogólna teoria względności. Dostrzeżenie analogii między tymi dwoma oddziaływaniami przygotowało grunt pod jego późniejsze wysiłki, aby je ze sobą zunifikować.

W trakcie tych zmagań Einstein wybrał się do Wiednia, by na odbywającej się tam konferencji wygłosić referat o postępie swoich prac. Jego porywające wystąpienie skłoniło młodego Schrödingera, liczącego wówczas dwadzieścia kilka lat, do porzucenia tematów praktycznych, takich jak mierzalne właściwości światła i promieniowania, na rzecz bardziej fundamentalnych problemów, w tym zagadki grawitacji i właściwości samego Wszechświata. Zauważone przez Einsteina związki między elektromagnetyzmem i grawitacją legły u podstaw podjętych po latach prób stworzenia jednolitej teorii oddziaływań fizycznych. Wiedeńska konferencja z 1913 roku miała okazać się punktem zwrotnym w jego karierze. Mając Einsteina za wzór do naśladowania, odnosił wrażenie, że cały kosmos pozostaje w zasięgu jego przenikliwego umysłu.

ZMIERZCH IMPERIUM

Olśniewająca cesarska stolica monarchii austro-węgierskiej miała niebawem utracić swój blichtr. Ogień płonący w jego centrum zgasł i narody zjednoczone pod habsburskim berłem rozproszyły się niczym żarzące się popioły rozwiewane wiatrem. Jego zgaśnięcie było równie nagłe i całkowite jak zaćmienie Słońca. Jednak nie było to do końca przygnębiające. W takich momentach, gdy zapada ciemność, gwiazdy niedostrzegalne normalnie w ciągu dnia mają doskonałą okazję, by zabłysnąć.

Metropolia Habsburgów urządziła wielką fetę – uroczyste spotkanie wybitnych umysłów, które, jak się okazało, stanowiło pożegnalny akord wiedeńskiej złotej epoki. Zaproszono tysiące najznakomitszych niemieckojęzycznych uczonych z Europy. Z Pragi, Budapesztu, Berlina i Zurychu młodzi i starzy zjechali, by dowiedzieć się czegoś o zadziwiających nowych teoriach dotyczących cząstek, atomów, światła, elektryczności, fizyki statystycznej i innej tematyki. Było parę zwracających uwagę nieobecności – nie przybyli ani Planck, ani Arnold Sommerfeld, poważany dyrektor monachijskiego Instytutu Fizyki. Jednakże entuzjazm dla nowych odkryć w fizyce uczynił z tego ostatniego tanga austro-węgierskiej nauki na długo zapadającą w pamięci galę.

Na owym dorocznym zjeździe Stowarzyszenia Niemieckich Przyrodników i Lekarzy (to na forum takiego właśnie zgromadzenia pięć lat wcześniej w Kolonii występował Minkowski) nie szczędzono żadnego zbytku. Tym razem odbywał się on od 21 do 28 września 1913 roku w nowej siedzibie Instytutu Fizyki Uniwersytetu Wiedeńskiego, nieopodal małej uliczki Boltzmanngasse. Postawienie tego budynku wymógł Franz Exner, stawiając to jako warunek tego, by nadal pełnił funkcję dyrektora. Po sesjach w pięknym nowym audytorium ponad siedem tysięcy uczestników miało do wyboru wystawne przyjęcie wydane przez dwór cesarski, bankiet organizowany przez radę miejską Wiednia oraz raut urządzany przez samych wiedeńskich fizyków. Doprawdy nikt nie mógł się uskarżać, że zostanie o pustym żołądku.

Wśród tematów dyskusji prym wiodły promieniowanie i fizyka atomowa. Jednym z mówców był niemiecki fizyk Hans Geiger, wynalazca licznika (którego ogólną koncepcję przedstawił w 1908 roku) i były współpracownik urodzonego w Nowej Zelandii fizyka Ernesta Rutherforda. W 1909 roku Geiger i Ernest Marsden przeprowadzili pod kierunkiem Rutherforda na Uniwersytecie w Manchesterze pomysłowy eksperyment mający na celu zbadanie wewnętrznej struktury atomu. Bombardując złotą folię cząstkami alfa (jonami helu), stwierdzili, że prawie wszystkie cząstki przechodziły przez nią bez przeszkód, niemniej jednak pewna niewielka ich liczba odbijała się pod ostrymi kątami, niczym piłeczki gumowe od betonowej ściany. Z tych nieoczekiwanych rezultatów Rutherford wywnioskował, że wnętrze atomu to głównie pusta przestrzeń, pośrodku której znajduje się maleńkie, dodatnio naładowane jądro. Podany przez niego w 1911 roku prosty model atomu jako czegoś podobnego do Układu Słonecznego z ujemnie naładowanymi elektronami krążącymi wokół dodatnio naładowanego jądra zmienił wyobrażenie o atomach. Nie można już było ich sobie wyobrażać jako jednolitych i niepodzielnych, niczym maleńkie szklane kulki; okazało się, że stanowią one obiekty o misternej strukturze, złożone głównie z całkowitej pustki. W referacie wygłoszonym na zjeździe Geiger skupił się na praktycznych sposobach wykrywania cząstek alfa i beta (te drugie zostały później nazwane elektronami).

Pracując jako młody badacz w Instytucie Fizyki u Exnera oraz w pobliskim Instytucie Badań Radowych, Schrödinger również zainteresował się wykrywaniem promieniowania. W miesiąc później pojechał do miejscowości Seeham nad jeziorem Obertrumer w pobliżu Salzburga, by zmierzyć zawartość produktu rozpadu radu, zwanego radium-A, w atmosferze. Dokonawszy prawie dwustu pomiarów przy użyciu probówek i elektrometru, prześledził, jak zawartość ta zmieniała się w czasie. Co ciekawe, wykazał, że nawet przy maksymalnym poziomie radium-A odpowiadał on jedynie za niewielką część promieniowania atmosferycznego. Na podstawie tych i innych ustaleń wielu naukowców doszło do wniosku, że reszta musi pochodzić z innych źródeł, na przykład promieniowania gamma, i rozpoczęto poszukiwania możliwych przyczyn tego dodatkowego promieniowania.

Bliska zainteresowaniom badawczym Schrödingera i odbywająca się dogodnie pod koniec września w jego rodzinnym mieście konferencja stanowiła dla niego doskonałą okazję. Mógł słuchać na niej referatów opisujących najnowsze odkrycia dotyczące promieniotwórczości, jądra atomowego i pokrewnych tematów. Jeden z nich, wygłoszony przez astrofizyka Wernera Kolhörstera z Halle w Niemczech, opisywał badania wykonywane przy użyciu wysyłanych na wysokość wielu kilometrów balonów wyposażonych w aparaturę do wykrywania promieniowania. Potwierdzając wyniki uzyskane wcześniej przez austriackiego fizyka Victora Hessa, jego autor podał, że „przenikliwe promieniowanie", ewidentnie pochodzenia pozaziemskiego, wzrasta znacząco na dużych wysokościach. Obecnie owo dochodzące spoza Ziemi promieniowanie nazywamy „promieniowaniem kosmicznym". Z uwagi na to potwierdzenie historycy nauki Jagdish Mehra i Helmut Rechenberg proponowali, by uznać datę wiedeńskiej konferencji za „dzień narodzin (...) promieniowania kosmicznego"[26].

Wielu z obecnych na zjeździe, w tym Einstein, po raz pierwszy dowiedziało się o niezwykłej teorii budowy atomu sformułowanej przez Bohra wcześniej w tym samym roku. W opinii Einsteina stanowiła ona „jedno z największych odkryć"[27]. Jakkolwiek w żadnym z wygłoszonych referatów nie wspomniano nic o modelu Bohra, wieść o tym wielkim sukcesie rozeszła się nieformalnie, dzięki osobistej relacji węgierskiego fizyka György von Hevesyego, który był świadkiem jego powstawania z pierwszej ręki. Von Hevesy przebywał w Manchesterze w 1912 roku, kiedy Bohr pracował tam u Rutherforda na stażu podoktorskim, i widział, jak współpraca Bohra i Rutherforda przyniosła wspaniałe teoretyczne owoce. Potem von Hevesy objął stanowisko w wiedeńskim Instytucie Badań Radowych, stąd miał idealne możliwości, by przekazywać ekscytujące nowiny o badaniach Bohra zaintrygowanym uczestnikom konferencji.

Bohr przejął od Rutherforda schemat atomu jako układu planetarnego i wykorzystał koncepcję kwantów do wyjaśnienia jego stabilności i układu prążków widmowych. Na pierwszy rzut oka elektrony nie powinny krążyć po stabilnych orbitach wokół jądra atomowego, lecz ze względu na elektrostatyczne przyciąganie dodatnio naładowanego jądra ostatecznie spaść po trajektorii spiralnej ku niemu, emitując promieniowanie. Częstotliwość tego promieniowania, jeśli fizyka klasyczna miałaby być tu wskazówką, powinna być zsynchronizowana z częstotliwością obiegu po orbicie.

Jednakże nic takiego w ogóle nie zachodzi. Atomy są obiektami stosunkowo stabilnymi. Coś musi tłumaczyć, dlaczego elektrony wolą pozostawać na stałych orbitach. Bohr genialnie wydedukował, że moment pędu elektronu może przyjmować jedynie nieciągłe wartości – całkowite wielokrotności stałej oznaczanej jako $\hbar$, równej stałej Plancka podzielonej przez 2π. Innymi słowy, moment pędu, podobnie jak energia, jest skwantowany.

Moment pędu to wielkość fizyczna zależna od masy ciała, jego prędkości i promienia obrotu. Występuje ona, ilekroć mamy do czynienia z czymś obracającym się, na przykład baletnicą wykonującą piruet lub wirującą galaktyką. W fizyce klasycznej jest to parametr ciągły, to znaczy może on przybierać dowolną wartość. Jeśli baletmistrz powie tancerce, by obracała swojego partnera nieco szybciej, może ona pociągnąć go mocniej za rękę, by nadać mu dodatkowy impet (w terminologii technicznej określany jako moment skręcający), zwiększając jego moment pędu.

Natomiast Bohr stwierdził, że nie można sprawić, by elektrony krążyły z dowolną prędkością ani z dowolnym promieniem orbity. Mogą one jedynie przybierać odrębne stany przez wchłonięcie lub wyemitowanie skończonych porcji energii i momentu pędu. Zatem zamiast zmieniać swoją odległość od jądra lub prędkość w sposób ciągły, tancerze-elektrony przeskakują nagle z jednego miejsca na drugie, niczym w wypadku ruchu oglądanego w świetle stroboskopowym.

Elektron zmienia poziom energetyczny, gdy dochodzi do absorpcji lub emisji fotonu, którego energia to iloczyn częstotliwości i stałej Plancka. Energia przyrasta lub maleje o ten kwant odpowiednio za każdym pochłonięciem bądź wyrzuceniem fotonu. Co zaskakujące, jak wykazał Bohr, częstotliwość wypromieniowanego fotonu nie ma nic wspólnego z częstotliwością orbitalną (liczbą obiegów na sekundę) elektronu, lecz jest niezależnym parametrem, który zależy wyłącznie od różnicy energii poziomów, pomiędzy którymi nastąpił przeskok wywołujący emisję.

Hipoteza Bohra o skwantowaniu momentu pędu i energii umożliwiła po raz pierwszy dokładne przewidywanie promieni orbitalnych i poziomów energetycznych elektronów w atomie wodoru, stanowiąc zestaw „praw Keplera" (reguł ruchu planetarnego) dla „układu słonecznego atomu". Jakkolwiek nie ulegało wątpliwości, że są one niekompletne – dotyczyły jedynie atomu wodoru, a założenia o skwantowaniu momentu pędu i energii przyjęte były bez uzasadnienia – doskonale zgadzały się z istniejącymi danymi. Ich pierwszym poważnym testem, który zdały śpiewająco, było odtworzenie wzoru Rydberga dla długości fali linii widmowych wodoru.

Podany w 1888 roku przez szwedzkiego fizyka Johannesa Rydberga wzór jest prostym algorytmem na wyprowadzenie rozkładu długości fali w widmach atomowych. Przewiduje on występowanie w widmie wodoru odrębnych sekwencji prążków, znanych jako seria Lymana, seria Balmera, seria Paschena i tak dalej. Bohr wykazał, że sekwencje te – oraz wzór Rydberga jako taki – wynikają dokładnie z jego zestawu założeń dotyczących elektronów i fotonów w atomach wodoru. Długość fali każdej z linii widmowych odpowiadała wartości przewidywanej dla fotonu wyemitowanego podczas przeskoku elektronu między dwoma poziomami energetycznymi.

Model Bohra jest obecnie nazywany „starą teorią kwantów". Jego przyjęte *ad hoc* założenia zwiększyły naszą wiedzę o atomach, lecz nie dało się ich uzasadnić przez odwołanie się do jakichkolwiek znanych zasad fizycznych. Dopiero dzięki żmudnym wysiłkom Schrödingera, Louisa de Broglie'a, Wernera Heisenberga w latach dwudziestych XX wieku teoria kwantów zyskała bardziej solidne podstawy.

SZKICE DO REWOLUCJI

Najbardziej oczekiwanym punktem programu na wiedeńskiej konferencji w 1913 roku był wykład Einsteina we wtorek rano 23 września zatytułowany „Aktualny status problemu grawitacji". Wielkie audytorium wypełnione było szczelnie uczestnikami pragnącymi posłuchać, jak człowiek, który opublikował tyle ważnych prac w ciągu jednego roku, mówi o swoich nowych teoriach. Było to jedno z najważniejszych jego naukowych wystąpień – zarys idei innowacyjnego wyjaśnienia grawitacji, które miało zastąpić prawa Newtona. Oferując smakowite kąski z filozofii Macha, porcje na ząb wyższej matematyki i apetyczne przewidywania dotyczące światła gwiazd podczas zaćmienia Słońca, Einstein dał głodnej publiczności przedsmak tego, co miało stać się jego wyśmienitą ogólną teorią względności.

Zaczął od krótkiego przedstawienia historii elektromagnetyzmu, wychodząc od prawa odwrotnych kwadratów Coulomba dla siły elektrostatycznej działającej między dwoma ładunkami. Pokazał, jak w XIX wieku badania Faradaya i innych fizyków dowiodły istnienia głębokich związków między elektrycznością i magnetyzmem, co znalazło swój szczytowy wyraz w równaniach Maxwella. W ten sposób powstało coś na kształt jednolitej teorii pola, podkreślał Einstein, ujmującej dwa zjawiska fizyczne, dotąd uważane za niepowiązane ze sobą, w ramach jednej struktury pojęciowej. Równania Maxwella, zwrócił uwagę, ustanawiają maksymalną szybkość rozchodzenia się sygnałów – prędkość światła w próżni. Aby dostosować klasyczne pojęcie prędkości względnej do nowej sytuacji z niezmienną prędkością światła, powstała szczególna teoria względności.

Najwyższy czas, kontynuował Einstein, by zmierzyć się z innym fundamentalnym oddziaływaniem fizycznym – grawitacją. Na razie grawitacja znajdowała się w takim samym stadium, jak elektryczność po sformułowaniu prawa Coulomba. Prawo odwrotnych kwadratów Newtona dla grawitacji z jego koncepcją „działania na odległość" było analogiczne do idei Coulomba i miało podobnie cząstkowy charakter. Teraz nadeszła pora, podkreślił Einstein, by stworzyć pełną teorię pola obejmującą wszystkie oddziaływania fizyczne, w tym grawitację, która nie zawierałaby archaicznego konceptu, jakoby ciała oddziaływały ze sobą natychmiastowo na duże odległości. Szczególna teoria względności nie dopuszcza tego, by oddziaływanie grawitacyjne między dwoma masywnymi odległymi ciałami zachodziło momentalnie, gdyż żaden sygnał nie może rozchodzić się szybciej od prędkości światła. Dlatego grawitacji należy nadać postać lokalnej teorii pola, uwzględniającej istnienie górnego ograniczenia prędkości w przyrodzie.

Dokonując analogii między elektromagnetyzmem i grawitacją, Einstein wyraźnie zapowiadał przyszłe jednolite wyjaśnienie obydwu tych zjawisk. Zamierzał on kontynuować program Maxwella w celu unifikacji odrębnych oddziaływań przez objęcie nim również grawitacji. Wyjaśnienie samej grawitacji miało stanowić dopiero pierwszy krok w tym kierunku.

Schrödinger słuchał uważnie słów człowieka, którego miał niebawem uznać za swojego mistrza. Jasne jak słońce wyjaśnienie przez Einsteina głębokich związków pomiędzy oddziaływaniami otworzyło mu oczy na zdumiewające możliwości fundamentalnej fizyki teoretycznej. Odtąd Schrödinger nie będzie widział żadnych ograniczeń dla rodzajów problemów, jakimi może się zajmować, nie wyłączając kwestii kosmicznych, znacznie wykraczających poza pomiary promieniowania atmosferycznego, na których do tej pory się skupiał.

W owym czasie Schrödinger był jednym z kilku badaczy, którzy dostrzegali w całej okazałości ambitny zamiar Einsteina zmierzającego do zunifikowania oddziaływań fizycznych. „Koncepcja przedstawiona przez Einsteina – napisze później – obejmowała od samego początku (a nie dopiero w kolejnych licznych próbach jej uogólnienia) wszelkie typy interakcji dynamicznych, nie tylko grawitację”[28].

Niezależnie od swych znacznie dalej sięgających ambicji w fizyce Schrödinger zaczął wkrótce sporo czytać z dziedziny filozofii. Jego wzrok skupiał się na oznakach jedności przyrody. Poszukiwanie zasad, na których można by oprzeć unifikację, doprowadziło go do prac dziewiętnastowiecznego niemieckiego filozofa Arthura Schopenhauera, mistyków Wschodu oraz innych, którzy usiłowali wyjaśnić mechanizmy rządzące Wszechświatem.

Niewątpliwie Schrödinger mógł w pełni podzielać zainteresowanie Einsteina filozofią Macha, podupadłego na zdrowiu i od dawna przebywającego na emeryturze, lecz wciąż czynnie interesującego się nauką. Einstein przejął krytykę Macha newtonowskiego pojęcia układów inercjalnych (poruszających się ruchem jednostajnym względem „przestrzeni absolutnej”) i jego mało precyzyjną alternatywną ideę, że to przyciąganie odległych gwiazd jest źródłem bezwładności. W einsteinowskiej interpretacji Macha łączna masa wszystkich obiektów we Wszechświecie wywiera wpływ na ciała, powodując, że ich naturalnym stanem jest ruch jednostajny po prostej. Stąd bezwładność stanowi kolektywny efekt rozkładu masy we Wszechświecie – tak jak mglista nocna poświata nad miastem jest kolektywnym efektem światła wszystkich lamp ulicznych. Gdy konferencja nie obradowała, Einstein odwiedzał Macha w jego wiedeńskim mieszkaniu, by dyskutować ze starym siwobrodym filozofem o interesujących ich obu naukowych kwestiach.

W najbardziej technicznej części wystąpienia Einstein przeszedł do naszkicowania swoich koncepcji, które wspólnie z Grossmannem ujął w matematyczną postać, dotyczących powiązania rozkładu mas w przestrzeni z jej czterowymiarową geometrią, a na koniec do pewnego rodzaju lokalnego ruchu ciał, który nosi nazwę przyspieszenia grawitacyjnego. Wskazał, że jego teoria opiera się na idei, iż masa bezwładna (miara tego, jak ciało przyspiesza pod wpływem działających na nie sił) odpowiada dokładnie masie grawitacyjnej (mierze tego, jak ciało jest przyciągane grawitacyjnie przez inne ciała). Prowadzi to do tego, że w równaniach ruchu obie masy znoszą się wzajemnie, co oznacza, że w danym punkcie przestrzeni każde ciało mające masę będzie zachowywało się tak samo. W konsekwencji położenie ciała – oraz geometria przestrzeni w tym punkcie uwarunkowana rozkładem mas we Wszechświecie – wyznacza w pełni jego zachowanie się.

Kulminacyjnym punktem wykładu Einsteina było śmiałe, możliwe do zweryfikowania przewidywanie dotyczące zakrzywienia światła gwiazd przez Słońce. Stwierdził, że olbrzymia masa Słońca odkształca geometrię otaczającej je przestrzeni, sprawiając, że wszystko w jego bezpośrednim otoczeniu porusza się po trajektoriach zakrzywionych, a nie po prostych. Nawet światło dalekich gwiazd przechodzące w pobliżu Słońca ulega zakrzywieniu, w rezultacie z Ziemi postrzegamy je jako przesunięte w stosunku do położenia, jakie miałyby, gdyby nie Słońce. Oczywiście, ponieważ gwiazd nie widać za dnia, w normalnych warunkach nie da się zaobserwować tego efektu grawitacyjnego zakrzywienia promieni świetlnych. Jednakże podczas całkowitego zaćmienia Słońca, powiedział Einstein, „przemieszczenie" gwiazd na sferze niebieskiej powinno być zauważalne. Zaproponował, by dokonać pomiaru tego odchylenia i porównać z jego teorią podczas najbliższego zaćmienia, które miało być widoczne ze wschodniej Europy w sierpniu 1914 roku.

Konferencja wiedeńska miała olbrzymi wpływ na dalszą karierę naukową Schrödingera. Zamiast zajmować się eksperymentalnymi pomiarami promieniowania, podążył w kierunku teoretycznym, podejmując fundamentalne zagadnienia w fizyce. Zanim jednak zdołał głębiej zająć się badaniami w zakresie fizyki atomu, grawitacji i innych rzeczy, o których dowiedział się na konferencji, los pokrzyżował mu plany.

28 czerwca 1914 roku podczas wizyty arcyksięcia Ferdynanda, następcy tronu austro-węgierskiego, w bośniackim Sarajewie on i jego żona zostali śmiertelnie postrzeleni przez serbskiego nacjonalistę Gawriła Principa. W miesiąc później wybuchła I wojna światowa i Schrödinger został powołany do wojska. Służył ofiarnie na froncie włoskim, pełniąc rozmaite funkcje, między innymi dowódcy baterii. Gdy Niemcy przystąpiły do wojny po stronie Austro-Węgier, Einstein był temu zdecydowanie przeciwny i odmówił wzięcia w niej udziału.

Powróciwszy do Wiednia wiosną 1917 roku, Schrödinger nadal wypełniał obowiązki na rzecz armii, dokonując obserwacji meteorologicznych wraz ze swym przyjacielem Hansem Thirringiem. Niestety wojna opóźniła akademicką karierę Schrödingera o mniej więcej trzy lata – frustrująco dużo jak dla młodego badacza. W Wiedniu chciał jak najszybciej nadrobić utracony czas, prowadząc znów swoje prace teoretyczne i wykłady.

Wojna opóźniła także przetestowanie przewidywania Einsteina co do zakrzywienia promieni świetlnych. Niemiecki astrofizyk Erwin Finlay-Freundlich, uczeń Kleina i gorliwy zwolennik teorii Einsteina, entuzjastycznie wyruszył na wyprawę na Krym, gdzie zaćmienie Słońca miało być doskonale widoczne, z nadzieją zaobserwowania tego zjawiska. Zanim jednak zdołał przeprowadzić pomiary, został internowany przez armię rosyjską jako jeniec wojenny. Dopiero po upływie kolejnych pięciu lat, po zakończeniu wojny, udało się przeprowadzić taki test i potwierdzić teorię Einsteina. Tymczasem jej autor nieprzerwanie zajmował się rozwijaniem swojej teorii grawitacji.

NAJSZCZĘŚLIWSZA MYŚL

Początków ogólnej teorii względności można doszukać się na długo przed konferencją wiedeńską z 1913 roku. W 1907 roku, zaledwie dwa lata po opublikowaniu szczególnej teorii względności, Einstein doznał czegoś, co określił później jako „najszczęśliwszą myśl swojego życia". Jak wspominał: „Siedziałem sobie na krześle w moim pokoju w urzędzie patentowym w Bernie. Nagle przyszła mi do głowy myśl, że człowiek spadający swobodnie nie będzie w ogóle odczuwał swojego ciężaru. Byłem oszołomiony. Ten prosty eksperyment myślowy wywarł na mnie głębokie wrażenie. I to właśnie doprowadziło mnie do teorii grawitacji"[29].

W ten sposób Einstein natknął się na zasadę równoważności, prostą, lecz mającą daleko idące konsekwencje ideę, która legła u podstaw ogólnej teorii względności. Wywodzi się ona z konstatacji, że ze względu na identyczność masy bezwładnej i masy grawitacyjnej wszystkie ciała poddane działaniu wyłącznie pola grawitacyjnego uzyskują jednakowe przyspieszenie. Legenda głosi, że Galileusz upuścił kamień i piórko z Krzywej Wieży w Pizie, aby się przekonać, czy jest to prawda. Dlatego ciała w swobodnym spadku, których przyspieszenie równe jest dokładnie wartości przyspieszenia grawitacyjnego, wydają się pozbawione ciężaru – ciało spadające jednakowo z wagą, na której zostało postawione, nie wywiera na nią żadnego nacisku. Entuzjastom kolejki górskiej nieobce jest takie doznanie nieważkości podczas szaleńczej jazdy w dół.

Einstein rozwinął tę ideę o krok dalej, stwierdzając, iż żaden eksperyment fizyczny nie pozwala odróżnić ciała swobodnie spadającego od pozostającego w spoczynku (przy założeniu, że nie wchodzą w grę żadne inne siły, takie jak opór powietrza). Dlatego gdyby dziewczynka spadająca prosto w dół w wagoniku kolejki górskiej w parku rozrywki żonglowała kręglami, tasowała karty bądź wznosiła budowlę z klocków, czynności te byłyby dla niej równie proste lub równie trudne, zależnie od okoliczności, jak wykonywane w stojącym nieruchomo wagoniku, ponieważ wszystko spadałoby wraz z nią z takim samym przyspieszeniem.

Einstein genialnie uświadomił sobie, że będzie mógł zmontować ogólną teorię grawitacji ze spadających swobodnie układów odniesienia, traktując każdy z nich, jak gdyby znajdował się w spoczynku. W obrębie każdego z tych układów odniesienia, stwierdził, każde ciało będzie się poruszać po prostej, o ile nie działają na nie żadne zewnętrzne siły. Jednak widziane z innego układu proste te mogą się wydawać liniami zakrzywionymi. To dlatego właśnie obserwujemy ciała poruszające się po trajektoriach odchylonych przez grawitację – ponieważ oglądamy ruch tych ciał z perspektywy naszego układu odniesienia, a nie ich własnego.

Aby zrozumieć, jak to działa, powróćmy do analogii do „świetlnego ping-ponga", wspomnianej w rozdziale 1. Wyobraźmy sobie, że astronauta odbija promień światła od zwierciadła z lewej strony swojego przezroczystego statku, podczas gdy jego siostra używa hipotetycznego ultrasilnego teleskopu, by obserwować go z Ziemi. Przypuśćmy, że statek spada swobodnie ku jakiejś planecie. Z jego punktu widzenia promień świetlny biegnie we wnętrzu statku po idealnej prostej. Jeśli umieści źródło światła na jednej ze ścian statku na wysokości metra, promień odbije się od zwierciadła po przeciwnej stronie również na wysokości jednego metra. Jednak z punktu widzenia jego siostry statek spada i trajektoria światła odchyli się ku dołowi, gdyż zanim światło dotrze do zwierciadła, i statek, i zwierciadło będą już niżej. Zatem światło biegnie po linii krzywej, od punktu początkowego do położonego znacznie niżej punktu odbicia.

Zjawisko to doprowadziło Einsteina do przewidywania, że światło gwiazd odchyla się, przechodząc w pobliżu Słońca podczas zaćmienia, zanim jeszcze opanował aparat matematyczny na tyle, by oprzeć swoją teorię na solidnych geometrycznych podstawach. Z początku próbował wprowadzać niewielkie modyfikacje do szczególnej teorii względności, między innymi tezę, że prędkość światła zmienia się od punktu do punktu. Nie udawało mu się jednak ująć tego w zadowalający sposób od strony matematycznej. Pomyślał wtedy, by użyć bardziej zaawansowanych metod matematycznych, takich jak zmiana metryki przestrzeni – członów formuły służącej do obliczania odległości – lecz jego wiedza była niewystarczająca do zrealizowania tego zamiaru.

Gdzieś pod koniec 1912 roku Einstein dowiedział się o opublikowanym przez węgierskiego fizyka barona Loránda (Rolanda) von Eötvösa zbiorze wyników eksperymentów dotyczących równoważności masy bezwładnej i grawitacyjnej. Sam zaproponował takie doświadczenie,

nie wiedząc jeszcze o szeroko zakrojonych badaniach Eötvösa. Przez kilka dziesięcioleci Eötvös udoskonalał instrument zwany wagą skrętną, mający wykrywać nawet najmniejsze różnice między wartościami masy bezwładnej i grawitacyjnej. W kolejnych wersjach tego eksperymentu osiągał coraz to wyższą precyzję, a mimo to nie znajdował żadnej rozbieżności. Wyniki badań Eötvösa stanowiły dla Einsteina dowód, że zasada zainspirowana jego „najszczęśliwszą myślą" nie jest jedynie abstrakcją, lecz wyraża głęboką empiryczną prawdę o przyrodzie. „Staruszek Bóg" – jak Einstein często nazywał swoje wyobrażenie boskiej istoty kryjącej się za równaniami – pozostawił ważną wskazówkę i teraz jego zadaniem było rozwiązanie tej godnej Sfinksa zagadki grawitacji.

WYJŚCIE Z OPAŁÓW

W lipcu 1912 roku, po przepracowaniu prawie roku na Uniwersytecie w Zurychu i nieco ponad roku na Uniwersytecie Karola Ferdynanda w Pradze, Einstein powrócił do Zurychu, by objąć stanowisko w swojej alma mater, ETH. Było to dla niego atrakcyjne, bo oprócz tego, że znalazł się znów w ukochanej przez siebie Szwajcarii, mógł pracować razem ze swoim przyjacielem Grossmannem, który piastował katedrę matematyki na tej uczelni. Okazało się to nadzwyczaj fortunne dla rozwoju ogólnej teorii względności. Einstein tonął wręcz w zawiłościach wyższej matematyki i potrzebował czyjejś silnej ręki, która wyciągnęłaby go na pewny grunt. Ten sam były kolega z klasy, który wcześniej pomagał mu w matematyce, okazał się nieodzowny w jego dążeniu do ujęcia grawitacji w sposób geometryczny.

Grossmann nie interesował się zbytnio fizyką, niemniej jednak zapalił się do planów Einsteina. Udzielił mu szybkiego kursu z prac Riemanna, a w szczególności pokazał, jak posługiwać się tensorami, które opisują właściwości nieeuklidesowych rozmaitości w wielu wymiarach (jak pamiętamy, tensory to obiekty matematyczne transformujące się w określony sposób, a rozmaitości to powierzchnie, które mają dowolną liczbę wymiarów). Zaznajomił on również Einsteina z pracami niemieckiego matematyka Elwina B. Christoffela, włoskiego matematyka Gregoria Ricciego-Curbastra oraz Tullia Levi-Civity, ucznia Ricciego-Curbastra, z których każdy wniósł własny wkład do rachunku różniczkowego na rozmaitościach geometrycznych.

Wielostronna pomoc Grossmanna natchnęła Einsteina ponownie optymizmem co do przezwyciężenia trudności w matematycznym ujęciu swoich idei. Przystąpił on do pracy nad teorią ze wzmożonym zapałem, na jakiś czas porzucając wszelkie inne swoje zainteresowania naukowe. Gdy Sommerfeld zaprosił go do Monachium, by wygłosił wykład o teorii kwantów, odmówił, odpisując: „Obecnie zajmuję się wyłącznie problemem grawitacji i wierzę, że z pomocą jednego z tutejszych matematyków, z którym jestem zaprzyjaźniony, pokonam wszystkie trudności. Jedno jest jednak pewne. Nigdy w życiu nie pracowałem aż tak ciężko, a jednocześnie nabrałem wielkiego szacunku do matematyki, której subtelniejsze aspekty w swej prostocie ducha uważałem dotychczas za czysty zbytek. W porównaniu z tym problemem oryginalna teoria względności to dziecinna igraszka”[30].

Przez pewien czas Einstein tak często zachodził pod wieczór do mieszkania Grossmanna, że jego gosposia, starsza kobieta, miała już dość zbiegania po schodach i otwierania mu drzwi. Einstein rozwiązał to w ten sposób, że poprosił przyjaciela, żeby „nie zamykał drzwi od frontu na klucz, by nie fatygować staruszki”[31].

W ciągu roku obaj opracowali wstępną wersję teorii, którą Einstein przedstawił na konferencji wiedeńskiej w 1913 roku. Historycy określają ją jako *Entwurf*, czyli „zarys”, od tytułu ich opublikowanej w owym czasie pracy: *Zarys uogólnionej teorii względności i teorii grawitacji*. Zawierała ona wiele – choć nie wszystkie – koncepcji, które złożyły się później na ogólną teorię względności.

W szczególnej teorii względności obserwatorzy pozostający w ruchu jednostajnym względem siebie doświadczają identycznych praw fizyki, na przykład prawa Maxwella będą się im obu wydawać takie same.

Jednym z głównych celów Einsteina przy formułowaniu ogólnej teorii względności było rozszerzenie uniwersalnego charakteru tych praw na obserwatorów przyspieszających jeden względem drugiego. Einstein chciał, by w odróżnieniu od mechaniki Newtona, która uprzywilejowuje inercjalne, czyli nieprzyspieszające układy odniesienia, jego teoria traktowała jednakowo wszystkie rodzaje ruchu. Badaczka w laboratorium, które znajduje się w hamującym właśnie pociągu bądź też na obracającej się karuzeli, powinna być w stanie opisać swój eksperyment, odwołując się do tych samych praw fizycznych co ta, która pracuje w normalnym, stojącym nieruchomo murowanym budynku. Matematycznie rzecz biorąc, oznacza to, że równania powinny mieć taką samą postać dla nieinercjalnych układów współrzędnych – przyspieszających, spowalniających bądź rotujących – jak dla układów inercjalnych. Einstein nazwał ten warunek „generalną kowariancją".

Jednakże uświadomił sobie, że *Entwurf* nie spełnia jego wymogu niezależności od wyboru układu współrzędnych. Nie realizował on wyznaczonego przez niego w duchu Macha celu całkowitego zniesienia uprzywilejowania układów inercjalnych i ustanowienia czegoś na kształt demokracji dla wszystkich rodzajów ruchu, w tym ruchu przyspieszonego. Wciąż istniała pewna wyróżniona elita układów współrzędnych.

Einstein zwrócił się do innego byłego kolegi szkolnego, Michele Besso, o poradę co do naukowej wartości *Zarysu*. Jeśli teoria jest fizycznie poprawna, być może należałoby się pogodzić z pewnymi jej matematycznymi mankamentami, takimi jak brak generalnej kowariancji. Einstein zwykł uparcie bronić swoich idei, lecz potrafił zrezygnować z nich w mgnieniu oka, jeśli tylko zobaczył bardziej dogodną drogę do celu. Przez pewien czas przekonywał sam siebie, że generalna kowariancja nie jest koniecznym aspektem pełnej teorii, o ile tylko równania są proste i dają fizycznie poprawne wyniki.

Besso i Einstein postanowili się przekonać, jak *Entwurf* poradzi sobie z testem astronomicznym – tempem precesji (ruch postępowy w kierunku obrotu) peryhelium Merkurego (peryhelium to położony najbliżej Słońca punkt orbity). Jako najbardziej wewnętrzna planeta Merkury najsilniej odczuwa przyciąganie Słońca, a zatem pozwala na precyzyjne testowanie teorii grawitacji. Podczas gdy teoria grawitacji Newtona opisuje doskonale ruch pozostałych planet, nie wyjaśnia kręcącej się niczym spirograf orbity eliptycznej Merkurego, której peryhelium powoli zmienia swoje położenie w ciągu eonów, by powrócić do tego samego punktu po 3 milionach lat. Einstein miał nadzieję, że *Entwurf* pozwoli na bardziej precyzyjne teoretyczne wyznaczanie tego ruchu. Jednak ku jego rozczarowaniu obliczenia wykonane przez Bessa wskazywały, że teoria nadal nie daje dokładnej wartości precesji.

Kolejne przewidywanie, jakie Einstein i Grossmann zamieścili w *Zarysie*, odchylenie światła gwiazd pod wpływem przyciągania przez masę Słońca, zostałoby zweryfikowane przez Finlaya-Freundlicha podczas zaćmienia Słońca w 1914 roku, gdyby nie dostał się on do rosyjskiej niewoli. Gdyby jednak jakoś udało mu się dokonać tego pomiaru, najprawdopodobniej stwierdziłby, że *Entwurf* i w tym wypadku rozmija się z rzeczywistością. Teoria ewidentnie wymagała radykalnej przeróbki, zmuszając Einsteina do znacznie dłuższego zmagania się z równaniami, niż się początkowo spodziewał.

Zmagania te musiały być kontynuowane już bez Grossmanna u jego boku, jak i bez Milevy. Ze względu na skupianie się Alberta na swojej pracy kosztem życia rodzinnego i zapadnięcie Milevy w głęboką depresję ich małżeństwo stopniowo rozpadało się od jakiegoś czasu. Korzystny dla jego kariery powrót do Niemiec dopełnił miary. Einstein otrzymał od Maxa Plancka i fizyka Walthera Nernsta propozycję objęcia trzech ważnych stanowisk w Berlinie – członka Pruskiej Akademii Nauk, profesora na Uniwersytecie Berlińskim oraz dyrektora nowo założonego instytutu fizyki. Jedną z zachęt miało być to, że nie mając obowiązków dydaktycznych, będzie mógł zajmować się swoimi teoriami, ile dusza zapragnie. Niechętnie podążywszy za Albertem do Berlina, Mileva z trudem wytrzymała tam przez kilka miesięcy, po czym zdecydowała się powrócić wraz z dziećmi do Zurychu. Po jakimś czasie wszczęli procedurę rozwodową, która miała potrwać całe lata.

Tymczasem Albert nawiązał nowy romans – ze swoją bliską kuzynką Elsą Löwenthal, którą później poślubił. Miała ona o wiele bardziej domatorski i opiekuńczy charakter niż Mileva. Często traktowała go jak dziecko, które musi być nakarmione, oporządzone i trzeba generalnie o nie dbać, na przykład, próbując opanować jego niesforną czuprynę. Z dumą prowadziła także kalendarz jego spotkań, nie przepuszczając żadnej okazji, by się nim pochwalić publicznie. On z kolei był zadowolony, że ma zaspokojone podstawowe potrzeby bez zrzędzenia czy awantury i może skupić się na swoich obliczeniach. Nie znosił, by cokolwiek przerywało mu niestrudzoną pracę nad teorią grawitacji, poza ulubioną grą na skrzypcach, której się namiętnie oddawał.

WYŚCIG NA SZCZYT

Gdy dysząc z wysiłku, był bliski dotarcia do celu swoich dążeń, Einstein odniósł wrażenie, że David Hilbert ściga się z nim, usiłując zdobyć ten sam szczyt. W czerwcu 1915 roku Einstein opowiadał podekscytowanym słuchaczom w audytorium w Getyndze, wśród których był również Hilbert, o swoich postępach na drodze ku ogólnej teorii względności oraz pozostałych jeszcze do pokonania przeszkodach, w tym problemie generalnej kowariancji. Zaintrygowany wyzwaniem, jakie stanowiło opisanie nieeuklidesowej czasoprzestrzeni kształtowanej przez zawartą w niej materię i energię, Hilbert postanowił, że spróbuje znaleźć równania pola ogólnej teorii względności na własną rękę. W ten sposób nieoczekiwanie Einstein znalazł się w ogniu rywalizacji. Czuł się upokorzony tym, że jeden z najzdolniejszych matematyków na świecie ma na oku to samo trofeum, które on od lat usiłuje zdobyć. Wyścig był zacięty, lecz to Einstein pierwszy zatknął flagę na szczycie. Późną jesienią, ku jego wielkiej radości, udało mu się wreszcie sformułować poprawną teorię.

W ramach swoistej nagrody pocieszenia Hilbert jest uznawany za twórcę alternatywnego ujęcia ogólnej teorii względności, zwanego sformułowaniem lagranżjanowym. Pod względem matematycznym lagranżjan stanowi różnicę między energią kinetyczną (energią związaną z ruchem) a energią potencjalną (energią związaną z położeniem) układu mechanicznego, zapisaną w postaci funkcji jego współrzędnych.

Jak pokazał genialny dziewiętnastowieczny irlandzki matematyk i astronom William Rowan Hamilton, można przecałkować lagranżjan po czasie, otrzymując wielkość zwaną działaniem. Hamilton udowodnił, że każdy układ mechaniczny ewoluuje tak, by zminimalizować działanie (bądź w niektórych wypadkach je zmaksymalizować). Idea ta, zwana zasadą najmniejszego działania, w naturalny sposób prowadzi do równań ruchu, określanych jako równania Eulera–Lagrange'a. Dlatego, krótko mówiąc, znając lagranżjan układu, możemy wyznaczyć jego rozwój w czasie.

W mechanice klasycznej prostym przykładem tego jest obiekt – taki jak opakowanie po napoju Tang wyrzucone przez astronautów dziesiątki lat temu – poruszający się powoli w pustej przestrzeni, niepodlegający działaniu żadnych sił. Jego energia kinetyczna równa się połowie masy pomnożonej przez kwadrat prędkości. Energia potencjalna zaś wynosi zero ze względu na niedziałanie nań żadnych sił i jednorodność pustej przestrzeni. Zatem jego lagranżjan stanowi po prostu jego energia kinetyczna, a z zasady najmniejszego działania wynika, że trajektorią, na której działanie przyjmuje minimalną wartość, jest linia prosta. Po podstawieniu tego lagranżjanu do równań Eulera–Lagrange'a otrzymamy równanie określające, że prędkość pozostaje stała. Zatem bardzo prosty lagranżjan opakowania po Tangu nieodwołalnie skazuje je na poruszanie się ze stałą prędkością po prostej w nieskończoność.

Koncepcja Hilberta, zwana lagranżjanem Einsteina–Hilberta (związane z nim działanie nazywa się działaniem Einsteina–Hilberta), jest również dość prosta, chociaż dostatecznie bogata pod względem matematycznym, by generować równania pola Einsteina. Ponadto jeśli ktoś chciałby modyfikować ogólną teorię względności w fizycznie sensowny sposób, może to zrobić przez manipulowanie lagranżjanem. Przekonamy się, że Schrödinger, dążąc do rozszerzenia ogólnej teorii względności, by obejmowała również inne oddziaływania, ostatecznie tak właśnie postąpi.

Hamilton opracował inny sposób opisu układów mechanicznych, zwany metodą hamiltonianów, w którym zamiast odejmować energię potencjalną od kinetycznej, dodaje się je do siebie. Suma ta, zwana hamiltonianem, może być następnie wykorzystana w pewnym zestawie równań do badania związku między położeniem a pędem układu. Podobnie jak metoda lagranżjanów, metoda hamiltonianów również odegrała istotną rolę we współczesnej fizyce, między innymi, jak zobaczymy, w mechanice kwantowej w sformułowaniu Schrödingera. Aparat matematyczny oparty na hamiltonianach może być analogicznie zastosowany do ogólnej teorii względności, co pokazał Einstein, kiedy nadał jej ostateczny kształt.

WSPANIAŁY GMACH

Einstein przedstawił po raz pierwszy swoje arcydzieło w niemal gotowej postaci na posiedzeniu Pruskiej Akademii Nauk 4 listopada 1915 roku. Był zadowolony, że udało mu się sformułować równania pola dla obejmującej szeroki zakres zjawisk teorii grawitacji opartej na geometrii czasoprzestrzeni. 18 listopada wygłosił dla tej samej grupy słuchaczy kolejny wykład, w którym podał znalezione przez siebie rozwiązanie utrzymującego się wieki całe problemu precesji orbity Merkurego. W dwa miesiące później, po definitywnej weryfikacji swojej teorii na drodze rachunkowej, pisał do przyjaciela Paula Ehrenfesta: „Czy możesz sobie wyobrazić moją radość z tego powodu, że udało mi się doprowadzić do generalnej kowariancji i w rezultacie równania ruchu peryhelium Merkurego okazały się prawidłowe? Z podniecenia straciłem wręcz mowę na kilka dni”[32].

Zanim Einstein 20 marca 1916 roku opublikował ostateczną wersję swojej teorii w prestiżowym czasopiśmie „Annalen der Physik", niemiecki fizyk Karl Schwarzschild, odbywający służbę na froncie wschodnim, podał już pierwsze dokładne rozwiązanie jego równań pola. Przeczytawszy sprawozdanie Akademii z 18 listopada, przeliczył on dane dla pola grawitacyjnego masywnego obiektu o symetrii sferycznej na przykład gwiazdy. Pośród mroków wojny blask dzieła Einsteina rozświetlił niebo jaśniej od ognia artylerii, stając się źródłem nadziei i inspiracji dla co najmniej jednego żołnierza. Niestety Schwarzschild nabawił się ciężkiej choroby autoimmunologicznej, pęcherzycy, i zmarł 11 maja 1916 roku w wieku 42 lat. W kilkadziesiąt lat później rozwiązanie Schwarzschilda zostało zastosowane do opisu czarnych dziur. Do dnia dzisiejszego znaleziono wiele innych dokładnych rozwiązań równań pola grawitacyjnego Einsteina.

Złota świątynia Einsteina zbudowana jest na konkretnych podstawach – materialnej i energetycznej zawartości Wszechświata. Jeśli wyjdziemy od dowolnego rozkładu materii i energii, wyrażonego w postaci noszącej nazwę tensora energii-pędu $T\mu\nu$, to równania pola ogólnej teorii względności wyznaczą składowe innego matematycznego tworu, reprezentującego geometrię czasoprzestrzeni, zwanego tensorem Einsteina, $G\mu\nu$. Równanie $G\mu\nu = 8\pi T\mu\nu$ (które może być zapisywane na różne sposoby) uważane jest za jedno z najważniejszych osiągnięć Einsteina oprócz $E = mc^2$ oraz równania efektu fotoelektrycznego. Wszystkie te trzy formuły wyryte są na pomniku wielkiego fizyka w Waszyngtonie jako świadectwo jego geniuszu.

Anegdotka opowiedziana raz przez uznanego fizyka Richarda Feynmana doskonale ilustruje wszechobecność równań pola Einsteina we współczesnych dyskusjach o grawitacji. W 1957 roku Feynman był zaproszony na pierwszą amerykańską konferencję o ogólnej teorii względności w Chapel Hill w stanie Karolina Północna. Gdy wylądował na lotnisku i miał wziąć taksówkę, by dojechać na konferencję, uświadomił sobie, że nie wie, czy odbywa się ona na Uniwersytecie Karoliny

Północnej czy na Uniwersytecie Stanowym Karoliny Północnej. Zapytał zatem dyspozytora taksówek, czy nie wpadli mu tego dnia w oko jacyś ludzie patrzący wokoło błędnym wzrokiem i mamroczący pod nosem coś w rodzaju „dżiu-miu-niu, dżiu-miu-niu”[33].

Sednem równań Einsteina jest to, że geometria obszaru przestrzeni, którą wyraża tensor Einsteina, wyznaczona jest przez rozkład zawartej w nim materii i energii, co opisuje tensor energii-pędu. Innymi słowy, masa i energia zakrzywiają czasoprzestrzeń, mówiąc jej, gdzie i jak bardzo ma się zakrzywiać. Z kolei kształt czasoprzestrzeni wyznacza trajektorie poruszających się w niej ciał. Zatem równania Einsteina elegancko powiązują zawartość Wszechświata ze strukturą przestrzeni, w której się ona znajduje.

Każdy tensor da się wyrazić przez rozpisanie jego składowych w postaci macierzy – tworu matematycznego przypominającego szachownicę. Zarówno tensor Einsteina, jak i tensor energii-pędu można przedstawić jako macierze 4 × 4. Każda z nich ma po szesnaście składowych, ale nie wszystkie składowe są niezależne, ponieważ zgodnie z wymaganiem symetrii jeśli składowa o danym numerze rzędu i kolumny (trzeci rząd i czwarta kolumna, na przykład) ma pewną wartość, to składowa o przestawionych numerach rzędu i kolumny (czwarty rząd i trzecia kolumna) musi być taka sama. Przypomina to rozmieszczanie bierek na szachownicy, tak by wyglądały na odbite w lustrze umieszczonym na jej przekątnej. Takie tensory nazywamy symetrycznymi.

Po spełnieniu wymogów symetrii tensor Einsteina ma dziesięć niezależnych składowych. Analogicznie wygląda sprawa z tensorem energii-pędu. Zatem równania Einsteina, które wiążą ze sobą oba te tensory, dają dziesięć niezależnych relacji między składowymi, pokazujących, jak materia i energia wpływają na poszczególne aspekty przestrzeni i czasu. Niektóre z nich wyrażają rozciąganie lub ściskanie, inne z kolei skręcanie lub obrót. Cokolwiek może dziać się z przestrzenią i czasem pod wpływem grawitacyjnego oddziaływania materii i energii, zawiera się w tych równaniach.

Przypuśćmy, że znamy rozkład materii-energii w jakimś obszarze przestrzeni i chcemy poznać trajektorie ciał poruszających się w tym obszarze. Robimy to w następujących krokach. Najpierw stosujemy równania Einsteina do wyznaczenia tensora Einsteina z tensora energii-pędu. Zarówno w tensorze Einsteina, jak i w powiązanym z nim tensorze krzywizny Riemanna (ten pierwszy jest jak gdyby skróconym zapisem tego drugiego) zakodowane są informacje o krzywiźnie czasoprzestrzeni od punktu do punktu. Następnie przy użyciu składowych tensora Einsteina lub Riemanna tworzymy obiekty geometryczne zwane koneksjami afinicznymi (bądź koneksjami Christoffela), które określają, jak składowe wektorów (obiektów charakteryzowanych przez ich wartość i kierunek) transformują się przy przenoszeniu ich (możliwie równolegle do siebie samych) od punktu do punktu. W kolejnym kroku używamy koneksji afinicznych do wyznaczenia składowych tensora metrycznego. Tensor metryczny czyni z czasoprzestrzeni jedną całość dzięki podaniu sposobu mierzenia odległości między jej punktami. Jest to coś w rodzaju twierdzenia Pitagorasa dla czasoprzestrzeni zakrzywionej. I na koniec używamy metryki do wyznaczenia optymalnych trajektorii, po których ciała mogą się poruszać w przestrzeni. Ze względu na to, że czasoprzestrzeń jest odkształcona, są to na ogół linie krzywe, tak jak w wypadku eliptycznych orbit planet krążących wokół Słońca.

Ponieważ aparat matematyczny ogólnej teorii względności może sprawiać trudności nawet osobom na poziomie doktoratu, posłużmy się pewną analogią, by unaocznić jego poszczególne warstwy. Zacznijmy od płaskiej, nieograniczonej pustyni, reprezentującej pustą czasoprzestrzeń. Na pustynnym piasku rozrzucamy skały rozmaitej wielkości i ciężaru, symbolizujące przeróżne masywne obiekty występujące we Wszechświecie, takie jak gwiazdy i planety. Stwierdzamy, że cięższe skały wywierają większy nacisk na piasek niż lżejsze, tworząc w nim znacznie większe wklęśnięcia. Obszary, gdzie nie ma skał, pozostają płaskie. Stąd im więcej masy znajduje się w danym obszarze, co wyraża tensor energii-pędu, tym bardziej się on zagłębia, co odpowiada większej krzywiźnie, wyrażanej tensorem Einsteina.

Teraz wyobraźmy sobie w naszej analogii, że nie możemy stąpać bezpośrednio po piasku czy skałach, gdyż są za gorące. Zatem musimy umieścić nad nimi solidną plandekę, podtrzymywaną przez konstrukcję, która uwzględnia topografię terenu. Rozmieszczamy szereg tyczek (lokalnych osi współrzędnych) i belek (koneksje afiniczne), tworząc rusztowanie. Belki łączą poszczególne tyczki w taki sposób, że wskazują na ich orientację. Podobnie koneksje afiniczne określają, jak osie współrzędnych zmieniają się w przestrzeni, w konfiguracji, która zależy od tego, czy powierzchnia piasku pod nimi wznosi się czy zapada.

I na koniec nakładamy mocną płachtę zszytą z kawałków, tak by przylegała dokładnie do rusztowania. W niektórych miejscach musimy zszyć sąsiednie kawałki ciaśniej, by płachta zakrzywiała się w określony sposób. Gdzie indziej sąsiednie kawałki mogą być połączone luźniej. Schemat zszycia, określający, jak zestawić poszczególne kawałki w odpowiedni sposób, by kształt płachty odpowiadał znajdującemu się pod nią rusztowaniu (oraz wzniesieniom i zagłębieniom na powierzchni piasku), symbolizuje tensor metryczny. Widzimy zatem, jak tensor metryczny spaja ze sobą tkankę czasoprzestrzeni w sposób wyznaczany przez koneksje afiniczne, które z kolei zależą od tensora Einsteina uwarunkowanego tensorem energii-pędu. Zrozumieliście?

Teraz przejdźmy się po czasoprzestrzennej plandece. Zależy nam na obraniu jak najszybszej trasy, zatem staramy się iść prosto przed siebie. Jednakże płachta zapada się w miejscach, gdzie znajdują się pod nią masywne skały, wskutek czego linie w zamierzeniu proste odchylają się w różnych kierunkach. W konsekwencji poruszamy się po linii krzywej, która omija wklęsłości, tworząc kształt owalny. Co ciekawe, w ten sposób weszliśmy na orbitę – podobnie jak mały Schrödinger wokół swojej ciotki podczas zabawy w planety.

WSZECHŚWIAT NA ZAWSZE

Ukończywszy swoją ogólną teorię względności, Einstein postanowił zastosować ją do Wszechświata jako całości. Chodziło mu o pokazanie, że Wszechświat stanowi względnie stacjonarne zbiorowisko gwiazd i innych ciał kosmicznych. Oczywiście zdawał sobie sprawę, że same gwiazdy poruszają się, lecz jedynie powoli. Kosmologia zaproponowana przez Einsteina zapewniała stabilność, jaka charakteryzowała newtonowską „przestrzeń absolutną", ale bez odwoływania się do niej, co – za Machem – uważał za czystą fikcję.

W swoich obliczeniach kosmologicznych Einstein wyszedł z podstawowego założenia, iż przestrzeń jest izotropowa, to znaczy jednorodna we wszystkich kierunkach. Na kształt przestrzeni obrał prostą czterowymiarową geometrię, zwaną hipersferą. Hipersfera jest uogólnieniem sfery na dodatkowe wymiary. Jeśli żyjąc w hipersferze, wybierzemy się w podróż w dowolnym kierunku, w końcu zawsze powrócimy do punktu wyjściowego, podobnie jak po okrążeniu równika ziemskiego. Zaletą wszechświata o kształcie hipersferycznym jest to, że jest on skończony, lecz nie ma granic. Jedynie ktoś usytuowany na zewnątrz niego dostrzeże go jako „powierzchnię", natomiast w jego obrębie nie napotyka się na żadną granicę, lecz jedynie powtórzenia. Argentyński pisarz Jorge Luis Borges znakomicie wyraził tę koncepcję w swoim opowiadaniu *Biblioteka Babel*, gdzie opisał kosmos jako olbrzymią, lecz skończoną i powtarzającą się kolekcję książek.

Einstein próbował podać statyczne rozwiązanie swoich równań pola, lecz szybko zdał sobie sprawę, że jest z tym pewien problem. Jedyny znaleziony przez niego model był niestabilny. Pod wpływem najmniejszego impulsu, na przykład nieznacznej zmiany rozkładu materii, albo kolapsował, albo rozszerzał się w nieskończoność – na podobieństwo przekłutego bądź nadymanego balonu. Takie rozwiązanie z pewnością nie nadawało się do opisu wiecznego, stabilnego wszechświata. Do odkrycia przez Edwina Hubble'a kosmologicznej ekspansji – tego, co obecnie nazywamy „Wielkim Wybuchem" – pozostawała jeszcze ponad dekada. Zatem Einstein miał wszelkie powody, by być przekonany, że kosmos jest statyczny, i traktować ekspandujące modele jako pozbawione sensu fizycznego.

Aby zaradzić tej sytuacji, zdecydował się na dość radykalny krok, uwzględniając dodatkowy człon po geometrycznej stronie swoich równań, co pozwalało otrzymać rozwiązania, które uważał za wiarygodne. Człon ten, nazwany „stałą kosmologiczną" i oznaczany grecką literą lambda (Λ), zapobiega niestabilności grawitacyjnej dzięki rozciągnięciu geometrii przestrzeni w przeciwnym kierunku. Einstein nie przypisywał stałej kosmologicznej żadnego fizycznego znaczenia, lecz w owym czasie uważał ją za niezbędną dla zapewnienia poprawności swojej teorii.

W naszej analogii do pustyni wyobraźmy sobie, że cała zrobiona przez nas konstrukcja powoli zapada się w piasku. Zamiast zaczynać wszystko od nowa, możemy próbować rozmieścić na jej skraju urządzenia mechaniczne, które napinałyby płachtę, pociągając za nią na zewnątrz. Nie zdobylibyśmy żadnej nagrody architektonicznej za nasz projekt, niemniej jednak problem byłby rozwiązany. Analogicznie człon stałej kosmologicznej, choć mało elegancki, spełniałby zadanie wyznaczone mu przez Einsteina – zapewnienia kosmicznej stabilności.

W 1917 roku Einstein opublikował swój model statycznego wszechświata, zawierający stałą kosmologiczną w równaniach pola. Jednakże nie mógł twierdzić, że jest to jedyne rozwiązanie. Holenderski matematyk Willem de Sitter zręcznie wykazał, że przy braku materii równania pola Einsteina dają rozwiązania ekspandujące wykładniczo bez końca, rozpychane na zewnątrz przez stałą kosmologiczną. Model de Sittera świadczył o tym, że w obecności stałej kosmologicznej pustka jest niestabilna. Zważywszy, że wprowadził stałą kosmologiczną jako prowizoryczny trik, a nie na podstawie naukowych obserwacji, Einstein nie potraktował tego modelu zbyt poważnie. Przyznał jednak, że dla lepszego zrozumienia dynamiki Wszechświata potrzeba dalszych pomiarów astronomicznych. Tak się szczęśliwie złożyło, że Hubble to właśnie zrobił. Używając swego olbrzymiego teleskopu zwierciadlanego na Mount Wilson w południowej Kalifornii, ostatecznie wykazał, że kosmos nie jest statyczny, lecz się rozszerza.

PRZECZUCIE CIEMNEJ ENERGII

Zapewne Ernst Mach, który zmarł w 1916 roku, nie aprobowałby dodatkowego członu w równaniach ogólnej teorii względności jako czegoś niemającego nic wspólnego z doświadczeniem zmysłowym. Podobnie jak w wypadku Newtona, który posłużył się przestrzenią absolutną, by zdefiniować bezwładność, wprowadzenie stałej kosmologicznej przez Einsteina było zdecydowanie niemachowskie. Dopiero inny zwolennik Macha – Schrödinger – zaproponował lepsze wyjście.

Schrödinger zapoznał się po raz pierwszy z równaniami pola ogólnej teorii względności pod koniec 1916 roku, gdy dowodził baterią w Prosecco podczas wojny[34]. Powróciwszy do Wiednia wiosną 1917 roku, stwierdził, że wielu znanych mu fizyków z uniwersytetu, w tym Thirring, zajmuje się ustalaniem, w jaki sposób interpretować i stosować teorię Einsteina. Na przykład Thirring wraz z austriackim fizykiem Josefem Lensem pokazali, jak rotujące ciała wpływają na otaczającą je czasoprzestrzeń – nazywa się to obecnie „wleczeniem układu odniesienia" bądź efektem Lensego–Thirringa.

W listopadzie 1917 roku Schrödinger przesłał do niemieckiego czasopisma „Physikalische Zeitschrift" dwie prace poświęcone różnym aspektom ogólnej teorii względności. Pierwsza z nich dotyczyła problemu określenia wartości grawitacyjnej energii i pędu od punktu do punktu w sposób niezależny od wyboru układu współrzędnych. Przeanalizowawszy rozwiązanie Schwarzschilda, pokazał on, że jeden ze sposobów wyznaczania energii grawitacyjnej daje zaskakujący wynik, jakoby dane ciało nie miało w ogóle żadnej energii. Co ciekawe, kwestia podniesiona przez Schrödingera antycypowała trwający przez dziesięciolecia spór o to, jak w spójny sposób definiować energię w ogólnej teorii względności.

Drugi artykuł Schrödingera *Über ein Lösungssystem der allgemein kovarianten Gravitationsgleichungen* (O pewnym zbiorze rozwiązań generalnie kowariantnych równań grawitacji) podejmował bezpośrednio kwestię fizycznego sensu stałej kosmologicznej. Zakwestionował on wstawienie dodatkowego członu po geometrycznej (tensor Einsteina) stronie równań Einsteina, argumentując, że ten sam efekt można osiągnąć dzięki modyfikacji drugiej, materialnej strony (tensor energii-pędu). Schrödinger pisał: „Zupełnie analogiczny zbiór rozwiązań istnieje dla ich oryginalnej postaci bez członów dodanych przez pana Einsteina. Różnica jest niewielka i powierzchowna – potencjał pozostaje taki sam, jedynie tensor po stronie materii przybiera inną postać”[35].

Einstein szybko opublikował replikę na kosmologiczny artykuł Schrödingera – był to początek naukowego dialogu, który miał przybierać różny obrót przez dziesięciolecia. Wskazał, że hipoteza Schrödingera dopuszcza dwie opcje – nowy stały człon lub nowy typ energii o ujemnej gęstości zmieniającej się od punktu do punktu. Pierwsza wersja, argumentował Einstein, jest równoważna stałej kosmologicznej, tyle że po drugiej stronie równań. Z kolei druga nie ma sensu fizycznego (z uwagi na ujemną gęstość energii) i byłaby trudna do przyjęcia. Jak pisał Einstein: „Nie tylko trzeba by wychodzić od hipotezy o istnieniu nieobserwowalnej ujemnej gęstości w przestrzeni międzygwiezdnej, lecz także postulować hipotetyczne prawo o czasoprzestrzennym rozkładzie tej gęstości masy. Kurs obrany przez pana Schrödingera nie wydaje mi się możliwy, ponieważ wiedzie nazbyt głęboko w gąszcz hipotez”[36].

Co ciekawe, koncepcja ujemnej gęstości energii – czy też, alternatywnie, ujemnego ciśnienia – została wysunięta w ostatnich latach jako możliwe rozwiązanie pewnej zagadki kosmologicznej. W 1998 roku dwa zespoły astronomów uzupełniły odkrycie Hubble'a o własną wersję kosmicznej ekspansji. Odkryły mianowicie, że Wszechświat nie tylko rozszerza się, lecz także że tempo jego ekspansji rośnie. Jakiś nieznany czynnik powoduje przyspieszanie Wszechświata. Michel Turner, kosmolog z Uniwersytetu Chicagowskiego, nazwał go „ciemną energią".

Co ciekawe, sugestia Schrödingera, o której dyskutował z Einsteinem, dotycząca substancji przeciwstawiającej się grawitacji stanowiłaby tu doskonałe wyjaśnienie. Z tego względu historyk nauki Alex Harvey stwierdził ostatnio, że już Einstein odkrył ciemną energię[37]. „Odkrył" to raczej za dużo powiedziane, zważywszy, że nie było dla niej wówczas żadnych fizycznych podstaw. Precyzyjniej należałoby powiedzieć, że w 1917 roku przewidział on, że taki substrat o ujemnej energii byłby ewentualnie możliwy – ale przez myśl mu nie przeszło, by Wszechświat miał faktycznie przyspieszać z jakichś nieznanych powodów. Niemniej warto wiedzieć, że podwaliny pod tę koncepcję zostały położone tak wcześnie.

SŁAWNY NA CAŁY ŚWIAT

Gdy 11 listopada 1918 roku zakończyła się I wojna światowa, pozostawiła ona Europę trudną do rozpoznania. Imperia upadły, granice zmieniły się, pojawili się nowi przywódcy i rozpoczął się proces, który miał doprowadzić do kolejnej wojny światowej. W miejsce cesarstwa austro-węgierskiego powstało kilka mniejszych państw, w tym Austria (pierwotnie nazywana „niemiecką Austrią"), Węgry i Czechosłowacja. Demokratyczna, lecz mocno osłabiona republika weimarska obejmowała większość ziem byłego cesarstwa niemieckiego. Zwycięscy alianci zadecydowali, że Niemcy powinny zostać ukarane za wywołanie krwawej i wyniszczającej wojny. Zostały one zmuszone do oddania części swojego terytorium, ograniczenia rozmiarów armii i zapłacenia ogromnych reparacji – co wywołało duże niezadowolenie i kryzys gospodarczy, które ostatecznie miały doprowadzić do władzy nazistów.

Podczas trwającej wojny Einstein nie miał okazji, by przetestować swą hipotezę o grawitacyjnym zakrzywieniu promieni świetlnych przechodzących w pobliżu Słońca. Niepowodzenie wyprawy Finlaya-Freundlicha stanowiło dla niego wielkie rozczarowanie. Po cichu nawiązał korespondencję z brytyjskim astronomem Arthurem Eddingtonem, który był żywo zainteresowany weryfikacją teorii Einsteina. Według kilku anegdotycznych relacji Eddington uchodził w owym czasie za jednego z niewielu, którzy naprawdę zrozumieli ogólną teorię względności[38].

Kwakier i pacyfista, Eddington podobnie jak Einstein sprzeciwiał się wojnie i opowiadał za międzynarodową współpracą naukową. Naturalnie podczas krwawego konfliktu jawna współpraca pomiędzy uczonymi niemieckimi i brytyjskimi była praktycznie wykluczona. Zawieszenie broni było dla Eddingtona wielką okazją, by wziąć udział w testowaniu teorii Einsteina i w ten sposób zacząć odbudowywać zaufanie między badaczami obydwu krajów.

Eddington i Frank Watson Dyson, Astronom Królewski, doszli do wniosku, że idealna sposobność do pomiaru odchylenia grawitacyjnego światła nadarzy się 29 maja 1919 roku. Tego dnia przewidziane było zaćmienie Słońca widoczne z niektórych miejsc na półkuli południowej, właśnie wtedy, gdy Słońce miało przechodzić na tle Hiad, bardzo jasnej gromady gwiazd. Dyson wyznaczył Eddingtona do kierowania projektem obserwacyjnym, co uchroniło tego drugiego od aresztowania za sprzeciwianie się wojnie[39].

W styczniu 1919 roku, aby mieć punkt odniesienia dla obserwacji, Eddington precyzyjnie wyznaczył normalne współrzędne gwiazd z gromady Hiad, a następnie zorganizował dwie ekspedycje mające zmierzyć ich pozycje na sferze niebieskiej podczas zaćmienia. Pierwszy zespół, pod wodzą samego Eddingtona, wyruszył ku Wyspie Książęcej w Zatoce Gwinejskiej, u zachodnich wybrzeży Afryki. Jako rozwiązanie awaryjne na wypadek niepogody, drugi zespół został wysłany do Sobral w Brazylii. Oba starannie sfotografowały nowe położenia gwiazd i przywiozły uzyskane przez siebie dane do Wielkiej Brytanii, aby porównać je szczegółowo z wcześniejszymi wynikami. Ukończywszy ich analizowanie, 6 listopada Eddington triumfalnie oznajmił, że odchylenia kątowe, wynoszące średnio 1,61 sekundy łuku dla Wyspy Książęcej i 1,98 sekundy łuku dla Sobral, są bardzo bliskie wartości 1,75 przewidywanej przez ogólną teorię względności Einsteina, znacznie przewyższając o połowę mniejszą wartość oszacowaną na gruncie teorii Newtona.

Na posiedzeniu Towarzystwa Królewskiego, któremu przewodniczył Dyson, szczelnie wypełniona sala owacyjnie przyjęła te rezultaty, uznając je, wraz z ustaleniami dotyczącymi precesji Merkurego, za istotny dowód ogólnej teorii względności. W epoce politycznych zawirowań obserwacje zaćmienia Słońca pokazały, że w nauce również dokonały się kolosalne zmiany. Dla grupy brytyjskich uczonych przyznanie w rok po zakończeniu wojny, że niemiecki fizyk obalił Newtona, było czymś doprawdy niezwykłym. Jak oświadczył Thomson: „To nie są izolowane wyniki. (...) To nie jest odkrycie pojedynczej wysepki, lecz całego kontynentu nowych idei naukowych o olbrzymim znaczeniu dla niektórych z najbardziej fundamentalnych kwestii fizycznych. Jest to największe odkrycie dotyczące grawitacji, odkąd Newton sformułował swoje prawo [powszechnego ciążenia]”[40].

O tym, jak mało Einstein znany był na świecie przed ogłoszeniem wyników obserwacji zaćmienia, może świadczyć to, że w artykule w „New York Times” donoszącym o tym odkryciu występuje po prostu jako „dr Einstein, profesor fizyki na Uniwersytecie w Pradze”[41]. Nie tylko nie podano jego imienia, ale i pomylono afiliację, gdyż upłynęło już ponad siedem lat, odkąd nie pracował w Pradze.

W mgnieniu oka Einstein stał się słynny na cały świat. Obalenie Newtona uczyniło zeń osobistość naukową najwyższej rangi. Sława w XX wieku to było coś znacznie więcej niż w czasach Newtona. Wiadomości rozchodziły się o wiele szybciej w epoce radia aniżeli w czasach maszyny drukarskiej na ręczną korbę. Gazety na całym świecie powielały treść trzywierszowego nagłówka na pierwszej stronie londyńskiego „Timesa”: „Rewolucja w nauce (...) Nowa teoria Wszechświata (...) Idee Newtona podważone”[42].

WZNIOSŁE OBŁOKI CZYSTEJ GEOMETRII

Farba ledwie obeschła na arcydziele Einsteina, gdy zaczął on dostrzegać jego niedoskonałości. Patrząc na swoje równania pola, odnosił wrażenie, że brak równowagi między ich obiema stronami. Po lewej stronie była elegancka reprezentacja grawitacyjnych struktur geometrycznych, natomiast po prawej stronie wszystkie rodzaje materii i energii, w tym energetyczne efekty pól elektromagnetycznych, zostały prymitywnie upchane razem w postaci tensora energii-pędu. Einstein darzył równania elektromagnetyzmu Maxwella najwyższym szacunkiem i nie był zadowolony z tego, że widzi je w podrzędnej roli. Nabrał przekonania, że pola elektromagnetyczne powinny zostać wyrażone geometrycznie, podobnie jak grawitacja, zamiast zawierać się w tensorze energii-pędu. Wspomnienia podręcznika geometrii z dzieciństwa i umiłowanie geometrii, jakie wyrobił sobie dzięki kontaktom z Grossmannem i innymi, dały mu motywację do podjęcia próby ujęcia wszystkich praw fizyki w postaci geometrycznej.

Einstein był przekonany, że po szczególnej i ogólnej teorii względności, aby dokończyć dzieła przeobrażania fizyki, potrzebna jest trzecia przełomowa teoria, która połączyłaby elektromagnetyzm z grawitacją. Równania Maxwella i teoria grawitacji stałyby się wówczas szczególnymi przypadkami kompletnej jednolitej teorii pola, wyrażonej wyłącznie przez relacje geometryczne.

Schrödinger podzielał pogląd Einsteina, że ogólna teoria względności nie jest teorią kompletną dopóty, dopóki po stronie geometrycznej nie jest uwzględniony elektromagnetyzm. „Mamy oczywistą potrzebę praw pola dla (...) pola elektromagnetycznego – pisał – praw, które zarazem pomyślane byłyby jako czysto geometryczne ograniczenia na strukturę czasoprzestrzeni. Tych praw teoria z 1915 roku nie podaje, z wyjątkiem prostego przypadku oddziaływania czysto grawitacyjnego”[43].

W miarę jak Einstein zaczął zajmować się czystą geometrią – a nie geometrią wyznaczaną przez efekty materii – jego zainteresowanie stroną empiryczną malało. Podczas gdy w swoich artykułach i wypowiedziach na temat ogólnej teorii względności silnie podkreślał potrzebę jej eksperymentalnej weryfikacji – na podstawie precesji Merkurego, odchylenia promieni świetlnych oraz jeszcze jednego efektu, zwanego grawitacyjnym przesunięciem ku czerwieni – nastawienie na jednolitą teorię pola wprowadziło do jego retoryki odwoływanie się do bardziej abstrakcyjnych argumentów. Jak na ironię, student, który uwielbiał pracę w laboratorium i opuszczał większość zajęć z matematyki wyższej, gdyż nie uważał, by były mu do czegokolwiek potrzebne, przerodził się w orędownika posługiwania się czystym rozumowaniem i odczuciem matematycznego piękna przy tworzeniu teorii. Jak to ujął w swoim wykładzie „O metodach fizyki teoretycznej": „Doświadczenie pozostaje oczywiście jedynym kryterium fizycznej użyteczności konstrukcji matematycznej. Jednak pierwiastek twórczy tkwi w matematyce. Dlatego, w pewnym sensie, twierdzę, że czysta myśl jest w stanie uchwycić rzeczywistość, tak jak sądzili starożytni"[44].

Badacze z kręgu szkoły myśli z Getyngi, która kładła olbrzymi nacisk na rozumowanie czysto geometryczne, mieli udział w ukierunkowaniu narastającego zainteresowania Einsteina bardziej abstrakcyjnymi konstrukcjami matematycznymi. Na przykład olbrzymią rolę odegrał Ehrenfest, przyjaciel i powiernik Einsteina, który stał mu się tak bliski, jak gdyby byli braćmi. Ehrenfest studiował w Getyndze i uczęszczał na wykłady Kleina. Wraz ze swoją, również zajmującą się matematyką, żoną Tatianą, którą poznał na zajęciach u Kleina, był mocno zainteresowany relacją między geometrią i fizyką. Zaoferowali oni Einsteinowi własny dom w holenderskiej Lejdzie jako azyl, w którym mógł odetchnąć od Berlina, prowadzić swe rozważania teoretyczne i grać muzykę kameralną (Einstein na skrzypcach, Ehrenfest na fortepianie). Będąc mistrzem w zadawaniu trafnych pytań, które docierały do samego sedna problemów, Ehrenfest chętnie wysłuchiwał relacji Einsteina o jego próbach włączenia elektromagnetyzmu do ogólnej teorii względności.

Samego Kleina, choć był już na emeryturze, zainteresowała kwestia energii grawitacyjnej i pędu w ogólnej teorii względności. Podobnie jak Schrödinger w swojej pierwszej pracy z listopada 1917 roku, Klein uważał, że wielkości te muszą być zdefiniowane w sposób niezależny od wyboru układu współrzędnych. Wszyscy obserwatorzy, argumentował, powinni być w stanie otrzymać z pomiaru te same wartości energii grawitacyjnej i pędu. Klein korespondował o tym z Einsteinem w 1918 roku. Jakkolwiek Einstein nie był skłonny do zmiany swej definicji, uwagi Kleina przypuszczalnie jeszcze bardziej zmotywowały go do starań, by nadać grawitacji i elektromagnetyzmowi jednakowy status. Odrębne definicje energii i pędu dla tych dwu oddziaływań stanowiły tymczasowe rozwiązanie i w żadnym wypadku nie były czymś zadowalającym na dłuższą metę.

Głęboki wpływ na Einsteina bez wątpienia wywarł Hilbert, najlepszy nominat Kleina i bodaj największy reformator geometrii od czasów Euklidesa[45]. Einstein zwrócił uwagę, że ogólna teoria względności w sformułowaniu Hilberta próbuje zunifikować grawitację i elektromagnetyzm w myśl sugestii poczynionej przez niemieckiego fizyka Gustava Mie, że elektron jest czymś w rodzaju stabilnego pęcherzyka w polu elektromagnetycznym. Podążając w kierunku wytyczonym przez Miego, Hilbert stwierdził, że materia nie jest bytem niezależnym, lecz rezultatem niejednorodności w obrębie pól energetycznych, które to pola z kolei mogą być opisane w sposób geometryczny. Argumenty Hilberta początkowo nie przemawiały do Einsteina, niemniej jednak stopniowo nabrał przekonania, że geometria ma bardziej fundamentalny charakter niż materia.

Traktowanie elektronów i innych cząstek materialnych jako tworów geometrycznych jest analogiczne do objaśniania węzłów na linie przez przeanalizowanie sposobu, w jaki zostały zawiązane. Wyobraźmy sobie dziewczynkę, która znalazła węzełek o ciekawym kształcie w kłębku włóczki i sądząc, że jest to coś innego niż włóczka, prosi mamę o pudełko węzełków do zabawy. Matka, która akurat jest profesorem w Getyndze, cierpliwie tłumaczy jej, że węzełki nie są odrębnymi rzeczami, i pokazuje, jak zrobić ich więcej przez odpowiednie zawiązanie włóczki. To włóczka, a nie węzełki, ma charakter fundamentalny. Podobnie Hilbert i Mie wyobrazili sobie rzeczywistość fizyczną, w której naczelną rolę odgrywa geometria pól, a jej lokalne zaburzenia postrzegane są jako cząstki.

Do najbardziej uzdolnionych uczniów Hilberta należał niemiecki matematyk Hermann Weyl (znany w kręgu przyjaciół jako Peter), który zrobił doktorat w Getyndze w 1908 roku. Po otrzymaniu w 1913 roku habilitacji został mianowany na stanowisko akademickie w ETH w Zurychu, gdzie przez krótki czas pracował jednocześnie z Einsteinem i miał okazję go poznać. W 1918 roku Weyl opublikował obszerną monografię o ogólnej teorii względności i jej perspektywach, zatytułowaną *Raum, Zeit, Materie* (Przestrzeń, czas, materia), którą potem uaktualniał kilkakrotnie w kolejnych wydaniach. Jeden z pierwszych egzemplarzy przesłał Einsteinowi, który określił ją jako „mistrzowską symfonię"[46].

Usatysfakcjonowany pochwałą przez Einsteina jego książki, Weyl miał nadzieję, że nowy napisany przez niego artykuł *Grawitacja i elektryczność* spotka się z taką samą entuzjastyczną reakcją. Przedstawiwszy w nim, jak da się zmodyfikować ogólną teorię względności, by jej konsekwencją były równania Maxwella, wysłał rękopis Einsteinowi, oczekując, że zarekomenduje go do publikacji.

Jakkolwiek początkowo Einsteinowi spodobało się, że Weyl najwyraźniej znalazł sposób na przemycenie elektromagnetyzmu na arenę grawitacji, wzdrygnął się, gdy zobaczył, jak bardzo to wtargnięcie zepsuje całe widowisko. Koncepcja Weyla polegała na zmodyfikowaniu sposobu, w jaki wektory zachowują się podczas operacji zwanej przeniesieniem równoległym (przesuwania ich równolegle do siebie samych z punktu do punktu). W standardowej ogólnej teorii względności koneksje afiniczne, pokazujące, jak przekształcają się składowe wektora, oraz tensor metryczny, który wyznacza sposób mierzenia interwałów czasoprzestrzennych (odległości w czterech wymiarach), są ze sobą powiązane bezpośrednią zależnością matematyczną. W naszej analogii do pustyni odpowiadają one bezpośredniemu połączeniu między rusztowaniem a plandeką. Weyl pomajstrował przy tym połączeniu przez wprowadzenie dodatkowego współczynnika, który nazwał „cechowaniem". Podobnie jak tory kolejowe w różnych państwach (na przykład Rosji i Polsce) są inaczej cechowane (co w tym wypadku oznacza odmienny rozstaw szyn), Weyl wpadł na pomysł, by standard czterowymiarowej odległości zmieniał się od punktu do punktu, co wyrażał współczynnik cechowania. Dawało to pożądany skutek w postaci efektu równoważnego polu elektromagnetycznemu. Jednakże Einstein uważał, że zmiana standardu odległości nie ma sensu fizycznego, i nie zamierzał sankcjonować tak radykalnej modyfikacji swojej teorii. Weyl był w najwyższym stopniu rozczarowany tym, że jego teoria nie znalazła uznania w oczach autorytetu.

Chociaż nigdy nie weszła do ogólnej teorii względności, koncepcja cechowania Weyla znalazła później zastosowanie w innej dziedzinie, fizyce cząstek, gdzie odniosła olbrzymi sukces. We współczesnej wersji współczynnik cechowania dotyczy nie rzeczywistej przestrzeni, lecz pewnego rodzaju przestrzeni abstrakcyjnej. Wzbudzający ostatnio tyle zainteresowania bozon Higgsa – mający zasadnicze znaczenie dla wyjaśnienia masy spoczynkowej niektórych cząstek – zawdzięcza wiele właśnie idei wprowadzonej przez Weyla.

PRZYGODY W PIĄTYM WYMIARZE

Kolejny absolwent Uniwersytetu w Getyndze, fiński fizyk Gunnar Nordström zaproponował w 1914 roku własną zunifikowaną teorię. Była ona godna uwagi, ponieważ pierwsza uwzględniała piąty wymiar, oprócz trzech wymiarów przestrzennych i jednego czasowego. Nordström stwierdził, że dodanie piątego wymiaru zapewnia więcej pola manewru przy tworzeniu teoretycznej koncepcji, która łączyłaby równania elektromagnetyzmu Maxwella z grawitacją. Jego teoria nie była jednak oparta na ogólnej teorii względności, co skłoniło samego Nordströma do zarzucenia tej idei w dwa lata później, gdy uznał wyższość podejścia Einsteina. Nic nie wskazuje na to, by Einstein w ogóle zwrócił uwagę na unifikację w wersji Nordströma, natomiast wiadomo, że inna pięciowymiarowa idea pozostawiła na nim niezatarte wrażenie. W kwietniu 1919 roku otrzymał list od Theodora Kaluzy, praktycznie nieznanego *Privatdozenta* z Uniwersytetu Królewieckiego (w niemieckiej strukturze akademickiej *Privatdozent* był wykładowcą nieopłacanym przez uczelnię, lecz wygłaszającym swoje wykłady przed słuchaczami, którzy wykupili na nie bilet). Na tym podrzędnym stanowisku, na którym pracował od dwudziestu lat, Kaluza ledwo co zarabiał na utrzymanie swojej rodziny. Być może przez wzgląd na skromne początki własnej kariery Einstein poświęcił listowi pełną uwagę pomimo niskiej rangi jego nadawcy.

Jakkolwiek Kaluza pozostawał w owym czasie z dala od głównego nurtu nauki, miał wcześniej okazję zakosztować szalonej atmosfery naukowej Getyngi. Spędził tam rok jako student w 1908 roku, przesiąkając do głębi geometrycznymi wizjami Kleina, Hilberta i Minkowskiego. Poznał również innego przyszłego unifikatora Weyla[47]. Zasiane w umyśle Kaluzy ziarno unifikacji miało wydać plon jedenaście lat później.

Kaluza w swym liście nakreślał ideę, która przyszła mu do głowy niczym coś na kształt objawienia. Gdy pewnego dnia siedział w swoim gabinecie, nagle uświadomił sobie, że po wprowadzeniu dodatkowego wymiaru i dodatkowych składowych do tensorów ogólnej teorii względności aparat równań Einsteina wyrzuci z siebie oprócz części grawitacyjnej pewną postać równań Maxwella. Zamiast być macierzą 4×4, tensor Einsteina stawał się macierzą 5×5, a zamiast szesnastu składowych, w tym dziesięciu niezależnych z uwagi na symetrię, miał dwadzieścia pięć, w tym piętnaście niezależnych. Oznaczało to, że było teraz pięć dodatkowych niezależnych składowych, z których cztery dało się wykorzystać do opisu elektromagnetyzmu; piątą można było zasadniczo pominąć. Wyglądało na to, że przez proste zwiększenie liczby wymiarów uzyskuje się dostatecznie wiele miejsca na unifikację. Jak relacjonował jego syn (który był wtedy razem z nim w pokoju), Kaluza był tak podniecony, że przez kilka sekund siedział w całkowitym bezruchu, a następnie zerwał się na równe nogi i zaczął nucić melodię z *Wesela Figara*[48].

Zarówno koncepcja Nordströma, jak i Kaluzy, choć powstałe niezależnie od siebie, oparte były na idei rozszerzenia czasoprzestrzeni o dodatkowy wymiar. Dla matematyków i fizyków teoretycznych przywykłych do oddychania upajającą atmosferą Getyngi wyobrażanie sobie wyższych wymiarów przychodziło z równą łatwością jak liczenie od jednego do pięciu. Mamy jeden wymiar w wypadku linii, dwa w wypadku kwadratów i trzy w wypadku sześcianów. Jeśli dodamy jeszcze jeden wymiar przestrzenny, otrzymamy hipersześciany. Tak jak sześcian jest trójwymiarową figurą geometryczną ograniczoną przez sześć kwadratów, hipersześcian jest figurą czterowymiarową ograniczoną ośmioma sześcianami. Wystarczy dołączyć wymiar czasu i oto mamy obiekt pięciowymiarowy, przy czym za czas zwyczajowo przyjmowany jest czwarty wymiar, a piąty ma charakter przestrzenny.

Jednakże dla głównego nurtu fizyków eksperymentalnych w owym czasie koncepcja piątego wymiaru wydawała się czymś raczej z kart książek H.G. Wellsa bądź groszowych magazynów niż prawdziwą nauką. Poza czasem nie było żadnych widocznych oznak jakichkolwiek innych wymiarów oprócz długości, szerokości i wysokości. Teoria wykorzystująca pięć wymiarów była równym absurdem, jak rozważanie sposobu przechodzenia przez ściany czy wytwarzanie złota z niczego.

Kaluza uprzedził zarzuty przeciwników, wprowadzając do swojej koncepcji „efekt zwinięcia cylindrycznego", uniemożliwiający jakiekolwiek bezpośrednie obserwacje piątego wymiaru. Podobnie jak chomik biegający w kołowrotku nie dobiegnie donikąd pomimo przebierania łapkami, w teorii Kaluzy–Kleina wszystkie obserwowalne wielkości są niewrażliwe na wszelkie zmiany w obrębie piątego wymiaru. Cokolwiek dzieje się w piątym wymiarze, nie powoduje żadnych zauważalnych efektów, nie licząc pośredniego wpływu w postaci wprowadzenia elektromagnetyzmu do ogólnej teorii względności. Rzeczywistość piątego wymiaru rozgrywa się w pełni za kulisami, wymykając się wszelkim zakusom eksperymentatorów.

Einstein w pierwszym odruchu pochwalił pracę Kaluzy jako znacznie lepszą niż teoria Weyla, gdyż w odróżnieniu od niej nie ingerowała w znane fakty dotyczące Wszechświata, takie jak wielkość interwałów czasoprzestrzennych. Kiedy jednak wykonał na jej podstawie kilka obliczeń, jego entuzjazm osłabł. Próbując opisać ruch elektronów podlegających łącznemu wpływowi pola grawitacyjnego i elektromagnetycznego, nie był w stanie uzyskać sensownego rozwiązania, gdyż natrafiał na matematyczną barierę zwaną osobliwością – miejsce, w którym jedna lub więcej wielkości fizycznych gwałtownie dąży do nieskończoności. Konieczne było wyeliminowanie jakoś nieprawidłowego punktu, na podobieństwo usunięcia chorego zęba.

Przy okazji wynajdywania wad teorii Kaluzy Einstein wytyczył nowy kierunek dla prób rozszerzenia ogólnej teorii względności – poszukiwanie teoretycznego wyjaśnienia, jak elektrony poruszają się w przestrzeni. Model atomu Bohra odtwarzał główne linie widmowe prostych pierwiastków przez pokazanie, jak kwantowanie energii i momentu pędu wymusza zajmowanie przez elektrony jedynie ściśle określonych orbit. Wciąż brakowało jednak pełnej teorii wyjaśniającej, jak elektrony zachowują się w innych warunkach, na przykład w lampie katodowej. Przystąpiwszy do rozpatrywania konsekwencji rozmaitych sposobów na dokonanie unifikacji, Einstein używał zdolności do prawidłowego opisu elektronów jako kamienia probierczego.

Eddington w pełni podzielał pogląd Einsteina co do istotności problemu ruchu elektronu. Korzystając z teorii Weyla jako punktu wyjścia, Eddington zaproponował alternatywną teorię unifikacji opartą na zmodyfikowaniu koneksji afinicznej i geometrii czterowymiarowej innej niż geometria Riemanna. Nie był wszakże pewien, czy jego teoria adekwatnie wyjaśnia ruch elektronu. Jak pisał: „Jeśli wyjść poza geometrię euklidesową, pojawia się grawitacja; jeśli wyjść poza geometrię Riemanna, pojawia się oddziaływanie elektromagnetyczne; cóż zatem pozostaje do zyskania poprzez dalsze uogólnienie? Ewidentnie niemaxwellowskie siły, które utrzymują w całości elektron. Jednak problem z elektronem jest trudny i nie jestem w stanie powiedzieć, czy niniejsze uogólnienie przyczynia się do jego rozwiązania”[49].

Po wstąpieniu na drogę ku unifikacji Einstein stanął przed dylematem wyboru pomiędzy teoriami Weyla, Kaluzy i Eddingtona. Choć żadnej z nich nie uznawał za zadowalającą, czerpał z nich przy konstruowaniu własnych modeli, przez cały czas mając na oku cel, jakim było opisanie elektronu za pomocą zmodyfikowanej wersji ogólnej teorii względności.

Gdy rok 1919 dobiegł końca i rozpoczęły się szalone lata dwudzieste, życie Einsteina uległo diametralnej zmianie. Miał już czterdzieści kilka lat, znacznie powyżej typowego wieku dokonywania znaczących odkryć w fizyce teoretycznej. Niemniej jednak dopiero teraz zapłonął entuzjazmem do pomysłu, by zwieńczyć swoją ogólną teorię względności jednolitym opisem oddziaływań fizycznych i materii. W końcu uzyskał rozwód z Milevą (jak na ironię, w walentynki), pod warunkiem że jeśli kiedykolwiek otrzyma Nagrodę Nobla, przekaże całą sumę na jej ręce. Nic nie było w stanie wynagrodzić jej utraconych nadziei, lecz pieniądze z Nobla pozwoliłyby przynajmniej zaspokoić podstawowe potrzeby.

Po sfinalizowaniu rozwodu 2 lipca Albert zawarł związek małżeński z Elsą. Po upływie kilku miesięcy, po ogłoszeniu wyników obserwacji zaćmienia przez Eddingtona, Elsa uświadomiła sobie, że człowiek, z którym stanęła na ślubnym kobiercu, jest najsłynniejszym uczonym świata. Z chęcią stała u boku męża, gdy podróżował po całym świecie, spotykał się ze znakomitościami i odbierał kolejne zaszczyty.

Sprytne żądanie Milevy opłaciło się jej sowicie. Einsteinowi przyznano Nagrodę Nobla z fizyki za 1921 rok i odebrał ją w rok później. Gdy jej były mąż znajdował się w świetle reflektorów, ona i dwaj synowie skrywali się przed okiem opinii publicznej, utrzymując się z pieniędzy z nagrody. Mając bezpieczną posadę akademicką, pławiąc się w sławie i zdając całą troskę o sprawy domowe na Elsę, Einstein mógł, swobodny niczym orzeł, szybować ku wyniosłym szczytom unifikacji.

ROZDZIAŁ 3

FALE MATERII I PRZESKOKI KWANTOWE

Skoro nie da się uniknąć tych cholernych przeskoków kwantowych,
żałuję, że w ogóle zacząłem się zajmować teorią atomową.

– Erwin Schrödinger (przytoczone przez Wernera Heisenberga)

Nie chciałbym być źle zrozumianym.
Jestem uczonym, a nie moralistą.

– Erwin Schrödinger, *Umysł i materia*

Jeżeli brak wolnej woli jest niczym pobyt w więzieniu, to ogólna teoria względności stanowi więzienie absolutne. Przez połączenie czasu z przestrzenią stapia przeszłość, teraźniejszość i przyszłość w jeden lity blok. Wszystko, co dzieje się w czasie, jest zamrożone niczym krajobraz syberyjskiego gułagu. Całość historii jest ustalona raz na zawsze – po prostu jeszcze nie odsłużyliśmy naszego wyroku.

Rozszerzenie ogólnej teorii względności, tak by uwzględniała również inne oddziaływania, zabetonowałoby naszą przyszłość jeszcze bardziej. Jednolita teoria, która wyjaśniałaby nie tylko grawitację, ale i elektryczność, byłaby w zasadzie w stanie opisać impulsy w nerwach każdego, kto żył, żyje czy kiedykolwiek będzie żyć na Ziemi. Bylibyśmy skazani na myśli i działania, które są raz na zawsze ustalone. Równania wieczności przypieczętowałyby jednoznacznie nasze losy. Jak pisał w swych słynnych rubajjatach perski poeta Omar Chajjam: „Ruchomy Palec pisze; i napisawszy, przechodzi dalej; ni cała twoja pobożność, ni rozum nie nakłoni go, by zawrócił i wymazał bodaj pół linijki. Ani też całe łzy twoje nie zmyją z nich jednego słowa”[50].

Los bywa okrutny. Po zakończeniu I wojny światowej wielu ze zdemobilizowanych żołnierzy potrzebowało wyleczyć swoje dusze. Podczas gdy Schrödinger miał tyle szczęścia, by powrócić bezpiecznie do domu, jego ukochany profesor, Fritz Hasenöhrl, został rozerwany przez wybuchający granat. Schrödinger, podobnie jak cała wiedeńska społeczność akademicka, był w szoku.

Pod koniec 1919 roku zmarł ojciec Schrödingera. Wkrótce potem gospodarka austriacka została zrujnowana przez wysoką inflację, która pochłonęła oszczędności wielu rodzin, w tym jego. Odnosiło się wrażenie, że już nie może być gorzej. Uczony więc zwrócił się ku sobie i zaczął się zastanawiać, jak dalej pokierować swoim życiem.

Emocjonalne pocieszenie przynosiło towarzystwo kobiet. Opisywał w dzienniku każdą kolejną, z którą coś go łączyło. Gdzieś w 1919 roku odnotował, że poznał Annemarie „Anny" Bertel, jowialną, bezpretensjonalną mieszkankę Salzburga, która, choć sama nie była intelektualistką, szanowała jego zamiłowanie do książek.

W odróżnieniu od par, które pasują do siebie jak ręka do rękawiczki, Erwin i Anny byli do siebie niedopasowani pod wieloma względami. Na przykład spierali się o muzykę – ona często grywała na fortepianie, czego on nie znosił. Podczas gdy żadne z nich nie dochowywało wyłączności w ich związku, zawsze lubili nawzajem swoje towarzystwo. Był to zatem związek oparty na zażyłości i wygodzie. Niebawem zaręczyli się i planowali dwa wesela – jedno katolickie, drugie protestanckie – aby uszanować odmienną wiarę swoich rodzin. Obydwie ceremonie odbyły się wiosną 1920 roku.

W okresie powojennego marazmu Schrödinger skierował się ku filozofii i obsesyjnie zaczytywał się w dziełach Schopenhauera. W szczegółowo prowadzonych zeszytach odnotowywał swoje komentarze i wrażenia dotyczące wszystkiego, co przeczytał, opisując Schopenhauera jako „najwybitniejszego myśliciela Zachodu"[51].

Zainspirowany licznymi odniesieniami Schopenhauera do filozofii Wschodu, sięgnął również do hinduistycznych pism wedyjskich (określając je ich sanskrycką nazwą „Wedanta") i innych klasycznych dzieł myśli wschodniej. Przez krótki czas rozważał przerzucenie się na filozofię, lecz postanowił pozostać przy fizyce, a filozofię uprawiać jako hobby. Przez lata napisał kilka książek, w których zawarł własne poglądy filozoficzne, w tym *Mein Leben, meine Weltansicht* (Moje życie, moje widzenie świata), opartą po części na napisanym w 1925 roku traktacie zatytułowanym *Die Suche nach dem Weg* (W poszukiwaniu drogi).

Schrödingera szczególnie zaintrygowało wyjaśnianie przez Schopenhauera namiętności i pragnień w obliczu mechanistycznego wszechświata. Rozglądając się wokół siebie po Wielkiej Wojnie, widział same kontrasty. Podczas gdy nauka i technika wzniosła się na niespotykane dotąd wyżyny, kultura, jak ją postrzegał, spadła w dantejską otchłań – co nazywał „końcem sztuk pięknych". „Sytuacja, w której się znajdujemy – pisał Schrödinger – jest zatrważająco podobna do końcowego stadium świata starożytnego"[52].

Oczywiście, zważywszy, że on i Anny przez całe swoje małżeństwo traktowali je jako związek otwarty, Schrödingera trudno nazwać purytaninem. Jednak kiedy spoglądał w lustro, widział współczesny odpowiednik Platona lub Arystotelesa – wszechstronnego człowieka renesansu – któremu przypadkiem przyszło żyć w fatalnym czasie naznaczonym dekadencją i przemocą.

W książce *Świat jako wola i przedstawienie* i innych dziełach Schopenhauer podał wyjaśnienie przemożnych emocji, które mogą przywieść do klęski. Czerpiąc z hinduistycznego pojęcia karmy i buddyjskiego pojmowania cierpienia, opisywał „wolę" jako uniwersalną siłę zmuszającą ludzi do wykonywania swoich powinności. To pragnienie rodzi działanie, które prowadzi do tego, co nieuniknione. Podobnie jak inne siły przyrody, wywołuje ono przewidywalne skutki. Niemniej jednak podmioty działające, podległe takiemu przymusowi, są całkowicie przekonane, że skutki te są owocem ich wolnej woli. Mogą one neurotycznie ulegać własnym dążeniom, cierpiąc nieustające poczucie niespełnienia, ponieważ ilekroć cel zostanie osiągnięty, zjawia się kolejne pragnienie. Dlatego, jak nauczał Budda, pragnienie jest cierpieniem. Jedynym antidotum jest wyrzeczenie się wszelkich celów i emocji i obranie drogi ascezy, niczym mnich. Inną możliwością jest podporządkowanie swoich pragnień oddawaniu się dziedzinom estetycznym, takim jak malarstwo czy muzyka. Zamiast bezowocnie dążyć do czegoś, trzeba stworzyć poruszające dzieło. Jeśli jednak ktoś ulega pragnieniu, nie można go za to ani potępić, ani pochwalić, gdyż wyłącznie reaguje na uniwersalną siłę.

Zatem jeśli zakochujemy się w kimś, nie jest tak, że *wybieramy* tę osobę; lecz nasza miłość jest czynnikiem realizującym proces zbliżenia nas z tym drugim człowiekiem, zgodnie z naszym wspólnym przeznaczeniem. Z tego punktu widzenia mówienie, jakoby Erwin i Anny wybrali siebie nawzajem, ma równie mało sensu, jak powiedzenie, że Ziemia w zeszłym miesiącu postanowiła, by Księżyc krążył wokół niej ze względu na silne wzajemne przyciąganie. Dlatego też Schrödinger nie widział żadnych etycznych racji, by przestrzegać tradycyjnych reguł małżeństwa czy by w ogóle usprawiedliwiać swoje decyzje podejmowane pod wpływem impulsu.

Od tego momentu wplatał filozoficzne motywy w swoje teoretyczne dyskusje o fizyce. Koncepcja pełni, przejęta z pism Schopenhauera i filozofii wedyjskiej, na której się one opierały, skłaniała go do odrzucania cząstkowych, niekompletnych opisów przyrody na rzecz ujęć całościowych oraz wszelkich niejasności na rzecz pewności. Był przekonany, że ostatecznie wszystko w przyrodzie musi być ze sobą powiązane, przepływając z jednego momentu do następnego w postaci ciągłego strumienia. (Warto zwrócić uwagę, że wprawdzie w niektórych pismach analizował możliwość akauzalności zjawisk, lecz w zasadniczym zrębie swojej twórczości opowiadał się za powiązaniami przyczynowo-skutkowymi). Tego rodzaju względy miały odegrać dużą rolę w kształtowaniu jego postawy wobec niejednoznaczności mechaniki kwantowej.

BIBLIA HERETYCKA

Zachodzi duże podobieństwo – choć z odmiennym rozłożeniem akcentów – między filozoficznymi zainteresowaniami Schrödingera i Einsteina. Jakkolwiek Einstein również czytał Schopenhauera, znacznie większy wpływ wywarł na niego wcześniej żyjący filozof, Baruch Spinoza, który stał się jego przewodnikiem w poszukiwaniach jednolitego, zunifikowanego wyjaśnienia Wszechświata. Jako że Schopenhauer był jednym z głównych kontynuatorów myśli Spinozy, Schrödinger też przeczytał sporo jego pism.

Spinoza urodził się w 1632 roku w sefardyjskiej rodzinie żydowskiej w Amsterdamie. Po dzieciństwie spędzonym w otoczeniu ortodoksyjnych Żydów, gdy pilnie studiował Pismo, dokonał radykalnej reinterpretacji roli Boga we Wszechświecie. W społeczności Żydów sefardyjskich uznano jego pojmowanie istoty boskiej za tak wielką herezję, że postanowiono go wykluczyć ze wspólnoty – co w judaizmie stosowano nader rzadko.

W tradycyjnych religiach monoteistycznych Bóg czynnie uczestniczy w historii, najpierw stwarzając świat i sprowadzając na niego życie. Jako Stwórca Bóg jest istotą odrębną od świata, lecz może nań wpływać, ilekroć zechce. Nie każda decyzja podejmowana jest jednak przez Niego, gdyż nadał On ludziom wolną wolę, by mogli dokonywać własnych wyborów.

Istnieje oczywiście wiele teologicznych różnic dotyczących tego, jak często Bóg działa w świecie i jaka jest natura ludzkiej wolnej woli. W wyznaniach opowiadających się za predestynacją los człowieka jest ostatecznie przesądzony i wszelkie jego wybory są z góry określone. Dlatego źli ludzie są skazani na wybieranie zła – co czyni z „wolnej woli" wyłącznie instrument do pokazania, dlaczego ktoś jest niegodziwy. Według takich poglądów wszelkie osądy i akty boskie są z dawien dawna wyryte w kamieniu (w zamierzeniu na wieki wieków), zatem cokolwiek się wydarza, nieodwołalnie musiało tak być.

Inne wyznania dopuszczają nieograniczenie wolną wolę, lecz nieodpowiedni wybór ściąga na człowieka karę w życiu wiecznym i ewentualnie nieszczęścia w życiu doczesnym. Wybierając właściwie, można czuć się bliżej Boga i zasłużyć na nagrodę (choć jej rodzaj zależy od konkretnej doktryny). Osobowy Bóg spogląda z nieba na ludzkie uczynki i je sprawiedliwie osądza.

Poczynając od XVII wieku, w Europie zrodziła się bardziej ograniczona koncepcja, w której rola Boga sprowadzała się do stworzenia świata, nadania obowiązujących w nim praw i zajmowania się nim bezpośrednio jedynie sporadycznie. W tej wizji Bóg jest kimś w rodzaju zegarmistrza, który wykonuje swoje misterne dzieła, a potem majstruje przy nich i nastawia tylko w miarę potrzeby (przykładem takiej interwencji jest potop). Taki właśnie pogląd wyznawał Newton, wyobrażając sobie, że Bóg wyznacza grawitację i inne prawa przyrody, rozmieszcza planety na orbitach i przygląda się z boku, jak stworzony przez Niego wspaniały świat istnieje na własną rękę – przyznając sobie prawo do okazjonalnej interwencji, jeśli nie wszystko przebiega tak, jak powinno. Współczesne pojęcie „cudu" zakłada, że choć wszystko, co się dzieje, wynika z przyczyn naturalnych, od czasu do czasu Bóg postanawia je obejść, by czynić dobro.

Ujęcie Spinozy dotyczące stosunku Boga i świata było bardzo niezwykłe jak na jego epokę. Odrzucał on zarówno pojęcie osobowego Boga, jak i ideę, że Bóg miałby zmieniać bieg ludzkich spraw czy też zjawisk naturalnych. Modlitwy uważał za czynność daremną, ponieważ nie ma nikogo, kto by ich wysłuchiwał. Natomiast Bóg był dla niego substancją obecną w samym świecie – nieskończonym bytem, który przenika wszystko. Ludziom i rzeczom istniejącym w świecie przyznawał status migotliwych faset wspaniałego, niezniszczalnego diamentu.

Ponieważ według Spinozy Bóg jest bytem nieskończonym i doskonałym, Jego natura jest niezmienna. Nie ma On możliwości decydowania o tym, jaki ma być świat, gdyż właściwości świata wynikają po prostu z Jego atrybutów. Wszystkie zdarzenia są konsekwencją boskich praw ukształtowanych w idealny sposób. Zatem historia świata rozwija się niczym dywan, na którym utkany został bezczasowy wzór. Jak Spinoza pisał w swojej *Etyce*: „W przyrodzie nie ma nic przypadkowego, ale wszystko z konieczności boskiej natury jest zdeterminowane do tego, aby istniało i działało w określony sposób"[53].

Gdy Einstein przeszedł od rzeczy konkretnych ku eterycznym – od teorii wynikających z kwestii empirycznych ku wyznaczanym przez abstrakcyjne zasady i względy estetyczne – w swych wypowiedziach o fizyce zaczął coraz częściej powoływać się na Boga. Jednakże nie był to Bóg Ojciec z Biblii, zajmujący się ludźmi i światem, lecz Bóg Spinozy – pozaczasowy idealny byt, z którego wywodzą się wszystkie prawa przyrody. Jak odpowiedział raz na zadane przez pewnego rabina pytanie o to, czy wierzy w Boga: „Wierzę w Boga Spinozy, przejawiającego się w harmonii wszystkiego, co istnieje, a nie w Boga, który zajmowałby się losem i uczynkami każdego człowieka"[54].

W szeroko dyskutowanym artykule, który ukazał się w „New York Times Magazine" 9 listopada 1930 roku, Einstein wymieniał Demokryta, św. Franciszka z Asyżu i Spinozę jako reprezentujących na przestrzeni wieków „religię kosmicznego doświadczenia" – poczucie onieśmielenia i zachwytu wobec porządku odkrywanego w naturze i w świecie myśli[55]. Wzmianka o Demokrycie stanowiła wyraz przekonania Einsteina o randze idei atomistycznej. W odniesieniu do św. Franciszka zaś utożsamiał się z jego humanitaryzmem. Z tej trójki jednak to Spinoza był najbardziej kontrowersyjnym wyborem jako myśliciel zdecydowanie niemieszczący się w stereotypach. Powołanie się przez Einsteina na jego poglądy wywołało w kręgach teologicznych i duchownych ożywioną dyskusję, czy można prawomocnie mówić o czymś takim jak „religia kosmiczna".

Przejęta od Spinozy koncepcja kosmicznego porządku, przypuszczalnie wraz z odebraną przez niego edukacją w zakresie fizyki newtonowskiej, doprowadziły Einsteina do trzymania się ścisłego determinizmu w swoich teoriach i odmawiania jakiejkolwiek fundamentalnej roli przypadkowi. W końcu, jak coś, co wypływa z boskiej doskonałości, mogłoby realizować się na wiele różnych sposobów? Każdy skutek musi mieć jednoznaczną przyczynę, która z kolei jest skutkiem wcześniejszej przyczyny, i tak dalej – niczym ciąg przewróconych kostek domina dochodzący ostatecznie do przyczyny najwyższej. Jego nieakceptowanie przypadku w mechanice kwantowej i poszukiwanie przez dziesięciolecia jednolitej teorii pola były ewidentnie konsekwencją głębokiej wiary w idee Spinozy.

Zasadniczą różnicą między poglądami Einsteina i Schrödingera była predylekcja tego drugiego do myśli Wschodu. Żadna z postaci wymienionych przez Einsteina w jego artykule o religii nie wywodziła się z tradycji wschodniej (jedynie przelotnie wspomniał w nim o buddyzmie). Nie pociągała go żadna forma mistycyzmu ani duchowości. Natomiast Schrödinger żywił głębokie przekonanie o istnieniu wspólnej dla wszystkich ludzi duszy oraz poczucie, że wszystko w świecie jest w istocie jednością. Odróżniał jednak swoją wedyjską wiarę w uniwersalną świadomość od poglądu, że ludzie są fasetami doskonałego bytu boskiego. Różnica, podkreślał Schrödinger, zasadza się w tym, że każdy z nas nie jest częścią, lecz stanowi całość: „nie jest (...) częścią wiecznego i nieskończonego bytu ani jego aspektem czy modyfikacją, jak w panteizmie Spinozy. Albowiem stanęlibyśmy wówczas przed tym samym kłopotliwym pytaniem: którą częścią, którym aspektem jest właściwie każdy z nas? Co, obiektywnie rzecz biorąc, odróżnia tę część od pozostałych? Nic, gdyż choć może się to wydawać trudne do objęcia zwykłym rozumem, jesteśmy – i wszelkie inne świadome istoty jako takie – całością sami w sobie”[56].

Zarówno Einstein, jak i Schrödinger postawili sobie za cel odnalezienie w nauce jedności, lecz kierowali się przy tym odmiennymi motywami. Einsteinowi chodziło o odkrycie boskich praw rządzących światem – to znaczy jak najprostszego, najbardziej eleganckiego zbioru równań. Dla Schrödingera było to poszukiwanie wspólnej podstawy wszechrzeczy – strumienia życia płynącego w żyłach wszystkiego, co istnieje w kosmosie. Poglądy Einsteina były bardziej rygorystyczne i nie dopuszczał do siebie myśli, by elementy losowe mogły mieć charakter fundamentalny. Schrödinger pozostawał znacznie bardziej otwarty na losowość, postrzegając przypadek i szczęśliwy traf jako ewentualne przejawy uniwersalnej woli. Paradoksalnie, dzięki potędze woli pozornie przypadkowe zdarzenie może skierować kogoś na drogę, którą on czy ona zamierzali podążać. Ponadto, jak dowiedział się, studiując Boltzmanna, prawa termodynamiki wynikają z uśrednionego statystycznie zachowania się olbrzymiej liczby atomów. Miriady drobnych zmian przynoszą dużą zmianę.

Oprócz doszukiwania się jedności istotnym wspólnym elementem naukowej filozofii Einsteina i Schrödingera była wiara w ciągłość świata. Była ona zakorzeniona w fizyce klasycznej, w której wyrośli, na przykład w mechanice płynów, i wzmocniona przez podzielane poczucie – zawarte zarówno w poglądach Spinozy, jak i w filozofii wedyjskiej – że zdarzenia w świecie płyną niczym rzeka od jednego momentu do następnego. Nic nie może po prostu zniknąć i pojawić się nagle gdzie indziej ani też oddziaływać niewidzialnie na odległość. Szata natury musi być zszyta mocnymi nićmi, zarówno w przestrzeni, jak i w czasie, gdyż inaczej rozpadłaby się na strzępy niczym zżarty przez mole płaszcz.

Nieciągłość była cechą charakterystyczną planetarnego modelu atomu Bohra, co zarówno Einstein, jak i Schrödinger uważali za poważną wadę teorii, która pod innymi względami stanowiła wielki krok naprzód. Dlaczego elektrony miałyby momentalnie przeskakiwać z orbity na orbitę, skoro nigdy nie dzieje się tak z planetami w Układzie Słonecznym? „Nie wyobrażam sobie, by elektron miał skakać wte i wewte niczym pchła", powiedział kiedyś podobno Schrödinger[57].

Ponadto, skoro elektrony przeskakują w atomie, to dlaczego zachowują się niczym ciągły strumień jako wolne elektrony w przestrzeni – na przykład w próżni panującej wewnątrz lamp katodowych? Na początku lat dwudziestych XX wieku, zachęcony propozycjami unifikacji Weyla, Kaluzy, a później Eddingtona, Einstein zaczął rozważać sposoby wyjaśnienia zachowania się elektronu przez rozszerzenie ogólnej teorii względności, które uwzględniałoby oprócz grawitacji również elektromagnetyzm. Przeskoki, sądził Einstein, muszą być pozornymi, czysto matematycznymi efektami teorii, która tak naprawdę ma deterministyczny i ciągły charakter. Zainspirowany dyskusjami z Einsteinem Schrödinger niezależnie opracował własną koncepcję ciągłości elektronów, która ostatecznie miała go doprowadzić do jego przełomowej teorii mechaniki falowej.

Nie wszyscy jednak w społeczności fizyków poczytywali nieciągłość za wadę. Podczas gdy pierwsza wersja mechaniki falowej nabierała kształtów, ambitny młody fizyk z Monachium, Werner Heisenberg, wysunął abstrakcyjną teorię matematyczną zwaną mechaniką macierzową, w której momentalne przeskoki pomiędzy stanami były jak najbardziej na miejscu. Gdzie indziej mogłaby taka abstrakcyjna teoria być wykoncypowana, jeśli nie w szalonej atmosferze Getyngi? Inspirację do niej Heisenberg zaczerpnął z cyklu wykładów wygłoszonych w tym mieście przez Bohra.

POSZUKIWANIA SKAUTA

W czerwcu 1922 roku Hilbert i kilku innych członków grona profesorskiego Uniwersytetu w Getyndze, w tym Max Born, błyskotliwy młody fizyk, zaprosiło Bohra do wygłoszenia cyklu wykładów o teorii atomu. Entuzjastycznie przyjmując tę ofertę, Bohr przełamał nieformalny bojkot niemieckich instytucji akademickich, który obowiązywał od I wojny światowej. Nie licząc Einsteina, którego wizerunek stał się znany na całym świecie, reputacja naukowa Niemiec ucierpiała poważnie w następstwie konfliktu zbrojnego. Ponure reperkusje wyprodukowania przez Niemców trujących gazów bojowych (w czym główny udział miał Fritz Haber, kolega Einsteina) i zaciekłe walki w powietrzu pozostawiły głębokie psychologiczne rany u tych, co przeżyli. Wykłady Bohra – nazwane „Festiwalem Bohra", na wzór odbywającego się niedawno w tym mieście „Festiwalu Händla" – przyczyniły się do otwarcia drzwi do wznowienia współpracy naukowej między Niemcami i innymi państwami europejskimi.

Upłynęło już prawie dziewięć lat, od kiedy Bohr ogłosił swoją teorię. Od tej pory jej pierwotna wersja została znacznie rozszerzona przez Arnolda Sommerfelda, rezydującego w Monachium. W szczególności Sommerfeld uzupełnił wymienione przez Bohra poziomy energetyczne o dwie dodatkowe liczby kwantowe: całkowity moment pędu oraz składową momentu pędu wzdłuż jednej z osi współrzędnych (zwykle jest to oś z). Pozwala to elektronom o tej samej energii krążyć po orbitach o odmiennych kształtach i kierunkach. Sytuacja, w której dwa stany o różnych liczbach kwantowych mają tę samą energię, nazywamy degeneracją stanów.

Degeneracja to coś jak gdyby rzucanie pęku podków na palik w ten sposób, że każda po wylądowaniu zachodzi na niego, lecz jest skierowana pod innym kątem. Ponieważ wszystkie dotykają palika, rzuty zostaną nam zaliczone. Podobnie elektrony w stanach zdegenerowanych mają równe energie, lecz rozmaite nachylenia i kształty orbit.

W 1916 roku Sommerfeld wraz z holenderskim fizykiem chemicznym Peterem Debyem wykazał, że jego rozszerzona wersja modelu Bohra, znana jako model Bohra–Sommerfelda, pozwala wyjaśnić zagadkę, zwaną efektem Zeemana. Efekt ten, zaobserwowany po raz pierwszy przez holenderskiego fizyka Pietera Zeemana, polega na rozszczepieniu linii widmowych gazu składającego się z identycznych atomów i umieszczonego w polu magnetycznym. Po włączeniu magnesu zamiast jednej linii o określonej częstotliwości nagle mamy trzy, pięć, a nawet więcej linii wokół tej częstotliwości. To tak, jak gdybyśmy przy dostrajaniu radioodbiornika do stacji radiowej, która dominuje w swoim paśmie częstotliwości, nieoczekiwanie znaleźli o dwie więcej o zbliżonej (lecz nie takiej samej) częstotliwości.

Sommerfeld wykazał, jak efekt Zeemana powstaje w wyniku interakcji między przyłożonym polem magnetycznym a momentem pędu elektronów krążących wokół jądra atomowego. Oddziaływanie pola magnetycznego sprawia, że orbity o różnych wartościach momentu pędu nie są zdegenerowane, lecz mają nieznacznie różniące się energie. Ponieważ różne poziomy energetyczne prowadzą do różnych częstotliwości światła emitowanego przy przeskokach elektronów ze stanu do stanu, skutkuje to rozdzieleniem linii widmowych.

Sommerfeld miał szczęście wychować dwóch znakomitych uczniów, którzy mieli potem odegrać ważną rolę w rozwoju mechaniki kwantowej. Jeden z nich to Wolfgang Pauli, wiedeński chrześniak Macha. Był on iście cudownym dzieckiem, zadziwiając starszych fizyków swoimi trafnymi intuicjami. W wieku zaledwie dwudziestu lat, kiedy był dopiero studentem drugiego roku, Sommerfeld zaprosił go do napisania artykułu przeglądowego do redagowanej przez siebie encyklopedii nauk matematycznych. Pauli się zgodził i dokonał mistrzowskiego podsumowania powierzonego mu tematu. Był znany nie tylko ze swojej erudycji i szybkiego przyswajania nowej wiedzy, lecz także brutalnej bezpośredniości. Czuł się zobowiązany mówić innym fizykom szczerze, co sądzi o nich i ich badaniach, nawet jeżeli jego uwagi niekiedy raniły niczym nóż. Na przykład numeryczne teorie Sommerfelda dotyczące atomów określał mianem „atomistycyzmu".

Drugi kwantowy wirtuoz wychowany przez Sommerfelda na początku lat dwudziestych to Heisenberg. Był on postawnym młodym mężczyzną, równie dobrze czującym się z ołówkiem i kartką papieru w ręku, jak i podczas wędrówek po urwistych górskich ścieżkach. Trafił do grupy Sommerfelda jako członek niemieckich skautów (po niemiecku: *Pfadfinder*), organizacji mającej wówczas silne nacjonalistyczne zabarwienie.

Heisenberg darzył głębokim szacunkiem Einsteina i był zafascynowany ogólną teorią względności. Z podziwem i radością słuchał, ilekroć Sommerfeld odczytywał na głos jeden z listów Einsteina podczas zajęć. Jednakże Pauli miał udział w przekonaniu Heisenberga, by nie zabierał się do tej dziedziny, gdyż po napisaniu artykułu do encyklopedii był przekonany, że pozostało w niej do rozwiązania niewiele fundamentalnych problemów, które dałoby się łatwo weryfikować empirycznie. Zatem teoria względności, jak Pauli ją wówczas postrzegał, nie rokowała większych szans na postęp. Prawdziwie gorące tematy, przekonywał Heisenberga, to fizyka atomowa i teoria kwantów.

„W fizyce atomowej wciąż mamy mnóstwo niezinterpretowanych wyników eksperymentalnych – wyjaśniał Pauli Heisenbergowi. – To, co natura pokazuje nam w jednym miejscu, zdaje się przeczyć temu, co widzimy gdzie indziej, i jak do tej pory nie było możliwe, by stworzyć choćby w połowie spójny obraz wchodzących w grę związków. To prawda, że Nielsowi Bohrowi udało się powiązać osobliwą trwałość atomów z hipotezą kwantów Plancka (...) ale za nic nie jestem w stanie zrozumieć, jak mógł to zrobić, zdając sobie sprawę, że on także nie potrafi usunąć sprzeczności, o których wspominałem. Innymi słowy, każdy z nas nadal błądzi w gęstej mgle i upłynie przypuszczalnie jeszcze kilka lat, zanim się ona podniesie"[58].

Latem 1922 roku Einstein został zaproszony do wygłoszenia w Lipsku wykładu o ogólnej teorii względności. Sommerfeld gorąco zachęcał Heisenberga, by był na nim obecny, i zaproponował, że przedstawi go Einsteinowi. Heisenberg był wielce podekscytowany. Jednakże antysemickie pogróżki wystosowane pod adresem Einsteina skłoniły go do wycofania się i wysłania Maxa von Laue w swoim zastępstwie. Nie wiedząc, że Einsteina nie będzie, Heisenberg i tak wybrał się do lipskiej hali zjazdów. Był zaskoczony widokiem studentów laureata Nobla z fizyki Philippa Lenarda stojących przed halą i rozdających czerwone ulotki potępiające Einsteina i teorię względności jako „naukę żydowską". Lenard zainicjował antysemicką kampanię mającą na celu wyeliminowanie wszelkiej nauki, która nie jest „czysto niemiecka". Heisenberg nie zdawał sobie sprawy w owym czasie, że za niecałe piętnaście lat credo Lenarda stanie się oficjalną polityką państwa pod rządami nazistów.

Innym fizykiem, do którego poznania Sommerfeld zachęcał Heisenberga, był Bohr. Obaj postanowili wybrać się wspólnie do Getyngi, by zobaczyć słynnego Duńczyka. Uczestnictwo w Festiwalu Bohra stanowiło dla Sommerfelda jak gdyby powrót do domu, bo swój doktorat zrobił właśnie w Getyndze. W tym czasie Pauli przebywał już także na tym uniwersytecie, pracując jako asystent Borna na stażu podoktorskim.

W Getyndze, która rozwinęła powitalny dywan przed gośćmi z międzynarodowej społeczności naukowej, panowała cudowna pogoda. Piękne, słoneczne lato wydobyło cały urok miasta z jego średniowiecznymi budowlami, straganami i tramwajami. W audytorium, do którego prowadziły alejki obsadzone wspaniałymi kwiatami, panował nastrój radosnego podniecenia, gdy rozpoczął się Festiwal Bohra.

Styl, w jakim wykładał Bohr, nie nadawał się dla przypadkowych uszu. Mówił bardzo łagodnym głosem i często używał zawiłego, enigmatycznego języka. Niemniej na swój sposób te trudności przydawały mu mistycznej aury wielkiego kapłana teorii kwantów. Podobnie jak w wypadku wyroczni delfickiej, która przemawiała tajemniczo, nieprzenikniona zawartość wykładów Bohra pozwalała każdemu ze słuchaczy interpretować ją na własny sposób. Na przykład, chociaż Bohr nigdy wprost nie wyjaśnił, z jakich praw fizycznych wywiódł swoją regułę kwantowania momentu pędu, wielu fizyków przyjmowało, że musiał się kierować względami logicznymi oraz że potrafi ją jakoś uzasadnić na gruncie mechaniki klasycznej.

Heisenberga jednak nie dało się tak łatwo zadowolić. W miarę jak uważnie wsłuchiwał się w wykład, zaczął mieć wątpliwości, czy Bohr przemyślał swoją teorię do końca. Gdy nadszedł czas na pytania, zszokował wielu profesorów na widowni, zahaczając prelegenta o różnice między klasycznym i kwantowym pojęciem częstotliwości orbitalnych. W modelu Bohra, wytknął Heisenberg, częstotliwości elektronów nie mają nic wspólnego z ich okresem orbitalnym. Czy potrafi to jakoś uzasadnić? Ponadto Heisenberga zastanawiało, czy Bohr osiągnął jakiś postęp w badaniach atomów z wieloma elektronami czy też jego teoria nadal stosuje się wyłącznie do atomów wodoru i jonów z jednym elektronem.

Publiczność niewątpliwie osłupiała, słysząc uwagi Heisenberga. W owych czasach było czymś niesłychanym, by student podczas publicznego wykładu kwestionował teorię profesora, nie mówiąc już, że tym profesorem był właśnie słynny Bohr. Bohr nie przejął się krytyką i zaprosił Heisenberga, by poszedł z nim na długi spacer na pobliskie wzgórza, aby mogli przedyskutować cały problem. Podczas przechadzki zwierzył się, że elementy jego teorii oparte są bardziej na intuicyjnych ideach aniżeli zasadach fizycznych. Heisenbergowi pochlebiało, że uznany uczony traktuje go tak serdecznie. Był to pierwszy z niezliczonych spacerów, które mieli odbywać razem, by rozważać filozoficzne aspekty kwantów.

MACIERZ RZECZYWISTOŚCI

Rozmowy z Bohrem zainspirowały Heisenberga do stworzenia własnej teorii przejść atomowych. W końcu skoro Bohr nie wiedział wszystkiego w dziedzinie kwantów, nadszedł odpowiedni czas, by wystąpić z bardziej wszechstronną wizją atomu. Podchodząc do tej kwestii bez uprzednich założeń, Heisenberg nie wahał się odrzucać panujących poglądów, na przykład tego, że liczby kwantowe muszą być całkowite.

Używając danych z analizy widmowej otrzymanych od Sommerfelda, Heisenberg skonstruował już wcześniej system, nazwany „modelem podstawowym", który oprócz całkowitych liczb kwantowych wykorzystywał również liczby połówkowe. Pozwalały one wyjaśnić dublety, czyli linie widmowe, które występują parami. Sommerfeld opryskliwym tonem zdyskredytował hipotezę Heisenberga, pouczając go, że liczby kwantowe ½, 3/2 itp. są „absolutnie niemożliwe". Tak samo uważał Bohr. Natomiast idee Heisenberga znalazły akceptację u Borna, z którym miał on okazję później współpracować.

Będąc młodym członkiem grona profesorskiego uniwersytetu słynącego z przełamywania konwencji, Born miał umysł otwarty na radykalne sugestie i na własną rękę poszukiwał alternatyw dla modelu Bohra–Sommerfelda. Los tak sprawił, że w roku akademickim 1922–1923 Sommerfeld wziął urlop naukowy, by wyruszyć w podróż do Stanów Zjednoczonych i wykładać tam na Uniwersytecie Wisconsin. Na czas swojej nieobecności wysłał Heisenberga do Getyngi, by pracował tam z Bornem. Z kolei Pauli, zaliczając trzeci wierzchołek kwantowego trójkąta Monachium–Getynga–Kopenhaga, udał się na północ, by zostać asystentem Bohra.

Gdy Heisenberg przyjechał w październiku 1922 roku, Born poradził mu, by zajął się wariantami teorii Bohra opartymi na ideach zapożyczonych z astronomii i mechaniki orbit. Pracowali wspólnie nad dopasowaniem modeli planetarnych do linii widmowych zjonizowanego helu (czyli helu z jednym elektronem), najprostszego układu atomowego poza wodorem.

W 1923 roku Heisenberg powrócił do Monachium, by ukończyć swój doktorat i zaliczyć ustną obronę. Pomimo wielkich osiągnięć Sommerfelda w zakresie teorii nacisk kładziono tam wciąż na praktyczną stronę fizyki. W odróżnieniu od Schrödingera Heisenberg nie miał wiele do czynienia z eksperymentami ani nie czuł do nich smykałki, i na tej części obrony wypadł wręcz fatalnie. Średnia jego ocen z sekcji teoretycznej i eksperymentalnej była na poziomie mniej więcej oceny dostatecznej. Pomimo to Sommerfeld wydał bankiet doktorski na jego cześć. Wstydząc się uzyskanego miernego wyniku, świeżo upieczony doktor opuścił wcześnie imprezę, popędził na dworzec kolejowy i złapał nocny pociąg do Getyngi, by kontynuować swą współpracę z Bornem, teraz już jako płatny asystent.

Na Heisenberga czekało wiele pracy. Ciągle napływały nowe dane dotyczące linii widmowych, z ciekawymi układami sugerującymi coraz bardziej wyrafinowane struktury, wymuszając kolejne modyfikacje istniejących modeli. Heisenberg na próżno próbował przystosować swój model podstawowy do najnowszych danych.

Z początkiem 1924 roku Born zaczął zdawać sobie sprawę, że jego wysiłki, by zastosować analogię planetarną do elektronów, poniosły klęskę. Tradycyjna mechanika orbit uzupełniona o kwantowanie energii i momentów pędu po prostu nie mogła wyjaśnić, jak zachowują się elektrony w zjonizowanym helu. Jeśli hel, który jest stosunkowo prostym układem, nie da się modelować, czyż można mieć jakąkolwiek nadzieję na zrozumienie wszystkich złożonych atomów, które składają się na układ okresowy?

Odrzucając mechanikę klasyczną w odniesieniu do atomów, Born proklamował potrzebę zupełnie nowej „mechaniki kwantowej". Zasadniczą różnicą było to, że mechanika kwantowa miała mieć charakter dyskretny, a nie ciągły, funkcjonując na zasadzie nagłych przeskoków, a nie ciągłych przejść. Objaśnienie zachowania się elektronu wymagało zatem potraktowania atomu jako czarnej skrzynki, w odniesieniu do której nie wiadomo, co dzieje się w jej wnętrzu, a nie klasycznego układu fizycznego.

To, co uczynił Born, było posunięciem bez precedensu w historii fizyki. Od czasów Newtona fizycy traktowali prawa ruchu jako świętość nad świętościami. Szczególna teoria względności Einsteina zmodyfikowała definicje pędu i energii, lecz nie zmieniła podstawowego założenia, iż wielkości te podlegają ścisłemu zachowaniu (przez wprowadzenie relatywistycznej masy jako kolejnej postaci energii) i nic nie może po prostu zniknąć w jednym miejscu i pojawić się w innym. W fizyce newtonowskiej każda chwila musi mieć swoje wyjaśnienie; niewyjaśnione momenty możliwe są w praktyce, lecz nie teoretycznie. Born mógłby równie dobrze powiedzieć, że nie rozumiemy mechanizmu przeskoków elektronów ze względu na ograniczenia obserwacyjne bądź szum wytworzony przez interferencję złożonych procesów. Tymczasem z chirurgiczną starannością wyciął wszelkie powiązania przyczynowo-skutkowe między sytuacją elektronu przed przeskokiem i po. Jedyne, co pozostaje do poznania, to reguły przejścia.

Jeśli mechanika klasyczna była niczym skąpiec, który śledzi każdy grosik swoich oszczędności w każdym momencie, to mechanika kwantowa przypominała klienta funduszu inwestycyjnego, dla którego ważna jest perspektywa pomnożenia swoich pieniędzy. Gdyby nawet próbował się dowiedzieć, na czym polegają jego inwestycje, powiedziano by mu: „Nie pytaj o to; po prostu się je robi". Analogicznie w mechanice kwantowej nie ma bezpośredniego mechanizmu przeskoków elektronu; następują one po prostu zgodnie z regułami dotyczącymi stanu początkowego i końcowego.

Sfrustrowany ograniczeniami mechaniki klasycznej Heisenberg był pewien, że konieczne jest zupełnie nowe podejście. Przez cały rok 1924 i pierwsze miesiące 1925 roku – z czego część czasu spędził jako gościnny badacz w Instytucie Bohra w Kopenhadze – imał się rozmaitych sposobów dopasowania orbitalnego zachowania się elektronów do złożonych widm. Po konsultacjach z Paulim, Bohrem i innymi postanowił porzucić myśl o opisaniu orbit elektronów. Zamiast próbować zwizualizować trajektorie obierane przez elektrony, uznał, że lepszy efekt przyniesie skupienie się wyłącznie na wielkościach, które da się bezpośrednio zmierzyć, zwanych obserwablami.

Przełom nastąpił w czerwcu 1925 roku, kiedy Heisenbergowi nadarzyła się okazja, by przez dwa tygodnie rozmyślać nieprzerwanie na wyspie Helgoland na Morzu Północnym. Do pobytu w tym ustronnym miejscu zmusił go silny katar sienny – powietrze morskie przynosiło mu ulgę od nieustannego pociągania nosem. Tam właśnie opracował procedurę obliczania amplitud (powiązanych z prawdopodobieństwem) przeskoków elektronów pomiędzy stanami, co pozwalało uzyskać konkretne częstotliwości emitowanego lub absorbowanego światła. Stworzył coś na kształt arkusza kalkulacyjnego, w którym podane były te amplitudy dla wszelkich możliwych przejść atomowych. Pokazał również, jak za pomocą działań matematycznych z wykorzystaniem tych tabelarycznych wartości wyznaczyć prawdopodobieństwo, że elektron będzie miał określone położenie, pęd, energię i inne obserwowalne parametry. Zatem takie wielkości fizyczne były możliwe do poznania niedokładnego, ale jedynie w sposób probabilistyczny, podobnie jak szansa na uzyskanie dwudziestu jeden punktów w danym rozdaniu kart przy grze w blackjacka.

Powróciwszy do Getyngi, Heisenberg pokazał swoją tabelę amplitud Bornowi, który niemal od razu rozpoznał, że to rodzaj macierzy

– obiektu matematycznego składającego się z liczb ułożonych w rzędy i kolumny. Born zwerbował jednego ze swoich doktorantów, Pascuala Jordana, by wspólnie z nim i Heisenbergiem opracował matematyczne konsekwencje tego, co zostało potem nazwane „mechaniką macierzy".

Bornowi doskonale znana była właściwość macierzy polegająca na tym, że pomnożenie dwóch macierzy przez siebie daje inny wynik w zależności od ich kolejności. Inaczej niż przy zwykłym mnożeniu, w którym 2 × 3 równe jest 3 × 2, przy mnożeniu macierzy A × B na ogół nie jest tym samym co B × A. O wielkościach, dla których kolejność jest obojętna, mówimy, że są „przemienne"; jeśli kolejność się liczy, wielkości te są „nieprzemienne". Ponieważ w metodzie Heisenberga używa się nieprzemiennych macierzy do wyznaczania właściwości fizycznych takich jak położenie i pęd, kolejność dokonania pomiarów ma znaczenie. Jeśli w danym stanie najpierw zostanie zmierzone położenie elektronu, a następnie jego pęd, wynik będzie inny niż wtedy, gdy najpierw zmierzymy pęd, a potem położenie.

Heisenberg wykazał później, że ta nieprzemienność prowadzi do „zasady nieoznaczoności", która uniemożliwia jednoczesny dokładny pomiar pewnych par wielkości. Na przykład nie da się naraz poznać dokładnie położenia i pędu elektronu. Jeśli pierwsza wartość zostanie ustalona dokładnie, druga musi pozostać nieokreślona, podobnie jak w wypadku fotografii, na której wyraźne mogą być albo plan przedni, albo tło, lecz nie oba jednocześnie. Jeśli fotograf ustawi ostrość na plan przedni, tło będzie rozmyte, i na odwrót. Analogicznie, jeśli fizyk obmyśli eksperyment pozwalający precyzyjnie wyznaczyć położenie elektronu, wyjdzie mu, że pęd ma dowolną wartość z nieskończonego zakresu, czyli praktycznie nie jest określony w ogóle.

Abstrakcyjny charakter mechaniki macierzy nie zjednał do niej społeczności fizyków eksperymentalnych, którzy są nastawieni na to, co konkretne. Dopiero kiedy powstała jej siostrzana teoria – mechanika falowa – i wykazano, że obie są sobie nawzajem równoważne, łączna teoria, nazwana mechaniką kwantową, zyskała szeroką akceptację.

Wiara Einsteina w Boga-zegarmistrza Spinozy sprawiła, że odrzucała go jedna z osobliwych konsekwencji teorii Heisenberga – skoro położenie i pęd nigdy nie mogą być jednocześnie wyznaczone w sposób dokładny, to niemożliwe jest poznanie położenia i pędu wszystkich obiektów we Wszechświecie, by przewidzieć jego dalszy bieg. Nie było to żadnym mankamentem dla Borna i Heisenberga, którym nie przeszkadzało zastąpienie dokładnej mechaniki klasycznej teorią opartą na prawdopodobieństwie. Natomiast Einstein ostro oponował przeciwko odejściu od ścisłego determinizmu na rzecz czegoś w rodzaju kwantowej ruletki.

ZLICZANIE FOTONÓW

Może dziwić fakt, że Einstein, jeden z ojców teorii kwantowej, wyrzekł się własnego dzieła. Musimy jednak odróżniać oryginalną koncepcję kwantów, które są po prostu nieciągłymi porcjami energii, od rozwiniętej w pełni teorii mechaniki kwantowej, która zastąpiła mechanikę klasyczną na poziomie atomowym. Na przykład w odkrytym przez Einsteina zjawisku fotoelektrycznym elektron pochłania nieciągłą porcję energii w postaci fotonu, w konsekwencji czego zostaje wyrzucony z powierzchni metalu i porusza się w sposób ciągły (i deterministyczny) w przestrzeni. Nie do przyjęcia dla Einsteina było odmienne przypuszczenie, jakoby elektron po połknięciu fotonu nagle przeskakiwał w zupełnie inne miejsce. Przypuszczał, że pozornie nieciągłe, przypadkowe przeskoki muszą w istocie być ciągłym, kauzalnym procesem opisywanym przez jakąś głębszą teorię.

Einstein nie widział problemu z przypadkowością, jeśli miałaby być ona traktowana jako narzędzie, a nie jako fundamentalny aspekt rzeczywistości. Doskonale zdawał sobie sprawę, że mechanika statystyczna posługuje się przypadkowością przy opisywaniu zachowania się wielkiego zbiorowiska atomów oddziałujących wzajemnie ze sobą oraz ze swoim otoczeniem. Mechanika klasyczna znakomicie opisuje proste oddziaływania między dwoma ciałami, lecz nie daje rady, jeśli mamy do czynienia z układami złożonymi o olbrzymiej liczbie składników. I to w tym miejscu, sądził Einstein, pojawia się przypadek – nie jako fundamentalny aspekt, lecz wyłącznie jako sposób teoretycznego ogarnięcia galimatiasu chaotycznych ruchów.

Ostatnim istotnym wkładem Einsteina do teorii kwantów, zanim przeszedł do przeciwnego obozu i stał się jej najsłynniejszym krytykiem, była kwantowo-statystyczna teoria gazów idealnych. Gazem doskonałym nazywamy zbiór dużej liczby cząsteczek, na ogół zamkniętych w jakimś pojemniku, o których dla uproszczenia przyjmujemy, że nie oddziałują ze sobą wzajemnie. W klasycznej mechanice statystycznej, sformułowanej przez Boltzmanna i innych, założenie chaotyczności ruchu cząsteczek prowadzi do prostej zależności między ciśnieniem, objętością i temperaturą, zwanej „prawem gazu doskonałego". Einstein zmodyfikował standardową mechanikę statystyczną, tak by uwzględniała fakt skwantowania energii.

Asumptem do ostatniej wyprawy Einsteina do krainy kwantów był godny uwagi artykuł, przesłany mu przez indyjskiego fizyka Satyendrę Bosego, zawierający wyprowadzenie widma promieniowania ciała doskonale czarnego Plancka z zasad statystyczno-kwantowych. Einstein przetłumaczył tę pracę na niemiecki i opublikował w sierpniu 1924 roku w prestiżowym czasopiśmie „Zeitschrift für Physik". Bose potraktował fotony jako coś w rodzaju identycznych piłeczek pingpongowych w pojemniku, przenoszących nieciągłe porcje energii, które (zgodnie z prawem Plancka) zależą od ich częstotliwości. Einstein uogólnił ideę Bosego na gazy monoatomowe (takie, które zawierają atomy tylko jednego rodzaju). Stąd statystyka kwantowa pewnego rodzaju identycznych cząstek, w tym fotonów, nosi nazwę statystyki Bosego–Einsteina (tu bierze swój początek termin „bozon", jakim określana jest cząstka Higgsa).

We wrześniu 1924 roku w Innsbrucku, pięknym mieście w austriackich Alpach, odbyła się jedna z najważniejszych konferencji naukowych lat międzywojennych, *Naturforscherversammlung* (Zjazd Badaczy Przyrody). Choć Einstein nie wygłaszał tam żadnego referatu, uczestniczył w jej posiedzeniach i miał okazję nieformalnie przedyskutować swoje idee dotyczące statystyki kwantowej z wieloma uczestnikami, między innymi Planckiem.

Na konferencji obecny był również Schrödinger. Miał tu możliwość spotkania Einsteina i Plancka, dwóch fizyków, których darzył największym szacunkiem – a zarazem, oczywiście, dwóch najsłynniejszych fizyków na świecie. Słuchał wykładu Einsteina w 1913 roku w Wiedniu i wymieniał się z nim artykułami o ogólnej teorii względności, ale jak dotąd nie rozmawiał z nim bezpośrednio, a przynajmniej nie na żaden poważniejszy temat.

Spotkanie Einsteina i Schrödingera w Innsbrucku miało okazać się nie tylko początkiem ich długoletniej, owocnej przyjaźni (która początkowo miała dość formalny charakter, lecz ociepliła się z czasem), ale i kluczowym wydarzeniem w historii współczesnej fizyki. Pożegnalne osiągnięcia Einsteina na polu statystyki kwantowej, o których dyskutowano na konferencji, zainspirowały Schrödingera do podjęcia z nim korespondencji, z której dowiedział się o koncepcji fal materii francuskiego fizyka Louisa de Broglie'a. To z kolei dało Schrödingerowi bodziec do sformułowania własnego równania falowego, jednego z filarów mechaniki kwantowej.

W Innsbrucku Schrödinger wykorzystał także okazję do dowiedzenia się, co słychać u jego austriackich kolegów-fizyków i zaczerpnięcia czystego górskiego powietrza. To ostatnie było ważne, gdyż od trzech lat chorował na płuca, najpierw doznał ostrego ataku zapalenia oskrzeli, po którym z kolei zapadł na gruźlicę. To, że bardzo dużo palił, pogłębiało jeszcze jego problemy z oddychaniem.

Minione kilka lat było generalnie burzliwe w życiu Schrödingera. Po poślubieniu Anny przedzierzgnął się omal w wędrownego naukowca. Choć zaproponowano mu stanowisko na Uniwersytecie Wiedeńskim, postanowił pracować przez krótki czas kolejno w niemieckich miastach Jenie, Stuttgarcie i Breslau (obecnie polski Wrocław) od końcowych miesięcy 1920 do końca 1921 roku. Wysokość poborów miała dla niego duże znaczenie, gdyż w Niemczech rozszalała się właśnie inflacja. Z przerażeniem patrzył, jak jego owdowiała matka, niegdyś dumna przedstawicielka klasy średniej, straciwszy dom, po śmierci ojca żyła w nędzy, dopóki nie zmarła na raka we wrześniu 1921 roku. Erwin był zdeterminowany, by załapać się na najbardziej lukratywną i bezpieczną posadę, jaką tylko uda mu się znaleźć, by zapewnić Anny komfort życiowy i uchronić ją przed niedostatkiem.

Taka gratka pojawiła się pod koniec owego roku, gdy zwolniło się stanowisko na Uniwersytecie w Zurychu. W Szwajcarii Erwin i Anny zyskali możliwość, by żyć w cichym i spokojnym otoczeniu, wolni od problemów finansowych i niepokojów dręczących Niemcy i Austrię. Po objęciu posady i poradzeniu sobie ze wspomnianymi problemami zdrowotnymi Schrödinger zaczął publikować prace rozszerzające klasyczne koncepcje Boltzmanna na domenę kwantową.

Jedną z kwestii, które zajmowały go w pierwszych latach w Zurychu, była kwantowa definicja entropii, czyli miary nieuporządkowania, dla gazu idealnego. Boltzmann zdefiniował entropię w kategoriach liczby możliwych unikatowych mikrostanów (sposobów uporządkowania cząstek) dla każdego mikrostanu. Jeśli jednak cząstki są nieodróżnialne, jak w gazie kwantowym, unikatowych stanów będzie mniej. Przypomina to liczbę sposobów uporządkowania kolekcji monet jednopensowych, z których każda została wybita w innym roku. Gdy będziemy brali pod uwagę datę wybicia, otrzymamy więcej unikatowych konfiguracji niż wtedy, gdy potraktujemy je jako jednakowe. Dlatego kwantowe oszacowania entropii różnią się od pomiarów klasycznych.

Zanim Bose ogłosił swoją doniosłą pracę o fotonach, a Einstein rozszerzył jego koncepcję na gazy doskonałe, wielu fizyków było w kłopocie, nie wiedząc, które czynniki należy wziąć pod uwagę przy wyliczaniu entropii układów kwantowych. Dobrze znana formuła na entropię zawierała kontrowersyjny człon korygujący, którego nikt przed Bosem nie był w stanie w pełni wyjaśnić. Człon ten został wprowadzony w celu usunięcia problemów z zastosowaniem wzoru Boltzmanna do gazów kwantowych.

Ale nie wszyscy byli przekonani o jego prawidłowości. Schrödinger opublikował w 1924 roku artykuł, w którym pomijał człon korygujący, co doprowadziło go do wyrażenia na entropię, które okazało się błędne.

Wobec nowych metod wynalezionych przez Einsteina spotkanie z nim w Innsbrucku i ich późniejsza korespondencja otworzyły Schrödingerowi oczy. Intuicje Einsteina zainspirowały go do pomyślenia o statystyce kwantowej w zupełnie nowy sposób i odrzucenia klasycznego błędnego przekonania, że zmiana uporządkowania cząstek w każdym wypadku prowadzi do różnych mikrostanów. Trochę czasu zajęło mu jednak uświadomienie sobie, jakie to ma konsekwencje. Początkowo Schrödinger sądził, że w obliczeniach Einsteina musiała zajść jakaś pomyłka, ponieważ nie zgadzały się one z metodami Boltzmanna. W pierwszym liście do Einsteina, w lutym 1925 roku, wytknął mu ów rzekomy błąd. Einstein w swej odpowiedzi cierpliwie objaśnił mu ideę Bosego, że fotony mogą znajdować się w tych samych stanach kwantowych. Schrödinger zrewidował swoją definicję entropii na podstawie nowych statystyk i w lipcu 1925 roku przedstawił pracę Pruskiej Akademii Nauk.

Teoretyk nie jest w stanie przewidzieć, co w napisanej przez niego pracy naukowej może okazać się dla kogoś stymulujące. Niekiedy nawet jakaś pobieżna wzmianka zapładnia wyobraźnię, uruchamiając lawinę owocnych idei. Odniesienie w jednym z artykułów Einsteina poświęconych statystyce kwantowej do pracy de Broglie'a zainspirowało Schrödingera do opracowania swojego największego wkładu do nauki – fundamentalnego równania mechaniki kwantowej nazwanego równaniem Schrödingera. Jak wskazał fizyk Peter Freund: „Gdyby Einstein nie nawiązał do pracy de Broglie'a, równanie Schrödingera zapewne zostałoby odkryte nieco później”[59].

FALE MATERII

Cząstki i fale są na pozór czymś zupełnie odmiennym. Jedne są zlokalizowane w przestrzeni, a drugie – rozciągłe. Jedne odbijają się od ścian, drugie załamują na brzegach. Jedne zdają się małymi drobinkami materii, drugie są jak gdyby zmarszczkami rozchodzącymi się w przestrzeni. Co mogłyby one w ogóle mieć ze sobą wspólnego?

Fotony, jak po raz pierwszy pokazał Einstein, są i tym, i tym. Podobnie jak cząstki, przenoszą oddzielne porcje energii i pędu, które mogą przekazywać przy zderzeniach. Podobnie jak fale, mają góry i doliny, które mogą wzmacniać lub wygaszać się wzajemnie, tworząc prążkowane struktury zwane wzorami interferencyjnymi.

W swej rozprawie doktorskiej z 1924 roku, opartej na obliczeniach wykonanych rok wcześniej, de Broglie z polotem przypisał tak dualny charakter wszystkiemu, stawiając hipotezę, że nie tylko fotony, lecz wszelkie rodzaje substancji mają jednocześnie charakter i korpuskularny, i falowy. W szczególności wartość długości fali elektronu równa jest stałej Plancka podzielonej przez jego pęd.

Piękno koncepcji de Broglie'a polega na tym, że w sposób naturalny prowadzi do przewidzianego przez Bohra kwantowania momentu pędu (jak i do jego uogólnienia dokonanego przez Sommerfelda, zwanego regułami kwantowania Bohra–Sommerfelda) – warunku stabilności orbit. De Broglie wyobraził sobie, że orbita elektronu w atomie jest czymś analogicznym do szarpniętej struny gitarowej, tyle że zwiniętą w okrąg. Podobnie jak struna gitary może drgać w różnych modach, o różnej liczbie szczytów i dolin, fala elektronu w atomie może wykonywać drgania o różnej długości fali. Ponieważ pęd w formule de Broglie'a jest odwrotnie proporcjonalny do długości fali, a moment pędu równa się pędowi pomnożonemu przez wartość promienia, daje to regułę, która wymusza, by moment pędu przyjmował nieciągłe wartości. W ten sposób z prostego obliczenia wynika istotne ograniczenie dla elektronów, którego Bohr nie potrafił należycie wyjaśnić, a które miało zasadnicze znaczenie dla jego teorii.

W jednej ze swoich prac o statystyce kwantowej gazów monoatomowych Einstein wykorzystał koncepcję fal materii de Broglie'a do wytłumaczenia, jak w gazie o niskiej temperaturze atomy poruszają się w skoordynowany sposób, co zwiększając ich uporządkowanie, zmniejsza entropię. Teza, iż atomy, na wzór fotonów, mogą zachowywać się jak fale, pozwoliła ściśle powiązać gaz atomowy Einsteina z gazem fotonowym Bosego, na czym Einstein oparł swoją teorię. Einstein pochwalił de Broglie'a za jego nowatorskie rozwiązanie problemu kwantowania momentu pędu, który stanowił lukę modelu Bohra.

Gdy Schrödinger przestudiował pracę Einsteina i znalazł w niej odniesienie do rozprawy de Broglie'a, chciał jak najszybciej mieć ją w rękach. Jak na ironię, najwyraźniej nie zdawał sobie sprawy, że jej główne wyniki zostały już opublikowane i od pewnego czasu były dostępne w bibliotece Uniwersytetu Zuryskiego, tuż pod nosem. Tymczasem napisał do Paryża, skąd przysłano mu oryginalną pracę. Wyobraźnię Schrödingera, nastawionego przez lekturę pism Schopenhauera i Spinozy, by poszukiwać unifikacji w przyrodzie, pobudziła błyskotliwość ujęcia przez de Broglie'a wspólnych aspektów materii i światła. Nagle model atomu Bohra–Sommerfelda przeobraził się z dalece niedoskonałej analogii do Układu Słonecznego w bijące serce materii, ukazujące naturalne struktury, które wyznaczały jego właściwości. 3 listopada 1925 roku Schrödinger pisał do Einsteina: „Kilka dni temu przeczytałem z największym zainteresowaniem genialną rozprawę Louisa de Broglie'a, którą w końcu zdobyłem"[60].

Zachęcony przez Debye'a, który był wówczas w ETH, Schrödinger zaproponował wygłoszenie seminarium na temat fal materii, na którym znakomicie przedstawił rewolucyjne konsekwencje koncepcji de Broglie'a. Na zakończenie Debye podsunął myśl, by Schrödinger zbadał, jakiego rodzaju równanie mogłoby modelować takie fale, pokazując ich rozwój w czasie i przestrzeni. Tak jak fale elektromagnetyczne są wyjaśniane przez równania Maxwella, czy nie mogłoby być jakiegoś mechanizmu wyznaczającego fale materii odpowiadające dowolnej danej sytuacji? Na przykład jak zachowują się elektrony poddane polu elektromagnetycznemu wytworzonemu przez protony w jądrach atomowych? A jak zachowywałyby się poza atomami, poruszając się w pustej przestrzeni?

Schrödinger spędził następne kilka miesięcy, gorączkowo usiłując znaleźć właściwe równanie, które odtwarzałoby fale materii i wyjaśniało zachowanie się elektronów zarówno wewnątrz, jak i na zewnątrz atomów. Jego pierwsze próby były nieudane ze względu na wewnętrzną właściwość elektronów zwaną „spinem", która wtedy nie była jeszcze znana. Rozpoznany po raz pierwszy w 1926 roku przez dwóch uczniów Ehrenfesta, Samuela Goudsmita i George'a Uhlenbecka, spin jest liczbą kwantową, która wyraża zachowanie się cząstki w zewnętrznym polu magnetycznym. Spin „do góry" oznacza, że cząstka jest ustawiona w tym samym kierunku co pole, a spin „w dół" – że odwrotnie. Wiele rodzajów cząstek, w tym elektrony, cechują połówkowe wartości spinu, jak ½ czy –½. Cząstki o spinie połówkowym nie podlegają statystyce Bosego–Einsteina, ponieważ nie mogą występować w tym samym stanie kwantowym, lecz, jak zaproponował Pauli, muszą spełniać „zasadę wykluczenia", nakazującą, by każda z nich zajmowała własny stan kwantowy. Takie cząstki, zwane fermionami, nie mogą się tłoczyć razem, niczym publiczność na koncercie pod sceną, lecz każda ma osobne miejsce.

Termin „fermiony" pochodzi od statystyki Fermiego–Diraca, która prawidłowo opisuje kolektywne zachowanie się cząstek o spinie połówkowym. Nazwana na cześć włoskiego fizyka Enrica Fermiego i brytyjskiego fizyka Paula Diraca metoda ta rejestruje stany cząstek w odmienny sposób, niż czyniła to statystyka Bosego–Einsteina. Dirac podał później prawidłowe relatywistyczne równanie dla fermionów, zwane równaniem Diraca. Wymagało ono wprowadzenia nowego typu notacji opartej na liczbach zespolonych.

Schrödinger zabrał się do swoich obliczeń, nie wiedząc jeszcze tego wszystkiego, i szybko uzyskał równanie dla fal materii wykorzystujące szczególną teorię względności. Było to rzetelne i ważne równanie, które miało być później odkryte ponownie przez szwedzkiego fizyka Oskara Kleina oraz niemieckiego fizyka Waltera Gordona i nazwane „równaniem Kleina–Gordona". Sęk w tym, że zupełnie nie stosowało się do elektronów i innych fermionów ze względu na ich spin połówkowy (okazało się, że sprawdza się ono doskonale dla bezspinowych bozonów, lecz Schrödingerowi zależało na opisaniu elektronów, a nie bozonów). Ku wielkiemu rozczarowaniu badacza, kiedy spróbował modelować atom Bohra–Sommerfelda, jego przewidywania okazały się zupełnie chybione.

Po jeszcze kilku daremnych próbach Schrödinger zdecydował, że potrzebuje odpoczynku. Zbliżały się ferie Bożego Narodzenia, doskonały czas, by mógł się gdzieś zaszyć i rozmyślać o falach materii. Powiadomił Anny, że wybiera się do domku w malowniczej miejscowości Arosa w szwajcarskich Alpach. Wioska ta była mu już dobrze znana, gdyż przebywał tam na rekonwalescencji po chorobie płuc. Jednocześnie napisał do jednej ze swoich byłych przyjaciółek z Wiednia (której imię nie jest znane historii, ponieważ jego zapiski z tego roku się nie zachowały) i zaprosił ją, by do niego dołączyła. Anny pozostała w Zurychu.

CUD BOŻONARODZENIOWY

W swym osobistym eseju filozoficznym *Die Suche nach dem Weg* (W poszukiwaniu drogi), napisanym w 1925 roku, Schrödinger utożsamiał się z głoszoną przez Schopenhauera ideą woli jako powszechnej siły, która popycha ludzi i rzeczy ku ich przeznaczeniu. Posłużył się analogią rzeźby w celu pokazania, że podczas gdy produkt końcowy jest solidny, piękny i bezczasowy, jego wytworzenie z bryły kamienia wymaga tysięcy drobnych, na pozór chaotycznych i destrukcyjnych ciosów dłuta. „Raz po raz musimy zmieniać, przezwyciężać, unicestwiać dotychczasową postać – pisał Schrödinger. – Opór naszych prymitywnych popędów, który napotykamy na każdym kroku, wydaje się znajdować swój fizyczny odpowiednik w oporze, jaki istniejąca forma stawia dłutu rzeźbiarza"[61].

Schrödinger szczycił się tym, że w swych działaniach kieruje się impulsami, uważając, iż bez ryzyka nie ma rozwoju. Gdy świat żegnał się z 1925 rokiem, zameldował się wraz ze swoją byłą przyjaciółką w pensjonacie Villa Herwig w Arosie, położonym pośród wspaniałej górskiej scenerii, przygotowując się do intensywnej pracy obliczeniowej. Wszystko, co udało mu się tam zrobić, ewidentnie działało, gdyż ów dwutygodniowy pobyt zapoczątkował najbardziej płodny okres w jego życiu. Zaowocował on zupełnie nowym podejściem do fizyki, które zapewniło mu Nagrodę Nobla. Hermann Weyl, który znał dobrze państwa Schrödingerów i ewidentnie dowiedział się skądś o romansie, tak opisał to historykowi nauki Abrahamowi Paisowi: „Schrödinger stworzył owo wielkie dzieło podczas późnego przypływu erotycznej weny w swoim życiu”[62].

Słowo „późny” odnosi się tu do faktu, że Schrödinger miał wówczas trzydzieści osiem lat, znacznie więcej niż genialni młodzieńcy Heisenberg i Pauli, którzy nadawali ton na drugim froncie mechaniki kwantowej. Ze smutkiem należy odnotować fakt, że niewielu teoretyków (przynajmniej w czasach współczesnych) dokonuje znaczących odkryć, dobiegając czterdziestki i później. Kolejnym wyjątkiem jest tu Einstein, który ukończył swą ogólną teorię względności w wieku trzydziestu sześciu lat, a ważne prace ze statystyki kwantowej napisał, mając lat czterdzieści pięć. Jednakże, inaczej niż Schrödinger, otrzymał Nagrodę Nobla za to, czego dokonał jeszcze przed trzydziestką (wyjaśnienie efektu fotoelektrycznego).

Niesiony nieoczekiwaną falą młodzieńczej energii Schrödinger parł zdecydowanie do obranego celu. Po rozważaniu przez jakiś czas relatywistycznego równania falowego zdecydował się jednak na nierelatywistyczną wersję, stosując zamiast $E = mc^2$ dawną newtonowską formułę na energię. Łącząc klasyczny człon na energię kinetyczną (energię ruchu) z członem na energię potencjalną (energię związaną z położeniem), zręcznie ujął je w postać funkcji matematycznej zwanej operatorem Hamiltona (analogicznej do wspomnianej wcześniej funkcji Hamiltona w mechanice klasycznej, lecz wyrażonej z użyciem pochodnych i innych funkcji). W swym słynnym obecnie równaniu zastosował hamiltonian do tak zwanej funkcji falowej (znanej także jako funkcja psi) i pokazał efekt tego przekształcenia.

Zgodnie z koncepcją Schrödingera funkcja falowa reprezentuje przestrzenny rozkład ładunku i aspektu materialnego cząstki elementarnej. Aby znaleźć stany stacjonarne cząstki o ustalonej energii – na przykład poziomy elektronowe w atomie – wystarczy po prostu wyszukać wszystkie funkcje falowe, których potraktowanie operatorem Hamiltona równoważne jest pomnożeniu ich przez jakąś liczbę. Każda liczba, dla której równanie jest spełnione, reprezentuje poziom energetyczny, a każda funkcja falowa reprezentuje stan stacjonarny odpowiadający temu poziomowi.

Posłużmy się prostą analogią, która pozwoli nam zrozumieć, jak działa metoda Schrödingera. Przypuśćmy, że jesteśmy bankierem mieszkającym w kraju, gdzie w obiegu jest wiele fałszywych banknotów. Konstruujemy więc skaner, który odróżnia autentyczne banknoty przez sprawdzanie, czy w jednym z rogów widnieje liczba odpowiadająca ich nominalnej wartości. Banknoty bez tej liczby uznawane są za bezwartościowe fałszywki, natomiast jeśli aparat ją wykryje, na jego ekranie wyświetla się wartość banknotu i zostaje on umieszczony na jednej z kilku kupek według swej wartości. Możemy zatem myśleć o hamiltonianie jako czymś w rodzaju skanera, który przegląda funkcje falowe, dla niektórych odczytuje wartość ich energii i zachowuje je, a w pozostałych odrzuca. Matematyczne określenie na rezultaty takiego sortowania to „wartości własne" i „stany własne". Po zastosowaniu hamiltonianu do stanu własnego (stanu stacjonarnego funkcji falowej) otrzymujemy wartość własną (energię) pomnożoną przez ten stan własny.

Schrödinger chciał oczywiście jak najszybciej zabrać się do wypróbowania swojej nowej metody na atomie wodoru. Zwrócił uwagę na to, że pole elektryczne jądra atomowego propaguje się we wszystkich kierunkach, co nadaje problemowi symetrię sferyczną. Wykorzystując tę symetrię, otrzymał zbiór rozwiązań, które można było sklasyfikować według trzech liczb kwantowych – tych samych, które zaproponowali Bohr i Sommerfeld. Ku jego radości zrewidowana formuła, obecnie występująca we wszystkich współczesnych podręcznikach jako równanie

Schrödingera, dawała prawidłowe rezultaty, wiernie odtwarzając model Bohra–Sommerfelda.

Pod koniec stycznia 1926 roku Schrödinger ukończył pierwszy artykuł na ten temat: *Kwantowanie jako problem wartości własnych*. Dokonanie tak doniosłego przełomu w ciągu zaledwie paru miesięcy było wyczynem praktycznie bez precedensu. Jeden egzemplarz pracy przesłał Sommerfeldowi, który wstrząśnięty jej genialnością napisał w odpowiedzi, że uderzyła go „niczym piorun"[63].

Żywiąc olbrzymi szacunek dla Plancka i Einsteina, Schrödinger niecierpliwie oczekiwał również ich reakcji. Na szczęście okazały się one generalnie pozytywne. Jak wspominała Anny: „Planck i Einstein byli bardzo, bardzo entuzjastyczni od samego początku. (...) Planck [powiedział]: «Czytam to tak, jak dziecko czyta łamigłówkę»"[64].

Schrödinger podziękował Einsteinowi w osobistym liściku: „Aprobata Twoja i Plancka jest cenniejsza dla mnie aniżeli połowy świata. Poza tym cała ta rzecz (...) nigdy by nie powstała (a przynajmniej nie za moją sprawą), gdyby Twoje badania nie unaoczniły mi wagi idei de Broglie'a"[65].

Do tego czasu ukazało się już drukiem kilka prac Heisenberga, Borna i Jordana zawierających zarys teorii mechaniki macierzowej. Dirac opracował również zwięzłą matematyczną notację dla reguł kwantowych, która uprościła zapis mechaniki macierzowej i nadała mu większą elegancję. Zrodziło się naturalne pytanie o relację między mechaniką falową a macierzową, zważywszy, iż obie znakomicie radziły sobie z problemem atomu wodoru, choć w odmienny sposób. Schrödinger starannie podkreślał, że jego teoria powstała niezależnie i nie jest w żadnej mierze oparta na idei Heisenberga.

Pomimo iż teoria jego i Heisenberga powstały niezależnie i z oczywistych względów preferował własną, Schrödinger zdawał sobie sprawę, jak ważne jest wykazanie ich równoważności. Sommerfeld wyczuł od razu, że teorie te nie są ze sobą sprzeczne – ale trzeba było jeszcze tego dowieść na drodze matematycznej. Schrödinger szybko podał odpowiedni dowód, a następnie w jeszcze bardziej ścisły sposób uczynił to Pauli. Gdy wiadomo już było, że obie teorie są równie prawomocne, Schrödinger zaczął argumentować, że jego jest bardziej konkretna i sensowna fizycznie, skoro opisuje, jak elektrony zachowują się w przestrzeni i czasie, a nie jak przekształcają się w abstrakcyjnym świecie macierzy.

W DOMENIE DUCHÓW

Born przemyślał dokładnie konsekwencje obydwu teorii i dostrzegł w nich pewne mankamenty, nawet w tej, do której powstania sam się przyczynił. W pełni zdawał sobie sprawę z zarzutów, iż mechanika macierzowa jest nazbyt abstrakcyjna. Podejście falowe w istocie było bardziej konkretne i nadające się do wizualizacji. Modelowało prawidłowo procesy zachodzące w rzeczywistej przestrzeni fizycznej, na przykład zderzenia cząstek. Born musiał przyznać, że jest ono eleganckie, klarowne i pełnowartościowe.

Równocześnie jednak mechanika falowa przedstawiała trudną do zaakceptowania wizję elektronów jako czegoś rozciągłego w przestrzeni. Pozostawało to sprzeczne z obserwacjami eksperymentalnymi, które pokazywały, że przynajmniej w niektórych wypadkach zachowują się one jak cząstki punktowe. Choć obraz elektronu jako fali oscylującej w przestrzeni niewątpliwie przemawiał do wyobraźni, nie było żadnego potwierdzenia empirycznego na to, by związana z nim materia i energia miały faktycznie charakter rozciągły.

Aby pogodzić oba te podejścia, Born zaproponował, by wyobrażać sobie funkcję falową jako czysto teoretyczne pole wyznaczające zachowanie się rzeczywistego elektronu. Funkcja falowa jako taka nie posiadałaby zatem żadnej charakterystyki fizycznej – nie miałaby ani własnej energii, ani pędu – i, niczym duch, nie należała do rzeczywistej przestrzeni, lecz pewnego typu przestrzeni abstrakcyjnej (nazywanej przestrzenią Hilberta), zaznaczając swoją obecność podczas obserwacji elektronów jedynie pośrednio przez dostarczenie informacji o szansie uzyskania określonych wyników eksperymentu. Innymi słowy, podobnie jak macierz stanu Heisenberga, stanowiłaby źródło danych o prawdopodobieństwach.

Born pokazał, jak znaleźć różne obserwowalne wielkości, posługując się funkcją falową w jej „zakulisowej" roli. Za każdym razem, gdy dokonywało się pomiaru, prawdopodobieństwa poszczególnych wyników zależały od stanów własnych konkretnego operatora, jaki zastosowany został do funkcji falowej. Na przykład aby określić najbardziej prawdopodobne położenie elektronu, należało znaleźć stany własne operatora położenia i użyć ich do wyliczenia prawdopodobieństwa wszelkich możliwych pozycji. Aby określić najbardziej prawdopodobny pęd, należało zrobić to samo z operatorem pędu i stanami własnymi pędu. Dokładny pomiar albo położenia, albo pędu oznaczał, że funkcja falowa elektronu odpowiadała jednemu ze stanów własnych położenia lub pędu. Osobliwą konsekwencją było to, że ponieważ zbiory stanów własnych położenia i pędu były rozłączne, nie było możliwe zmierzenie położenia i pędu jednocześnie. Trzeba było wybrać – albo najpierw położenie, albo najpierw pęd. Tak jak w odniesieniu do mechaniki macierzy, w zależności od kolejności wykonania operacji wyniki były odmienne.

W interpretacji Borna można było również użyć funkcji falowych do wyznaczenia prawdopodobieństwa, że elektron przejdzie z jednego stanu kwantowego do drugiego – na przykład przeskoczy nagle między dwoma stanami energetycznymi w atomie. Taki „przeskok kwantowy" był natychmiastowy i nieprzewidywalny – można było co najwyżej wyliczyć prawdopodobieństwo jego nastąpienia. Jedynym sposobem stwierdzenia, że w ogóle do niego doszło, było zaobserwowanie wpływu związanej z nim emisji lub absorpcji fotonu na widmo atomu. Nie dało się zobaczyć samego elektronu poruszającego się w przestrzeni.

Krótko mówiąc, w podejściu Borna funkcje falowe Schrödingera przeobraziły się z fal fizycznych w fale prawdopodobieństwa. W tej swej nowej roli mogą one powiedzieć nam jedynie, jak prawdopodobne jest, że elektrony będą miały określone położenia lub pędu, oraz jakie są szanse na zmianę tych wartości; jednak nie da się nigdy ich razem dokładnie zmierzyć. Nie wiedząc jednocześnie, gdzie w danym momencie jest cząstka oraz jak się porusza, nie jesteśmy w stanie precyzyjnie przewidzieć, gdzie będzie ona w chwilę później. Tak więc Born zastąpił deterministyczny opis Schrödingera niezdeterminowaną, czysto probabilistyczną serią kwantowych przeskoków od jednego stanu do drugiego.

Heisenberg w pełni podzielał pogląd Borna, że elektrony nie mogą w sensie dosłownym być falami. Jedynym pożytkiem, jaki dostrzegał w mechanice falowej, był alternatywny sposób obliczania członów macierzy w jego własnej teorii. Wyobrażanie sobie elektronów jako czegoś w rodzaju oscylujących kropli otaczających jądra atomowe wydawało mu się absurdem. Żaden eksperyment kwantowy nie ukazywał ich jako obiektów niezlokalizowanych w przestrzeni. Zatem z zadowoleniem przyjął interpretację Borna jako sposób na oddzielenie użytecznych wyników obliczeń Schrödingera od bzdur o rozciągłych elektronach.

W DOMU U BOHRA

Punkt krytyczny nastąpił w październiku 1926 roku, gdy Bohr zaprosił Schrödingera do Kopenhagi, by zaprezentował swoje wyniki. Instytut Fizyki Teoretycznej w Kopenhadze stał się świątynią dla zwolenników teorii kwantowej z Bohrem jako jej najwyższym kapłanem. Bohra otaczali entuzjastyczni współpracownicy, wśród których byli (w owym czasie) Heisenberg, Dirac i Oskar Klein.

Klein był szczególnie zainteresowany mechaniką falową, gdyż rozwijał ją na własną rękę. On również, przeczytawszy pracę de Broglie'a, przystąpił do poszukiwania równania falowego, wykorzystując koncepcję fal materii. Po kilku nieudanych próbach pod koniec 1925 roku doszedł do pewnej postaci równania Schrödingera, ale choroba przeszkodziła mu w przesłaniu jej do publikacji. Zanim wyzdrowiał, ukazała się już pierwsza praca Schrödingera. Niemniej jednak jego nazwiskiem, obok Gordona, nazwana została relatywistyczna wersja tego równania.

Ponadto Klein niezależnie odtworzył teorię Kaluzy, uzupełniając ogólną teorię względności o dodatkowy wymiar w celu połączenia elektromagnetyzmu i grawitacji w ramach tej samej struktury pojęciowej. Podobnie jak jego poprzednik, miał nadzieję stworzyć zunifikowaną teorię, która wyjaśniałaby, jak elektrony poruszają się w przestrzeni pod łącznym wpływem oddziaływań fizycznych.

W przeciwieństwie jednak do wersji Kaluzy teoria Kleina oparta była na zasadach kwantowych. Wykorzystywała ona koncepcję fal stojących de Broglie'a, lecz traktowała je w nieco odmienny sposób. Zamiast być zwinięte w atomie, fale te zawijały się wokół niewidocznego piątego wymiaru. Klein utożsamił pęd w piątym wymiarze z ładunkiem elektrycznym. Na podstawie idei de Broglie'a, że długość fali jest odwrotnie proporcjonalna do pędu, powiązał maksymalny rozmiar dodatkowego wymiaru z jego minimalną wartością pędu, a tę z kolei z minimalnym ładunkiem elektrycznym. W ten sposób stwierdził, że niewielka wartość ładunku elektronu prowadzi do niewielkiego rozmiaru piątego wymiaru, który w konsekwencji jest zbyt mały, by dało się go wykryć.

To tak, jakbyśmy weszli na wysoką drabinę i obserwowali leżącą na ziemi igłę owiniętą ściśle nitką. Patrząc z góry, nie widzielibyśmy cienkiej nitki, ale jedynie samą igłę jako prosty odcinek. Analogicznie piąty wymiar byłby zwinięty tak ciasno, że byłby nieobserwowalny.

Ukończywszy swoją pracę, Klein był zszokowany, gdy dowiedział się od Pauliego, że Kaluza miał podobną ideę unifikacji. Pauli był jednym z kilku fizyków, którzy pilnie śledzili wszystko, co działo się w dziedzinie ogólnej teorii względności oraz fizyki kwantowej, i służył jako źródło informacji dla innych. Pomimo rozczarowania, że nie on pierwszy wpadł na pomysł unifikacji w pięciu wymiarach, Klein doszedł do wniosku, że jego teoria jest na tyle oryginalna, iż nadaje się do publikacji. W późniejszych modelach unifikacyjnych, w tym niektórych próbach samego Einsteina, idea maleńkiego, ciasno zwiniętego piątego wymiaru będzie odgrywała istotną rolę. Dlatego koncepcje unifikacji oddziaływań fizycznych w wielu wymiarach nazywa się często teoriami Kaluzy–Kleina.

Podejście Kleina nie znalazło jednak w owym czasie oddźwięku w grupie kopenhaskiej. Bohr nalegał na jej członków, by wypracowali konsens co do natury atomu i kwantów. To wspólne stanowisko obejmowało akceptację, że procesy zachodzące w atomie mają charakter probabilistyczny. Ani pięciowymiarowa koncepcja Kleina, ani interpretacja przez Schrödingera fal jako przestrzennego rozkładu ładunku nie zawierały pojęcia nagłych przeskoków kwantowych, a zatem nie pasowały do kształtującego się poglądu kanonicznego.

Podczas swej październikowej wizyty Schrödinger był zatem niczym seminarzysta jakiegoś wyznania, który przemawiając na zgromadzeniu żarliwych wyznawców innej wiary, usiłuje bronić swoich mniejszościowych poglądów. Choć te jego poglądy nieraz bywały płynne, uparty wiedeński fizyk nie dawał łatwo za wygraną. Jeśli zmieniał zdanie, to wyłącznie z własnej inicjatywy, a nie za czyjąś namową.

Schrödinger przyjechał pociągiem 1 października. Po długiej podróży spotkał na dworcu Bohra, który z miejsca zarzucił go pytaniami. To przepytywanie miało trwać przez cały czas, dopóki nie wygłosił swojego referatu i wyruszył w drogę powrotną. Nawet gdy przeziębił się i leżał w łóżku, musiał Bohrowi zdawać sprawę ze swoich poglądów. Ponieważ na czas wizyty zatrzymał się u niego w domu, w istocie nie miał innej opcji.

Pomimo tej lawiny pytań wszyscy w Kopenhadze byli dlań uprzejmi i przyjacielscy, a zwłaszcza żona Bohra, Margrethe, która zawsze dbała o to, by goście czuli się jak u siebie. W tej serdecznej i przytulnej atmosferze Schrödinger poddawany był silnemu naciskowi ze strony Bohra, Heisenberga i innych, by zaakceptował interpretację Bohra, rezygnując z fizycznej realności fal materii. Opierał się ze wszystkich swoich intelektualnych sił, nie chcąc, by jego wizjonerska teoria sprowadzona została do roli liczydła używanego przez zwolenników mechaniki macierzowej do wykonywania swoich obliczeń.

Clou repliki Schrödingera stanowiło stwierdzenie, że losowe przeskoki kwantowe po prostu nie mają charakteru fizycznego i należy poszukiwać ciągłego, deterministycznego wyjaśnienia. Oznaczało to dość zasadniczy zwrot w jego poglądach, gdyż jeszcze w swym inauguracyjnym wystąpieniu po objęciu posady w Zurychu – pod wpływem idei głoszonych przez jego mentora Franza Exnera – Schrödinger podkreślał rolę przypadku w procesach fizycznych, odrzucając wymóg kauzalności w nauce. Napisał wcześniej również do Bohra list z wyrazami podziwu dla tego, jak teoria promieniowania, w której powstaniu uczestniczył, zwana teorią BKS (Bohra–Kramersa–Slatera), omijała kauzalność[66].

Einstein gwałtownie oponował przeciwko teorii BKS, właśnie ze względu na jej stochastyczny charakter. W tej kwestii on i Schrödinger stali po przeciwnych stronach barykady. Było to jednak w 1924 roku, zanim Schrödingerowi przyszło bronić własnego kauzalnego, ciągłego i deterministycznego równania. Tak się zatem złożyło, iż pod koniec 1926 roku wspólny sprzeciw wobec koncepcji losowych kwantowych przeskoków przywiódł ich obu do tego samego, antykopenhaskiego obozu. Ich sojusz uległ umocnieniu, gdy zdali sobie sprawę, że należą do nielicznych konsekwentnych krytyków dokonanej przez Borna reinterpretacji równania falowego.

Powróciwszy z Kopenhagi do Zurychu, Schrödinger nadal bronił swojej niechęci wobec przeskoków kwantowych, argumentując, że fizyka atomowa powinna być logicznie spójna i możliwa do wizualizacji; z kolei Bohr żywił nadzieję, że przyłączy się on do ogólnego konsensu po prostu dlatego, że mechanika falowa w swej probabilistycznej postaci jest tak idealnie zgodna z mechaniką macierzową. W tym czasie mechanika kwantowa nie była jeszcze teorią do końca okrzepłą, zatem rozbieżność interpretacji nie hamowała jej postępu. Znacznie większy problem z punktu widzenia wytyczonego przez Bohra celu osiągnięcia powszechnej zgody stanowiła o wiele silniejsza i głośno wyrażana krytyka Einsteina.

CZY PAN BÓG GRA W KOŚCI?

Pod koniec 1926 roku Einstein wytyczył wyraźną linię demarkacyjną oddzielającą go od teorii kwantowej. Poirytowany brakiem uznania dla pojęcia ciągłości, w którym widział nieodłączny logicznie aspekt przyrody, zaczął odwoływać się w swej argumentacji do wyobrażeń religijnych. Skąd akurat religia? Einstein wzrastał w zlaicyzowanej rodzinie żydowskiej i absolutnie nie sposób go uznać za gorliwego wyznawcę. Mimo to często uświadamiał sobie własny judaizm, zarówno w negatywny sposób, w obliczu antysemickich ataków na swoje dzieło ze strony nacjonalistycznej niemieckiej prawicy, jak i w pozytywny, w postaci ruchu na rzecz odtworzenia żydowskiej ojczyzny w Palestynie, któremu udzielał swojego poparcia.

Pomimo odmiennych poglądów filozoficznych Einstein i Born byli bliskimi przyjaciółmi. Prowadzili intelektualne dyskusje, wspólnie wykonywali muzykę kameralną i utrzymywali stałą korespondencję. Born podobnie jak Einstein wywodził się ze zlaicyzowanego żydowskiego środowiska. Zważywszy na te pokrewne cechy, trudno się dziwić, że Einstein usilnie próbował przekonać Borna, że fizyka kwantowa wymaga deterministycznych równań, a nie probabilistycznych reguł.

„Mechanika kwantowa jest teorią zaiste imponującą – pisał Einstein do Borna. – Niemniej jednak jakiś wewnętrzny głos mówi mi, że nie jest ona ostateczną rzeczywistością. Mimo tak znakomitych wyników teoria ta nie przybliża nas wcale do sekretów staruszka Boga. Ja w każdym razie jestem głęboko przeświadczony, że On nie gra w kości”[67].

Jak już wiemy, „staruszek Bóg” był jednym z określeń stosowanych przez Einsteina – nie był to wszakże Bóg Biblii, lecz Bóg Spinozy. Nie był to jedyny przypadek, kiedy Einstein odwoływał się do tego argumentu. Do końca życia, wyjaśniając, dlaczego nie uznaje niepewności kwantowej, powtarzał po wielekroć, niczym mantrę, że Pan Bóg nie gra w kości.

Ta jego konstatacja, choć z pozoru religijna, była bardziej odwołaniem się do rozumu i zdrowego rozsądku niż wezwaniem do zastąpienia nauki wiarą. Równie dobrze Einstein mógłby powiedzieć: „Moje poczucie porządku naturalnego podpowiada mi, że prawa fizyki nie zawierają elementu przypadkowości", lecz postanowił wyrazić to w bardziej obrazowy sposób. W istocie wizja „Pana Boga niegrającego w kości" zyskała znacznie szerszy oddźwięk, niż miałoby stwierdzenie wprost, że „w prawach przyrody nie ma miejsca na przypadek".

Użycie religijnego języka wskazywało na to, że coraz bardziej świadom był wagi przywiązywanej do wszystkiego, co tylko powie. Przywykł już do tego, że jego słowa podchwytywane są z miejsca przez prasę i przekazywane opinii publicznej. Być może właśnie dlatego, nawet w prywatnym liście, wyrażał się tak spektakularnie.

Jako kolejną próbę obalenia interpretacji Borna 5 maja 1927 roku Einstein wygłosił w Pruskiej Akademii Nauk wykład, w którym rzekomo udowodnił, że równanie falowe Schrödingera implikuje definitywne zachowanie się cząstki, a nie jedynie rzuty kością. W kilka dni potem napisał do Borna w poczuciu triumfu: „W zeszłym tygodniu zaprezentowałem w Akademii krótką pracę, w której wykazałem, że w mechanice falowej da się opisać ruch w pełni deterministycznie, bez konieczności posługiwania się interpretacją statystyczną. Ukaże się wkrótce"[68]. Wysławszy tę pracę do jednego z prestiżowych czasopism naukowych, Einstein wycofał ją jednak po kilku dniach – być może dlatego, że nabrał wątpliwości co do prawidłowości zawartych w niej wyników – i nigdy już nie została wydana drukiem. Do dnia dzisiejszego zachowała się jedynie pierwsza stronica owego nieudanego dowodu.

Pomimo całej jego sławy zwolennicy teorii kwantów pozostali głusi na apele Einsteina. Eksperymenty jeden po drugim wykazywały, że mechanika kwantowa jest wysoce dokładną teorią procesów atomowych. Jej przewidywania sprawdzały się co do joty. Młodzi badacze, niewprawni w filozoficznych rozważaniach, którymi kierowali się Einstein i Schrödinger (a przynajmniej na nie obojętni), wobec jej pełnej empirycznej weryfikacji postrzegali mechanikę kwantową jako jedyną drogę naprzód, nie mając ochoty spierać się z tym, co mówią eksperymenty.

Niewzruszony argumentami Einsteina Born nadal opowiadał się za interpretacją probabilistyczną. Wzdrygał się na myśl, że wszystko w przyrodzie miałoby być z góry przesądzone. Czy ktoś chciałby żyć w świecie, gdzie nie ma żadnego przypadku ani możliwości wyboru?

Tymczasem Heisenberg dokonał kodyfikacji nieoznaczoności kwantowego procesu pomiaru w ważnej pracy, którą przesłał Pauliemu w lutym 1927 roku i opublikował później w tym samym roku: *Über den anschaulichen Inhalt der quantentheoretischen Kinematik und Mechanik*. Tytuł i tematyka tego artykułu odzwierciedlała chęć Heisenberga, by przeciwstawić żarliwym wezwaniom Schrödingera do „dbałości o wizualizację" własną analizę tego, co da się, a czego nie da się zaobserwować w fizyce.

Wspomniana praca Heisenberga jest słynna, gdyż to w niej po raz pierwszy wprowadził termin „zasada nieokreśloności" (obecnie zwykle używany w formie „zasada nieoznaczoności") w odniesieniu do niemożności jednoczesnego pomiaru pewnych par wielkości obserwacyjnych. Jedną taką parę stanowią położenie i pęd; inną – czas i energia. W każdym wypadku, im dokładniej zmierzymy jedną z wielkości, tym bardziej rozmyta jest wartość drugiej. Jakkolwiek matematyczne uzasadnienie tej idei powstało wcześniej (jako fakt, że kolejność wykonywania działań na macierzach reprezentujących obie wielkości ma znaczenie), to dopiero w 1927 roku Heisenberg po raz pierwszy podjął próbę wyjaśnienia, jaki to ma sens fizyczny.

Udowodnił, że jeśli chcemy zaobserwować położenie elektronu, musimy użyć światła. Minimalna ilość potrzebnego światła to pojedynczy foton. Jednak ten samotny foton wyemitowany w kierunku elektronu zderzy się z nim, zaburzając jego ruch i nadając mu dodatkowy pęd. Zatem w momencie gdy dowiemy się, gdzie zlokalizowany jest elektron, wartość jego pędu będzie nieznana.

Heisenberg opisał również proces, który stał się znany jako „kolaps funkcji falowej". Przed pomiarem jakiejś wielkości, na przykład położenia, funkcja falowa składa się z superpozycji (sumy ważonej) stanów własnych.

Gdy tylko dokonamy odczytu, funkcja falowa momentalnie przekształca się w jeden ze swoich stanów własnych, eliminując wszystkie inne możliwości. Położenie (lub jakakolwiek inna wielkość) przybiera wówczas konkretną wartość odpowiadającą wartości własnej tego stanu własnego.

Możemy lepiej zrozumieć proces kolapsu, wyobrażając sobie domek z kart, delikatnie ustawiony, tak że każda z jego ścian zwrócona jest w inną stronę świata. Cała konstrukcja chwieje się wokoło, tworząc superpozycję północy, południa, wschodu i zachodu. Teraz przypuśćmy, że nadchodzi silny podmuch wiatru z zupełnie przypadkowego kierunku, który poruszając konstrukcją, w pewnym sensie dokonuje pomiaru. Domek z kart przewraca się w jednym z kierunków, czyli kolapsuje do jednego ze składających się nań stanów własnych. Proces pomiaru wywołał kolaps z superpozycji do określonego położenia.

Węgierski matematyk John von Neumann wykazał później, że wszystkie układy kwantowe podlegają jednemu z dwóch typów dynamiki – ciągłej, deterministycznej ewolucji wyznaczanej przez równanie falowe (równanie Schrödingera bądź którąś z jego relatywistycznych wersji, na przykład równanie Diraca) oraz nieciągłej, probabilistycznej zmianie położenia związanej z kolapsem funkcji falowej. Sam Schrödinger nadal wierzył w realność tego pierwszego podejścia, gwałtownie oponując przeciwko drugiemu.

Generalnie pozostając sojusznikiem Heisenberga w batalii o interpretację procesów kwantowych, Bohr miał początkowo odmienne zdanie w kwestii zasady nieoznaczoności. Nie akceptował tego, by filozofia kwantowa miała zajmować się błędami pomiarów, i uważał, że potrzebna jest głębsza analiza. Zaproponował sposób na pogodzenie odrębnych aspektów teorii kwantowej w ramach podejścia w stylu jin-jang, zwanego „komplementarnością", w którym elektrony i inne cząstki subatomowe mają właściwości zarówno korpuskularne, jak i falowe, przy czym raz jedne, raz drugie przejawiają się w odrębnych typach pomiarów.

Komplementarność Bohra związana była z rodzajem zastosowanej aparatury eksperymentalnej. Jeśli obserwator badał procesy falowe, takie jak interferencja, to w eksperymencie otrzymywał strukturę prążków. Jeśli z kolei zależało mu na wyznaczeniu parametru natury korpuskularnej, na przykład położenia, to właśnie on przejawiał się w postaci punkcika na ekranie. Bohr doszedł do przekonania, że takie sprzeczności stanowią fundamentalny aspekt rzeczywistości fizycznej.

Wkrótce jednak Bohr i Heisenberg postanowili przyjąć jednolite stanowisko w kwestii pomiaru kwantowego, w którym komplementarność i nieoznaczoność były alternatywnymi sposobami ujmowania tej samej rzeczy. Ta wspólna koncepcja, obejmująca ideę kolapsu funkcji falowej w procesie pomiaru, stała się z czasem znana jako „kopenhaska interpretacja mechaniki kwantowej".

Ich jedność została wystawiona na próbę podczas Piątego Kongresu Solvayowskiego poświęconego elektronom i fotonom, odbywającego się w Brukseli w październiku 1927 roku, kiedy Einstein zaskoczył Bohra i jego zwolenników swą zaciętą krytyką ich poglądów. Ehrenfest, który przyjaźnił się zarówno z Bohrem, jak i z Einsteinem, łajał ojca teorii względności, że pozostaje zamknięty na kolejną rewolucję w fizyce. Oskarżał go, że występując przeciwko mechanice kwantowej, upodabnia się do konserwatywnych krytyków, którzy atakowali nowatorskie aspekty jego teorii. Einstein jednak nie ustąpił ani na piędź.

Dyskusje na temat filozofii kwantów, jakie prowadzili między sobą na konferencji Einstein i Bohr, miały w większości charakter nieformalny i dochodziło do nich na ogół przy śniadaniu, a nie w trakcie samych sesji. Każdego dnia rano Einstein, zasiadłszy do stołu, przedstawiał hipotetyczną sytuację, w której można by uniknąć kwantowej nieokreśloności. Bohr przez chwilę się zastanawiał, starannie obmyślając swą odpowiedź, a następnie przekazywał ją Einsteinowi. Nazajutrz cały ten rytuał powtarzał się od początku. Koniec końców Bohrowi udało się obronić teorię kwantów przed wszystkimi zarzutami Einsteina.

Po powrocie do Berlina Einstein stał się znacznie bardziej odosobnioną postacią w środowisku naukowym. Podczas gdy jego światowa sława wciąż rosła, reputacja wśród młodszego pokolenia fizyków uległa popsuciu, gdyż uważali oni jego sprzeciw wobec mechaniki kwantowej za wydziwianie. W sytuacji gdy eksperymenty nieustannie potwierdzały jednolitą kwantową wizję głoszoną przez Bohra, Heisenberga, Borna, Diraca i innych, odrzucanie jej przez Einsteina wydawało się małostkowe i irracjonalne.

Schrödinger jako jeden z niewielu podzielał wątpliwości Einsteina. W prowadzonej między sobą korespondencji obaj dyskutowali o sposobach uczynienia mechaniki kwantowej bardziej kompletną teorią, a Einstein skarżył się mu na dogmatyzm głównego nurtu społeczności kwantowej. Na przykład w maju 1928 roku pisał do Schrödingera: „Usypiająca filozofia Heisenberga–Borna – czy też religia? – jest z całym rozmysłem naciągana, tak by na razie podkładać swym wiernym wyznawcom mięciutką poduszkę, z której nie jest im łatwo się podnieść. Niech więc sobie tam leżą. Wszakże ta ich religia (...) cholernie mało na mnie działa”[69].

Pracując w swojej samotni, Einstein usiłował sformułować jednolitą teorię pola, która zastąpiłaby mechanikę kwantową. Z uwagi na olbrzymi sukces równań kwantowych podejmowane przezeń próby interesowały mało którego badacza. Niebawem doszło do tego, że kolejne prace Einsteina były szerzej relacjonowane przez prasę niż zauważane w środowisku samych fizyków.

Z perspektywy czasu należy ocenić, że jego dokonania po Kongresie Solvayowskim nie miały większego znaczenia naukowego. Były to głównie matematyczne wprawki sprawdzające różne możliwości unifikacji. Odnotowując, że Einstein nie stworzył żadnej istotnej teorii po 1925 roku, Pais żartował: „W ciągu pozostałych 30 lat jego życia (...) jego sława wcale nie ucierpiałaby, a może nawet stałaby się większa, gdyby po prostu chodził sobie na ryby”[70].

Jakkolwiek społeczność fizyków gremialnie przeniosła się do probabilistycznej rzeczywistości kwantowej, pozostawiając Einsteina jako jedynego lokatora odosobnionej wieży determinizmu, prasa wciąż wychwalała go pod niebiosa. Był geniuszem z rozwichrzoną czupryną, naukową sławą, cudotwórcą, który przewidział odchylenie światła gwiazd. Przypominał czysto ceremonialnego króla, który dawno utracił wszelki wpływ na bieg wydarzeń; media bardziej interesowały się nim aniżeli mniej znanymi badaczami faktycznie posuwającymi naprzód naukę. Każda jego wypowiedź nadal była relacjonowana przez prasę, lecz generalnie ignorowana przez innych ludzi nauki.

Powszechne postrzeganie Einsteina, jakoby wciąż trzymał asa w rękawie, trwało do końca jego życia. Jego teorie unifikacji opracowane w Berlinie pod koniec lat dwudziestych pomagały mu utrzymywać status celebryty w oczach opinii publicznej. Odrzucony przez główny nurt społeczności fizyków, którzy coraz bardziej widzieli w nim relikt poprzedniej epoki, pozostawał ulubieńcem światowych mediów.

ROZDZIAŁ 4

W POSZUKIWANIU UNIFIKACJI

Ten cały Einstein niezmiernie pocieszył nas wszystkich, którzy zawsze zdawaliśmy sobie sprawę, jak mało wiemy. Pokazał nam, że ci goście, których zawsze uważaliśmy za mądrych, są równie głupi jak my. (...) Sądzę, że ten Holender [!] ma po prostu skrytą uciechę kosztem świata.

– Will Rogers, *Will Rogers Takes a Look at the Einstein Theory*
(Will Rogers rzuca okiem na teorię Einsteina)

Gdy Einstein pracował w Berlinie, otaczał go rozmach. Miasto to było nie tylko wielkim ośrodkiem nauki i techniki, ale i niczym magnes przyciągało przedstawicieli sztuk pięknych. Unter den Linden, główna aleja w śródmieściu Berlina, stanowiła pod koniec lat dwudziestych XX wieku jedno z centrów kulturalnych świata. Przy tej rozciągającej się od słynnej Bramy Brandenburskiej po katedrę św. Jadwigi, pałac miejski i pełną posągów Wyspę Muzeów ulicy znajdowały się Pruska Biblioteka Państwowa, gmach Opery i główna siedziba uniwersytetu.

Pomimo szalejącej w Niemczech inflacji Berlin miał się czym pochwalić. Rozrastająca się stolica szczyciła się tym, że ma największą powierzchnię ze wszystkich miast na świecie. Wszędzie wyrastały coraz nowe, pulsujące życiem osiedla, pełne domów towarowych, restauracji, klubów jazzowych i innych przybytków. Powstawało wiele teatrów operetkowych, które przejęły od Wiednia miano najlepszych scen lekkiej muzy. Bertolt Brecht i Kurt Weill zręcznie połączyli operę z językiem ulicy i jazzem w swoim arcydziele *Opera za trzy grosze*, wystawionym w Theater am Schiffbauerdamm w sierpniu 1928 roku.

Pod koniec 1927 roku Planck przeszedł na emeryturę. Za wstawiennictwem Einsteina Schrödinger został zaproszony do objęcia po nim prestiżowej katedry na uniwersytecie. Pomimo iż Zurych miał dla niego wiele atrakcji, zwłaszcza bliskość gór, z radością przyjął ofertę i wraz z Anny przeniósł się do roztętnionej stolicy, stawiając znów nogę na niemieckiej ziemi.

Anny wspominała entuzjastyczny nastrój tamtych czasów. „W Berlinie panowała najwspanialsza, jedyna w swoim rodzaju atmosfera do uprawiania nauki. Wszyscy naukowcy o tym wiedzieli i bardzo to doceniali (...) Teatr był w rozkwicie, muzyka była w rozkwicie, podobnie nauka z tymi wszystkimi instytutami naukowymi, przemysł. I to najsłynniejsze seminarium (...) Mojemu mężowi się tam naprawdę bardzo spodobało”[71].

Zamieszkawszy w stolicy Niemiec, Schrödinger nie tylko stał się centralną postacią tamtejszego środowiska naukowego i miał łatwy dostęp do wykładów i dyskusji, ale i zyskał pewną dozę popularności na skalę międzynarodową. Była to zaiste odrobina w porównaniu z ogromem uwagi poświęcanej Einsteinowi, niemniej miał okazję posmakować sławy.

Na przykład w lipcu 1928 roku „Scientific American” opublikował artykuł stwierdzający, że koncepcja Schrödingera prawomocnie zastąpiła model Bohra[72]. Zostało to podchwycone przez „New York Timesa”, który poinformował swoich czytelników, że teoria Schrödingera stanowi najnowszy trend. Idee Bohra miały być już czymś równie niemodnym jak „spódnice do kostek”, a żądnym wiedzy czytelnikom radzono, by czym prędzej zapoznali się z falową teorią atomu Schrödingera[73].

Podczas gdy Schrödingerowi spodobała się popularność, Einsteinowi zaczęła ona ciążyć, z wyjątkiem sytuacji, gdy przydawała się do popieranych przez niego charytatywnych dzieł bądź pozwalała zarobić dodatkowe kilka groszy kieszonkowego za popularne artykuły i książki, które opublikował. Jakkolwiek Einstein uważał, że opinię publiczną powinno się informować o tym, co aktualnie dzieje się w nauce, miał poważne wątpliwości, czy ludzie są w stanie rzeczywiście zrozumieć jego teorie. Bodaj najbardziej obcesowym wyrazem tego przekonania była seria niefortunnych uwag poczynionych po jego wizycie w Stanach Zjednoczonych w 1921 roku, w których zarzucił Amerykanom prostactwo. Jego osobliwe dywagacje, dlaczego interesują się oni jego badaniami, zaowocowały takim oto nagłówkiem w „New York Timesie": „Einstein deklaruje – u was rządzą kobiety. Zdaniem uczonego amerykańscy mężczyźni to pieski pokojowe ku zabawie płci przeciwnej. Ludzie kolosalnie znudzeni".

Przytaczano słowa Einsteina, jakoby amerykańskie kobiety „rzucały się na wszystko, co jest modne, a teraz właśnie, zupełnie przypadkowo, zapanowała moda na Einsteina. (...) To tajemniczość tego, czego nie są w stanie zrozumieć, pociąga je niczym magiczny urok". Amerykańscy mężczyźni, z kolei, „nie interesują się absolutnie niczym"[74].

Elsie generalnie imponowała popularność męża i uznawała ona za jedną ze swych ról kontrolowanie i promowanie jego wizerunku. Jednakże, jak uzmysłowiła jej mrożąca krew w żyłach wizyta, do jakiej doszło 31 stycznia 1925 roku, znane postacie publiczne często skupiają na sobie niepożądaną uwagę niezrównoważonych psychicznie jednostek. Owego dnia owdowiała Rosjanka, Marie Dickson, wdarła się do ich domu i wymachując bronią – według jednych relacji był to naładowany rewolwer, według innych długa szpilka od kapelusza – zagroziła Elsie, żądając widzenia z profesorem. Podobno Dickson uroiła sobie, jakoby Einstein był byłym carskim agentem. Wcześniej kierowała groźby pod adresem sowieckiego ambasadora we Francji i została skazana na trzy tygodnie więzienia, a następnie deportowana. Udała się wtedy prosto do Berlina z zamiarem zaatakowania Einsteina[75].

Wiedząc, że mąż jest w swym gabinecie na górze, Elsa użyła chytrego podstępu. Udała, że nie ma go w domu, i zaproponowała, że zaraz po niego zadzwoni. Dickson uspokoiła się i wyszła z mieszkania, zapowiadając, że wróci za jakiś czas. Gdy tylko zniknęła za drzwiami, Elsa powiadomiła policję. Przyjechało pięciu policjantów w cywilu i czekało na napastniczkę. Gdy ponownie przestąpiła próg, po gwałtownej szarpaninie została zatrzymana i przewieziona do szpitala dla umysłowo chorych. Przez cały ten czas Einstein przebywał w swoim gabinecie, zagłębiony w myślach, i dopiero po fakcie dowiedział się, że Elsa przypuszczalnie uratowała mu życie[76].

Choć Einstein bez wątpienia wiele zawdzięczał swojej żonie, często się kłócili. Jego brak dbałości o swój wygląd doprowadzał ją do pasji. Sławetna była jego niechęć do przystrzygania włosów – Elsa musiała go długo namawiać, by wysiedział jakiś czas nieruchomo – jak i do wkładania skarpetek. Zważywszy na to, że należeli do elity, zależało jej, by wyglądał schludnie na zdjęciach robionych przez fotoreporterów, lecz on nic a nic się tym nie przejmował. Dbałość o wizerunek publiczny była dla niego dodatkowym obciążeniem i wolał rozmyślać samotnie nad swoimi teoriami. On z kolei zarzucał jej „nieopanowane" kupowanie sobie drogich ciuchów[77].

W czasie gdy Schrödingerowie przenieśli się do Berlina, stres – w połączeniu z brakiem wysiłku fizycznego, nadmiernym dogadzaniem sobie i nawykiem stałego palenia fajki – zaczął odbijać się na zdrowiu Einsteina. Podczas wizyty w Szwajcarii w marcu 1928 roku zasłabł i zdiagnozowano u niego przerost mięśnia sercowego. Po powrocie do Berlina musiał leżeć w łóżku i ściśle przestrzegać diety pozbawionej soli. Pozostając tak unieruchomiony przez wiele miesięcy, wykorzystał ten okres spokoju na pracę nad nową jednolitą teorią pola. W maju owego roku podekscytowany informował jednego ze swoich przyjaciół: „W zaciszu mojej choroby złożyłem wspaniałe jajo z zakresu ogólnej teorii względności. Czy ptak, który się z niego wykluje, będzie pełen wigoru i przeżyje długo, wiedzą jedynie bogowie. Na razie błogosławię chorobę, która stworzyła mi takie możliwości"[78].

SEKRETY STARUSZKA BOGA

Przypadający w 1929 roku jubileusz pięćdziesięciolecia Einsteina był obchodzony zarówno publicznie, jak i prywatnie. Na forum publicznym zbiegł się on mniej więcej z ogłoszeniem jego pierwszej szeroko relacjonowanej wersji jednolitej teorii pola, którą sformułował w czasie, gdy leżał złożony chorobą. Wcześniej opublikował już wprawdzie kilka innych prób unifikacji, lecz bez rozgłosu. Pięćdziesiątka na karku, kolejna teoria i bycie Einsteinem – wszystko to razem gwarantowało olbrzymie zainteresowanie prasy.

Teorie unifikacji tworzone przez innych badaczy w latach dwudziestych XX wieku zaostrzyły apetyt Einsteina na rozwikłanie tajemnej formuły „staruszka Boga", łączącej w sobie wszystkie oddziaływania fizyczne. Grawitacja i elektromagnetyzm wykazywały zbyt wiele podobieństw, by być od siebie całkiem niezależne. Obydwa oddziaływania malały wraz z kwadratem odległości pomiędzy ciałami. Ogólna teoria względności dotyczyła tylko jednego z nich – grawitacji. Aby mogła obejmować również drugie, potrzebne byłyby dodatkowe człony po geometrycznej stronie równań. Decyzja o wprowadzeniu dodatkowych elementów do teorii, która odniosła sukces, nie jest krokiem łatwym. Potrzebne było jednoznaczne uzasadnienie, jeśli nie na gruncie fizyki, to na drodze matematycznej.

Einstein rozpatrywał wersje koncepcji Kaluzy, Weyla i Eddingtona, lecz nie był zadowolony z wyników. Choć starał się jak mógł, nie udawało mu się znaleźć fizycznie realistycznych rozwiązań, które przypominałyby cząstki. W jednym z artykułów sformułował nawet coś bardzo podobnego do pięciowymiarowej teorii Kleina i dopiero potem dowiedział się, że Klein go ubiegł. O tym podobieństwie powiedział mu Pauli, namawiając go, by wybrnął z tej niezręcznej sytuacji przez umieszczenie na końcu uwagi, że analogiczne wyniki zostały uzyskane wcześniej przez Kleina.

Następnie przez całe siedem lat, poczynając od połowy 1928 roku, analizował ideę zwaną „odległym paralelizmem" (znaną również jako „teleparalelizm" oraz „absolutny paralelizm"). To jego nowe podejście łączyło geometrię Riemanna z geometrią euklidesową, pozwalając definiować proste równoległe między dwoma odległymi punktami w przestrzeni. Wychodząc od zakrzywionej nieeuklidesowej rozmaitości czasoprzestrzennej ogólnej teorii względności, przypisywało ono każdemu punktowi lokalny euklidesowy układ współrzędnych, zwany tetradą. Ponieważ jest to znany kartezjański układ z prostopadłymi osiami, Einstein stwierdził, że można bardzo prosto sprawdzić, czy proste w tetradach są równoległe czy nie. Takie porównanie odległych prostych równoległych wprowadza dodatkową informację, której nie było w standardowej ogólnej teorii względności – co geometryczne opisanie elektromagnetyzmu wraz z grawitacją.

W standardowej ogólnej teorii względności, z uwagi na krzywiznę czasoprzestrzeni, każdy punkt ma inaczej zorientowany układ współrzędnych – nachylony pod innym kątem. Spoglądając na kulę ziemską z kosmosu, uznalibyśmy za coś naturalnego, że rakieta startująca z Australii wznosi się w innym kierunku niż wystrzelona ze Szwecji. Analogicznie strzałki kierunków w jednym obszarze czasoprzestrzeni różnią się od swoich odpowiedników w innym obszarze. W konsekwencji w standardowej ogólnej teorii względności nie da się ustalić, czy dane dwie odległe proste są równoległe czy nie. Możliwe jest podanie odległości między nimi, lecz nie ich wzajemnej orientacji.

Odległy paralelizm, dzięki dodatkowej strukturze lokalnych układów kartezjańskich, pozwala wyznaczać nie tylko odległość między prostymi, ale i ich wzajemne kierunki. Stanowi on jak gdyby system nawigacyjny dla Wszechświata, uzupełniający podstawową mapę drogową podsuniętą przez standardową ogólną teorię względności. Z tego powodu Einstein uznał, że zapewnia on większą ogólność.

W ramach swoich prób stworzenia jednolitej teorii pola Einstein dążył przede wszystkim do odtworzenia równań elektromagnetyzmu Maxwella w postaci geometrycznej, co postawiłoby je na jednym poziomie z równaniami ogólnej teorii względności. Ucieszył się, że może tego dokonać, wykorzystując odległy paralelizm, przynajmniej dla pustej przestrzeni. Nie podał jednak żadnych możliwych do zweryfikowania przewidywań empirycznych, jak to zrobił w ogólnej teorii względności, ani wiarygodnych pod względem fizycznym rozwiązań.

Nie powiodło mu się również odtworzenie praw kwantowych. W każdej swojej propozycji unifikacji, poczynając od końca lat dwudziestych, miał nadzieję, że równania okażą się nadmiarowe – to znaczy będzie więcej równań niż niezależnych zmiennych – co wymusi, by rozwiązania miały charakter nieciągły, tak jak poziomy kwantowe.

Za przykład nadmiarowości może posłużyć zapisanie równań ruchu piłki bejsbolowej, a następnie wprowadzenie warunku, by piłka miała określone położenie w pionie. Podczas gdy normalnie poruszałaby się ruchem ciągłym, zakreślając w powietrzu zakrzywioną trajektorię, dodatkowy warunek sprowadza to do dwu nieciągłych wartości, gdyż piłka znajdzie się na tej wysokości dwukrotnie – raz w trakcie wznoszenia się i raz w trakcie opadania. W ten sposób z ciągłych równań wynikają nieciągłe wartości. Analogicznie Einstein żywił nadzieję, że nadmiarowa jednolita teoria pola wymusi zajmowanie przez elektrony konkretnych orbit, jak w modelu Bohra–Sommerfelda i stanów własnych wyznaczanych przy użyciu równania Schrödingera. Jednakże celu tego nie osiągnął.

Generalnie rzecz biorąc, pomimo usilnych starań Einsteina, odległy paralelizm nie odtwarzał ani klasycznego, ani kwantowego zachowania się cząstek. Dlatego propozycja ta miała bardziej charakter wprawki matematycznej niż ścisłej teorii fizycznej.

Nawet pod względem matematycznym nie była ona niczym nowym. Einstein dowiedział się poniewczasie, że dwaj matematycy, Élie Cartan z Francji i Roland Weitzenböck z Austrii, publikowali już na ten temat, a Cartan przypomniał mu nawet, że dyskutował z nim kwestię dalekiego paralelizmu w 1922 roku na pewnym seminarium. Einstein, który najwyraźniej o tym spotkaniu zupełnie zapomniał, ostatecznie przyznał, że jego teoria wykorzystuje aparat matematyczny stworzony przez Cartana.

Okazuje się, że stosunkowo łatwo jest zmodyfikować ogólną teorię względności, tak by zawierała pewną wersję równań Maxwella, kombinując z jej regułami dotyczącymi długości, kierunków, wymiarów i innych parametrów. Einstein, kierując się względami prostoty, spójności logicznej i matematycznej elegancji, sądził w owym czasie, że teleparalelizm stanowi właściwą drogę. Jednakże, jak uświadomili mu Pauli i inni, rezygnacja z udanych przewidywań ogólnej teorii względności, takich jak zakrzywienie światła gwiazd, nie jest czymś, na co można się łatwo zdecydować. Ku rozpaczy jego kolegów fizyków, narastające zainteresowanie Einsteina ideami abstrakcyjnymi zepchnęło u niego na bok potrzebę zgodności z danymi empirycznymi.

POGOŃ ZA UŁUDĄ

W styczniu 1929 roku Einstein przygotował do druku krótki artykuł opisujący jego nową próbę unifikacji. Pomimo braku fizycznego potwierdzenia wydał zwięzłe oświadczenie dla prasy, w którym podkreślał jego naukową wagę i zwracał uwagę na to, w jakim stopniu przewyższa on standardową ogólną teorię względności[79]. Gdy tylko międzynarodowa prasa dowiedziała się o mającej nastąpić lada dzień publikacji, ponad setka dziennikarzy natarczywie domagała się wywiadu, nagabując go, by opisał w prostych słowach swoją nową ideę. Nie zdając sobie sprawy, jak bardzo abstrakcyjna i niefizyczna jest to praca, wietrzyli przełom na miarę teorii względności. Einstein początkowo odmówił dalszych komentarzy, ukrywając się przed reporterami[80]. Ostatecznie jednak zdecydował się udzielać bardziej szczegółowych, popularnych wyjaśnień, które opublikowały londyński „Times", „New York Times", „Nature" i inne czasopisma. Artykuł w „Nature" przytaczał jego słowa: „Teraz – ale to dopiero teraz – wiemy, że siła, która porusza elektrony na ich orbitach wokół jąder atomów, jest tą samą siłą, która porusza naszą Ziemię w jej rocznym obiegu wokół Słońca, jak i tą samą siłą, która dostarcza nam światła i ciepła niezbędnych do życia na tej planecie"[81].

Ogłoszenie nowej teorii wywołało lawinę zainteresowania opinii publicznej, podobną do tej, jaka nastąpiła w 1919 roku po publikacji wyników obserwacji zaćmienia. Zważywszy jej zawiłość oraz hipotetyczny charakter, jak i brak jakiegokolwiek potwierdzenia empirycznego, rozgłos, jaki nadała jej prasa, był zdumiewający. W samym „New York Timesie" ukazało się ponad dziesięć artykułów poświęconych tej teorii.

Naukowców na całym świecie proszono o komentowanie i interpretowanie wyników Einsteina. Były one powszechnie fetowane pomimo niedostatecznych dowodów. Przykładem takiej bezpodstawnie entuzjastycznej postawy była reakcja profesora H.H. Sheldona, dziekana wydziału fizyki Uniwersytetu Nowojorskiego, który spekulował bez umiaru, że „takie zjawiska jak utrzymywanie samolotów w powietrzu bez użycia silników ani jakiegokolwiek materialnego podparcia, wychodzenie przez okno i stąpanie w powietrzu bez groźby upadku czy też wyprawa na Księżyc (...) to wszystko są kierunki badawcze wytyczane przez tę teorię"[82].

Nowa teoria najwyraźniej poruszyła również jakąś strunę w sferze kultury. Wielu duchownych rozprawiało o jej konsekwencjach teologicznych. Pewien pastor, wielebny Henry Howard z Prezbiteriańskiego Kościoła Piątej Alei w Nowym Jorku, przyrównywał jej przesłanie do nauczania św. Pawła o jedności przyrody[83]. Satyrycy, tacy jak wywijający lassem komik Will Rogers, kpili z jej niezrozumiałości[84]. Inny z kolei żartował, iż teorii tej będzie można użyć do testowania piłeczek golfowych[85].

Ogromne zainteresowanie mediów jakimś artykułem z fizyki teoretycznej było czymś praktycznie niewyobrażalnym przed Einsteinem. To on sprawił, że nawet najbardziej abstrakcyjna, odległa od życia codziennego teoria wydawała się czymś seksownym, tajemniczym i epokowym. Fakt, że jego hipoteza była suchym układem równań bez żywotnych powiązań z realnymi zjawiskami, bynajmniej nie odstraszał reporterów. Ręka Einsteina wypisująca skrupulatnie rzędy symboli matematycznych wystarczała im za wszelkie empiryczne dowody.

Jemu zaś doskwierał status celebryty. Zdecydowanie wolał, by światło reflektorów skierowane było na jego teorie i ich konsekwencje, a nie na niego osobiście. Rzecz jasna, prasa skupiała się właśnie na jego osobie, na co jedyną jego reakcją były próby, na ogół nieskuteczne, ukrywania się.

W silnym kontraście do niebywałego publicznego rozgłosu reakcja środowiska fizyków teoretycznych była ledwo co słyszalna. W owym czasie, przede wszystkim ze względu na rewolucję kwantową, reprezentanci głównego nurtu fizyki coraz bardziej ignorowali koncepcje formułowane przez Einsteina. Spośród najbardziej aktywnych teoretyków kwantowych młodszego pokolenia jedynie Pauli żywo interesował się jego badaniami. Podczas gdy Einstein jako osoba darzony był wielkim szacunkiem, wypuszczane przez niego w tempie karabinu maszynowego kolejne próby unifikacji, które nie wydawały się go przybliżać do obranego celu, stały się przedmiotem kpin. Na przykład młodzi fizycy z Kopenhagi wydrwili jego usiłowania w satyrycznej inscenizacji *Fausta*, w której króla (Einsteina) obłażą pchły (jednolite teorie pola).

Pauliego niełatwo było zadowolić. Wierny swojej reputacji człowieka, który zawsze wali prawdę prosto w oczy, wylał na Einsteina otrzeźwiające wiadro lodowato zimnej wody. Komentując opublikowany esej o teleparalelizmie, napisał w liście do redakcji: „Doprawdy odważnym posunięciem ze strony redakcji jest wydrukowanie eseju Einsteina o jego kolejnej teorii pola w dziale «Osiągnięcia nauk ścisłych». Jego nieustająca inwencja, energia, jaką w ostatnich latach uporczywie wkłada w dążenie do wytyczonego celu, zaskakują nas, średnio biorąc, jedną taką teorią rocznie. Interesujące pod względem psychologicznym jest, że autor za każdym razem uważa swą aktualną teorię przez jakiś czas za «ostateczne rozwiązanie». Zatem (...) wypadałoby wznieść okrzyk: «Nowa teoria pola Einsteina jest martwa. Niech żyje nowa teoria pola Einsteina!»”[86].

Prywatnie Pauli powiedział Pascualowi Jordanowi, że jedynie amerykańscy dziennikarze są na tyle łatwowierni, by zaakceptować teleparalelizm Einsteina, ale amerykańscy fizycy, nie mówiąc już o europejskich, nie wykażą się taką naiwnością. Ponadto założył się z Einsteinem, że w ciągu roku zmieni on kierunek swoich poszukiwań.

W przeciwieństwie do rozgłosu, jaki nadano wynikom Einsteina, mało kto w owym czasie zwrócił uwagę na fundamentalne badania prowadzone przez Weyla w Getyndze, które wykazały, że jego wcześniejszą koncepcję cechowania można zastosować do funkcji falowych elektronu, co pozwala w naturalny sposób wyjaśnić oddziaływania elektromagnetyczne, ponieważ uwzględnienie dodatkowego czynnika cechowania w opisie matematycznym wymaga wprowadzenia nowego „pola cechowania", które propaguje się w przestrzeni. Utożsamiając owo pole z polem elektromagnetycznym, otrzymuje się teorię cechowania dla elektromagnetyzmu. Czynnik cechowania można sobie wyobrażać jako coś w rodzaju wirującego wiatraczka, który może być dowolnie zorientowany w przestrzeni, a podtrzymanie jego wirowania wymaga „wiatru" przepływających linii pola elektromagnetycznego. Pomimo całej genialności kwantowej teorii elektromagnetyzmu Weyla musiało upłynąć jeszcze dwadzieścia lat, zanim fizycy zaczęli się nią posługiwać. Dzięki swojej wielkiej przenikliwości Pauli jako jeden z pierwszych uczonych docenił jej olbrzymie znaczenie.

RABIN CEBULA BŁOGOSŁAWI UNIFIKACJĘ

Poinformowawszy opinię publiczną o swojej koncepcji unifikacji, Einstein czym prędzej zatrzasnął wrota oddzielające go od świata, by odeprzeć wzbierającą falę paparazzi. Zbliżały się jego urodziny i usilnie poszukiwał sposobu, by się od nich wykręcić. Ku rozpaczy przedstawicieli prasy 12 marca, na dwa dni przed tym, zanim stuknęła mu pięćdziesiątka, aby nie doszło do oficjalnych obchodów, ukrył się w nieznanym miejscu. „Nawet jego najbliżsi przyjaciele nie wiedzą, gdzie przebywa", donosił „New York Times", zaznaczając, iż pytania o jednolitą teorię pola „doprowadzały go już do szału"[87].

Mimo to pewnemu nieznanemu z nazwiska reporterowi udało się odkryć kryjówkę Einsteina i przekazać relację z prywatnej uroczystości. Ów obrotny dziennikarz dowiedział się jakoś, że bogaty przyjaciel uczonego Franz Lemm, znany jako „berliński król pasty do butów", użyczył na tę okazję swej willi w lesistej dzielnicy Gatow. Z dala od zgiełku śródmiejskiego Berlina Einstein mógł obchodzić swoje urodziny spokojnie w kręgu rodziny.

Gdy wszedł reporter, jubilat wpatrywał się właśnie z podziwem przez otrzymany w prezencie mikroskop na kroplę krwi upuszczoną z własnego palca. Ubrany po domowemu w luźny sweter, spodenki i kapcie, pociągający od czasu do czasu fajkę, emanował dziecięcym wprost zadowoleniem. Być może przypomniał sobie podarowany mu w dzieciństwie kompas. Innymi prezentami były jedwabny szlafrok, fajki, tytoń oraz szkic jachtu, który przyjaciele zamierzali dla niego zbudować.

Bodaj najbardziej niezwykła była jednak lalka wykonana własnoręcznie przez jego pasierbicę Margot, przedstawiająca rabina z cebulą w każdej ręce. Margot pasjonowała się rzeźbą, a jej specjalnością były zagadkowe wyobrażenia osób duchownych. Rzeźbiąc figurkę rabina dla przybranego ojca, wyraziła w ten sposób, jak bardzo go kocha. Dumna ze swojego dzieła, przeczytała mu wiersz o rabinie Cebuli[88].

Rabin Cebula, wyjaśniła Margot, był słynnym uzdrowicielem. Według tradycyjnych przekazów żydowskich cebule dobrze robią na serce – Einstein próbował już takiej kuracji podczas swojej rekonwalescencji rok wcześniej. Dlatego włożyła mistycznemu mędrcowi do rąk magiczne cebule, by mógł pobłogosławić go długimi latami życia w zdrowiu, co pozwoli mu sformułować znacznie więcej jednolitych teorii pola. Choć Einstein skrzywił się na myśl o wypuszczaniu coraz to nowych propozycji unifikacji, okazało się to całkiem trafną przepowiednią.

Po powrocie do berlińskiego mieszkania na Einsteina czekała kolejna góra prezentów. Najważniejszym z nich była szczodra obietnica władz miasta, że nabędą dla niego dom wraz z działką w pobliżu Haweli i jezior, przez które ta rzeka przepływa, aby mógł cieszyć się sielskim krajobrazem i miał gdzie uprawiać żeglarstwo. Miasto zaoferowało mu możliwość swobodnego korzystania z podmiejskiej rezydencji w posiadłości Neu Cladow, nabytej ostatnio od zamożnego arystokraty. Jednakże gdy Elsa pojechała rozejrzeć się na miejscu, były właściciel poinformował ją, że umowa sprzedaży zawiera klauzulę, iż będzie miał prawo pozostać w niej, jak długo zechce, i nie przebierając w słowach, kazał się jej wynosić.

Czerwieniąc się ze wstydu za nieudany prezent, zarząd miasta usilnie starał się znaleźć jakieś rozwiązanie. Po wielu miesiącach bezowocnych przepychanek jak najlepiej uhonorować wielkiego uczonego, Einstein postanowił wziąć sprawy we własne ręce i nabywszy parcelę w Caputh pod Poczdamem u zbiegu dwóch jezior, Schwielow i Templin, wynajął ambitnego młodego architekta Konrada Wachsmanna, aby zaprojektował i wybudował dla niego i jego rodziny wygodny drewniany domek, z którego było ledwie kilka kroków do lasu i jeziora. Gdy jeszcze trwała budowa, dostarczono niecierpliwie przez niego oczekiwaną żaglówkę ochrzczoną *Tümmler* (Morświn). Po wprowadzeniu się do wykończonego domu Einstein znalazł się dosłownie w siódmym niebie.

NAD JEZIOREM SCHWIELOW

Caputh było dlań idealnym miejscem, gdzie mógł oddawać się żeglowaniu i spacerom, co pozwalało uciekać w świat swoich myśli i zapomnieć o sprawach coraz bardziej wypełniających mu czas. W swej leśnej samotni nie musiał się elegancko ubierać – na ogół chodził boso i w piżamie lub z gołym torsem. Celowo nie miał telefonu, zatem ci, którzy go odwiedzali, czynili to zwykle bez zapowiedzi. Gdy raz przy okazji wizyty ważnych osobistości Elsa poprosiła go, by się odpowiednio ubrał, odmówił, twierdząc, że jeśli przyjechali zobaczyć się z *nim*, jest do ich dyspozycji, lecz jeśli przyjechali zobaczyć jego ubrania, to są one w szafie.

Jednym z częstych gości w domku Einsteina, któremu nie przeszkadzała panująca tam luźna atmosfera, był Schrödinger, podobnie nieznoszący formalnego ubierania się. Podczas gdy od profesorów niemieckich uniwersytetów w owym czasie oczekiwano, by chodzili w garniturze pod krawatem, Schrödinger niemal zawsze był w swetrze, a w upalne letnie dni przychodził niekiedy na zajęcia w krótkich spodenkach i koszulce. Pewnego razu strażnik przy bramie uniwersytetu nie wpuścił go do środka ze względu na niedbały ubiór i dopiero jeden ze studentów przyszedł mu z pomocą, zaświadczając, że Schrödinger naprawdę tam wykłada[89]. Innym razem, jak wspominał Dirac, personel hotelu miał wątpliwości, czy wpuścić go do eleganckiego apartamentu, w którym miał mieszkać podczas Konferencji Solvayowskiej, ponieważ wyglądał na przypadkowego turystę z plecakiem[90].

W lipcu 1929 roku Pruska Akademia Nauk uhonorowała Schrödingera, wprowadzając go do swojego grona. Ceremonia miała bardzo uroczysty charakter, zatem uczony wystąpił na niej w białej muszce, wygłaszając dobrze przyjętą mowę o roli przypadku w fizyce, w której zajął bardzo wyważone stanowisko, nie opowiadając się ani za, ani przeciw koncepcji Heisenberga–Borna. Nauczył się podchodzić ostrożnie do tej delikatnej kwestii, dzięki czemu jego równanie mogło być wykorzystywane zarówno w obozie deterministycznym, jak i indeterministycznym.

Generalnie rzecz biorąc, Schrödinger cieszył się z wejścia w skład tak prestiżowego ciała, jakim była Pruska Akademia Nauk. Niemniej jednak podzielał odczucie Einsteina, że akademia jest dość drętwą instytucją. Obaj woleli chodzić po lesie lub żeglować, niż brać udział w nudnych posiedzeniach. W konsekwencji to podczas rejsów po jeziorze i wędrówek po okolicach Caputh ich więź zacieśniła się i zostali bliskimi przyjaciółmi.

Podczas tych wspólnych wypadów Einstein i Schrödinger stopniowo uświadamiali sobie, że mają wiele wspólnych zainteresowań. Być może jedynie niechęć Schrödingera do muzyki zapobiegła temu, by się jeszcze bardziej do siebie zbliżyli. Einstein uwielbiał grać muzykę kameralną ze swymi najbliższymi przyjaciółmi. W tym okresie swojego życia obaj podzielali głęboką fascynację filozoficznymi aspektami fizyki. Każdy z nich chętniej rozprawiał o zastosowaniu idei Spinozy lub Schopenhauera we współczesnej nauce niż o najnowszych wynikach eksperymentów.

Jednakże z nich dwóch Einstein pozostawał bardziej niezachwiany w swoim sprzeciwie wobec głównego nurtu interpretacji mechaniki kwantowej. Postawa Schrödingera ewoluowała do tego stopnia, że w referacie wygłoszonym w maju 1930 roku w jednym z monachijskich muzeów praktycznie opowiedział się za interpretowaniem równania falowego w duchu Heisenberga–Borna, jakkolwiek kilka lat później się z tego ponownie wycofał.

Einstein wyraził swoje nieustępliwe stanowisko w wywiadzie z marca 1931 roku, w którym potwierdził wiarę w przyczynowość i sprzeciw wobec indeterminizmu. „Zdaję sobie doskonale sprawę – powiedział cierpko – że moja koncepcja przyczynowości jako należącej do natury rzeczy będzie interpretowana jako oznaka starczego uwiądu. Jestem jednak pewien, że takie pojmowanie przyczynowości leży u podłoża wszystkich kwestii związanych z naukami przyrodniczymi. (...) Uważam, że teoria Schrödingera–Heisenberga stanowi olbrzymi krok naprzód i że to sformułowanie zależności kwantowych jest bliższe prawdy niż którakolwiek ze wcześniejszych prób. Przeczuwam wszakże, iż ostatecznie teoria ta utraci swój fundamentalnie statystyczny charakter, gdyż prowadzi on do opisów sprzecznych z porządkiem natury”[91].

Niezgodność zapatrywań Einsteina i Schrödingera na powiązania przyczynowo-skutkowe została przedstawiona w materiale opublikowanym w listopadzie 1931 roku w „Christian Science Monitor”[92]. Był to przypuszczalnie pierwszy artykuł traktujący o poglądach obu fizyków. Opisując referaty o mechanice kwantowej wygłoszone ostatnio przez każdego z nich, przeciwstawiał on niezachwianą opinię Einsteina, że zasada przyczynowości nadal obowiązuje, bardziej zniuansowanemu przekonaniu Schrödingera, że fizycy muszą pozostawać otwarci na różne możliwości, w tym także na to, że świat jest w gruncie rzeczy akauzalny. Być może, twierdził Schrödinger, trzeba będzie zmienić perspektywę, w jakiej postrzegamy procesy zachodzące w przyrodzie, i ewentualnie odesłać zasadę przyczynowości do lamusa.

Widzimy, że choć obydwaj podejmowali kwestie filozoficzne, Einstein był bardziej skłonny przyjmować rygorystyczną koncepcję Spinozy, że prawa rządzące światem są ustalone od jego zarania i można do nich dojść drogą logicznego rozumowania, podczas gdy Schrödinger opowiadał się za bardziej elastycznym podejściem, ukształtowanym przez typową dla myśli Wschodu wizję świata skrywającego się za zasłoną iluzji, zgodnie z którym prawda uwarunkowana jest tym, jak ludzie aktualnie postrzegają rzeczywistość. To, co wydaje się prawdziwe dzisiaj, twierdził Schrödinger, jutro może zostać uznane za fałsz. Niewykluczone zatem, że nigdy nie osiągniemy prawdy ostatecznej.

Oprócz wspólnego zainteresowania filozofią i jej wykorzystaniem w nauce obaj fizycy mieli również bardziej przyziemne kłopoty. Ani jeden, ani drugi nie byli szczęśliwi w małżeństwie i mieli liczne romanse. Wobec zaborczości Elsy Albert usiłował wyrywać się spod jej kurateli. Ku jej konsternacji chodził na koncerty i przedstawienia teatralne z oszałamiająco piękną dziedziczką Toni Mendel, która ekstrawagancko jeździła po mieście limuzyną z szoferem. Regularnie pojawiał się także w towarzystwie austriackiej blond piękności Margarete Lebach, której Elsa nie znosiła[93].

Erwina i Anny łączyła silna więź przyjacielska, lecz pod względem seksualnym między nimi nie iskrzyło i nie mieli dzieci. Postanowili jednak nie brać rozwodu, lecz utrzymywać małżeństwo otwarte. Zbyt dobrze czuli się w swoim towarzystwie, by się zupełnie rozstać.

W przeciwieństwie do Einsteina, który wielokrotnie wyrażał żal z powodu swoich małżeńskich porażek, Schrödinger idealizował własne skoki w bok i prowadził dziennik miłosnych podbojów. Niektóre z jego romansów trwały nawet wiele lat. Raz zadurzył się w młodej kobiecie, której udzielał korepetycji z matematyki, Ithi Junger. Ich związek zaowocował niepożądaną ciążą. Choć Schrödinger bardzo pragnął dziecka, nie zamierzał zostawić Anny. Wbrew jego woli Ithi dokonała aborcji i odeszła od niego[94]. Gdy romans ten dobiegał końca, Schrödinger nawiązał znajomość z Hildegunde „Hilde" March, młodą żoną Arthura Marcha, fizyka, którego znał z Innsbrucku. Ich gorąca namiętność miała charakter niemal równoległego małżeństwa.

Einstein i Schrödinger nie zdawali sobie sprawy, jak szybko miał przeminąć czas, który spędzali razem w Berlinie i Caputh. Radość, swobodna atmosfera i spontaniczność tych dni miały zniknąć bez śladu, gdy nazistowskie buciory stratowały republikę weimarską. Przyzwyczajeni do wygodnego, celebryckiego życia obaj uczeni zmuszeni zostali do emigracji i nigdy już nie mieli okazji wspólnie żeglować po jeziorach.

NIEPOMYŚLNE WIATRY I OCEANICZNA BRYZA

Na początku lat trzydziestych XX wieku Niemcy dotknięte były wysokim bezrobociem i niepokojami społecznymi. Krach na giełdzie w 1929 roku zainicjował reakcję łańcuchową, która rujnowała gospodarczo jedno po drugim państwa na całym świecie, nie wyłączając osłabionych po wojnie Niemiec. W sytuacji gdy ruch nazistowski i inne ugrupowania skrajnej prawicy podbijały nacjonalistyczny bębenek, niezadowolenie Niemców z warunków narzuconych przez traktat pokojowy przerodziło się w powszechne nawoływania do odwetu. Komuniści i socjaliści odpowiedzieli apelem o przekazanie władzy robotnikom, co przeraziło wielu właścicieli środków produkcji i konserwatystów głównego nurtu – niektórzy z nich zaczęli postrzegać nazistów jako mniejsze zło i zaporę przeciwko komunizmowi. W Berlinie setki tysięcy bezrobotnych, którzy nie mieli żadnego innego zajęcia, rekrutowano do ruchów politycznych, zarówno lewicowych, jak i prawicowych. Olbrzymia demonstracja na Alexanderplatz, jednym z głównych placów stolicy, została stłumiona przez policję, która użyła tankietek przeciwko zgromadzonym. Lewica i prawica walczyły o głosy i zwolenników, w miarę jak kolejne słabe rządy koalicyjne powstawały i upadały.

Jakkolwiek nie należał do żadnej konkretnej partii, Einstein generalnie popierał postępowy ruch socjalistyczny i opowiadał się za przyznaniem większych praw robotnikom. Sam uważał się za internacjonalistę i postrzegał nacjonalizm jako niebezpieczną siłę. Będąc pacyfistą, należał do zwolenników Ligi Przeciwników Wojny. Zawsze bezpośredni w swoich poglądach, nie wahał się otwarcie potępiać nazistów. Choć początkowo sądził, że popierać ich może tylko ktoś niespełna rozumu, szybko zdał sobie sprawę – nawet zanim jeszcze doszli do władzy – że stanowią oni poważne zagrożenie. Schrödinger, przeciwnie, nie interesował się zupełnie polityką i starał się unikać wypowiadania na jej temat. Nie traktował ruchu nazistowskiego poważnie, dopóki nie było za późno.

Podczas kryzysu gospodarczego obaj fizycy martwili się o swoją sytuację finansową i byli gotowi przyjąć oferty pracy za granicą, przynajmniej przez jakiś czas. Einsteinowi taka okazja nadarzyła się pierwszemu. Chętnie przyjął zaproszenie, by zimą 1931 roku odwiedzić Caltech w kalifornijskiej Pasadenie oraz Obserwatorium Mount Wilson, gdzie Hubble odkrył ekspansję Wszechświata. Stypendium w wysokości 7000 dolarów zaproponowane Einsteinowi na zaledwie dwumiesięczny pobyt było w tamtych latach niewiarygodnie hojne – odpowiadało mniej więcej rocznym zarobkom profesora zwyczajnego.

W owym czasie Einstein miał już do pomocy dwoje płatnych asystentów – sekretarkę Helen Dukas i „rachmistrza" Walthera Mayera. Dukas zajmowała się kierowaną do niego olbrzymią korespondencją i obszerną agendą jego publicznych wystąpień, Mayer wykonywał rutynowe obliczenia matematyczne niezbędne uczonemu w jego badaniach, zwłaszcza nad jednolitymi teoriami pola. Einstein uświadomił sobie, że Pauli miał rację i teleparalelizm jest nierealistyczny z fizycznego punktu widzenia. Zaczął zatem poszukiwać innych dróg do unifikacji.

Przed wyruszeniem na Zachodnie Wybrzeże Stanów Zjednoczonych opublikował w „New York Timesie" artykuł, o którym wspomniałem w rozdziale 3. Wyraził w nim swoje poglądy na naukę i religię, opowiadając się za koncepcją Boga Spinozy. Esej ten wywołał ożywioną debatę i zwrócił uwagę opinii publicznej na zbliżającą się wizytę wielkiego fizyka.

Olbrzymie tłumy, jak gdyby chodziło o wizytę jakiegoś króla lub królowej, wyległy 30 grudnia 1930 roku na powitanie Einsteina i jego świty w porcie San Diego. W grupie, która przypłynęła wraz z nim na wielkim statku *Belgenland*, byli jego żona, Dukas i Mayer. Elsa okazała się nieoceniona jako tłumacz – jej angielski był znacznie lepszy niż Alberta. Mayer zaś był zawsze pod ręką, ilekroć Einstein miał wolną chwilę na obliczenia.

Po przybyciu Einsteina do Caltechu wydział fizyki, którym kierował słynny eksperymentator Robert Millikan, podjął z nim rozmowy na temat zatrudnienia go na stałym etacie. Ze względu jednak na jego przywiązanie do Berlina – a stylu życia, jaki prowadził w Caputh w szczególności – były one przedwczesne. Einsteinowi co prawda spodobała się bardzo południowa Kalifornia, zwłaszcza przepiękne ogrody i łagodny klimat Pasadeny. Jednym z głównych punktów jego pobytu było spotkanie z Hubble'em i zwiedzanie teleskopu na Mount Wilson. Wraz z Elsą poświęcił również trochę czasu na obracanie się w kręgu hollywoodzkich gwiazd, takich jak Charlie Chaplin. Będąc wielkim miłośnikiem jego filmów, Einstein uczestniczył jako gość honorowy Chaplina w światowej premierze filmu *Światła wielkiego miasta*.

Gdy następnej zimy został zaproszony do Caltechu na kolejną dwumiesięczną wizytę, ponownie wypłynęła kwestia jego stałego zatrudnienia. Wobec narastających problemów w Niemczech i przerażającej perspektywy sformowania nazistowskiego rządu Einstein zaczął rozważać możliwość emigracji. Do tego czasu zresztą otrzymał również inne oferty, w tym propozycję profesury w Oksfordzie.

W swych staraniach o Einsteina Millikan popełnił jeden poważny błąd, przedstawiając go reformatorowi edukacji Abrahamowi Flexnerowi, który przyjechał do Caltechu, by omówić sprawy związane z założeniem Institute for Advanced Study (IAS) w Princeton, sfinansowanego przez bogatych sponsorów ośrodka poświęconego badaniom fundamentalnym. Skończyło się to tym, że Flexnerowi udało się zwerbować Einsteina na stanowisko, które początkowo miało być jedynie niepełnym etatem, zaoferował mu bowiem pensję w zawrotnej wysokości 15 000 dolarów rocznie, co miało uczynić go jednym z najlepiej opłacanych profesorów fizyki w całych Stanach. Einstein postawił dodatkowy warunek zatrudnienia na stałe również Mayera, by pomagał mu w obliczeniach związanych z jednolitą teorią pola. Flexner był zszokowany żądaniem, lecz ostatecznie przystał na to. Einstein ze swej strony zobowiązał się objąć posadę w instytucie.

Mniej więcej w tym samym czasie Einstein zgłosił Schrödingera i Heisenberga, w takiej właśnie kolejności, do Nagrody Nobla z fizyki. Jako jej laureat miał przywilej wyznaczania kandydatur do tego wysokiego zaszczytu. W swym liście nominacyjnym wymienił Schrödingera na pierwszym miejscu, ponieważ uważał jego odkrycia za istotniejsze. Niemniej jednak wielkodusznością z jego strony było, że w ogóle uwzględnił Heisenberga, zważywszy, jak zdecydowanie krytykował jego probabilistyczną interpretację. Zdawał sobie sprawę, że wielu fizyków traktuje tych dwóch na równi jako twórców mechaniki kwantowej, uznał zatem za stosowne nominowanie obydwu z wyraźnym zaznaczeniem swojej osobistej preferencji.

W grudniu 1932 roku państwo Einsteinowie i towarzyszące im osoby wyruszyli w rejs do południowej Kalifornii, by po raz trzeci i ostatni odwiedzić Caltech. Wizyta przebiegała w dość minorowej atmosferze, po części ze względu na to, że Millikan czuł się dotknięty decyzją Einsteina o podjęciu pracy w Princeton, a po części ze względu na narastającą świadomość, że Adolf Hitler, który był wówczas wicekanclerzem w rządzie koalicyjnym konserwatystów i nazistów, lada moment stanie na czele Niemiec. Gdy przekraczali próg, wychodząc ze swego domku w Caputh, Albert podobno powiedział do Elsy, że widzą go po raz ostatni. Pomimo to w jakiejś mierze musiał sądzić, że istnieje szansa na powrót, ponieważ w liście do kolegów w Berlinie snuł plany, co będzie tam robił w przyszłym roku.

Jak na ironię, Millikan ustalił wcześniej z Einsteinem, że wkrótce po przybyciu gość wygłosi mowę wychwalającą stosunki niemiecko-amerykańskie. Miało to na celu zachęcenie potencjalnego sponsora. Nie chcąc zawieść swojego gospodarza, Einstein spełnił jego życzenie, czytając angielski przekład napisanego przez siebie tekstu. Wykorzystał tę okazję do poparcia idei tolerancji dla przeciwnych poglądów politycznych i przekonań religijnych, zarówno w Stanach Zjednoczonych, jak i w Niemczech.

Wzmianka o Stanach Zjednoczonych nawiązywała do publicznej skargi prawicowego ugrupowania pod nazwą Patriotyczne Zrzeszenie Kobiet, że takiego znanego „rewolucjonistę" jak Einstein wpuszczono do Ameryki. Chociaż nie miało to potem żadnych konsekwencji, FBI założyło mu akta, w których przez dziesięciolecia gromadzono podobne przypadki kwestionowania jego patriotyzmu.

Wbrew głoszonej przez Einsteina idei tolerancji mniej więcej tydzień później, 30 stycznia 1933 roku, Paul Hindenburg, prezydent Niemiec, wyznaczył Hitlera na stanowisko kanclerza. Wobec powierzenia steru państwa niemieckiego politykowi znanemu ze swych rasistowskich i antysemickich poglądów, wspieranemu przez setki tysięcy zbirów z organizacji paramilitarnej Sturmabteilung (SA), czyli „oddziały szturmowe", opozycja mobilizowała się, by przeciwstawić się temu co najmniej ostrą retoryką. Zastanawiano się, czy Hitler przekuje swoje nienawistne słowa w czyny – czy też były one jedynie polityczną pozą mającą na celu przyciągnięcie rzesz bezecnych zwolenników.

POŻAR REICHSTAGU

Niemiecka scena polityczna na początku lat trzydziestych XX wieku podlegała tak szybkim zmianom, że wielu komentatorów sądziło, iż pozostawanie Hitlera u władzy będzie jedynie krótkotrwałym epizodem. Umiarkowani konserwatyści po cichu liczyli na to, że przejmie on poparcie świata pracy dla komunistów i przesunie się ku politycznemu centrum. Wielu uważało, że w miarę poprawy sytuacji gospodarczej wyborcy otrzeźwieją, wybiorą bardziej rozsądnych polityków i ukrócą ekstremizm. Nawet już po objęciu przez Hitlera najwyższego stanowiska w państwie Einstein wciąż miał pewną nadzieję na powrót do Berlina, a Schrödinger, pomimo iż pogardzał nazistami i ich nietolerancją, początkowo się specjalnie nimi nie przejmował.

Wówczas doszło do rozwoju wypadków, jakiego żaden z ekspertów nie przewidział. 27 lutego podłożono ogień pod Reichstag, budynek niemieckiego parlamentu. Jakkolwiek historycy są przekonani, że podpalaczami byli przypuszczalnie członkowie SA, Hitler z miejsca obarczył winą komunistów. Parlament uchwalił ustawę zawieszającą prawa obywatelskie i pozwalającą na bezterminowe przetrzymywanie podejrzanych. Politycy komunistyczni i inni członkowie ruchów lewicowych zostali w trybie doraźnym aresztowani i ostatecznie zesłani do obozów koncentracyjnych. 5 marca odbyły się nowe wybory, w których naziści zdobyli największą liczbę miejsc w parlamencie.

Po pożarze Reichstagu Einstein uświadomił sobie, że dopóty nie będzie mógł powrócić do Niemiec, dopóki naziści są u władzy. W liście do Margarete Lebach pisał, że odwołał wykład, który miał wygłosić w Pruskiej Akademii Nauk, ponieważ obawia się postawić nogę na niemieckiej ziemi. Gdy podróżował pociągiem z Pasadeny do Nowego Jorku, doniesienia prasy, że naziści przeszukali jego domek w Caputh, przeraziły go jeszcze bardziej. Na Manhattanie wygłosił szereg mów w różnych instytucjach, potępiając nazistowski zamach na wolności obywatelskie. Zostało to zauważone przez niemiecką prasę, która bezpardonowo zarzuciła mu nielojalność wobec ojczyzny.

W Nowym Jorku Einstein i jego świta wsiedli na pokład *Belgenland*, by odbyć rejs powrotny do Europy. Podczas podróży przez ocean uczony napisał utrzymany w uprzejmym tonie list do Akademii z podziękowaniem za wcześniejsze wspieranie go oraz prośbą o wykreślenie z listy członków, podając jako powód rezygnacji sytuację polityczną. Po zawinięciu do portu w Antwerpii zwrócił swój niemiecki paszport do konsulatu, wyrzekając się wszelkich związków z Niemcami. Po raz drugi w życiu (pierwszy raz gdy był studentem w Szwajcarii) został bezpaństwowcem.

Na szczęście Einstein posiadał w Belgii i sąsiedniej Holandii wielu przyjaciół, którzy zaoferowali mu swą pomoc, w tym królową Elżbietę, która urodziła się w Bawarii i przez małżeństwo weszła do belgijskiej rodziny królewskiej. Ponadto dysponował kontami bankowymi w Lejdzie i Nowym Jorku, co okazało się zbawienne, gdy naziści skonfiskowali pieniądze przechowywane przez niego w bankach berlińskich. Choć był bez domu i bez obywatelstwa, miał zapewnioną bezpieczną przyszłość za granicą.

Einstein opuścił Niemcy w samą porę. 23 marca niemiecki parlament przyjął Ustawę o pełnomocnictwach (*Ermächtigungsgesetz*), która zawieszała wszelkie prawa do sprzeciwu i w istocie oddawała pełnię władzy w ręce Hitlera. Niebawem naziści rozwiązali wszystkie parlamenty krajowe, umacniając swoje rządy żelaznej ręki. Ich dwunastoletnia dyktatura miała się okazać najbardziej bezwzględną, jaką kiedykolwiek widział świat.

Einsteinowie poszukiwali miejsca do czasowego zamieszkania, zanim będzie możliwe objęcie posady w Princeton. Udało im się wynająć domek w Le Coq sur Mer na wybrzeżu Morza Północnego, który choć nie zapewniał takich wygód jak Caputh, okazał się spokojnym azylem w ciągu kilku miesięcy, jakie spędzili w Belgii przed wyjazdem do Ameryki.

Był to dla Einsteina smutny okres pod wieloma względami. Mniej więcej w tym samym czasie, gdy został zmuszony do opuszczenia swojego kraju rodzinnego, dwie z bliskich mu osób dotknął tragiczny los. Jego młodszy syn Eduard, nazywany zdrobniale „Tete", który miał znakomite wyniki w szkole i chciał zostać psychiatrą, zapadł na schizofrenię i został umieszczony w szpitalu dla umysłowo chorych w Zurychu. Ojciec, który wcześniej korespondował z nim o świecie psychologii i pracach Sigmunda Freuda, wiele się po swoim synu spodziewał i był zdruzgotany tym rozwojem wypadków. Z kolei we wrześniu 1933 roku popełnił samobójstwo Paul Ehrenfest, jeden z najbliższych przyjaciół Einsteina. Przed śmiercią zastrzelił swego syna Wassika, który cierpiał na zespół Downa, w złudnym przekonaniu, że w ten sposób oszczędzi żonie trudów opieki nad upośledzonym dzieckiem.

Chłodny błękitny Atlantyk miał wkrótce oddzielić Einsteina od Europy i jej udręk. Odtąd będzie się jej przyglądał jedynie z daleka, obserwując, jak sytuacja jego byłych rodaków coraz bardziej się pogarsza. Nawet przebywając nieodwracalnie na wygnaniu w Nowym Świecie, nigdy o nich nie zapominał. Choć do Europy miał już nie powrócić, jego serce i myśli na zawsze z nią pozostały.

ROZDZIAŁ 5

UPIORNE POWIĄZANIA I KOTY-ZOMBI

Można by podać przykłady, kiedy decyzja jest naprawdę trudna, poważna, bolesna, zaskakująca, kiedy na kolanach błagamy Wszechmogącego, abyśmy nie musieli jej podejmować. Ale w tym względzie jest On nieubłagany! Musimy zdecydować. Coś, co musi się wydarzyć, się wydarzy, życie toczy się dalej. W życiu nie mamy do czynienia z funkcją [falową].

– Erwin Schrödinger, *Indeterminism and Free Will* (Indeterminizm i wolna wola)

Schrödinger był człowiekiem genialnym, lecz niezbyt odważnym. Pragnął być podziwiany – przez innych naukowców, opinię publiczną oraz kobiety, które spotykał w swoim życiu – i często dobierał słowa tak, by osiągnąć ten cel. Nie chcąc dopuścić, by polityka lub religia stała się barierą między nim a innymi, starał się pozostawać neutralny, o ile to było możliwe, we wszelkich drażliwych kwestiach. Wyrażając poglądy filozoficzne w swoich esejach, nadawał im formę intelektualnych rozważań, a nie sztywnej doktryny.

Jednakże dojście nazistów do władzy i wyznawany przez nich kult męskiej teutońskiej dominacji były czymś tak sprzecznym z osobowością Schrödingera, że nie był on absolutnie w stanie zachować swoich odczuć dla siebie. W odróżnieniu od na przykład Heisenberga, pogardzał nacjonalizmem we wszelkiej postaci, interesując się namiętnie językami obcymi, innymi religiami i egzotycznymi kulturami. Nie widział żadnej racji, by wywyższać niemiecki naród i jego tradycje ponad inne.

Anny wspominała, że odraza, jaką żywił Erwin wobec działań nazistów, pewnego razu doprowadziła do tego, iż stanął oko w oko z rozwścieczonymi bojówkarzami. Wybrawszy się piechotą do Wertheima, jednego z największych domów towarowych w Berlinie, stwierdził, że jest on właśnie bojkotowany ze względu na swoich żydowskich właścicieli. Naziści ogłosili 31 marca 1933 roku dniem ogólnokrajowego bojkotu żydowskiego handlu. Zbiry z opaskami ze swastyką na rękach blokowały wejście do sklepu, nie wpuszczając klientów i wdając się w bójkę z każdym, kto wyglądał im na Żyda. Według Anny Erwin włączył się w dyskusję z blokującymi, nie zdając sobie sprawy, na co się naraża, i mało brakowało, by został pobity. Uratowało go wstawiennictwo sympatyzującego z nazistami młodego fizyka Friedricha Möglicha, który w samą porę go rozpoznał[95].

Schrödinger zaprzestał uczestnictwa w posiedzeniach Pruskiej Akademii Nauk, przypuszczalnie wyczuwając, że zostanie ona zmuszona opowiedzieć się politycznie po stronie rządzących. I tak faktycznie się stało. 1 kwietnia, w reakcji na deklarację Einsteina, że zrywa on wszelkie związki z tą instytucją i Niemcami w ogóle, jej władze wydały utrzymany w ostrym tonie komunikat, w którym oficjalnie potępiły jego „antyniemiecką" postawę. Oburzony tym oświadczeniem Max von Laue, który był czynnym członkiem Akademii, złożył wniosek o głosowanie nad jego wycofaniem. Jednak żaden z pozostałych czołowych akademików nie opowiedział się za Einsteinem – nawet wcześniej mocno popierający go Planck. Wobec negatywnego wyniku głosowania komunikat nie został wycofany. Schrödinger, który nie brał udziału w tym posiedzeniu, nie zajął publicznie żadnego stanowiska.

Einstein nigdy nie wybaczył Akademii tego aktu tchórzostwa. Wyparcie się go przez jej członków, z wyjątkiem von Lauego, Schrödingera i w jakiejś mierze Plancka (który wyrażał swojej poparcie tylko prywatnie, lecz nie publicznie), stanowiło dlań gorzką pigułkę. Brak sprzeciwu Akademii wobec nazistów był jednym z powodów, dla których miał już nigdy nie postawić nogi na ziemi niemieckiej, nawet po wojnie.

Potępienie Einsteina przez Akademię było wstrząsem, który zapowiadał nadchodzące, znacznie silniejsze, trzęsienie ziemi. 7 kwietnia niemiecki parlament przyjął haniebną ustawę *Gesetz zur Wiederherstellung des Berufsbeamtentums*, która wykluczała Żydów i przedstawicieli opozycji politycznej z zajmowania stanowisk w służbie publicznej, w tym w oświacie i szkolnictwie wyższym. Jedyny wyjątek stanowili początkowo weterani I wojny światowej, którzy służyli na froncie, ci, którzy w tej wojnie stracili członków rodziny, oraz ci, którzy na swoich stanowiskach zaczęli pracować jeszcze przed wojną. Wszystkie te wyłączenia miały się okazać krótkotrwałe.

Uniwersytetem, który najbardziej ucierpiał na nazistowskim zakazie, była uczelnia w Getyndze, gdzie Żydzi stanowili znaczącą część grona profesorskiego. Maxa Borna, choć był jednym z tytanów fizyki kwantowej, poinformowano, że musi złożyć rezygnację. Podobnie relegowano matematyków Emmy Noether i Richarda Couranta. Laureat Nagrody Nobla, fizyk doświadczalny James Franck zrzekł się swojego stanowiska, zanim się do niego o to oficjalnie zwrócono. Raz jeszcze von Laue usiłował zmobilizować innych profesorów, by potępili czystkę, lecz bezskutecznie. Planck, którego głos wiele by znaczył, nie zdecydował się na otwarte wystąpienie przeciwko działaniom nazistów, choć na gruncie prywatnym był przerażony tym, co się dzieje.

Władze zagranicznych uniwersytetów szybko zdały sobie sprawę, że strata Niemiec może być ich korzyścią. Nadarzającą się sposobność pierwszy uświadomił sobie fizyk z Oksfordu Frederick Lindemann, który postanowił zwabić kilka znanych nazwisk, by wzmocnić potencjał badawczy swojego wydziału. Dzięki J.J. Thomsonowi, Ernestowi Rutherfordowi i innym Cambridge wyprzedziło znacznie Oksford w dziedzinie nauk przyrodniczych i Lindemann miał nadzieję choć trochę zniwelować tę przewagę. Wyniosły, elegancki, niezbyt lubiany Lindemann zagiął parol na Einsteina, by ściągnąć go na stałe – lecz ten zgadzał się jedynie na krótkie roczne wizyty. Antysemickie ustawodawstwo w Niemczech oznaczało, że przypuszczalnie wkrótce inni pójdą w ślad Einsteina. Być może zatem, sądził Lindemann, uda się ich przekonać, by na swój nowy dom obrali Oksford.

Lindemann, który urodził się w Niemczech i studiował na uniwersytecie w Berlinie, znał doskonale ten kraj i śledził pilnie sytuację na jego scenie politycznej. Przeczuwając od razu, że nazistowska dyktatura będzie stanowiła zagrożenie dla świata, podzielił się swymi obawami z Winstonem Churchillem, jednym z najbliższych przyjaciół. Podczas II wojny światowej Churchill jako premier mianował go swym naczelnym doradcą naukowym i pomógł w przyjęciu w szeregi brytyjskich parów jako lorda Cherwella. Lindemann miał olbrzymi wpływ na kształt polityki militarnej Wielkiej Brytanii i zasłynął (bądź też okrył się niesławą, w zależności od punktu widzenia) z poparcia dla bombardowania niemieckich osiedli robotniczych. Jak na ironię, zważywszy na rolę, jaką miał potem odegrać podczas wojny, około Wielkanocy 1933 roku nie miał żadnych problemów w poruszaniu się po całych Niemczech swym prowadzonym przez szofera rolls royce'em i swobodnym spotykaniem się z niemieckimi naukowcami.

Za namową Sommerfelda Lindemann postanowił skaptować Fritza Londona, wybitnego fizyka kwantowego, twórcy podstawowych teorii dotyczących tego, jak atomy łączą się w cząsteczki. Podczas wizyty u Schrödingera w domu profesor z Oksfordu wspomniał o tym, że zamierza zaproponować stanowisko Londonowi. Ku jego wielkiemu zaskoczeniu Schrödinger poprosił, by pomyślał o nim, jeśli London odrzuci tę ofertę. Lindemann zupełnie nie brał pod uwagę możliwości, że naukowcy niebędący Żydami, jak Schrödinger, też będą chcieli wyjechać, niemniej jednak zgodził się poruszyć ten temat z ewentualnymi fundatorami nowych etatów w Oksfordzie.

PO CO SĄ ASYSTENCI

Schrödinger w owym czasie doskonale wiedział, że Einstein zapewnił sobie szereg propozycji z innych krajów. Ze względu na jego problemy finansowe i wrogość wobec nazistów stanowisko w Oksfordzie byłoby czymś atrakcyjnym. Jednak podobnie jak Einstein, Schrödinger uzależniał objęcie takiej posady od zatrudnienia jeszcze kogoś jako asystenta. Odpowiednikiem Mayera u niego był Arthur March. Spytał zatem Lindemanna, czy March nie dostałby etatu w Oksfordzie, aby mogli tam pracować razem.

Zachodziła wszakże olbrzymia różnica między motywami, dla których Einstein i Schrödinger chcieli mieć asystenta. Przekroczywszy pięćdziesiątkę, Einstein nie miał cierpliwości do żmudnych obliczeń, dlatego Mayer był mu niezbędny, by mógł pracować naukowo. Z Marchem sprawa miała się inaczej. Schrödinger omawiał z nim wprawdzie możliwość wspólnego napisania książki, lecz w istocie wcale nie współpracował. Chodziło raczej o to, że Arthur miał żonę Hilde, w której Erwin był po uszy zadurzony.

Lindemann powrócił do Anglii, by zabiegać o środki na sfinansowanie wszystkich obiecanych przez niego etatów, w tym dla Schrödingera i Marcha. Tymczasem sytuacja w Niemczech uległa dalszemu zaostrzeniu. Maj okazał się znacznie gorszy niż kwiecień. Zwolniono jeszcze większą liczbę Żydów, a masowe palenie książek zorganizowane na Bebelplatz w Berlinie, tuż przed siedzibą uniwersytetu, było wymowną oznaką upadku życia intelektualnego. Born wyjechał do Włoch, mając przyrzeczoną posadę w Cambridge.

Po części chcąc uciec od tego wszystkiego, Schrödingerowie i Marchowie postanowili spędzić lato w Szwajcarii i we Włoszech, odwiedzając przy tej okazji Pauliego, Borna i Weyla. Weyl został mianowany na katedrę w Getyndze, ale ponieważ jego żona była Żydówką, złożył rezygnację i wyemigrował z Niemiec. Później miał objąć stanowisko w Institute for Advanced Study w Princeton.

W górach północnych Włoch Erwin namówił Hilde, by wybrała się z nim na długą wycieczkę rowerową – tylko we dwoje. Podczas tej eskapady bardzo się do siebie zbliżyli. Mniej więcej w tym właśnie czasie Hilde zaszła w ciążę z Erwinem. Zamiast jednak rozwodzić się ze swoimi małżonkami, postanowili utrzymywać niezwykły związek – coś na kształt wieloosobowego małżeństwa.

Lindemann spotkał się we wrześniu ponownie ze Schrödingerem w przepięknej miejscowości Malcesine nad włoskim jeziorem Garda i z przejęciem oznajmił mu, że brytyjska firma Imperial Chemical Industries zgodziła się sponsorować kilka etatów, w tym dwuletnie stanowisko dla Schrödingera i oddzielny gościnny etat dla Marcha. Schrödinger miałby być związany z prestiżowym oksfordzkim Magdalen College. Choć konkretna wysokość uposażenia nie była jeszcze ustalona, nie chcąc już wracać do Berlina, entuzjastycznie przyjął tę propozycję i wraz z Anny i Hilde przeniósł się do Oksfordu na początku listopada. Arthur musiał jeszcze załatwić sobie urlop z uniwersytetu w Innsbrucku, gdzie był zatrudniony, zatem powrócił tam na jakiś czas.

Wyjazd Schrödingera z Niemiec rozwścieczył nazistów. Był on najbardziej liczącym się z nieżydowskich fizyków, który zdecydował się na taki krok. Heisenberg, choć nie należał do partii nazistowskiej ani jej nie popierał, był tym głęboko zbulwersowany. Według niego lojalność wobec niemieckiej ojczyzny i rangi niemieckiej nauki była czymś ważniejszym od doraźnych kwestii politycznych. Uważał, że należy przeczekać dyktaturę, gdyż prędzej czy później do władzy dojdą bardziej umiarkowane siły, a nie od razu brać nogi za pas. Należy jednak oddać mu sprawiedliwość, że stanowczo sprzeciwiał się poglądowi głoszonemu przez Philippa Lenarda i Johannesa Starka, że konieczne jest odrzucenie całej „żydowskiej fizyki", a w szczególności teorii Einsteina i Borna, na rzecz „niemieckiej fizyki" (przez to pojęcie rozumieli fizykę tworzoną przez niemieckich badaczy niebędących pochodzenia żydowskiego). Heisenberg nadal utrzymywał przyjacielskie kontakty z fizykami żydowskimi aż do wybuchu wojny i podjął je na nowo zaraz po jej zakończeniu, apelując do nich, zwłaszcza do Borna, by pozostali w kraju tak długo, jak tylko to będzie możliwe, by podtrzymywać życie naukowe w Niemczech. Zatem w jego oczach decyzja Schrödingera była ciosem w plecy zadanym społeczności niemieckich uczonych.

Berlin, z którego wyjechał Schrödinger, nie przypominał już zupełnie miasta, które tak ukochał. Zaledwie rok wcześniej niemiecka stolica była pełna życia – artystycznego, naukowego i politycznego. Awangardowe przedstawienia teatralne i operetkowe przyciągały międzynarodową uwagę, a ludzie wszystkich wyznań i poglądów mogli się tu dobrze czuć. Jednak pod koniec 1933 roku Berlin stał się kulturalną pustynią, gdyż malarstwo, muzyka i teatr podlegały reżimowej cenzurze. Zabronione było omawianie wkładu Einsteina do fizyki teoretycznej. Prasa była tak jednostronna, że o emigracji Schrödingera wspomniała tylko jedna gazeta.

Wkrótce nadeszły wiadomości, które stały się kolejną solą w oku nazistów, napompowując bardziej i tak już niesamowicie rozdęte ego Lindemanna. Tuż po przyjeździe do Oksfordu Schrödinger dowiedział się, że za swoje równanie falowe został współlaureatem Nagrody Nobla z fizyki za 1933 rok, obok Paula Diraca. Lindemann dumnie paradował ze swoją zdobyczą po Oksfordzie, nie omieszkając zwrócić się do Imperial Chemical o znaczne podwyższenie Schrödingerowi płacy.

Wszystko układało się pomyślnie dopóty, dopóki po kilku miesiącach Hilde nie urodziła córki Erwina, której nadali imię Ruth. W Oksfordzie zaczęło huczeć od komentarzy, że duże pieniądze idą na utrzymanie kochanki jednego z profesorów. Odtąd szanse Schrödingera na uzyskanie stałej posady na uniwersytecie zmalały do zera – nawet z jego błyszczącym nowym Noblem.

WYRAFINOWANY, LECZ NIE PERFIDNY

Po spędzeniu większości 1933 roku w Belgii pod pieczą belgijskiej rodziny królewskiej Einstein pożegnał Europę – jak miało się okazać, na zawsze. Albert, Elsa, Helen Dukas i Walther Mayer, wyruszywszy po raz ostatni w rejs statkiem *Belgenland*, przybyli do Nowego Jorku 17 października. Tym razem nie było powitalnych tłumów ani reporterów. Aby uniknąć ewentualnego zamachu ze strony nazistowskich agentów, po zejściu ze statku Einstein i towarzyszące mu osoby zostali szybko przewiezieni niewielką łódką do New Jersey, a następnie zabrano ich bezpośrednio do Princeton.

Ponieważ planowana siedziba Institute for Advanced Study jeszcze nie powstała, Einstein i inni członkowie jego kadry naukowej dzielili pomieszczenia z wydziałem matematyki Uniwersytetu Princeton w budynku Fine Hall, którego wielkim atutem była wygodna sala seminaryjna. Na gzymsie znajdującego się w niej olbrzymiego kominka wyryto w oryginalnym, niemieckim brzmieniu cytat z Einsteina, który w przekładzie brzmi „Pan Bóg jest wyrafinowany, lecz nie perfidny". W powiedzeniu tym uczony wyraził swoje przekonanie, że Bóg nie zwodzi celowo badaczy, kierując ich ku fałszywej teorii fizycznej, nawet jeżeli znalezienie właściwego rozwiązania jest bardzo trudne. Wciąż miał bowiem nadzieję na stworzenie teorii ostatecznej, która połączyłaby w sobie wszystkie oddziaływania fizyczne.

Einstein stanął przed palącym problemem znalezieniem kogoś do pomocy przy obliczeniach. Choć wcześniej do tego właśnie celu sprowadził Mayera, ku jego wielkiemu rozczarowaniu okazało się, że „rachmistrz" postanowił prowadzić badania matematyczne na własną rękę. Sprawę pogarszało jeszcze to, że ponieważ Mayer zatrudniony został na stałe, Flexner odmówił zapewnienia drugiego asystenta.

Ze względu na paranoiczne zakusy Flexnera, by narzucać Einsteinowi rozkład dnia i pilnować, by należycie wypełniał swoje zobowiązania wobec IAS, szybko doszło między nimi do konfliktu. Dla Einsteina upokarzające było odkrycie, że Flexner cenzuruje jego korespondencję, odrzucając zaproszenia bez konsultowania tego z nim. Dotyczyło to nawet zaproszenia na spotkanie z prezydentem Rooseveltem i jego żoną w Białym Domu, jakkolwiek ostatecznie dowiedział się on o nim i je przyjął. Einstein czuł się jak więzień zamknięty w IAS, nie mając do dyspozycji nikogo, kto pomagałby mu w obliczeniach.

Na szczęście przez IAS przewijał się stały strumień młodych badaczy, chętnych do wykazania swoich umiejętności i pracy z wybitnymi uczonymi. Okazało się, że dwóch takich zdolnych młodzieńców, urodzony w Rosji fizyk Boris Podolsky, świeżo po doktoracie w Caltechu, oraz amerykański fizyk Nathan Rosen, który studiował w MIT, gotowych jest podjąć się wytężonej pracy teoretycznej. Einstein skwapliwie skorzystał z tej okazji i wciągnął ich obu do współpracy przy swoich krytycznych dociekaniach dotyczących mechaniki kwantowej.

Pomimo swojej niechęci do Flexnera Einstein doskonale zdawał sobie sprawę, czym grozi mu powrót do Europy. Doszedł do wniosku, że IAS z jego usytuowaniem w spokojnej okolicy i brakiem obciążeń dydaktyką zapewnia mu najlepsze warunki do poszukiwania jednolitej teorii pola, uzupełniania luk ogólnej teorii względności i zajmowania się innymi badaniami bliskimi jego sercu. Postanowił zatem zostać tam na czas nieograniczony.

Jedną z zalet Princeton była względna bliskość miejsc, gdzie można było uprawiać żeglarstwo. Einstein kupił zatem łódź żaglową, którą nazwał *Tinnef* (w potocznej niemczyźnie i jidysz oznacza to „coś lichego") i spędzał większość letnich miesięcy w różnych miejscowościach nad cieśniną Long Island oraz jeziorem Saranac w górach Adirondack w stanie Nowy Jork. Ponieważ nie umiał pływać, gdy raz jego żaglówka się przewróciła, musieli go wydobywać z wody miejscowi młodzieńcy. Stało się to latem 1935 roku, gdy Einsteinowie przebywali w Old Lyme w stanie Connecticut, i dało asumpt dla nagłówka w „New York Timesie": „Przypływ i łachy piaskowe usidliły Einsteina; jego żaglówka osiadła na mieliźnie w Old Lyme"[96].

Podczas innego incydentu żeglarskiego, który wydarzył się na jeziorze Saranac w 1941 roku, mały chłopiec przypuszczalnie uratował Einsteinowi życie, gdy ten zanurzył się pod wodę z nogą uwięzioną w sieci. Jak wspominał po latach jego dziesięcioletni wówczas wybawca, Don Duso: „Był już nieprzytomny. Gdybym nie znalazł się w pobliżu, niechybnie by utonął"[97].

Wiedząc, że pozostaną w Princeton na długi czas, wraz z Elsą zaczęli się rozglądać za domem, w którym mogliby zamieszkać. Znaleźli jeden w doskonałej lokalizacji, zaledwie kilka przecznic od uniwersytetu (i tymczasowej siedziby IAS), dzięki czemu Albert mógł udawać się do instytutu piechotą lub na rowerze. Zatem w sierpniu 1935 roku Einsteinowie kupili kryty gontem dom przy Mercer Street 112. Pomieszczenie na pierwszym piętrze zostało przerobione na gabinet i doświetlone nowym oknem panoramicznym, wychodzącym na rosnące obok drzewa. Pokoje na parterze umeblowano antykami pochodzącymi z poprzedniego mieszkania w Berlinie, których przetransportowanie udało się załatwić. Wkrótce potem Einstein pisał do belgijskiej królowej Elżbiety, że chociaż czuje się odcięty od ludzi, „Princeton jest zadziwiającym miejscem (...) udało mi się stworzyć tu sobie warunki do spokojnej pracy”[98].

Aby uczynić dom jeszcze bardziej przytulnym, Einsteinowie nabyli teriera Chico i kilka kotów. Chico stał na pierwszej linii w obronie prywatności swego pana. Jak mówił o nim Einstein: „Ten pies jest bardzo inteligentny. Współczuje mi, ponieważ przychodzi do mnie tyle listów, próbuje zatem gryźć listonosza”[99].

Niemniej jednak nadawcą, od którego listy Einstein chętnie otwierał, był Schrödinger. Obaj utrzymywali serdeczną korespondencję, która wskutek ich oderwania od ojczystego kraju uderzała w coraz to bardziej filozoficzne tony. Einstein kontynuował również wymianę listów z Bornem, którego opinie bardzo sobie cenił pomimo zdecydowanie odmiennych poglądów w kwestii probabilistycznej interpretacji mechaniki kwantowej. Próbował przekonać Flexnera do zaproszenia ich obu do IAS, lecz nadaremnie. Flexner umywał ręce od wszelkiej dalszej pomocy Einsteinowi.

SPROWADŹCIE OBIE MOJE ŻONY, PROSZĘ

Schrödinger w istocie zyskał okazję, by przyjechać do Princeton, ale odbyło się to za pośrednictwem wydziału fizyki uniwersytetu, a nie IAS. Szansa taka powstała dzięki fundowanemu stanowisku profesorskiemu zwanemu Jones Professorship, ustanowionemu przez braci Jonesów, którzy byli absolwentami Princeton i zależało im na wzmocnieniu potencjału badawczego uniwersytetu w zakresie matematyki i nauk przyrodniczych.

O zaproszeniu go pomyślano w październiku 1933, kiedy jedna z komisji wydziału fizyki zebrała się na niejawnym posiedzeniu, by zadecydować, komu przyznać tę profesurę. Jej przewodniczący, fizyk atomowy Rudolf Ladenburg, był emigrantem z Niemiec, dobrze obeznanym z pracami Heisenberga i Schrödingera, który pragnął zaprosić ich obu. Postanowiono zaproponować pełną profesurę Heisenbergowi, lecz jednocześnie wykorzystać część środków na zaproszenie Schrödingera na okres od jednego do trzech miesięcy. Schrödinger się zgodził, natomiast Heisenberg odpowiedział odmownie, podając sytuację polityczną w Niemczech jako powód tego, że nigdzie za granicę się nie wybiera.

Uzyskawszy urlop z Oksfordu, Schrödinger przebywał w Princeton w marcu i na początku kwietnia 1934 roku. Przez lata wypracował sugestywny, potoczysty styl wykładu z częstym odwoływaniem się do barwnych analogii. Jego literackie zainteresowania, zwłaszcza poezją i sztuką dramatyczną, pomagały mu w przedstawianiu trudnych zagadnień naukowych, a dogłębna znajomość starożytnej historii i filozofii poszerzała horyzonty przy dyskutowaniu współczesnych problemów. Nie wspominając już o perfekcyjnie płynnej angielszczyźnie – mówił głośno i wyraźnie, praktycznie bez śladu austriackiego akcentu. Einstein, przeciwnie, był w owym czasie w stanie prowadzić wykład po angielsku jedynie czytając niepewnie wcześniej przygotowane notatki i miał ciężki bawarski akcent. Schrödinger zrobił na wydziale matematyki na tyle dobre wrażenie, że zasugerowano dziekanowi Lutherowi Eisenhartowi, by zatrudnił go na stanowisku profesorskim w pełnym wymiarze.

Po powrocie do Oksfordu Schrödinger zastanawiał się nad ofertą z Princeton, ale w końcu postanowił ją odrzucić. Za Princeton przemawiało przede wszystkim to, że znów mógłby pracować i mieszkać w tym samym mieście co Einstein. Schrödinger miał nadzieję, że Einstein przekona Flexnera, by IAS również złożył mu ofertę, ale do tego nie doszło. Widząc, ile zarabia Einstein, i to na dodatek bez obciążenia dydaktyką, pragnął czegoś podobnego dla siebie. Płaca proponowana przez uniwersytet – choć ze wszech miar sowita – nie dorównywała temu. Żądając zatrudnienia na tych samych warunkach co Einstein, Schrödinger nie zdawał sobie do końca sprawy, jak bardzo były one wyjątkowe. Einstein zarabiał mniej więcej o połowę więcej, niż prestiżowe uniwersytety takie jak Princeton płaciły swoim najlepszym profesorom fizyki. Podając kwestię płacy jako zasadniczy powód, w październiku napisał do Ladenburga, że z żalem zmuszony jest odmówić.

Oprócz względów finansowych przeszkodą w przeniesieniu się do Princeton dla Schrödingera był jego niezwykły układ rodzinny. Ze względu na miłość do Hilde i chęć spędzania czasu z małą Ruth – upragnionym od dawna dzieckiem – z pewnością nie odpowiadało mu, by był od nich oddzielony oceanem. Zastanawiał się, jak zareagowałaby społeczność Princeton, gdyby sprowadził je wraz z Anny. Czy nie groziłoby mu oskarżenie o bigamię? Podobno raz wspomniał o tym problemie Johnowi Hibbenowi, rektorowi Uniwersytetu Princeton, i był zawiedziony jego negatywną reakcją na ideę „rodziny" z dwiema żonami wspólnie opiekującymi się dzieckiem[100].

W równoległym wszechświecie Schrödinger objąłby posadę w Princeton, gdzie jeszcze bardziej zbliżyłby się do Einsteina, i spędził resztę życia w bezpiecznym i wygodnym otoczeniu. Być może nawet wymyśliłby jakiś sposób, by Hilde i Ruth mogły dyskretnie wyemigrować. Tymczasem jednak postanowił powrócić do Austrii, tuż przed jej aneksją przez hitlerowskie Niemcy, przez co naraził się na wielkie niebezpieczeństwo i zmuszony był salwować się ucieczką. Decyzje podejmuje się na podstawie przeszłości, a nie przyszłości, zatem nawet jego nadzwyczaj bystry umysł, dysponując niepełnymi danymi, dokonał fatalnej kalkulacji.

UPIORNE POWIĄZANIA

W 1935 roku wielu fizyków uprawiających dotąd mechanikę kwantową, usatysfakcjonowanych tym, że teoria ta w pełni potwierdza się empirycznie, zajęło się teorią jądra atomowego. W sytuacji gdy kwestie dotyczące mechaniki kwantowej uchodziły za rozstrzygnięte, teoria jądra postrzegana była jako obszar, w którym można coś zdziałać. W tymże roku japoński fizyk Hideki Yukawa zaproponował model, w którym nukleony (protony i neutrony) oddziaływały ze sobą za pośrednictwem innych cząstek, zwanych mezonami – później nazwano to oddziaływaniami silnymi. Teoria Yukawy usiłowała wyjaśnić, co zapewnia spójność jąder atomowych (dziś wiadomo, że odpowiadają za to gluony, a nie mezony). Niecały rok wcześniej włoski fizyk Enrico Fermi odkrył proces zwany rozpadem beta – przekształcanie neutronów w protony przez emisję elektronów i innych cząstek. Oddziaływania te, które wyjaśniają pewne rodzaje promieniotwórczości, opisane zostały później przez teorię oddziaływań słabych.

Podczas gdy Schrödinger pilnie śledził wszystkie te postępy, Einstein z zasady je ignorował, wolał bowiem skupiać się na pisaniu partytury dla duetu swojej młodości, grawitacji i elektromagnetyzmu, a nie wprowadzać nowe, niesprawdzone instrumenty, przekształcając ów duet w trio czy kwartet. Jednakże w połowie lat trzydziestych XX wieku jednolita teoria pola, ku której przez cały czas dążył, nie mogłaby już stanowić „teorii wszystkiego", będąc unifikacją jedynie niektórych, lecz nie wszystkich, oddziaływań fizycznych.

Tymczasem Einstein nadal odcinał się od głównego nurtu rozwoju mechaniki kwantowej. Po raz ostatni spotkał się z Bohrem w 1930 roku na Kongresie Solvayowskim, gdzie obaj kontynuowali spór o zasadę nieoznaczoności. Na poprzednim kongresie, w 1927 roku, Einstein zaproponował eksperyment myślowy rzekomo wykazujący wewnętrzną sprzeczność idei kwantowych, który Bohr po długim zastanowieniu obalił.

Hipotetycznym układem fizycznym w eksperymencie Einsteina było wypełnione promieniowaniem pudełko wyposażone w mechanizm zegarowy zaprojektowany tak, by w określonym momencie następowała emisja pojedynczego fotonu. Argumentował on, że ważąc pudełko przed emisją i po niej, da się określić dokładną energię fotonu, a zatem wbrew zasadzie nieoznaczoności Heisenberga możliwe jest jednoczesne wyznaczenie zarówno energii fotonu, jak i czasu jego emisji.

Jednakże, jak sprytnie wykazał Bohr, Einstein zapomniał o uwzględnieniu efektów ogólnej teorii względności. Używając własnej teorii Einsteina przeciwko niemu samemu, stwierdził, że proces ważenia pudełka – na przykład na wadze sprężynowej – powoduje nieznaczną zmianę jego położenia w obrębie ziemskiego pola grawitacyjnego. W ogólnej teorii względności współrzędna czasowa obiektu znajdującego się w polu grawitacyjnym zależy od tego, gdzie się on znajduje, a zatem zmiana położenia prowadzi do rozmycia wartości czasu, zgodnie z zasadą nieoznaczoności. Wykazując słuszność rozumowania w kategoriach kwantowych, Bohr raz jeszcze wygrał potyczkę umysłową z Einsteinem.

Pięć lat później Einstein bynajmniej nie zapomniał o debatach z Bohrem. O niektórych swoich zastrzeżeniach wobec teorii kwantów rozmawiał niejednokrotnie z Podolskim i Rosenem. W tym czasie Einstein absolutnie przyznawał, że mechanika kwantowa precyzyjnie odtwarza wyniki eksperymentów z atomami i cząstkami. Jednakże – tłumaczył młodym badaczom – nie może ona być *pełnym* opisem rzeczywistości fizycznej, ponieważ jeśli pary wielkości fizycznych takie jak położenie i pęd miałyby stanowić faktyczne elementy tego opisu, to zasadniczo muszą mieć konkretne wartości przez cały czas. To, że na razie nie jesteśmy w stanie tych wartości jednocześnie wyznaczyć, świadczy, iż mechanika kwantowa nie jest modelem kompletnym. W przeciwnym razie, gdy wyznaczymy dokładnie położenie, rozmyciu ulega wartość pędu, co oznacza, że przestaje on być elementem rzeczywistości. Zatem, zdaniem Einsteina, zasada nieoznaczoności, nie dopuszczając do poznania dokładnych wartości istotnych parametrów układów fizycznych, świadczy o tym, że mechanika kwantowa nie odpowiada do końca rzeczywistości.

Inną kwestią podnoszoną przez Einsteina była nielokalność, czyli „upiorne działanie na odległość". Jakikolwiek zdalny natychmiastowy wpływ jednej cząstki na inną naruszałby to, co nazywał on „zasadą rozdzielenia". Przyczynowość, twierdził, jest procesem lokalnym, polegającym na oddziaływaniu bezpośrednio sąsiadujących ze sobą ciał, rozchodzącym się w przestrzeni z jednego punktu do drugiego co najwyżej z prędkością światła. Odległe obiekty muszą być traktowane jako fizycznie odrębne, a nie jako połączone w jeden układ. Inaczej bowiem mogłoby istnieć coś w rodzaju „telepatii" między elektronem znajdującym się na Ziemi a innym, powiedzmy, gdzieś na Marsie. Skąd każdy z nich mógłby momentalnie „wiedzieć", co dzieje się z tym drugim?

W tym czasie John von Neumann dokonał już formalizacji pojęcia kolapsu funkcji falowej, oryginalnie zaproponowanego przez Heisenberga. W tym formalnym ujęciu funkcję falową cząstki można wyrazić za pomocą albo stanów własnych położenia, albo stanów własnych pędu, lecz nie obu jednocześnie. Przypomina to sytuację przy krojeniu nożem ugotowanego na twardo jajka. Możemy pokroić je wzdłuż lub wszerz, ale o ile chcemy otrzymać plasterki, a nie kostkę, nie da się tego zrobić na oba sposoby naraz. Analogicznie, w wypadku funkcji falowej cząstki zmuszeni jesteśmy wybierać między składowymi położenia i składowymi pędu w zależności od tego, który z tych parametrów chcemy zmierzyć. Następnie, po dokonaniu pomiaru, funkcja falowa momentalnie kolapsuje z określonym prawdopodobieństwem do jednego ze stanów położenia lub pędu. Przypuśćmy teraz, że przyczyna takiego kolapsu znajduje się gdzieś daleko. Eksperymentator bez żadnej zapowiedzi decyduje, którą z wielkości zmierzyć. Skąd wówczas funkcja falowa momentalnie i na odległość wie, z którego zbioru stanów własnych ma wybierać podczas kolapsu?

Artykuł, który wynikł z tych rozmów między Einsteinem, Podolskim i Rosenem, *Can Quantum Mechanical Description of Physical Reality Be Considered Complete?* (Czy można uznać kwantowomechaniczny opis rzeczywistości fizycznej za kompletny?) (powszechnie określany akronimem EPR), został napisany i przesłany do publikacji wyłącznie przez Podolskiego. Opublikowana 15 maja 1935 roku w „Physical Review" praca wywołała spore poruszenie w społeczności fizyków kwantowych

– a zwłaszcza u Bohra, który sądził, że ta debata już dawno została zakończona. Bohr zmuszony został raz jeszcze bronić mechaniki kwantowej, podczas gdy właśnie zajął się teorią jądra atomowego.

Artykuł rozważał, co dzieje się z parą cząstek – taką jak układ dwóch elektronów – rozlatującą się w przeciwnych kierunkach, na przykład po zderzeniu. Mechanika kwantowa głosi, że nawet jeżeli znajdą się w dużej odległości od siebie, cały układ opisywany jest wspólną funkcją falową. Schrödinger określał taką sytuację mianem „splątania".

Przypuśćmy, że badacz wyznaczy położenie pierwszej cząstki. Funkcja falowa całego układu skolapsuje wtedy do jednego ze stanów własnych położenia, ujawniając natychmiast również położenie drugiej z cząstek. Jeśli z kolei zostanie zmierzony pęd pierwszej cząstki, od razu będzie znany pęd drugiej cząstki. Ponieważ druga cząstka nie jest w stanie posiadać z góry informacji, co eksperymentator zamierza zrobić, obydwa stany własne muszą być gotowe do realizacji – zarówno stan dotyczący położenia, jak i pędu. Jednak jednoczesne istnienie obu tych stanów własnych jest zabronione przez zasadę nieoznaczoności. Tezą artykułu jest zatem stwierdzenie, że teoria pomiaru kwantowego nie jest koncepcją spójną, lecz roi się od sprzeczności.

Schrödinger z miejsca wystosował do Einsteina list z wyrazami uznania za konkluzje tej pracy. „Bardzo mi się spodobało, że (...) tak otwarcie chwyciłeś dogmatyczną mechanikę kwantową za kark – coś, o czym tyle dyskutowaliśmy w Berlinie" – napisał[101].

Jak jednak niezależnie wykazali filozofowie nauki Arthur Fine i Don Howard, Einstein starannie rozróżniał swoje osobiste poglądy od argumentów przedstawionych w pracy EPR. Co zaskakujące u tak renomowanego uczonego, nie przejrzał on jej przed złożeniem do druku. W konsekwencji miał zastrzeżenia co do sposobu, w jaki Podolsky przedstawił tok rozumowania. W odpowiedzi Schrödingerowi napisał: „[Artykuł] został napisany przez Podolskiego po wielu dyskusjach. Ale nie wyszedł mu w pełni zgodnie z moimi faktycznymi zamierzeniami; to, co istotne, zostało przesłonięte erudycją"[102].

Einstein nie chciał kłaść nacisku na kwestię, czy zasada nieoznaczoności jest prawdziwa czy fałszywa, lecz podkreślić potrzebę sformułowania praw, które gwarantowałyby lokalny i pełny opis wszystkich wielkości fizycznych. Mechanika kwantowa w wersji forsowanej przez Heisenberga, von Neumanna i innych charakteryzowała się nielokalnością oraz niejednoznacznością i te jej aspekty domagały się głębszego wyjaśnienia.

„Wszelka fizyka opisuje «rzeczywistość» – wyjaśniał Schrödingerowi. – Niemniej jednak opis ten może być zupełny lub niezupełny"[103].

Aby objaśnić, o co mu chodzi, Einstein przedstawił Schrödingerowi sytuację, w której piłeczka może być w jednym z dwóch zamkniętych pudełek. Na pierwszy rzut oka teoria prawdopodobieństwa sugeruje, że jest ona w połowie w jednym, a w połowie w drugim pudełku. Jednak rzeczywista piłeczka nie jest rozdzielona na dwa pudełka – musi być albo w jednym, albo w drugim. Opis zupełny powinien zatem jednoznacznie podawać, w którym pudełku się w danej chwili znajduje.

Jeszcze przed ukazaniem się pracy EPR drukiem Einstein przedstawił swoje poglądy opinii publicznej. 4 maja 1935 roku „New York Times" zamieścił artykuł pod krzykliwym nagłówkiem „Einstein atakuje teorię kwantów", w którym przytoczono wypowiedź Einsteina o mechanice kwantowej, że „jest ona teorią «prawdziwą», lecz nie «zupełną»"[104].

EINSTEIN I PROCH STRZELNICZY

Widzieliśmy, jak raz po raz Einstein wpływał na poglądy i karierę Schrödingera, od jego zainteresowania fizyką teoretyczną po wymyślenie równania falowego, od nominacji profesorskiej w Berlinie po przyznanie mu Nagrody Nobla. To prawda, że Schrödinger był genialnym, niestereotypowym umysłem. Obecnie opinia publiczna zna zaś doskonale jego przemyślny eksperyment myślowy z kotem zamkniętym w pudełku. Wszakże do niego również zainspirował go Einstein.

Eksperyment EPR Einsteina przyczynił się do odnowienia antypatii Schrödingera do „rozmytego" charakteru pomiarów kwantowych, wskutek czego z nowym zapałem przystąpił on do wynajdowania niespójności w standardowej wersji kwantów. Z kolei Einstein znalazł w Schrödingerze chętne ucho dla swoich zastrzeżeń.

„W istocie jesteś jedynym człowiekiem, z którym naprawdę lubię dyskutować. (...) Patrzysz na wszystko tak, jak należy, wszechstronnie i dogłębnie", pisał do niego 8 sierpnia[105]. Prawie wszyscy inni, uważał, przykleili się do nowego dogmatu bez obiektywnego rozważenia jego niepokojących konsekwencji. Niewątpliwie Schrödinger był zachwycony tym, że został głównym powiernikiem Einsteina w kwestiach kwantowych.

W dalszym ciągu tego samego listu Einstein opisał paradoksalną sytuację dotyczącą prochu strzelniczego. Z doświadczenia wiadomo, że – o ile nie jest zawilgocony – albo już eksplodował, albo jeszcze nie eksplodował. Ale, jak zauważył Einstein, jeśli zastosujemy równanie Schrödingera do funkcji falowej reprezentującej kupkę prochu, to wyewoluuje ona do postaci, w której będziemy mieli do czynienia z dziwaczną mieszanką dwóch możliwości – proch będzie jednocześnie przed eksplozją i po eksplozji[106].

Stąd, w koncepcji Einsteina, znajome duże układy fizyczne wyrażone w języku mechaniki kwantowej stają się monstrualnymi hybrydami łączącymi w sobie wzajemnie sprzeczne stany, co prowadzi do logicznie niespójnej rzeczywistości. Logiczna niespójność, w tym zdania wewnętrznie sprzeczne, była podłożem stwierdzenia austriackiego matematyka Kurta Gödla – opublikowanego w 1931 roku i przedstawionego przez niego w wykładzie wygłoszonym w 1934 roku w Institute for Advanced Study w Princeton – że system matematyczny Hilberta jest niezupełny. Analogicznie Einstein twierdził, że mechanika kwantowa zawiera wewnętrzne sprzeczności, które wypaczają jej metodologię.

DZIWNE LOSY KOTA

Opierając się na pomyśle Einsteina z prochem, z dorzuconą odrobiną jego eksperymentu myślowego z kulką w pudełkach, Schrödinger wykoncypował swój koci eksperyment myślowy, mający na celu unaocznienie niejednoznaczności pomiaru kwantowego. Przyznał się Einsteinowi do tego zapożyczenia idei od niego w liście datowanym 19 sierpnia, w którym oznajmił, że wymyślił paradoks kwantowy, „przypominający twoją eksplodującą beczkę prochu".

Opisywał Einsteinowi swój wyimaginowany eksperyment następująco: „Licznik Geigera i niewielka ilość uranu, która jest w stanie go wzbudzić, zamknięte są w stalowym pojemniku – uranu jest na tyle mało, że w ciągu godziny licznik z równym prawdopodobieństwem może zarejestrować bądź nie pojedynczy rozpad promieniotwórczy. Urządzenie wzmacniające jest połączone z przekaźnikiem w ten sposób, że sygnał z licznika powoduje stłuczenie fiolki zawierającej [trujący] kwas cyjanowodorowy. To okrutne, ale w tym samym stalowym pojemniku zamknięty jest również kot. Po upływie godziny w łącznej funkcji psi całego układu składowe odpowiadające po równi żywemu i martwemu kotu będą ze sobą zmiksowane – przepraszam za wyrażenie"[107].

Implikuje to, że przed otwarciem pojemnika i ujawnieniem jego zawartości, podobnie jak uran ma równe szanse na to, że ulegnie rozpadowi lub nie ulegnie, kot z równym prawdopodobieństwem jest żywy lub martwy. A zatem łączna funkcja falowa reprezentująca zarówno odczyt licznika Geigera, jak i kondycję kota będzie stanowiła dziwaczną mieszankę stanów – rozpad i brak rozpadu, kot żywy i kot martwy. Dopiero gdy ktoś otworzy pojemnik, łączna funkcja falowa skolapsuje do jednej z tych dwu możliwości.

Na przykładzie kota, którego funkcja falowa dopóty stanowi mieszaninę stanu żywego i stanu martwego, dopóki eksperymentator nie otworzy pojemnika, w którym się on znajduje, Schrödinger przedstawił obrazowo sytuację jeszcze bardzie nieprawdopodobną niż scenariusz z prochem strzelniczym Einsteina, mając nadzieję dowieść, że mechanika kwantowa stała się czymś na kształt farsy. Dlaczego właśnie kot? Schrödinger chętnie posługiwał się analogiami odnoszącymi się do obiektów dobrze znanych z życia codziennego, takich jak sprzęty i zwierzęta domowe, aby tym wyraźniej ukazać absurdalność danej sytuacji. To nie było tak, że żywił niechęć do jakiegoś konkretnego kota – wręcz przeciwnie, jak wspominała Ruth, „kochał zwierzęta" – ani że chciał któregoś unieśmiertelnić[108].

Czy dowolne dwie rzeczy mogą być w stanie splątanym niezależnie od tego, jak bardzo są odległe bądź się od siebie różnią? Czy formalizm funkcji falowej, oryginalnie mający zastosowanie do elektronów w mikroskali, może być użyty do opisu obiektów absolutnie każdego rodzaju? Sama idea związania losów istot żywych z cząstkami była, jego zdaniem, absurdalna. Mechanika kwantowa odeszła daleko od swojej pierwotnej misji, skoro jej przedmiotem mają być oddychające, mruczące stworzenia.

Einstein odpisał Schrödingerowi, zdecydowanie aprobując jego stanowisko. „Twój przykład z kotem pokazuje, że w pełni zgadzamy się w ocenie charakteru obecnej teorii –stwierdził. – Funkcji psi, w której zawarty jest jednocześnie żywy i martwy kot, po prostu nie można uważać za opis jakiegokolwiek rzeczywistego stanu"[109].

Ku wielkiej rozpaczy Bohra Schrödinger, wspólnie z Einsteinem, ewidentnie ośmieszał dobrze działającą teorię, nie zapewniając żadnej zadowalającej alternatywy. A co z jednolitą teorią, która miałaby zastąpić mechanikę kwantową? Bohr nie uważał, by pod jakimkolwiek względem i w jakiejkolwiek postaci poszukiwania Einsteina (a później Schrödingera) mogły być wiarygodne, gdyż modele proponowane kolejno przez Einsteina nie opierały się na danych atomowych i nie uwzględniały w ogóle oddziaływań jądrowych. Mimo to okazywał zawsze uprzejmość i cierpliwość, nawet wobec swoich krytyków.

Koci paradoks został opublikowany w listopadzie 1935 roku w ramach pracy Schrödingera *O aktualnej sytuacji w mechanice kwantowej* – tego samego artykułu, w którym wprowadził on termin „splątanie".

Jak wspominałem we wstępie, ten eksperyment myślowy stał się szerzej znany opinii publicznej dopiero po upływie dziesięcioleci. W owym czasie wyłącznie społeczność fizyków miała okazję, by śmiać się bądź bulwersować makabrycznym hipotetycznym scenariuszem Schrödingera.

Jednym z motywów paradoksu z kotem jest przeciwstawienie tego, co zachodzi na poziomie mikroskopowym i makroskopowym. Jak opisał to w swojej pracy Schrödinger, nieoznaczoność w skali atomowej prowadziłaby do niejednoznaczności w skali dostępnej dla człowieka. Z tego, że takiej makroskopowej niepewności nie obserwujemy, wynika, iż mikroskopowa nieokreśloność nie może mieć charakteru faktycznego[110].

Schrödinger utrzymywał, że probabilistyczne reguły kwantowe nie stosują się do obiektów żywych. Nie dawały mu spokoju twierdzenia niektórych współczesnych mu badaczy, jakoby rzuty kwantowymi kośćmi leżały u podłoża wyborów dokonywanych przez istoty obdarzone świadomością. Wskazywał, że w odróżnieniu od zachowania się cząstek nie da się sporządzić rozkładu prawdopodobieństwa dla działań ludzkich.

W swej pracy *Indeterminism and Free Will* (Indeterminizm i wolna wola), napisanej po angielsku i opublikowanej w lipcu 1936 roku w prestiżowym czasopiśmie „Nature", Schrödinger podjął kwestię różnic między oddziaływaniami cząstek a podejmowaniem decyzji przez człowieka, zaprzeczając, by zachodziły tu jakiekolwiek podobieństwa. „Moim zdaniem, cała ta analogia jest błędna – pisał – ponieważ możliwość podjęcia wielu różnych działań (...) to tylko złudzenie. Wystarczy pomyśleć o przypadkach takich jak ten: siedzisz sobie na uroczystym obiedzie, z ważnymi osobistościami, i strasznie się nudzisz. Czy mógłbyś, ni z tego, ni z owego, wskoczyć na stół i podeptać kieliszki i talerze, ot tak dla hecy? Być może *mógłbyś*; być może nawet miałbyś na to ochotę; w każdym razie tego nie *możesz* zrobić"[111].

Innymi słowy, ustalone z góry czynniki, takie jak wychowanie i osobowość, determinują decyzje podejmowane ostatecznie przez ludzi. Takie pojmowanie „wolnej woli" wydaje się ściśle powiązane z tezą

Schopenhauera, że pozornie spontaniczne działania podejmowane są w istocie w sposób konieczny. Gdybyśmy znali ukryte motywy i przeszłość ludzi, zasadniczo bylibyśmy w stanie przewidzieć, jak postąpią w określonych okolicznościach. Jednak, według Schrödingera, nie byłoby to tak, że powiedzielibyśmy, iż jest 75 procent szans na to, że zrobią jedno, a 25 procent, że zrobią coś innego, lecz albo przewidzielibyśmy dokładnie ich decyzję, albo nie, w zależności od tego, jak dobrze znamy ich i całą sytuację.

Schrödinger wydrwiwał ideę, że metody Heisenberga dałoby się zastosować do obliczania, jak często ludzie robią określone rzeczy. „Gdyby zapalenie lub niezapalenie przeze mnie papierosa przed śniadaniem (bardzo paskudna rzecz!) podlegało zasadzie nieoznaczoności Heisenberga – pisał – przypisałaby ona obu tym możliwościom określoną częstość statystyczną (...) którą mógłbym zanegować, wykazując silną wolę. *Albo*, z kolei, gdybym nie był w stanie na to wpłynąć, jak, u licha, miałbym czuć się odpowiedzialny za moje postępowanie, skoro częstotliwość moich grzeszków wyznaczona jest przez zasadę Heisenberga?”[112].

OFERTA, KTÓRĄ POWINIEN BYŁ ODRZUCIĆ

Żaden historyk nie podał algorytmu, który precyzyjnie wyjaśniałby wybory dokonywane przez Schrödingera – ani przy użyciu zasady nieoznaczoności, ani jakiejkolwiek innej metody. Pod koniec 1935 roku dowiedział się on, że jego etat w Oksfordzie będzie finansowany jeszcze tylko przez dwa lata. Oznaczało to, że będzie musiał się przenieść – ale dokąd?

Tymczasem Arthur March zabrał Hilde i Ruth z powrotem do Austrii. Hilde cierpiała na depresję i potrzebowała leczenia w sanatorium. Gdy tylko matka jego dziecka wyjechała, Erwin wziął sobie kolejną kochankę, Hansi Bauer-Bohm, pochodzącą z Wiednia żydowską fotografkę, która wówczas mieszkała w Anglii. Podobnie jak Hilde, miała ona męża, lecz była znacznie bardziej asertywna i pewna siebie.

Po spędzeniu wspólnie wielu miesięcy powiadomiła go, że zamierza powrócić do rodzinnego miasta. W sytuacji gdy jedna z jego kochanek przebywała już w Austrii, a druga miała tam niebawem powrócić, być może sprawa była przesądzona, by on również odważył się na powrót.

Jak chciał przypadek, los czy też tajemne mechanizmy podejmowania decyzji na uczelniach, Schrödinger otrzymał atrakcyjną wspólną propozycję od dwóch austriackich uniwersytetów – profesurę na Uniwersytecie w Grazu w połączeniu z honorową profesurą na Uniwersytecie Wiedeńskim. Tę drugą załatwił mu stary przyjaciel z lat studenckich Hans Thirring. Jedyną inną aktualną ofertą było stanowisko profesora na Uniwersytecie w Edynburgu, którą nawet przez krótki czas brał pod uwagę, dopóki nie dowiedział się, jak niską miałby tam pensję. Przyjął zatem ofertę z Grazu, a w Edynburgu zatrudniono Borna, który był drugi na liście.

Patrząc z perspektywy czasu, przeniesienie się do Austrii tuż przed anszlusem (aneksją przez hitlerowskie Niemcy) trzeba uznać za skrajnie niemądre posunięcie – zwłaszcza jak na kogoś, kto już wcześniej rozwścieczył nazistów, rezygnując z wysokiego stanowiska w Berlinie. Jak wspominała Anny: „Każdy choć trochę orientujący się w polityce powiedziałby: «Nie jedź do Austrii. Tam już jest bardzo niebezpiecznie»”[113].

Austria, do której powrócił Schrödinger, była zupełnie inna od tej, z której wyjechał piętnaście lat wcześniej. Od marca 1933 roku miała ona jednopartyjny rząd faszystowski utworzony przez ruch nacjonalistyczny pod nazwą Front Ojczyźniany. Zbliżona ideologicznie do faszystów włoskich pod wodzą Benita Mussoliniego partia doprowadziła do delegalizacji zarówno socjaldemokratycznej lewicy, jak i austriackiej nazistowskiej prawicy. Początkowo na jej czele stał Engelbert Dollfuss, dopóki nie został zabity przez austriackich nazistów podczas próby puczu w lipcu 1934 roku. Celem spiskowców było zjednoczenie z Rzeszą Niemiecką rządzoną przez Hitlera. Po udaremnieniu puczu kanclerzem został Kurt Schuschnigg, który opierał się naciskom, by

Austria sprzymierzyła się z Hitlerem, opowiadając się za jej dalszą niepodległością. Jednakże austriacki ruch nazistowski wciąż rósł w siłę, organizując z gniewnych bezrobotnych i innych zwolenników budzące grozę oddziały paramilitarne. Zachętę dla nich stanowiły wypowiedzi Hitlera, urodzonego w Austrii, w których roztaczał wizję wielkiej Rzeszy, obejmującej wszystkie narody niemieckojęzyczne.

W lipcu 1936 roku Schuschnigg podpisał z Hitlerem porozumienie, które na pierwszy rzut oka gwarantowało niepodległość Austrii. Austria i Niemcy obiecywały respektować wzajemnie swoją suwerenność i nie ingerować w sprawy wewnętrzne drugiej strony. W zamian Schuschnigg przyrzekał prowadzić politykę zagraniczną, jaka przystoi „państwu narodu niemieckiego", i dopuścić kilku polityków o sympatiach nazistowskich do swojego rządu. Te pozornie nieszkodliwe klauzule stały się koniem trojańskim dla Hitlera, pozwalając mu umieścić swoich zwolenników w austriackim rządzie i wywierać od wewnątrz naciski na podporządkowanie kraju Niemcom.

Schrödinger rozpoczął pracę na stanowisku profesora w Grazu w październiku tego roku. Raz jeszcze usiłował ignorować politykę, poświęcając się całkowicie swoim badaniom. Zaintrygowały go najnowsze propozycje Arthura Eddingtona dotyczące unifikacji mechaniki kwantowej z ogólną teorią względności oraz wyjaśnienia nieoznaczoności za pomocą argumentów kosmologicznych. I w ten sposób pośród austriackiej zawieruchy nie dostrzegał niczego poza swoimi równaniami.

KWANTY I KOSMOS

Rola Eddingtona jako czołowego zwolennika, interpretatora i weryfikatora ogólnej teorii względności na przełomie lat dwudziestych XX wieku zyskała mu wiele szacunku w społeczności fizyków. Jednak od połowy lat dwudziestych w swoich badaniach skupiał się on w coraz większym stopniu na wyjaśnieniu rzeczywistości fizycznej za pośrednictwem relacji matematycznych łączących makroskalę z mikroskalą. Jakkolwiek pod wieloma względami Eddington okazał się wizjonerem, który jako jeden z pierwszych naukowców połączył fizykę cząstek z kosmologią, wielu fizyków traktowało jego późne dokonania jako numerologię, a nie naukę. Na przykład brytyjski astrofizyk Herbert Dingle, stawiając jego prace w jednym rzędzie z innymi spekulatywnymi teoriami, określał je wszystkie mianem „pseudonaukowej kosmitologii pozbawionej kręgosłupa"[114].

Z kolei Einstein i Schrödinger mieli wielkie uznanie dla Eddingtona za niezależny sposób myślenia. Podobnie jak oni, nie zwykł on podążać za stadem. Nawet jeżeli nie zgadzali się z rozwiązaniami, doceniali jego rzeczowe podejście do bolączek mechaniki kwantowej i starania, by je usunąć.

Do najważniejszych zależności we współczesnej fizyce należą równanie falowe Schrödingera i równania ogólnej teorii względności Einsteina. Co charakterystyczne, ich dziedziny są zupełnie odmienne. Podczas gdy równanie Schrödingera opisuje rozkład oraz zachowanie się materii i energii w przestrzeni i czasie, równania Einsteina ukazują, jak kształt samej przestrzeni i czasu wyznaczany jest przez rozkład materii i energii. Zatem zasadnicza różnica między nimi polega na tym, że w równaniu Schrödingera przestrzeń i czas odgrywają rolę bierną, natomiast u Einsteina – czynną. Inną jest to, że, przynajmniej w kopenhaskiej interpretacji mechaniki kwantowej, rozwiązania równania Schrödingera – funkcje falowe – odnoszą się jedynie pośrednio do tego, co jest faktycznie obserwowane. Jak wyraźnie widać w paradoksie z kotem, obserwowane wielkości realizują się dopiero, gdy eksperymentator dokona pomiaru, powodując kolaps funkcji falowej do jednego z jej stanów własnych. Naturalnie, w ogólnej teorii względności nie potrzeba żadnego obserwatora, by uzyskać konkretne wartości. W przeciwnym razie któż byłby nim w ciągu 13,8 miliarda lat kosmicznej ewolucji?

Przeformułowanie równania Schrödingera, tak by było zgodne ze szczególną teorią względności, okazało się zadaniem stosunkowo prostym, co wykazał Dirac w 1928 roku. Równanie Diraca opisujące fermiony – cząstki o spinie połówkowym – ma rozwiązania zwane „spinorami", twory matematyczne podobne do wektorów, lecz odmiennie transformujące się przy obrotach w abstrakcyjnej przestrzeni. Algebra działań na spinorowych rozwiązaniach równania Diraca, w tym mnożenia obiektów zwanych macierzami Pauliego, jest nieco bardziej skomplikowana niż w wypadku funkcji falowych będących rozwiązaniami równania Schrödingera.

Równanie Diraca prowadzi do zaskakującego przewidywania, że istnieją cząstki o przeciwnym ładunku niż elektrony, lecz tej samej masie. Sam Dirac uważał je za „dziury" w morzu energii Wszechświata pozostałe po wyodrębnieniu się elektronów. W istocie okazało się jednak, że są to rzeczywiste cząstki zwane pozytonami – antymaterialne odpowiedniki elektronów. Zostały one odkryte w 1932 roku przez Carla Andersona w promieniowaniu kosmicznym.

W porównaniu z uzgodnieniem mechaniki kwantowej ze szczególną teorią względności jej połączenie z ogólną teorią względności okazało się znacznie trudniejsze. Przez całe lata trzydzieste usiłowało tego dokonać wielu fizyków, lecz bez powodzenia. Zadania podjął się nawet sam Einstein, który generalnie trzymał się z dala od mechaniki kwantowej, nie licząc krytykowania jej i prób wyjścia poza nią. W ostatnich latach spędzonych w Berlinie, współpracując z Mayerem, starał się wyrazić ogólną teorię względności za pomocą podobnych do spinorów obiektów matematycznych o czterech składowych, zwanych półwektorami.

Częścią motywacji Einsteina było dążenie do stworzenia jednolitej teorii pola, która dopuszczałaby przeciwnie naładowane cząstki o różnych masach – zarówno protony, jak i elektrony. Wszystkie jego wcześniejsze takie modele, w tym teleparalelizm, uwzględniały jedynie cząstki o jednakowej masie – elektrony. Aby wprowadzić protony do tego obrazu, wraz z Mayerem miał nadzieję uogólnić równanie Diraca, tak by było zgodne z ogólną teorią względności, a jednocześnie przewidywało istnienie cząstek o różnych masach. Niestety, podobnie jak jego poprzednie próby unifikacji, metoda półwektorów nie dawała fizycznie sensownych wyników. Po przeniesieniu się do Princeton, nie mając już Mayera do pomocy, Einstein postanowił zarzucić tę koncepcję. Trafiła ona na złomowisko chybionych teorii, tak jak wiele innych, które po wieloletnim testowaniu uznawał za niewypał i zastępował kolejną.

Eddington był podobnie zaintrygowany równaniem Diraca jako pomostem między mechaniką kwantową a czterowymiarowym światem szczególnej teorii względności. Wraz z opublikowaną rok wcześniej zasadą nieoznaczoności Heisenberga dało mu ono asumpt do stworzenia fundamentalnie nowej, całościowej wizji Wszechświata. Swą analizę oparł na kilku elementarnych założeniach, takich jak to, że Wszechświat jest zakrzywiony i skończony – analogicznie do wprowadzonego pierwotnie przez Einsteina modelu wszechświata ze stałą kosmologiczną – oraz że wszystkie wielkości fizyczne są względne. Aby zmierzyć wielkość fizyczną, taką jak położenie lub pęd, twierdził Eddington, badacz musi porównać ją z wielkościami w innych punktach odniesienia. To porównanie, w kontekście czasoprzestrzeni zakrzywionej przez grawitację, wprowadza pewne rozmycie, co prowadzi do zasady nieoznaczoności. Ponieważ trudniej określić parametry małych obiektów przez odniesienie ich położenia i pędu do innych, znanych, w skali atomowej mamy do czynienia ze znacznie większą nieoznaczonością niż w skali astronomicznej. Zatem kwantowa nieoznaczoność nie jest fundamentalną cechą rzeczywistości fizycznej, lecz konsekwencją tego, że nie potrafimy zmierzyć wszystkiego we Wszechświecie z absolutną precyzją.

Uznając, że funkcje falowe mają charakter złożony, a nie fundamentalny, Eddington wykorzystywał ogólną teorię względności, uzupełnioną o swoją koncepcję względnych wielkości fizycznych, do wyznaczania rozkładów położeń, pędów i innych parametrów dla układów wielu cząstek, a następnie łączył ze sobą te dane, uzyskując funkcje i równania falowe. Jego celem było wykazanie, że prawa czasoprzestrzeni postrzegane przez mętne soczewki ludzkich ograniczeń w pomiarach położenia i pędu prowadzą do równań przypominających formuły mechaniki kwantowej.

Eddington oszacował wartość stałej Plancka na podstawie liczby cząstek we Wszechświecie, krzywizny Wszechświata i innych wielkości. Jego zdaniem, nieciągły charakter przeskoków kwantowych dotyczył wszechświata o skończonej objętości przestrzeni i liczbie cząstek. Traktując Wszechświat jako coś w rodzaju ciała doskonale czarnego, obliczył energię dostępną dla każdego z jego elementów składowych, a tym samym usiłował dopasować stałą Plancka.

Aczkolwiek Eddington zazwyczaj pisał jasno i zajmująco, obliczenia odnoszące się do jego fundamentalnej teorii, jak nazywał dostrzeżone przez siebie powiązanie między domeną kwantową a kosmosem, były mało przejrzyste. Schrödingera, zawsze zainteresowanego wielką perspektywą, zafascynowała teoria Eddingtona, lecz nie był on w stanie prześledzić kroków, jakie doprowadziły do jej wyników. W czerwcu 1937 roku napisał do niego list z prośbą o wyjaśnienie sposobu obliczenia stałej Plancka. Eddington odpisał, lecz jego odpowiedź nie była dla Schrödingera zadowalająca.

Włochy były wówczas w ścisłym sojuszu z Austrią, zatem było względnie łatwo tam podróżować. W ciągu 1937 roku Schrödinger jeździł do Włoch kilka razy. W czerwcu był w Rzymie, by przyjąć godność członka Papieskiej Akademii Nauk. Innym razem, w październiku, wybrał się do Bolonii, gdzie wygłosił naukowy wykład o teorii Eddingtona. Ku jego konsternacji Bohr, Heisenberg i Pauli, którzy byli w gronie słuchaczy, zadali mu trudne pytania o obliczenia Eddingtona. Postawiło go to w fatalnej sytuacji, gdyż zmuszony był bronić teorii, której do końca nie rozumiał.

Pomimo żywionych przez Schrödingera wątpliwości wobec teorii Eddingtona stała się ona dla niego punktem wyjścia do stworzenia własnej teorii unifikacji. Podobnie jak Einstein i Eddington, zaczął dostrzegać możliwość wyjaśnienia niepokojących aspektów mechaniki kwantowej, takich jak indeterminizm, skokowe zmiany stanów, splątanie, itp., w ramach ogólniejszej teorii, stanowiącej zmodyfikowaną wersję ogólnej teorii względności.

PRZEJŚCIE DO INNEGO WYMIARU W CELU UNIFIKACJI

Gdy Schrödinger zmagał się z niuansami fundamentalnej teorii Eddingtona, Einstein ponownie zwrócił się ku koncepcji Kaluzy–Kleina. Zatoczywszy pełne koło, postanowił znów spróbować wykorzystać możliwości, jakie dawał dodatkowy, piąty, wymiar do rozszerzenia ogólnej teorii względności, tak by oprócz grawitacji obejmowała również prawa elektromagnetyzmu. W odróżnieniu od swych wcześniejszych prób podejmowanych z Mayerem zdecydował, że ów kolejny wymiar ma charakter fizyczny, a nie tylko matematyczny. Dzięki piątemu wymiarowi równania ogólnej teorii względności uzyskały pięć dodatkowych niezależnych składowych. Za sprawą wprowadzenia tych dodatkowych członów Einstein miał nadzieję opisać wszystkie aspekty zachowania się cząstek – elektromagnetyczne obok grawitacyjnych oraz kwantowe obok klasycznych. Do opracowania konkretnych szczegółów tego nowego podejścia do unifikacji Einsteinowi udało się zatrudnić dwóch zdolnych asystentów. Pierwszy z nich, fizyk Peter Bergmann, niemiecki Żyd, dołączył do kadry Institute for Advanced Study we wrześniu 1936 roku. Doktoryzował się w Pradze pod kierunkiem Philippa Franka, który był następcą Einsteina na tamtejszym uniwersytecie. Drugi, fizyk matematyczny Valentine „Wala" Bargmann, też urodzony w Niemczech, lecz wywodzący się z Żydów rosyjskich, rozpoczął pracę w następnym roku. Obaj jako niemieccy Żydzi nie mieli przed sobą przyszłości w Europie, zatem wyemigrowali do Ameryki, gdzie Einstein przyjął ich z otwartymi rękoma. Zwracając uwagę na dziwną zbieżność nazwisk, Helen Dukas przezwała ich „Berg i Barg"[115].

Oprócz spotkań ze swoimi asystentami Einstein miał już niewiele obciążeń czasowych. W grudniu 1936 roku został wdowcem, gdy Elsa zmarła po długiej chorobie; cierpiała na nerki i serce. Jej córka Ilse została pokonana przez raka dwa lata wcześniej. Dukas, która zamieszkała u Einsteinów przy Mercer Street, przejęła większość obowiązków związanych z prowadzeniem domu. Wraz z nimi przebywała również Margot, a później Maja (młodsza siostra Alberta).

Einstein zachowywał stały schemat. Codziennie rano, około jedenastej, Bergmann i Bargmann zachodzili do jego domu i w nieformalnej pogawędce planowali resztę dnia, w tym czas poświęcony na obliczenia i ewentualnie wieczorny koncert muzyki kameralnej. Dukas odprowadzała całą trójkę do drzwi, upewniając się, czy jest ubrany odpowiednio do pogody.

Następnie panowie przemierzali wolnym krokiem pełną bujnej zieleni okolicę, dopóki nie dotarli do gabinetu Einsteina w Institute for Advanced Study. Do 1939 roku był to pokój 109 w Fine Hall w kampusie uniwersyteckim; później gabinet ten znajdował się w Fuld Hall, nowej siedzibie instytutu zbudowanej na terenie dawnej Olden Farm, tuż poza centrum miasteczka. Po drodze rozmawiali o tym, co udało im się zrobić, a co nie w swoich badaniach od dnia poprzedniego. Większość ludzi, gdyby podsłuchała ich rozmowę, nie miałaby zielonego pojęcia, o czym mówią.

Gdy znaleźli się na miejscu, Einstein uważnie przeglądał ich najnowsze wyniki i zadawał im pytania. Jego gabinet w Fuld Hall składał się z dwóch części – większego pomieszczenia z dużą tablicą i małego pokoiku z małą tablicą. Tablice te miały odmienne zastosowanie. Duża, oznaczona „Można zetrzeć", używana była do doraźnych obliczeń, które często prowadziły donikąd, rozmaitych gryzmołów i notatek oraz wszystkiego innego, co wydawało się pozbawione trwałego znaczenia. Mała tablica, opatrzona napisem „Nie ścierać", służyła jako oficjalna *tabula* do zapisywania „ostatecznych" wersji równań[116]. W praktyce „ostateczne" znaczyło zazwyczaj, że pozostawały one na tablicy przez kilka tygodni czy miesięcy, zanim zostały zastąpione innymi. Niemniej jednak, na wypadek gdyby okazały się słuszne, napis chronił je przed zmazaniem.

W owym czasie kryteria tego, czy dane równania są prawidłowe czy nie, nie miały już praktycznie nic wspólnego ze sferą empiryczną. Choć Einstein pozostawał człowiekiem niewierzącym w konwencjonalnym rozumieniu, w swoich osądach kierował się własną „kosmiczną religią", nawiązującą do poglądów Spinozy. Niejednokrotnie zwracał się do swoich asystentów, by zastanowili się, jakie opcje mógł wybrać Bóg przy stwarzaniu teorii wszystkiego[117]. Osobliwości (punkty, w których jakieś wielkości fizyczne stają się nieskończone) oraz wartości, które nie wynikały z równań, nazywał „grzechami". Uważał, że równania powinny być równie precyzyjne jak plany architektoniczne, nie pozostawiając żadnego miejsca na przypadek.

W świetle pragnienia, by podać kompletny opis Wszechświata, który nie zawierałby żadnych niewyjaśnionych szczegółów, zrodzony u Einsteina zapał do piątego wymiaru stanowił swego rodzaju wyłom. Użycie takiego dodatkowego wymiaru umożliwiało nielokalne powiązania pomiędzy odległymi obiektami, pod warunkiem że realizowały się one w nieobserwowalnej enklawie piątego wymiaru. W eksperymencie EPR i dotyczącej go korespondencji Einstein stanowczo sprzeciwiał się tezie, jakoby funkcja falowa zawierała jakiekolwiek ukryte informacje o cząstce. Wszelkie wielkości fizyczne musiały być „rzeczywiste" przez cały czas, nawet wtedy, gdy nie są mierzone. Tymczasem w jego próbach unifikacji w pięciu wymiarach informacja byłaby schowana w przestrzeni, do której nie mamy dostępu. To tak jak gdyby polityk powiedział na konferencji prasowej: „W przeciwieństwie do mojego przeciwnika, który nie dokumentuje swoich powiązań z zagranicznymi korporacjami, ja mam je wszystkie odnotowane – w papierach zamkniętych na zawsze w moim niedostępnym dla nikogo sejfie".

Główną zaletą unifikacji w pięciu wymiarach było to, że ogólna teoria względności jako taka pozostawała w dotychczasowym kształcie. Rozszerzony opis dynamiczny można było skonstruować w sposób niezmieniający czterowymiarowego obrazu efektów grawitacyjnych, zgodnego z obserwacjami zaćmień i innymi testami empirycznymi. Niektóre z innych propozycji unifikacyjnych Einsteina, jak odległy paralelizm, nie zachowywały tych istotnych wyników, co czyniło je z góry wątpliwymi. Równania, co do których Einstein miał nadzieję, że zastąpią mechanikę kwantową, wynikały z dodatkowych członów, pojawiających się po zwiększeniu liczby wymiarów z czterech do pięciu. To tak jak gdyby właścicielka wspaniałej historycznej posiadłości, potrzebując więcej miejsca, zleciła wykonanie przybudówki zamiast przerabiania struktury istniejącego budynku, która zniweczyłaby jego piękno.

Asystenci Einsteina byli pełni podziwu dla jego wytrwałości. Wspólnie z nimi analizował kolejne koncepcje unifikacji, dzień po dniu, aż natrafiali na ścianę. Gdy tylko uświadomił sobie, że są na niewłaściwym tropie, cierpliwie naprowadzał ich na nowy kierunek, bez wyrazów rozczarowania czy żalu. Był święcie przekonany, że jest to tylko kwestia czasu i w końcu uda im się osiągnąć wyznaczony cel.

DAREMNE USTĘPSTWA

W końcowych miesiącach 1937 roku do największych wyzwań stojących przed Schrödingerem należały podołanie wszystkim obowiązkom dydaktycznym, realizowanie własnych zainteresowań badawczych oraz znajdowanie czasu dla trzech różnych kobiet w swoim życiu – Anny, Hilde i Hansi (która zgodnie z oczekiwaniami powróciła do Austrii). Miał na pozór bezpieczną posadę profesora w Grazu oraz niezłą profesurę gościnną w Wiedniu, która dawała mu nieustający powód, by odwiedzać swe ukochane rodzinne miasto i bliskiego przyjaciela Thirringa.

Wszystko to legło w gruzach na początku 1938 roku, gdy za sprawą anszlusu Austria znalazła się w żelaznym uścisku Niemiec. Zważywszy na niepohamowane ambicje Hitlera oraz ogromną przewagę militarną Niemiec, być może podbój ów był nieuchronny. Kanclerz Schuschnigg rozpaczliwie próbował pójść na ustępstwa wobec dyktatora przy zachowaniu niepodległości Austrii. Apogeum jego wysiłków stanowiło spotkanie z Hitlerem 12 lutego, podczas którego zgodził się na uzgadnianie polityki wewnętrznej i zagranicznej z Niemcami oraz pełną swobodę działania dla austriackich nazistów. Następnie popełnił jednak błąd, decydując się na rozpisanie 13 marca referendum, w którym Austriacy mieliby się wypowiedzieć w kwestii niepodległości państwa. Hitler wpadł w furię i wydał rozkaz inwazji. Uprzedzając klęskę, Schuschnigg podał się 11 marca do dymisji. Gdy nazajutrz rano hitlerowskie wojska wkroczyły do Austrii, czyniąc z niej prowincję III Rzeszy, nie napotkały żadnego oporu.

Schrödinger był znany jako przeciwnik narodowych socjalistów i bliski przyjaciel Einsteina. Nienawidząc wszakże polityki, nie widział potrzeby afiszowania się ze swymi poglądami. W Grazu, gdzie naziści cieszyli się dużą popularnością, starał się im nie narażać. Jednakże na kilka tygodni przed anszlusem wygłosił w Wiedniu wykład o badaniach Eddingtona, w którym, na zakończenie, potępił dążenia jednych państw do podporządkowania sobie innych. Pojąwszy od razu, które to dominujące mocarstwo miał na myśli, publiczność zgotowała mu entuzjastyczną owację.

Po przejęciu władzy hitlerowcy bezzwłocznie oczyścili uczelnie z socjalistów, komunistów, pacyfistów, austriackich nacjonalistów i każdego, kogo zaliczyli do politycznej opozycji. Z uniwersytetów i innych stanowisk publicznych wyrzucono wszystkich Żydów. Thirring, żarliwy pacyfista, natychmiast utracił pracę. Schrödinger nie mógł oczywiście mieć żadnych wątpliwości, co będzie dalej.

Mając już dość życia wędrującego naukowca, postanowił za wszelką cenę zachować swoją profesurę, cokolwiek będzie musiał zrobić. Ze względu na żydowskie pochodzenie Hansi zerwał z nią kontakty. Naturalnie przyjęła ona ten bezduszny krok z jego strony z oburzeniem. Udał się także do mianowanego przez nazistów rektora Uniwersytetu w Grazu, Hansa Reichelta, i poprosił o radę, co ma robić. Reichelt zasugerował, by napisał list wyrażający jego lojalność wobec Rzeszy i przesłał do uniwersyteckiego senatu. Obawiając się zwolnienia, Schrödinger przystał na to.

Ku wielkiej konsternacji Schrödingera jego wyrazy poparcia dla anszlusu zostały rozesłane do redakcji prasowych w całej Rzeszy i opublikowane 30 marca. Zagraniczni naukowcy szybko dowiedzieli się o nich z notatki w „Nature". Dawni koledzy i współpracownicy byli w szoku, czytając jego „wyznanie wiary", które brzmiało, jak gdyby był urodzonym hitlerowcem. „Do niedawna błędnie pojmowałem prawdziwą wolę i (...) przeznaczenie mojego kraju – pisał Schrödinger. – Głos krwi wzywa [tych, którzy zwątpili] do zjednoczenia z narodem, a tym samym, by powrócili pod pieczę Adolfa Hitlera"[118].

W kwietniu, mając zapewne nadzieję zapunktować jeszcze bardziej u nowych władz, Schrödinger udał się z powrotem do Berlina na konferencję z okazji osiemdziesiątych urodzin Plancka. Uczestnictwo w niej stwarzało mu możliwość cofnięcia wskazówek zegara i odzyskania poczesnego miejsca w społeczności niemieckich fizyków.

Jednakże te wszystkie gesty lojalności Schrödingera wobec reżimu nie zdały się na nic. Wkrótce po powrocie do Grazu dowiedział się o pozbawieniu go honorowej profesury w Wiedniu, a w sierpniu tego samego roku stracił również stanowisko profesora w Grazu. Naziści uznali go za zbyt niepewnego, by pozwolić mu zachować jego status. Pomimo faustowskiego zaprzedania się reżimowi hitlerowskiemu znalazł się w czyśćcu, pozbawiony wszelkich funkcji akademickich.

ŻEGNAJCIE, FAREWELL, AUF WIEDERSEHEN, ADIEU

Dramatyczny opis ucieczki pewnej rodziny z Austrii w hollywoodzkim musicalu *Dźwięki muzyki* nie był całkiem prawdziwy. Podczas gdy fikcyjna muzykalna rodzina von Trappów przedzierała się przez góry do Szwajcarii, w rzeczywistości von Trappowie wydostali się spod panowania nazistów, wykorzystując swoje powiązania z Włochami. Georg von Trapp miał włoskie obywatelstwo, dzięki czemu mogli swobodnie przejechać do tego kraju pociągiem, by następnie udać się do Londynu i ostatecznie do Ameryki, gdzie odbyli zaplanowaną wcześniej trasę koncertową.

Podobnie gdy Schrödinger usunięty ze swoich stanowisk akademickich zdecydował, że nadszedł czas, by wraz z Anny opuścili swoją ojczyznę, Włochy stanowiły dogodną drogę ucieczki. Jednakże ich emigracja odbyła się z większymi trudnościami niż w wypadku rodziny von Trappów. Po pierwsze, choć Schrödinger miał pośrednią obietnicę nowej pracy, jej warunki były bardzo niejasne. Po drugie, ze względu na to, że Austria nie była już niepodległym państwem, nie posiadał właściwych dokumentów podróży.

Wybawcą Schrödingera okazał się człowiek, którego nigdy wcześniej nie spotkał – Éamon „Dev" de Valera, *taoiseach* (premier) Irlandii. Urodzony w Stanach Zjednoczonych z matki Irlandki i ojca Kubańczyka, w wieku dwóch lat przeniósł się z rodziną do irlandzkiego miasta Limerick. Po ukończeniu matematyki na Uniwersytecie Królewskim w Dublinie, gdzie miał okazję poznać prace Williama Rowana Hamiltona, wykładał w St. Patrick College w Maynooth i na innych uczelniach w całej Irlandii. W 1916 roku narastająca w nim świadomość szykanowania ojczystej kultury skłoniła go do wstąpienia do formacji Irlandzkich Ochotników i udziału w powstaniu wielkanocnym, zbrojnym wystąpieniu przeciwko panowaniu brytyjskiemu na rzecz utworzenia demokratycznej republiki irlandzkiej. Dowodził trzecim batalionem ze stanowiska znajdującego się w Boland's Mill, wielkich magazynach młynarskich.

Wobec przeważającej liczby i lepszego uzbrojenia wojsk brytyjskich Irlandzcy Ochotnicy zmuszeni zostali do kapitulacji. De Valerę i innych przywódców schwytano, a następnie wszystkich poza jednym stracono. De Valera został oszczędzony, być może dlatego, że urodził się w Ameryce, bądź też ze względu na naciski, by wstrzymać egzekucje. Po roku spędzonym w więzieniu powrócił do Irlandii, by stanąć na czele partii Sinn Féin i uczestniczyć w wypracowywaniu warunków utworzenia niepodległego państwa irlandzkiego. Wskutek różnic poglądów w łonie Sinn Féin co do sposobu prowadzenia negocjacji z Wielką Brytanią ostatecznie założył partię Fianna Fáil i został taoiseachem.

Jako przywódca partyjny w 1937 roku niemal samodzielnie napisał irlandzką konstytucję i skierował swój kraj na drogę neutralności i odrębności od Zjednoczonego Królestwa. Mając wykształcenie matematyczne, głęboko przejął się obniżeniem poziomu Obserwatorium Dunsink, byłego ośrodka badawczego Hamiltona, dostrzegając w tym symbol upadku swego kraju. Podjął zatem działania, by nie tylko przywrócić Irlandii chwałę, lecz także uczynić ją wiodącą potęgą w matematyce i naukach przyrodniczych. W tym celu postanowił założyć Dublin Institute for Advanced Studies (DIAS) wzorowany na IAS w Princeton. Ale kto miałby być odpowiednikiem Einsteina?

Dowiedziawszy się o pozbawieniu Schrödingera profesury w Wiedniu, Dev doszedł do wniosku, że jest on doskonałym kandydatem na czołowego badacza w planowanym instytucie. Ponieważ byłoby nierozsądne zwracać się do niego bezpośrednio i ryzykować wzbudzenie podejrzeń nazistów, Dev rozesłał wici poprzez łańcuch kontaktów. Porozmawiał z matematykiem E.T. Whittakerem z Edynburga, którego wykładów słuchał kiedyś w Dublinie. Whittaker, który współpracował z Bornem, przekazał mu tę propozycję. Born napisał do Richarda Bära, przyjaciela Schrödingerów, który mieszkał w Zurychu. Bär poprosił znajomego Holendra, który wybierał się do Wiednia, by ich powiadomił. Ów znajomy nie zastał Schrödingerów, gdyż byli w tym czasie w Grazu, pozostawił zatem wiadomość u matki Anny. Ostatecznie matka Anny napisała do nich krótki list o ofercie de Valery. Erwin i Anny przeczytali go trzykrotnie, po czym wrzucili do kominka.

Erwin zdawał sobie sprawę, że nie ma w zasadzie wyboru i musi skorzystać z tej okazji. W głębi serca wciąż marzył o stałej posadzie w Oksfordzie, lecz czuł, iż nie jest mu ona pisana ze względu na problemy z uzyskaniem finansowania i wrogie nastawienie Lindemanna, które przybrało na sile, gdy dowiedział się o jego „wyznaniu wiary w Hitlera". Anny pojechała do Konstancji, na granicy szwajcarskiej, gdzie spotkała się z Bärem i przekazała mu, że są jak najbardziej zainteresowani stanowiskiem w Dublinie. Bär odpisał Bornowi, który powiadomił Whittakera, a ten z kolei przekazał dobrą nowinę de Valerze.

14 września Erwin i Anny uciekli z Grazu. Obawiając się, że taksówkarz mógłby na nich donieść, ona zawiozła bagaże na dworzec,

a następnie pozostawiła samochód w warsztacie, prosząc o jego umycie. Widziała go wtedy po raz ostatni. Z zaledwie dziesięcioma markami w kieszeni wsiedli do pociągu jadącego do Rzymu.

Przybywszy do Wiecznego Miasta, Schrödinger chciał napisać do de Valery oraz do Lindemanna, aby dać im znać, co się z nim dzieje. Zamierzał przyjąć ofertę de Valery, a Lindemanna poprosić o możliwość zatrzymania się na razie w Oksfordzie. Fermi, który był profesorem na Uniwersytecie Rzymskim, ostrzegł Schrödingera, że wszelkie wysłane przez niego listy mogą być poddane cenzurze. Ponieważ Schrödinger był członkiem Papieskiej Akademii Nauk, za bezpieczniejszą opcję uznał skorzystanie z poczty watykańskiej. W przepięknej scenerii ogrodów Watykanu napisał i wysłał listy, adresując ten do de Valery na adres siedziby Ligi Narodów w Genewie. Adresat pełnił wówczas funkcję przewodniczącego tej międzynarodowej organizacji. W dwa dni później de Valera zadzwonił i zaprosił Schrödingerów do Genewy dla omówienia niezbędnych spraw, polecając irlandzkiemu konsulowi wydać im bilety pierwszej klasy i po funcie na wydatki.

Podekscytowani Schrödingerowie wsiedli do pociągu ekspresowego do Szwajcarii. Na granicy przeżyli chwilę grozy, gdy strażnik, trzymając w ręku papier z ich nazwiskami, poprosił oboje, by wysiedli z pociągu, osobno, i poddali się kontroli. Anny była bardzo zdenerwowana, oddając swoją torbę i inne rzeczy osobiste do prześwietlenia promieniami rentgenowskimi pod czujnym okiem funkcjonariusza. Na szczęście pozwolono im wrócić do pociągu i kontynuować podróż do Genewy, gdzie zostali serdecznie powitani przez Deva. Po spędzeniu u niego trzech dni i omówieniu planów dotyczących Instytutu wyruszyli do Anglii.

Przybywszy do Oksfordu, Schrödinger był głęboko rozczarowany chłodnym przyjęciem go przez Lindemanna, który nie mógł mu wybaczyć jego pronazistowskich wypowiedzi, a on sam pogarszał jeszcze sprawę stwierdzeniami, że jest to wyłącznie jego sprawa i zrobił jedynie to, co musiał zrobić. Szczęśliwie się jednak złożyło, że nie był zdany na łaskę Lindemanna, gdyż niebawem otrzymał propozycję jednorocznego kontraktu w Belgii na Uniwersytecie w Gandawie. Wobec tego, iż dubliński Instytut był wciąż w fazie planów, bez wyznaczonej daty rozpoczęcia działalności, skwapliwie skorzystał z tej okazji.

CZEKAJĄC NA INSTYTUT

Schrödinger dowiedział się czegoś bliższego o planach taoiseacha podczas krótkiej wizyty w Dublinie 19 listopada. Przewidywały one, że Instytut będzie obejmował Szkołę Fizyki Teoretycznej i Szkołę Studiów Celtyckich. Zarazem przedstawił własne oczekiwania, w tym chęć sprowadzenia do Irlandii oprócz Anny również Hilde i Ruth[119]. Prośba ta była dość nadzwyczajna, zważywszy, iż Hilde miała męża.

De Valera nie miał nic przeciwko temu, gdyż prośba Schrödingera była najmniejszym z jego zmartwień. Potrzebował zdobyć aprobatę Dáilu (irlandzkiego parlamentu) dla utworzenia Instytutu, co mogło zająć wiele miesięcy politycznych przepychanek. Podczas gdy Schrödingerowie przebywali w Gandawie, Dev usiłował przekonać członków parlamentu, takich jak generał Richard Mulcahy z opozycyjnej partii Fine Gael, którzy postrzegali Instytut jako zbędny w sytuacji, gdy w Irlandii istniały już znakomite uniwersytety, wymagające dofinansowania. Krytycy wydrwiwali pomysł połączenia dyscyplin tak rozbieżnych jak fizyka teoretyczna i studia celtyckie w ramach jednej instytucji naukowej; jedyne, co je łączyło, to fakt, że taoiseach interesował się i tym, i tym. Być może z części fizycznej można by po prostu zrezygnować, twierdził Mulcahy.

Dev argumentował na to, że obecność każdej z tych dziedzin podnosiłaby renomę drugiej. Powołując się na spuściznę Hamiltona, utrzymywał, że międzynarodowe dokonania w zakresie nauk przyrodniczych przyniosłyby Irlandii znów chwałę i szacunek. Ponieważ Fianna Fáil miała większość w parlamencie, wiedział, że stosowna ustawa zostanie ostatecznie uchwalona. Jego argumenty były wymierzone w tych, którzy rzucali kłody pod nogi, gdyż chciał przyspieszyć cały proces.

Wieści o toczących się dyskusjach, zwłaszcza ewentualnej rezygnacji z wydziału fizyki, niepokoiły Schrödingera, lecz Dev zapewniał go, że wszystko skończy się dobrze i powinien po prostu wykazać cierpliwość. Nie mając innego dobrego wyjścia, Schrödinger musiał wierzyć mu na słowo.

Jedną z korzyści, jakie przyniosło Schrödingerowi spędzenie roku w Gandawie w oczekiwaniu na przyrzeczoną posadę w Dublinie, było to, że miał tam okazję poznać Georges'a Lemaître'a, belgijskiego teoretyka i księdza katolickiego, który pierwszy wysunął ideę, że Wszechświat ekspandował ze stanu o bardzo wysokiej gęstości – co później nazwano teorią Wielkiego Wybuchu. Schrödingera zainteresowało to do tego stopnia, że wykonał obliczenia pokazujące, iż w pewnych odmianach kosmicznej ekspansji dochodzi do produkcji materii i energii. Ten jego wynik antycypował kosmologiczną teorię stanu stacjonarnego, zaproponowaną przez Freda Hoyle'a, Thomasa Golda i Hermanna Bondiego pod koniec lat czterdziestych XX wieku, jak również współczesną koncepcję, że większość materii zawartej we Wszechświecie powstała w erze inflacyjnej, która nastąpiła tuż po początku Wszechświata.

W tym frustrującym okresie Schrödinger zwrócił się ku rozważaniom religijnym i filozoficznym inspirowanym myślą Spinozy i Schopenhauera oraz systemem Wedanty. Nieopublikowany rękopis, który przywiózł ze sobą do Dublina, pokazuje, że jego koncepcja doszukiwania się porządku naturalnego przybrała konkretną postać systemu poglądów przypominającego kosmiczną religię Einsteina. Jak pisał: „Przy prezentowaniu problemu naukowego drugim graczem jest Pan Bóg. Nie tylko wyznaczył On sam problem, ale i reguły gry – z tym że nie są one nam w pełni znane; połowa z nich pozostawiona jest, byśmy je odkryli lub wydedukowali"[120].

We wrześniu 1939 roku kontrakt Schrödingera w Gandawie dobiegł końca i nadszedł dla niego czas, by opuścić Belgię. Hilde i Ruth zamieszkały razem z Erwinem i Anny, natomiast Arthur pozostał w Innsbrucku. Sprawy się skomplikowały. Przede wszystkim dubliński Instytut wciąż nie był zatwierdzony. Ponadto wraz z inwazją hitlerowską na Polskę wybuchła II wojna światowa. Schrödinger nie tylko ponownie pozostawał bez zatrudnienia, ale i z alianckiej perspektywy był, ściśle rzecz biorąc, obywatelem wrogiego państwa. Stanowiło to poważny problem, ponieważ aby dotrzeć do Irlandii, musiał przejechać przez Wielką Brytanię. Na szczęście kilku jego protektorów, w tym de Valera i, co wielce zaskakujące, Lindemann, podjęło skuteczne działania, by załatwić jemu i członkom jego poszerzonej rodziny odpowiednie dokumenty, pozwalające na tranzyt przez Wielką Brytanię w drodze do Dublina. Wszyscy razem przybyli tam 7 października.

1 czerwca 1940 roku Dáil w końcu uchwalił utworzenie Dublin Institute for Advanced Studies, ale jego zarząd zebrał się po raz pierwszy dopiero w listopadzie. Głównym powodem tej zwłoki była wojna. Podczas gdy Schrödinger cały czas czekał, de Valera, który czuł się odpowiedzialny za postawienie go w takiej sytuacji, załatwił mu gościnną profesurę w Królewskiej Akademii Irlandzkiej oraz wykłady w University College w Dublinie.

Tymczasem Schrödinger i jego rodzina znaleźli sobie dom przy Kincora Road 26 na cichym przedmieściu Clontarf. Był on przepięknie położony, nieopodal Zatoki Dublińskiej. Jako zapalonemu cykliście, Erwinowi odpowiadało to, że jest na tyle blisko centrum miasta, iż można tam łatwo dojechać rowerem.

Według irlandzkiego historyka kultury Briana Fallona: „powstanie Dublin Institute for Advanced Studies w 1940 roku było swego rodzaju kamieniem milowym”[121]. Stanowiło jeden z najważniejszych elementów tego, co niektórzy nazywali „gaelickim renesansem”. Któż mógł lepiej pokierować Szkołą Fizyki Teoretycznej niż tak renesansowy uczony jak Schrödinger? Gdy Instytut rozpoczął wreszcie działalność w swojej siedzibie przy Merrion Square, nikt, poza być może Devem, nie czuł się równie szczęśliwy.

ROZDZIAŁ 6

IRLANDZKA IDYLLA

[Teoria Einsteina i Eddingtona] nie funkcjonowała, zarzucili ją więc.
Dlaczego miałaby funkcjonować teraz?
Czy za sprawą irlandzkiego klimatu?
Cóż, owszem, być może bardzo korzystnego klimatu
przy Merrion Square 64, gdzie ma się czas, by pomyśleć.

[...] *W nauce nie należy nigdy polegać na autorytecie.*
Nawet największy geniusz może się mylić – niezależnie od tego,
czy ma jedną, dwie Nagrody Nobla czy żadnej.

– Erwin Schrödinger, *The Final Affine Field-Laws* (Prawa afinicznej teorii pola)

W sercu Dublina leży przyjemna, zielona enklawa, kameralnie otoczona rzędami wytwornych domów w stylu georgiańskim. Położony w pobliżu Trinity College, budynków rządowych i muzeów, Merrion Square stanowił naturalne, przepiękne miejsce na dubliński Institute for Advanced Studies. Umyśliwszy sobie spokojny azyl dla badaczy, de Valera dokonał dobrego wyboru, zakładając właśnie tu dwa wydziały instytutu – Szkołę Studiów Celtyckich i Szkołę Fizyki Teoretycznej. Później powstała jeszcze Szkoła Fizyki Kosmicznej po przeciwległej stronie placu.

Po raz pierwszy od lat Schrödinger poczuł się bezpieczny i akceptowany. Miał mnóstwo czasu, by rozwijać nowe zainteresowania, takie jak biologia, czego uwieńczeniem była ważna książka *Czym jest życie?*. Dumny ze swego genialnego nabytku Dev nieraz przyprowadzał na jego wykłady cały gabinet rządowy.

Z wdzięczności wobec kraju, który go przyjął, oraz wobec de Valery za okazywaną mu atencję, Schrödinger miał ambicję, by stać się ekspertem w zakresie wszystkiego, co irlandzkie. Zafascynowały go wzory celtyckie. Goście odwiedzający uczonego w domu mieli okazję podziwiać misterne, ręcznie wykonane miniaturowe meble, do których płótno tkał samodzielnie na irlandzkim krośnie. Próbował nauczyć się gaelickiego i trzymał na biurku podręcznik *Aids to Irish Composition* (Wskazówki do pisania po irlandzku). Jednakże, choć znał biegle inne języki, irlandzka gramatyka sprawiała mu olbrzymie trudności i ostatecznie zrezygnował. Mimo to wielu z jego irlandzkich współpracowników doceniało te wysiłki. A już najbardziej cieszyło dublińczyków, gdy zapewniał, że woli ich miasto od nadętego Oksfordu.

Schrödinger aktywnie działał w Instytucie i był w przyjaznych stosunkach ze swoimi współpracownikami. Ponieważ zwykł pracować do późna w nocy, nie lubił wstawać wcześnie rano, chociaż zazwyczaj dojeżdżał rowerem w porę, by przy porannej herbatce pogawędzić z innymi badaczami[122].

Mógł się czuć wygodnie i bezpiecznie z wielu powodów. Mieszkając w neutralnym kraju, nie zaznawał okropieństw wojny ani zagrożeń związanych z wyrażaniem politycznie ryzykownych poglądów. Ponadto mając potężnego de Valerę za mentora i protektora, mógł swobodnie prowadzić swój niezwykły styl życia.

De Valera był nie tylko taoiseachem, lecz także założycielem oraz właścicielem dużej ogólnokrajowej gazety, „Irish Press". Linia wyrażana na jej łamach była na ogół zgodna z poglądami premiera, który zasiadał w zarządzie redakcji. Znacznie później, co okazało się wielkim skandalem, wyszło na jaw, że ułożył on statut gazety w taki sposób, iż większość dochodów szła do kieszeni jego rodziny, a nie do tysięcy zewnętrznych inwestorów ze Stanów Zjednoczonych i Irlandii, a posiadane przez nich akcje niemal wszystkie były fikcyjne i nie uprawniały do dywidendy, w przeciwieństwie do prawdziwych, należących do Deva i członków jego rodziny, które przynosiły zyski[123].

Dziennikarze w „Press" pracowali stłoczeni w niewielkim pomieszczeniu redakcji, gdzie panowała atmosfera rozgardiaszu. Byli świadomi do pewnego stopnia, że ich zadaniem jest prezentowanie Deva i jego przyjaciół w korzystnym świetle. Być może właśnie dlatego, a nie tylko za sprawą jego naturalnej błyskotliwości i uroku osobistego, które ujmowały reporterów, o Schrödingerze pisali oni często i w pochlebnym tonie, na ogół na pierwszej lub drugiej stronie gazety.

Weźmy na przykład kilka opublikowanych w „Irish Press" przychylnych artykułów o życiu domowym Schrödingera. W reportażu z listopada 1940 roku zatytułowanym *Profesor w swoim domu* został on określony jako „największe nazwisko w dziedzinie fizyki matematycznej, jakie zna świat we współczesnej dobie". Reporter zakładał wcześniej, że Schrödinger jest wyniosły, lecz „kiedy tylko ten mężczyzna przemawiający łagodnie radosnym głosem wydobywającym się z figlarnie uśmiechających się ust otworzył mi drzwi na dublińskim przedmieściu, wiedziałem, że byłem w błędzie. Miałem przed sobą bardzo życzliwie usposobionego człowieka"[124].

Mimo całej ogromnej sławy, jaką cieszył się Einstein, jego żeglarskie wyprawy trafiały na łamy prasy tylko wtedy, kiedy coś mu się podczas nich przydarzyło, tak jak w 1935 roku, gdy jego żaglówka osiadła na mieliźnie na wybrzeżu Connecticut. Dla „Press" przeciwnie, już sam fakt, że Schrödinger wybrał się na wakacje, wart był odnotowania. Na przykład gdy w sierpniu 1942 roku wyruszył rowerem na wycieczkę do Kerry, gazeta czuła się w obowiązku, by to opisać[125].

Inny reportaż, *„Atomowy człowiek" w domu: dr Erwin Schrödinger bierze sobie dzień wolny*, opublikowany w lutym 1946 roku, opisywał szczegółowo życie rodzinne uczonego z Anny, Hilde i Ruth. Artykuł w żaden sposób nie dawał do zrozumienia, by w tym układzie było cokolwiek niezwykłego, przytaczając bez zastrzeżeń podany przez Schrödingera rzekomy powód, dla którego Hilde i Ruth znalazły się w Irlandii. Pokazując na Ruth, która dopiero co pokonała go w grze w szachy, Erwin powiedział: „Ona i jej matka, pani March, były z nami w Belgii, gdy wybuchła wojna. Zabraliśmy zatem je ze sobą"[126].

Ruth była generalnie zadowolona z pobytu w Dublinie i uwagi poświęcanej jej przez troje rodzicieli. Gdy pewnego dnia przyjaciółka zapytała ją, dlaczego ma w domu dwie matki, lecz nie mieszka z nimi „ojciec" (to znaczy Arthur)[127], nie wiedziała, co odpowiedzieć. Dla niej było to zupełnie normalne. Była bardzo przywiązana do ich psa Burschie (imię to mniej więcej znaczy „chłopaczysko"), owczarka collie z gór Wicklow nieopodal Dublina, którego dostali jako szczeniaka, i działało jej na nerwy, gdy wył do wtóru syren ogłaszających próbne alarmy bombowe podczas wojny. Poza smutkiem, jaki odczuwała po jego śmierci, później wspominała swoje lata spędzone w Irlandii jako „zupełnie spokojne"[128].

Mając de Valerę za protektora, Schrödinger najwyraźniej nie musiał się obawiać, że jego życie w trójkącie wywoła skandal. Uważał wręcz, że daje mu to swobodę uwodzenia innych kobiet. Podczas gdy Anny i Hilde zajmowały się Ruth i domem, on raz po raz nawiązywał kolejne romanse. Wszystko to odbywało się bez rozgłosu, jak zanotował w swoim dzienniku. Dla opinii publicznej pozostawał „Wielkim Umysłem", które to miano nadano mu w „Press".

Każdego powszedniego dnia Schrödinger dojeżdżał rowerem ze swego starannie utrzymanego domu na przedmieściu do komfortowo urządzonego gabinetu w Instytucie i z powrotem. Często brał sobie dni wolne i miał obowiązek wygłoszenia jedynie kilku wykładów rocznie. Jego myśli mogły swobodnie wędrować po wspaniałej krainie fizyki teoretycznej. W latach wojny, gdy wielu innych fizyków cierpiało niedolę, jemu de Valera zapewnił wygodne życie.

Mimo tak pomyślnego obrotu spraw ciążył na nim dług do spłacenia. Oczekiwano bowiem, że sprawi, by Instytut, jak i irlandzka nauka w ogóle, zaistniały na naukowej mapie. Po mianowaniu na stanowisko w Berlinie Einstein wyrażał obawy, że jest „kurą medalistką", która wkrótce może przestać „znosić jajka"[129]. Schrödinger stanął wobec analogicznej presji, spodziewano się bowiem po nim osiągnięć, a na dodatek premier kraju zaglądał mu stale przez ramię. Był postrzegany jako największa nadzieja Irlandii, która zapewni jej międzynarodowy prestiż w dziedzinie fizyki – „nowy Hamilton", jedyny noblista mieszkający na irlandzkiej ziemi i ktoś dorównujący Einsteinowi. Prasa umacniała jeszcze ten wizerunek, umieszczając mu poprzeczkę niesamowicie wysoko.

Część motywacji Schrödingera miała również korzenie wewnętrzne. Nienawidzący rutynowego działania, lubił stawiać przed sobą wyzwania i wynajdować coś na nowo. Chciał być postrzegany jako człowiek renesansowy – być może nawet spadkobierca filozofów starożytnej Grecji. Jego niestrudzony umysł przeskakiwał z tematu na temat w nadziei znalezienia perspektyw nowych przygód intelektualnych.

Niektórzy badacze w dążeniu do nowych osiągnięć próbowaliby nawiązać współpracę z innymi. Jednakże na początku lat czterdziestych takie możliwości były bardzo ograniczone. Choć Schrödinger pozostawał dobrze znany pośród międzynarodowej społeczności fizycznej, większość fizyków zaangażowana była w zadania związane z toczącymi się działaniami wojennymi. Fizyka teoretyczna rozwinęła się w nowych kierunkach, takich jak fizyka jądrowa i fizyka cząstek, wobec czego jego zainteresowania naukowe odbiegały od głównego nurtu.

Z jakichś względów DIAS pomimo swej stołecznej lokalizacji pozostał przez pewien czas izolowany od innych irlandzkich instytucji naukowych. Jak stwierdził były asystent Einsteina Leopold Infeld podczas swej wizyty w 1949 roku: „Instytut, który przyciąga badaczy z całego świata, rozsławia imię Irlandii jako miejsca, gdzie dokonuje się odkryć naukowych. Niemniej jednak jego wpływ na własny kraj, na irlandzkie życie naukowe i uniwersytety, jest znikomy"[130].

POŚMIEWISKO ŚWIATA

Podczas gdy Schrödinger był pupilem „Irish Press", jedna z konkurencyjnych gazet, „Irish Times", mimo całego szacunku, była nieco mniej skora do pochwał. Spoglądała ona krytycznym okiem na administrację de Valery i realizowaną przez niego politykę. W swym dążeniu do niezależności i otwartości zatem często musiała się liczyć z cenzurą rządową i oskarżeniami o zniesławienie.

Z perspektywy przeciwników Deva, zwłaszcza należących do partii Fine Gael, DIAS stanowił projekt służący jedynie zaspokojeniu próżnych aspiracji przywódcy, który ubzdurał sobie, że dorównuje najlepszym matematykom, fizykom i lingwistom na świecie. W konsekwencji „Times" traktował tę placówkę naukową nieco mniej poważnie niż „Press". Dopóki nie spacyfikowano tej gazety groźbą pozwu o zniesławienie, jeden z felietonistów wydrwiwał jej naukowców w duchu Swifta, przedstawiając ich badania jako bezsensowne i groteskowe, na podobieństwo tych, jakie prowadzili mieszkańcy latającej wyspy Laputy w *Podróżach Guliwera*.

Kontrowersyjny artykuł ukazał się w kwietniu 1942 roku w kolumnie satyrycznej „Cruiskeen Lawn" (co w dublińskim slangu oznacza dzbanek pełen whiskey). Redagowana przez ekscentrycznego, obdarzonego bujną wyobraźnią autora Briana O'Nolana (piszącego pod pseudonimem „Myles na gCopaleen") kolumna przedstawiała prześmiewcze spojrzenie na życie współczesnej Irlandii. Pasjonując się po amatorsku naukami przyrodniczymi i filozofią oraz znając biegle gaelicki, O'Nolan śledził pilnie doniesienia z obydwu wydziałów DIAS. Z zaciekawieniem zwrócił uwagę, że profesor F. O'Rahilly ze Szkoły Studiów Celtyckich wysunął tezę, iż św. Patryk był w istocie zlepkiem dwóch różnych ludzi. Wydało mu się to dość absurdalne – a nawet bluźniercze.

O'Nolan wspominał również, że w 1939 roku Schrödinger wygłosił na Uniwersytecie Dublińskim w ramach posiedzenia Towarzystwa Metafizycznego wykład zatytułowany *Kilka myśli o przyczynowości*. Jak to miał w zwyczaju, uczony kluczył, pozostawiając otwarte pytanie, czy Wszechświat jest przyczynowy. Uświadamiając sobie, jak często w swym wykładzie przechodził z jednej skrajności w drugą, niczym huśtawka na werandzie podczas wichury, zacytował hiszpańskiego literata Miguela de Unamuno: „człowieka, któremu udało się ani razu sobie nie zaprzeczyć, można mocno podejrzewać, iż w ogóle nic nigdy nie powiedział"[131].

Na zakończenie wykładu przewodniczący Towarzystwa, wielebny A.A. Luce, podziękował Schrödingerowi za pozostawienie otwartej kwestii istnienia wolnej woli, stwierdzając, że czyni to z niego „współczesnego Epikura". O'Nolan jednak zinterpretował to odmiennie, błędnie traktując niezdecydowanie Schrödingera co do przyczynowości jako wątpliwość, czy istnieje „pierwsza przyczyna". Innymi słowy, według O'Nolana, otworzył on drzwi do agnostycyzmu. Jeśli nie ma pierwszej przyczyny, Bóg nie jest potrzebny.

W swym zjadliwym felietonie na temat DIAS O'Nolan skupił się na tych dwóch wypowiedziach jako przykładach żenująco nieortodoksyjnych badań niezgodnych z jego misją. „Pierwsze owoce, jakie przyniósł ten Instytut – pisał – to wykazanie, że było dwóch św. Patryków oraz że nie ma Boga. Propagowanie herezji i ateizmu nie ma nic wspólnego z rzetelną nauką, i o ile czegoś z tym nie zrobimy, ten nasz Instytut uczyni z nas pośmiewisko całego świata".

Satyryk nazwał również Instytut „osławionym", pisząc: „Boże, ile dałbym, by zdobyć w nim etat (...) i móc wykonywać «pracę», którą większość ludzi uważałaby za rozrywkę"[132].

O ile Schrödinger potraktował uwagi O'Nolana wielkodusznie, dostrzegając ich humorystyczny charakter, o tyle zarząd DIAS wpadł w furię i zażądał od „Irish Times" przeprosin. Redaktor naczelny posłusznie się temu podporządkował i obiecał, że O'Nolan nie wspomni już nigdy więcej w swoich felietonach o Instytucie.

Schrödinger nie był jedynym uczonym, który stał się obiektem szyderstw gazety. Po tym, jak Eddington wygłosił w lipcu 1942 roku w DIAS kolokwium o unifikacji, mówiąc, że teorię względności tak naprawdę rozumie zaledwie kilku ludzi, O'Nolan zaproponował w swoim felietonie, by nauczać jej po gaelicku w irlandzkich szkołach. W ten sposób, „zamiast być analfabetami w dwóch językach", żartował, uczniowie byliby „analfabetami w czterech wymiarach"[133].

O'Nolan był również powieściopisarzem, publikującym swoje książki pod jeszcze innym pseudonimem: „Flann O'Brien". Jedna z jego najbardziej znanych powieści, *The Third Policeman* (Trzeci policjant), została napisana między 1939 a 1940 rokiem, mniej więcej w okresie, kiedy Schrödinger przybył do Irlandii i wygłosił swój wykład o przyczynowości. Do końca życia autorowi nie udało się jednak znaleźć wydawcy; dzieło to wyszło drukiem dopiero pośmiertnie, w 1967 roku.

Drugoplanowa postać w tej powieści, niekonwencjonalny uczony de Selby, przedstawia się czytelnikowi w szeregu przypisów. De Selby tworzy dziwne teorie o przyrodzie, w tym osobliwe wyjaśnienie, dlaczego w nocy jest ciemno, oparte na koncepcji „czarnego powietrza", powstającego przy spalaniu węgla i podczas wybuchów wulkanów[134].

Drwiny O'Nolana z niemądrych wymysłów naukowych były przedmiotem wielu analiz. Przypuszczalnie postać de Selby'ego była co najmniej po części zainspirowana przez egzaltowane poglądy innego człowieka o nazwisku zaczynającym się od „de" – pretendującego, by uchodzić za intelektualistę, de Valery. Jednak niewykluczone, że Einstein i Schrödinger również mieli tu pewien wpływ, zważywszy na ich olbrzymią sławę w owym czasie.

PIĘTNO HAMILTONA

Żaden matematyk nie był droższy sercu de Valery niż Hamilton. Dla świata zaś 1943 był rokiem destrukcji. Niemieckie i sowieckie armie ścierały się zaciekle w bitwie o Stalingrad. Powstańcy w warszawskim getcie toczyli bohaterski bój z hitlerowskimi żołnierzami. Tymczasem dla de Valery był to rok obchodów setnej rocznicy kwaternionów, obiektów matematycznych wymyślonych przez Hamiltona w Irlandii.

Mające cztery składowe kwaterniony są uogólnieniem liczb zespolonych. Liczby zespolone złożone z części rzeczywistej i części urojonej (wielokrotności pierwiastka kwadratowego z −1) można przedstawić jako punkty na dwuwymiarowej płaszczyźnie. Hamilton chciał znaleźć coś, co odpowiadałoby punktom trójwymiarowej przestrzeni. Momentu olśnienia doznał, przechodząc przez most Brougham (Broome) w Dublinie. Uświadomił sobie, że potrzebuje aż czterech, a nie trzech składowych. Gdy definicja kwaternionów przybrała w jego głowie konkretny kształt, natychmiast wyrył odpowiednie formuły na kamiennym obrzeżu mostu.

Irlandzki rząd, na którego czele stał de Valera, wyemitował znaczki pocztowe upamiętniające Hamiltona i jego odkrycie. W październiku tego roku premier wydał galowe przyjęcie, zapraszając członków międzynarodowej społeczności naukowej do uczestnictwa w jubileuszu. Jednak ze względu na wojnę niewielu naukowców mogło wziąć w nim udział.

Dlaczego de Valera miał taką obsesję na punkcie matematyki pośród szalejącej wojny światowej? Chociaż Irlandia pozostawała państwem neutralnym, jej gospodarka była w ruinie. Jak w wielu innych miejscach na całym świecie, wprowadzono racjonowanie żywności i brakowało wielu towarów. Pomimo to Dev z osobliwym uporem realizował swoje osobiste zainteresowania, co wprawiało w konsternację jego krytyków.

Angielski arystokrata pochodzenia irlandzkiego, lord Granard, stwierdził kiedyś po spotkaniu z de Valerą, że jest on „na granicy pomiędzy geniuszem a szaleństwem". Coś takiego można by oczywiście powiedzieć o wielu ludziach skupiających się bez reszty na urzeczywistnianiu swojej wizji. Pomimo wszelkich przeciwności i obierania niezwykłych celów Dev cieszył się niesłabnącą popularnością jako polityk – niczym tkwiący w książkach, lecz podziwiany nauczyciel, który – jak się wydaje – zawsze robi wszystko dla dobra swoich uczniów.

Obchody setnej rocznicy kwaternionów oznaczały dla Schrödingera dodatkową presję, aby spełnił pokładane w nim nadzieje, że będzie nowym Hamiltonem i przywróci renomę irlandzkiej nauce. Sprowadzając do DIAS Eddingtona wraz z innymi naukowymi sławami, w tym Dirakiem – który nigdy dotąd nie odwiedzał Zielonej Wyspy – Schrödinger zapewnił Irlandii miejsce na mapie międzynarodowej nauki. Pomógł także zatrudnić na etacie profesorskim wybitnego fizyka Waltera Heitlera, co wzmocniło kadrę naukową Szkoły Fizyki Teoretycznej. Nadal jednak ciążyła na nim konieczność sprostania wypowiedziom w stylu tej, opublikowanej przez „Press": „Człowiekiem, który czyni najwięcej dla kontynuowania tu tradycji Hamiltona, jest profesor Erwin Schrödinger"[135].

Zważywszy, że Einstein stał się synonimem geniusza, Schrödinger obrał paradoksalną strategię, by afiszować się swoimi bliskimi związkami z wielkim fizykiem, a jednocześnie starać się nieco pomniejszać rangę jego osiągnięć. Podobnie jak Sommerfeld odczytywał na głos listy od Einsteina na wykładach, przy każdej okazji podkreślał wobec innych fizyków i prasy, jak to prowadzi stałą korespondencję z Einsteinem. Kierowali się jednak przy tym odmiennymi motywami – Sommerfeld pragnął, by słowa wielkiego uczonego zainspirowały jego studentów, podczas gdy Schrödinger przechwalał się, aby wszyscy wiedzieli o jego przyjaźni z Einsteinem. „Listy wymieniane między tymi dwoma tytanami intelektu upstrzone są tajemniczymi formułami algebraicznymi, które mają przewagę nad Laną Turner", pisała „Press", nawiązując do postaci znanej hollywoodzkiej aktorki[136].

Pomimo swych bliskich związków z Einsteinem Schrödinger zdyskredytował go w kolejnym artykule o Hamiltonie. Wspominając o obchodach rocznicowych, napisał: „Zasada Hamiltona stała się kamieniem węgielnym współczesnej fizyki i każdy fizyk spodziewa się, że wszelkie zjawiska fizyczne będą z nią zgodne. Gdy jakiś czas temu Einstein wysunął ideę «teorii bez zasady Hamiltona», wywołało to sensację. (...) W istocie jednak okazała się ona niemożliwa do utrzymania"[137].

W osobliwy sposób poglądy Schrödingera w owym czasie stanowiły iście kwantową superpozycję postawy Einsteina wobec Heisenberga z postawą Heisenberga wobec Einsteina. Podobnie jak ten ostatni, atakował wyznawców interpretacji probabilistycznej, takich jak Heisenberg, jako oderwanych od codziennego doświadczenia. Dobrym przykładem tego rodzaju krytyki jest właśnie paradoks z kotem. Kiedy jednak sądził, że Einstein tego nie słyszy, dawał do zrozumienia, że podstarzały fizyk stracił poczucie rzeczywistości – czyli postępował tak samo jak Heisenberg. Musiały jeszcze upłynąć kolejne cztery lata, zanim Einstein w pełni uświadomił sobie, jak bardzo poddawany był manipulacji.

PUSTELNIK Z PRINCETON

W latach wojny Einstein pozostawał w znacznym stopniu izolowany. Nawet w tak niewielkiej społeczności jak Princeton mało kto go znał. Gdy zabrakło Elsy, nie miał motywacji, by się porządnie ubierać, a nawet by strzyc włosy. Korzystając ze wsparcia różnych asystentów, kontynuował swe zasadniczo samotne dążenie do unifikacji.

Jak pisał do jednego z przyjaciół z Berlina, który wyemigrował do Hajfy w Brytyjskim Terytorium Mandatowym Palestyny (obecnie Izrael), dr. Hansa Muehsama: „Stałem się samotnym starcem. Kimś w rodzaju patriarchy, znanym z tego, że nie nosi skarpetek, i prezentowanym przy rozmaitych okazjach jako kuriozum. Ale pracuję teraz bardziej fanatycznie niż kiedykolwiek i mam realną nadzieję na rozwiązanie moich utrzymujących się od lat problemów z unifikacją pól fizycznych. Przypomina to wszakże podróż w statku powietrznym, w którym krąży się w chmurach, lecz nie widać wyraźnie, jak dałoby się powrócić do rzeczywistości, tzn. na ziemię"[138].

Odzwierciedleniem ówczesnego stosunku do Einsteina jest zabawna rymowanka ułożona w 1939 roku przez studentów ostatniego roku Uniwersytetu Princeton. Żarty z profesorów stanowiły przyjęty studencki zwyczaj. Pomimo iż Einstein w gruncie rzeczy nie był nigdy ich wykładowcą, skandowali następujący wierszyk:

Wszystkie bystre chłopaki matmę tu studiują,
A Albie Einstein drogę pokazuje.
Chociaż rzadko z domu się wybiera,
Na Boga, niech pójdzie do fryzjera[139].

W Fuld Hall, nowo wybudowanej w stylu kolonialnym siedzibie Institute for Advanced Study, Einstein nie musiał już pracować kątem na wydziale matematyki w kampusie uniwersyteckim. Nie musiał także mieć więcej do czynienia z Flexnerem, który ustąpił ze stanowiska dyrektora i zastąpił go dobroduszny Frank Aydelotte. W sielankowym otoczeniu, pośród sporego lasku z licznymi wyłożonymi drewnem ścieżkami, mógł odbywać długie, przyjemne spacery z innymi uczonymi – takimi jak Kurt Gödel, który właśnie dołączył do kadry Instytutu – oraz gośćmi.

Jednym z takich gości był Bohr, z którym Einstein nie widział się od lat. Spędził on w Instytucie dwa miesiące zimą 1939 roku. Jednak zamiast polemiki, jakiej można by oczekiwać przy ponownym spotkaniu dwóch adwersarzy, panowała między nimi niesamowita cisza. Każdy z nich był pogrążony w swoich myślach. Einstein wraz z Bergmannem i Bargmannem z zapałem usiłował znaleźć pięciowymiarowe rozszerzenie ogólne teorii względności, które miałoby realistyczne rozwiązania fizyczne.

Bohr miał znacznie poważniejsze strapienia. Od austriackiego fizyka Ottona Frischa dowiedział się właśnie o wykonywanych w Berlinie przez Ottona Hahna i Fritza Strassmanna udanych eksperymentach, polegających na bombardowaniu uranu neutronami. Ciotka Frischa, fizyk jądrowy Lise Meitner, współpracowała z nimi przy tym projekcie, zanim uciekła do Szwecji, ponieważ była pół-Żydówką. Po przeanalizowaniu wyników wspólnie z Frischem oboje doszli do wniosku, że faktycznie przeprowadzono reakcję rozpadu jądrowego (rozszczepienia jąder). Gdy Frisch powiadomił go o tym, Bohra przeraziła myśl, że naziści mogliby poznać tajemnicę bomby atomowej. W istocie podczas wojny Heisenbergowi powierzono kierowanie programem atomowym, w którym brali udział Hahn i inni niemieccy naukowcy.

Choć miał umysł zajęty bardziej palącymi sprawami, Bohr kurtuazyjnie przyszedł na referat Einsteina o jego najnowszych wynikach w zakresie unifikacji. Ze szklanym wzrokiem siedział i słuchał, jak twórca ogólnej teorii względności wykłada rzekomą „teorię wszystkiego", która ewidentnie ignorowała wszystko, co wydarzyło się w fizyce od tamtych czasów. A co ze spinem? Z neutronami? Z oddziaływaniami jądrowymi? Przypuszczalnie nieco przysnął, lecz obudziła go jedna rzecz. Pod koniec swego wystąpienia Einstein spojrzał prosto na Bohra i powiedział, że jego celem jest zastąpienie mechaniki kwantowej. Bohr odwzajemnił spojrzenie, lecz nie odezwał się ani słowem[140].

W kilka miesięcy po wizycie Bohra Einstein został nakłoniony, by osobiście wypowiedział się w kwestii bomby atomowej. W lipcu 1939 roku, gdy odpoczywał, żeglując na swej łodzi we wschodniej części Long Island, odwiedzili go węgierscy fizycy Leo Szilard i Eugene Wigner ze złowieszczą nowiną. Byli oni poważnie zaniepokojeni perspektywą, że hitlerowskie Niemcy zaczną sprowadzać uran z Konga Belgijskiego i użyją go do zbudowania bomby. Szilard obliczył, że możliwa jest reakcja łańcuchowa, w której wolne neutrony wytworzone w wyniku rozpadu jąder pewnego szczególnego rodzaju uranu powodują rozpad coraz to większej liczby jąder, czemu towarzyszy powstanie olbrzymich ilości niszczycielskiej energii.

W sierpniu Einstein przygotował wstępną wersję ostrzegawczego listu do prezydenta Franklina Roosevelta; Szilard przetłumaczył go na angielski, a Einstein podpisał go i wysłał. W nieco ponad dwa lata później Roosevelt powołał projekt Manhattan, ściśle tajny program, kierowany od strony naukowej przez J. Roberta Oppenheimera, mający na celu zbudowanie bomby atomowej. Einstein nigdy nie został zaangażowany do wzięcia udziału w zasadniczych pracach projektu Manhattan, niemniej jednak kilkakrotnie proszono go, by wspomógł swoją wiedzą projekty o charakterze militarnym. Tymczasem on sam, w świecie skrajnie podzielonym przez wojnę, wytrwale usiłował doprowadzić do unifikacji świata fizycznego.

Pracując nad połączeniem oddziaływań od prawie dwóch dekad, zazwyczaj optymistycznie nastawiony uczony od czasu do czasu miał napady zwątpienia. Na przykład w przemówieniu wygłoszonym 15 maja 1940 roku podczas Amerykańskiego Kongresu Nauk Przyrodniczych w Waszyngtonie „wyznał, że zadanie to wydaje się beznadziejne, gdyż wszystkie próby logicznego ujęcia Wszechświata okazały się ślepą uliczką"[141].

Nawet w takich momentach przygnębienia Einstein wciąż odmawiał zaakceptowania tego, by światem miał rządzić przypadek. Jakkolwiek „nie ulega wątpliwości, że zasada nieoznaczoności Heisenberga jest słuszna – powiedział na tej konferencji – nie jestem w stanie uwierzyć, byśmy byli zmuszeni pogodzić się z poglądem, jakoby prawa przyrody były czymś analogicznym do gry w kości".

Jednak wątpliwości u Einsteina nie utrzymywały się długo. Niczym podróżnicy poszukujący Przejścia Północno-Zachodniego, gdy jedna droga okazywała się niemożliwa do przebycia, natychmiast próbował obejść alternatywnych. Muzyka koiła jego ducha podczas rozważania innych możliwości, a następnie, po konsultacji z asystentami, podążał w swych badaniach w nowym kierunku.

W 1941 roku Einstein, Bergmann i Bargmann opublikowali artykuł o unifikacji w pięciu wymiarach jako swą łabędzią pieśń. Bergmann opuścił IAS w tymże roku, by objąć stanowisko w Black Mountain College, a później stworzył liczący się zespół badań w zakresie ogólnej teorii względności na Uniwersytecie Syracuse w stanie Nowy Jork i rozwijał własne teorie grawitacji kwantowej. Natomiast Bargmann został profesorem matematyki w Princeton. Einstein raz jeszcze stanął wobec konieczności zwerbowania nowych asystentów.

BICZ BOŻY

Kolejną współpracę dotyczącą unifikacji Einstein nawiązał ze swoim starym przyjacielem i częstym krytykiem, Wolfgangiem Paulim. Pauli uważał za swój święty obowiązek, by mówić brutalną prawdę prosto w oczy zarówno wrogom, jak i przyjaciołom, z dumą obnosząc się z przydomkiem, jaki nadał mu Ehrenfest: *die Geissel Gottes* (bicz Boży). Niekiedy nawet podpisywał tak swoje listy. Einstein ewidentnie doceniał wnikliwość, z jaką Pauli czytał jego prace, ale za każdym razem musiał być przygotowany na bezlitosną krytykę. W jakiś sposób jednak Pauli wpasowywał się w jego kosmiczną religię – jako karę za „grzech" błędnego odczytania „myśli Boga" dotyczących praw przyrody musiał znosić udrękę bycia ośmieszonym przez młodszego kolegę.

W 1940 roku Szkoła Matematyki IAS zaproponowała Pauliemu czasowe członkostwo. Z dokumentów wynika, że wybrano go zamiast Schrödingera (który również brany był pod uwagę), ponieważ w oczach zarządu stanowił mniejsze ryzyko. Schrödingera oceniano jako „genialnego, lecz bardziej niestabilnego niż Pauli. Już w 1937 roku, gdy porównaliśmy ich względne zasługi, zdecydowaliśmy na korzyść Pauliego"[142].

Dlaczego Szkoła Matematyki uznała Schrödingera za „bardziej niestabilnego"? Czyżby ktoś stamtąd dowiedział się o jego niestandardowej sytuacji rodzinnej? Zważywszy, iż krążyły pogłoski, że omawiał tę sprawę z rektorem Uniwersytetu Princeton, być może jakieś słuchy doszły i do sąsiedniej instytucji. A może opublikowany dorobek Schrödingera, który zawierał oprócz prac opartych na ścisłych obliczeniach także pozycje czysto filozoficzne, postrzegany był jako zbyt nierówny. W każdym razie wybór padł na Pauliego.

Pauli z chęcią opuścił niespokojną Europę czasu wojny, by osiąść w odległym rejonie świata. Jakkolwiek Zurych, gdzie pracował, wydawał się stosunkowo bezpiecznym miejscem dla człowieka mającego żydowskich krewnych, jego bliskość hitlerowskiej Rzeszy niewątpliwie dawała się we znaki. Zatem zdecydował się przeczekać wojnę w Princeton.

Einstein postanowił wykorzystać fakt przebywania pod tym samym dachem w Fuld Hall co Pauli, by spróbować znaleźć również wspólne lokum dla oddziaływań fizycznych. Rozwijając idee, do których doszedł wraz z Bergmannem i Bargmannem, pracował wspólnie z Paulim nad modelem unifikacji w pięciu wymiarach. Był to jeden z nielicznych przykładów jego współpracy z uznanym fizykiem, a nie asystentem.

Dzięki staranności Pauliego obaj doszli do niezbitego wniosku, że dla takich modeli nie istnieją realistyczne pod względem fizycznym rozwiązania, które byłyby wolne od osobliwości (członów przyjmujących wartość nieskończoną). Jedyne nieosobliwe rozwiązania, jakie udało im się znaleźć, odpowiadały cząstkom bezmasowym i elektrycznie obojętnym, takim jak fotony. Jednakże jednym z celów unifikacji było opisanie naładowanych elektrycznie cząstek obdarzonych masą w rodzaju elektronów.

W 1943 roku Einstein i Pauli opublikowali wspólnie artykuł, w którym odnotowali brak wiarygodnych rozwiązań. Pomimo „nieodpartego poczucia, że w pięciowymiarowej teorii Kaluzy jest jakaś doza prawdy – pisali – jej podstawy są wysoce niezadowalające"[143].

Zamiary Einsteina, by dokonać unifikacji w wyższych wymiarach, spełzły na niczym. Postanowił zatem zarzucić koncepcję Kaluzy i Kleina, skupiając się na teoriach o standardowej liczbie wymiarów – trzech przestrzennych i jednym czasowym. Podczas gdy inni usiłowali nadal coś zdziałać, opierając się na wspomnianej koncepcji, Einstein był przekonany, że wyczerpał jej możliwości. Było dla niego oczywiste, że nadszedł czas, by zmazać tablicę oznaczoną napisem „Nie ścierać" i pójść dalej.

AFINICZNE SZALEŃSTWO

Jak na ironię, właśnie wtedy, gdy dążenia unifikacyjne Einsteina znalazły się w impasie, Schrödinger stał się wielkim entuzjastą unifikacji. Zainspirowany przez trzech teoretyków, których najbardziej podziwiał – Einsteina, Eddingtona i Weyla – postanowił spróbować szczęścia samemu. Przestudiowawszy kilka ich dawnych prac dotyczących ogólnej teorii względności i jednolitej teorii pola, zabrał się do wypracowania własnego podejścia.

Ponieważ każdy z nich pozostawał względnie izolowany w swoim instytucie, było rzeczą naturalną, że Schrödinger i Einstein korespondowali ze sobą na zajmujące ich obu tematy. Począwszy od zimy 1943 roku, Schrödinger pisał do Einsteina regularnie o możliwości rozszerzenia ogólnej teorii względności, tak by uwzględniała również inne oddziaływania. W sylwestra wysłał mu swoiste życzenia noworoczne, jak przystało na fizyka teoretycznego. Był to list zawierający wyprowadzenie równań ogólnej teorii względności metodą lagranżjanów opartą na zasadzie najmniejszego działania Hamiltona. W postscriptum Schrödinger zasugerował modyfikację lagranżjanu i zbadanie, jaki to będzie miało wpływ na otrzymane równania pola.

Jak już mówiliśmy wcześniej, Hamilton wynalazł zasadę najmniejszego działania i metodę lagranżjanów jako sposoby opisania ruchu ciał fizycznych przez przyjęcie, że obierają one najbardziej efektywną ze wszystkich możliwych trajektorii. Przypomina to pionierów chcących jak najszybciej przekroczyć pasmo górskie dzięki zminimalizowaniu wędrówki pieszej i wspinania się. Jeśli wezmą pod uwagę różnice wysokości i inne czynniki, to najkrótsza droga na mapie nie musi być wcale najlepsza. Analogicznie trajektoria, jaką podąża cząstka, zależy od rozkładu energii potencjalnej w przestrzeni. Ilościowe dane dotyczące takiego rozkładu są zawarte w lagranżjanie, z którego da się wyprowadzić równania ruchu.

Jak wykazał Hilbert, równania ogólnej teorii względności Einsteina można odtworzyć, posługując się lagranżjanem będącym iloczynem dwu wielkości skalarnych (niezmienniczych przy przekształceniach) – jednej odnoszącej się do tensora metrycznego, który określa, jak mierzone są odległości, oraz drugiej odnoszącej się do tensora Ricciego (powiązanego ze wcześniej wspomnianym tensorem metrycznym Einsteina), który opisuje krzywiznę przestrzeni. Zarówno tensor metryczny, jak i tensor Ricciego da się przedstawić w postaci macierzy 4×4, z których każda ma 16 składowych, lecz ze względu na symetrię tylko 10 z nich jest niezależnych (pozostałe 6 się powtarza). W standardowej ogólnej teorii względności owe 10 niezależnych składowych krzywizny powiązane jest z 10 niezależnymi składowymi tensora energii-pędu reprezentującego materię i energię. Krótko mówiąc, materia i energia sprawiają, że przestrzeń się zakrzywia za pośrednictwem 10 niezależnych relacji.

Jednakże krzywizna to tylko jeden z aspektów geometrii czasoprzestrzeni. Aby zrozumieć trajektorie, po których ciała poruszają się w przestrzeni, musimy znać składowe tensora metrycznego, który mówi nam, jak wyznaczać odległość z jednego punktu do drugiego. Składowe te modyfikują odpowiednio twierdzenie Pitagorasa dla danego obszaru przestrzeni. Zgodnie z użytą wcześniej analogią tensor metryczny jest niczym plandeka przykrywająca gorący piasek pustyni w obszarach, gdzie jego powierzchnia to wznosi się, to opada, wskutek znajdujących się na niej tu i ówdzie kamieni (materia i energia). Nałożenie takiej metrycznej płachty wymaga zbudowania czegoś w rodzaju rusztowania, które mówi nam, jak bieguny (lokalne osie współrzędnych) zakrzywiają się od punktu do punktu. Elementami tego rusztowania są koneksje afiniczne. W standardowej ogólnej teorii względności istnieją 64 koneksje afiniczne, przy czym z uwagi na wymogi symetrii tylko 40 z nich jest niezależnych.

Tak wygląda standardowy opis grawitacji u Einsteina. Uwzględnienie dodatkowych składowych reprezentujących elektromagnetyzm wymaga odpowiedniej modyfikacji równań, przy czym możliwości są następujące: wprowadzenie dodatkowych wymiarów (czego Schrödinger na poważnie nie rozważał), dodatkowa struktura formalna, taka jak teleparalelizm (również niebrana przezeń pod uwagę) bądź poluzowanie wymogów symetrii i nadanie koneksjom afinicznym charakteru fundamentalnego. Podążając drogą obraną przez Eddingtona i przez krótki czas rozważaną przez Einsteina w 1923 roku, Schrödinger zdecydował się zrezygnować z symetrii i skupić na koneksjach afinicznych. Podejście swoje nazwał ogólną teorią unitarną (*general unitary theory* – GUT; akronimu tego później zaczęto używać na określenie teorii wielkiej unifikacji – *grand unification theories* – łączących oddziaływania elektrosłabe z silnymi).

Zanim Einstein znalazł czas, aby odpowiedzieć na list z sylwestra, Schrödinger stworzył już zarys swojego podejścia. Wyszedł od najbardziej ogólnego z możliwych zbiorów koneksji afinicznych, wykorzystując je do zbudowania tensora Ricciego i bardziej elastycznego lagranżjanu, który pozwalał na uwzględnienie członów elektromagnetycznych. Miał również nadzieję, że uda mu się wprowadzić składowe odpowiadające czemuś, co nazwał polem mezonowym (obecnie mówimy o oddziaływaniach silnych), ale na razie pozostawił to do przyszłych badań (które zamierzał niebawem podjąć). Następnie wykorzystał pewne matematyczne właściwości, by ograniczyć lagranżjan do szczególnego przypadku, i otrzymał coś nieco odmiennego od lagranżjanu Hilberta. Jego równania dawały osobliwe przewidywania, że pola magnetyczne (takie jak pole Ziemi lub Słońca) maleją znacznie szybciej z wysokością, niż by to wynikało z konwencjonalnej teorii. Spowodowane to było czymś w rodzaju „stałej kosmologicznej" dla elektromagnetyzmu, analogicznej do członu wprowadzonego wiele lat wcześniej przez Einsteina dla grawitacji. Naszkicowawszy zasadnicze idee swojej teorii, czuł, że nadszedł czas, by zaprezentować te wyniki innym badaczom.

ŻYCIE, WSZECHŚWIAT I WSZYSTKO INNE

25 stycznia 1943 roku Schrödinger przedstawił swoją ogólną teorię unitarną na forum Akademii Królewskiej, a jego praca na ten temat została opublikowana około pięciu miesięcy później w sprawozdaniach Akademii. W swym referacie opowiedział, jak podjął badania w miejscu, w którym poddali się Eddington i Einstein. Wyrażał satysfakcję, że w jubileuszowym roku Hamiltona może wykorzystać metody irlandzkiego matematyka, składając mu w ten sposób kolejny hołd.

„Irish Press" zrelacjonowała to w triumfalnym tonie, podkreślając aspekt „wyjścia poza Einsteina". Pod nagłówkiem „Dalej niż Einstein" 1 lutego reporter Michael J. Lawlor podał sensacyjną wiadomość: „Teoria naukowa tak doniosła, że dorównuje słynnej ogólnej teorii względności Einsteina, która zrewolucjonizowała pojmowanie natury Wszechświata przez współczesnych fizyków, została rozwinięta przez prof. Erwina Schrödingera. (...) Powiada się, że Einstein otworzył przed umysłem ludzkim nowy świat. Prof. Schrödinger, opierając swoje wnioski na wspaniałej konstrukcji ogólnej teorii względności, wykonał obecnie kolejny krok naprzód, krok tak ogromny, że być może w nadchodzącym czasie nowa teoria będzie odgrywać taką samą rolę, jaką dzisiaj odgrywa teoria Einsteina"[144].

Nazajutrz „Press" zamieściła kolejny materiał, który zawierał wywiady z kilkoma irlandzkimi naukowcami na temat badań Schrödingera. Jeden z rozmówców, A.J. McConnell z Trinity College, wychwalał jego prace, zwłaszcza że nastały „trudne czasy dla czystej nauki". Inny uczony, prof. C.H. Rowe, opisał dokonania Schrödingera „jako wyróżniające się wydarzenie w dziejach nauki w naszym kraju"[145].

Schrödinger planował w tym miesiącu wygłoszenie trzech publicznych prelekcji na zupełnie odmienny temat: „Czym jest życie?". Choć nie miał wykształcenia ani praktyki badawczej w zakresie biologii, za młodu udzieliła mu się częściowo fascynacja jego ojca nauką o organizmach żywych i pragnął podzielić się swoimi spostrzeżeniami na ten temat.

Gdy przybył do Audytorium Fizycznego Trinity College na pierwszą prelekcję, okazało się, że sala jest tak wypełniona po brzegi, iż tłumy ludzi odeszły z kwitkiem. Zgodził się powtórzyć swój wykład kilka dni później dla tych, którym nie udało się dostać do środka. Naturalnie, taoiseach, jego największy fan, siedział na prominentnym miejscu pośród setek innych słuchaczy. Na zakończenie mówcy zgotowano owację.

Niektóre z głównych tez wygłoszonych przez Schrödingera dotyczyły związku między właściwościami atomów a zachowaniem się istot żyjących. Zaznaczając, że większość układów występujących w przyrodzie zdąża ku stanom o większej entropii (nieuporządkowaniu), pokazał, jak życie zachowuje swój uporządkowany stan dzięki absorpcji energii, na przykład ze Słońca. Snuł również spekulacje, że w rozwoju życia istotną rolę odegrał pewien kryształ aperiodyczny (niepowtarzająca się struktura atomów). Zatem jako jeden z pierwszych uczonych zasugerował, że kod życia zapisany jest w postaci łańcucha substancji chemicznej. Książka oparta na wykładach Schrödingera stała się w latach pięćdziesiątych XX wieku źródłem inspiracji dla biologów, Jamesa Watsona i Francisa Cricka, którzy opracowali model DNA jako podwójnej helisy.

Te popularne prelekcje przyciągnęły uwagę magazynu „Time", który napisał: „Schrödinger zna się na rzeczy. Jego miękki, radosny głos i zagadkowy uśmiech ujmują ludzi. A dublińczycy są dumni z tego, że pośród nich żyje noblista"[146].

Gdy „Irish Press" napisała po raz pierwszy o ogólnej teorii unitarnej Schrödingera, redakcja przesłała kopię artykułu Einsteinowi, chcąc wysondować jego reakcję. W kwietniu Einstein w końcu przesłał telegramem powściągliwą, utrzymaną w uprzejmym tonie odpowiedź. „Prof. Schrödinger jest bardzo rozważnym i krytycznym umysłem – pisał – zatem jego nowa próba rozwiązania tego trudnego problemu musi wielce zainteresować każdego fizyka. Na razie nie jestem w stanie powiedzieć nic więcej"[147].

We wspomnianym artykule gazeta zapytała Schrödingera, co sądzi o odpowiedzi Einsteina. „Oczywiście profesor Einstein nie może powiedzieć nic więcej, dopóki nie zobaczy tego w postaci kompletnej pracy naukowej", odparł.

Ta wymiana opinii w „Press" była na tyle serdeczna, że jeszcze nie zaszkodziła ich przyjaźni. Jednakże w miarę jak wzrastała wiara Schrödingera we własną teorię, jego wypowiedzi o jej wyższości nad tym, czego dokonał Einstein, stawały się coraz to bardziej zuchwałe.

GRÓB ZAWIEDZIONYCH NADZIEI EINSTEINA

Na spotkaniu Akademii Królewskiej 28 czerwca Schrödinger ponownie wywołał sensację, twierdząc, że jego ogólna teoria unitarna została zweryfikowana eksperymentalnie. Wyjaśniając, że przywrócił do życia ideę, którą Einstein zarzucił przed dwudziestu laty, chełpił się, że osiągnął to, czego nie udało się wielkiemu poprzednikowi. Przeczytał również na głos jeden z prywatnych listów od Einsteina, w którym nazwał on wcześniejsze próby stworzenia teorii afinicznej „grobem swoich nadziei".

„Sądzę, że teraz możemy ekshumować jego nadzieje – powiedział Schrödinger – ponieważ ostatnio udało mi się uzyskać bardzo silne potwierdzenie obserwacyjne dla tej części teorii"[148].

Pod nagłówkiem *Klęska Einsteina* „Irish Press" bezpodstawnie napisała, jakoby Schrödinger odniósł sukces tam, gdzie Einstein „uznał swoją porażkę". Artykuł ten ewidentnie wprowadzał czytelników w błąd, gdyż wynikało zeń, że Einstein już dawno porzucił myśl o unifikacji, podczas gdy było dokładnie na odwrót. Wprawdzie często przyznawał, że jego wcześniejsze koncepcje były błędne, jednak wciąż nie tracił nadziei na ostateczny sukces.

Cóż stanowiło owe krytyczne dane eksperymentalne potwierdzające teorię Schrödingera? W zasadzie nie było to nic istotnego. Rzekomy dowód miał być oparty na badaniach pola magnetycznego Ziemi. Jest swoistą ironią losu, że kompas, przyrząd, który zrobił takie wrażenie na Einsteinie, gdy był on dzieckiem, posłużył jako narzędzie w próbie wykazania, że jego idee są przestarzałe. A badania, na które powoływał się Schrödinger, nie były wcale najnowsze – jedne pochodziły z 1885 roku, a drugie z 1922 roku. Choć dostępne były bardziej współczesne dane, nawet o nich nie wspomniał. Na przykład w tym samym miesiącu, w którym odbyła się prelekcja Schrödingera, geofizyk George Woollard opublikował artykuł, w którym w sposób systematyczny zaprezentował magnetyczny i grawitacyjny profil kontynentu północnoamerykańskiego[149]. Tymczasem Schrödinger zaczerpnął potrzebne mu dane z zakurzonych starych książek.

W geofizyce często obserwuje się rozbieżności między teoretycznym a faktycznym przebiegiem linii pola magnetycznego. Zwykle jest to oznaka istnienia pod powierzchnią nieznanych dotąd namagnesowanych struktur, na przykład warstwy skalnej o podwyższonej zawartości magnetytu. Gdy zatem geofizyk stwierdza anomalne zachowanie się igły kompasu, zaczyna dociekać, jakiego rodzaju formacje geologiczne mogły je wywołać.

Najogólniej mówiąc, wartości ziemskiego pola magnetycznego fluktuują w zależności od czasu i miejsca. Dzieje się tak dlatego, że pole to jest generowane przez geodynamo o złożonej budowie, które ulega wpływom namagnesowanych materiałów występujących w obrębie skorupy, płaszcza i jądra Ziemi.

Natomiast Schrödinger zinterpretował takie rozbieżności w odmienny sposób, używając ich do wykazania, jakoby klasyczna teoria elektromagnetyzmu dawała niezbyt precyzyjne przewidywania i musiała (wraz ze standardową ogólną teorią względności) być zastąpiona jego własną jednolitą teorią. Jak donosiła „Press" na pierwszej stronie: „To ruch igły kompasu reagującej na zmiany ziemskiego magnetyzmu nieoczekiwanie dostarczył dowodu wspaniałej teorii profesora Schrödingera, mniej więcej podobnie jak wcześniej ruch gwiazd pozwolił Einsteinowi potwierdzić słuszność teorii względności, którą nowa teoria prof. Schrödingera uzupełnia i – w pewnej mierze – zastępuje"[150].

Kiedy Schrödinger konstruował swoje równanie falowe, oparł się na znanych zasadach fizycznych, takich jak zachowanie energii i ciągła natura fal. Odniosło ono wielki sukces, precyzyjnie odtwarzając położenia linii widmowych atomów. Einstein stworzył swoją ogólną teorię względności, oparłszy się na zasadzie równoważności, solidnej hipotezie potwierdzanej przez pomiary tego, jak ciała przyspieszają w przestrzeni. Teoria ta została zweryfikowana na kilka niezależnych sposobów, w tym przez odchylenie światła gwiazd w pobliżu Słońca, którego wartość trudno byłoby wyjaśnić inaczej.

Natomiast w wypadku „potwierdzenia" ogólnej teorii unitarnej przez anomalie w zachowaniu się igły kompasu nie było ani silnych teoretycznych podstaw, ani kluczowych danych eksperymentalnych. Schrödinger stworzył tę teorię na drodze abstrakcyjnego rozumowania matematycznego, a nie na podstawie ugruntowanych (ani nawet hipotetycznych) zasad fizycznych. Ponadto dane przytoczone na jej uzasadnienie można było znacznie prościej wyjaśnić naturalną zmiennością ziemskiego pola magnetycznego. Nawet sam Schrödinger traktował swoją teorię na tym etapie jako wersję wstępną, a nie ostateczną. Pracował potem nad nią przez kilka kolejnych lat, zanim raz jeszcze obwieścił sukces. A pomimo to w relacjach prasowych przedstawiana ona była jako coś gotowego, bezsporny olbrzymi naukowy krok naprzód.

W sierpniu Schrödinger napisał Einsteinowi o elektromagnetycznym „potwierdzeniu", że jego teoria jest słuszna[151]. Einstein odniósł się do tego sceptycznie. W wysłanej we wrześniu odpowiedzi wyliczył inne możliwe przyczyny asymetrii pola magnetycznego Ziemi, w tym różnicę obszarów pokrytych oceanami na północnej i południowej półkuli[152]. W październiku Schrödinger odpisał mu, przyznając: „Przypuszczalnie masz rację, jak zwykle"[153].

Pomimo krytyki ze strony Einsteina Schrödinger się nie zrażał. Z podnieceniem wyjaśniał mu, że zamierza rozszerzyć teorię afiniczną, aby obejmowała trzy pola: grawitację, elektromagnetyzm i pole mezonowe (oddziaływania silne). Grawitacja i pole mezonowe opisywane byłyby przez symetryczne składowe koneksji afinicznych, natomiast elektromagnetyzm przez składowe antysymetryczne. Idea ta zaciekawiła Einsteina, który podjął wymianę listów na jej temat.

Einstein, zadowolony z posiadania korespondenta, z którym mógł się przerzucać teoretycznymi pomysłami, pisał w serdecznym tonie do Schrödingera: „Wielce doceniam, że zechciałeś informować mnie tak otwarcie o tym, co robisz. W jakiejś mierze zasługuję na to, ponieważ przez dziesiątki lat rozbijałem sobie nos o twardą skałę"[154].

Rosnąca popularność (dzięki książce *Czym jest życie?* i ogólnej teorii unitarnej), serdeczna korespondencja z Einsteinem i przekonanie, że oto dokonuje wielkiego postępu w fizyce, sprawiły, że Schrödinger nie posiadał się ze szczęścia. Mimo całej swojej genialności miał w sobie swoisty narcyzm, który zaburzał jego zdolność prawidłowego osądu. Pragnienie, by być nieustannie podziwianym przez kobiety, oraz dreszczyk emocji, jaki dawało mu uwodzenie, zaowocowały kolejnymi romansami. W ciągu następnych dwóch lat miał ich dwa, przy czym każdy z nich zakończył się ciążą i urodzeniem dziecka płci żeńskiej.

Pierwszy z nich nawiązał z mężatką Sheilą May Greene, intelektualistką i działaczką społeczną, odnoszącą się krytycznie do rządów de Valery. Schrödinger poznał ją wiosną 1944 roku, a jesienią Sheila zaszła w ciążę. 9 czerwca 1945 roku urodziła się ich córka, Blathnaid Nicolette. Sheila i jej mąż David wychowywali ją – następnie on sam, gdy małżonkowie się rozstali. Innym konkretnym rezultatem romansu, oprócz córki, był tomik poezji miłosnej, którą Erwin pisał dla Sheili i później opublikował.

Bohaterką drugiego romansu była Kate Nolan (to pseudonim mający chronić jej prywatność), urzędniczka administracji, która zaprzyjaźniła się z Hilde, gdy obydwie pracowały jako ochotniczki na rzecz Czerwonego Krzyża[155]. Owocem krótkiego związku była dziewczynka, Linda Mary Therese, urodzona 3 czerwca 1946 roku. Początkowo Kate, będąc w szoku po nieplanowanej ciąży, pozwoliła, by Lindą zajmowali się Schrödingerowie. Jednak po dwóch latach zdecydowała, że chce, by córka powróciła do niej. Pewnego dnia zobaczyła Lindę w wózku, gdy niańka wynajęta przez Schrödingerów spacerowała z nią po okolicy. Kate wyjęła Lindę z wózka i zabrała ze sobą. Erwin niewiele mógł w tej sytuacji zrobić, bo przecież to Kate była prawowitą matką. Kate wyjechała z nią do Rodezji (obecnie Zimbabwe), gdzie odtąd mieszkały. Tam właśnie w 1973 roku urodził się syn Lindy (a wnuk Schrödingera) Terry Rudolph[156], który potem został fizykiem kwantowym i obecnie pracuje w Imperial College w Londynie.

DOPAŚĆ FIZYKA

Zamieszkiwanie w neutralnej Irlandii podczas wojny oszczędziło Schrödingerowi trudnej decyzji moralnej, czy wziąć udział w działaniach wojennych. Natomiast Heisenberg, który pozostał w Niemczech, był w sytuacji, w której trudno mu było odmówić. Miał powiązania rodzinne z Heinrichem Himmlerem, wszechmocnym szefem Schutzstaffel, czyli SS (hitlerowskiej formacji paramilitarnej) oraz gestapo (tajnej policji), co uchroniło go przed oskarżeniami o utrzymywanie nazbyt zażyłych kontaktów z uczonymi żydowskimi, między innymi Bornem. Pozwoliło mu to także zajmować czołowe stanowiska naukowe podczas wojny. Nie wzdragając się ani nie skarżąc, Heisenberg skwapliwie wykorzystywał okazję, by służyć swojemu krajowi – nawet pod rządami, których w gruncie rzeczy nie popierał.

Wiele napisano o roli, jaką odegrał podczas wojny jako kierujący programem jądrowym realizowanym przez hitlerowskie Niemcy. Po wojnie umniejszał on postępy podległego mu zespołu na drodze do zbudowania bomby atomowej, podkreślając jego wkład w pokojowe zastosowania energii jądrowej. Jego współpracownik, fizyk Carl Friedrich von Weizsäcker, dawał do zrozumienia, że ociągali się jak tylko mogli i tak naprawdę wcale nie chcieli, by Hitler dostał do ręki bombę. Obaj twierdzili, że w pewnym sensie niemieccy naukowcy zachowywali się bardziej etycznie niż alianci, ponieważ nigdy na serio nie dążyli do skonstruowania broni jądrowej i nigdy jej nie użyli. Heisenberg oskarżał również Einsteina o hipokryzję, skoro z czołowego pacyfisty stał się zdecydowanym stronnikiem działań wojennych prowadzonych przez aliantów.

Jednakże w 2002 roku ujawniono niewysłane listy Bohra adresowane do Heisenberga, w których dokumentował on dyskusje, jakie obaj prowadzili w 1941 roku w Kopenhadze (spotkania te stały się kanwą słynnej sztuki Michaela Frayna *Kopenhaga*). Bohr nigdy nie wysłał tych listów, gdyż nie chciał rozdrapywać starych ran. Wspominał, że Heisenberg informował go, iż Niemcy usilnie pracują nad zbudowaniem bomby atomowej i ostatecznie zwyciężą. Ta pewność Heisenberga zszokowała Bohra, który we wrześniu 1943 roku był zmuszony uciec z Danii łodzią rybacką do Szwecji, skąd samolotem wojskowym – załatwionym przez Lindemanna – przeleciał do Wielkiej Brytanii, gdzie wziął udział w alianckich pracach nad bronią jądrową.

Monitorowanie Heisenberga i niemieckiego projektu jądrowego było ważnym priorytetem dla alianckiego wywiadu. Mniej więcej w tym samym czasie kiedy Bohr uciekał przed nazistami, Samuel Goudsmit (który wraz z George'em Uhlenbeckiem wysunął koncepcję spinu kwantowego) został mianowany szefem operacji Alsos, która miała za zadanie oszacować postępy poczynione przez państwa osi na drodze ku bombie atomowej.

Dość niecodziennym szpiegiem był Moe Berg, mierny zawodnik i trener bejsbolu, który za to swobodnie brylował w obcych językach i potrafił po mistrzowsku udawać naukowca. Jeden z jego byłych kolegów z drużyny dowcipkował, że „mówi on dwunastoma językami, ale nie potrafi zaliczyć trafienia w żadnym z nich"[157]. W 1943 roku Berg wstąpił do Office of Strategic Services, poprzednika CIA, i wkrótce został zwerbowany do ściśle tajnego projektu mającego za zadanie pokrzyżować realizację hitlerowskiego programu atomowego.

Po krótkim wprowadzeniu w niuanse fizyki kwantowej i jądrowej Berg, udając fizyka, w grudniu 1944 roku wziął udział w konferencji w Zurychu, w której programie przewidziany był referat Heisenberga. Wyposażony w pistolet i kapsułkę cyjanku, Berg otrzymał ścisłe rozkazy – jeśli cokolwiek będzie wskazywało na to, że Heisenberg posuwa się naprzód na drodze ku bombie, musi go zabić. Jeśli natomiast jego badania będą wyglądały na nieszkodliwe, miał go zostawić w spokoju. Szczęśliwie dla uczonego wyszło na to drugie. Temat jego wykładu – matryce rozpraszania w fizyce kwantowej – nie miał nic wspólnego z bombami i Berg uznał, że można go bezpiecznie zostawić przy życiu.

W 1945 roku, gdy alianci zbliżali się do Berlina, w Wielkiej Brytanii i Stanach Zjednoczonych zdano sobie sprawę, że wszelkie sekrety atomowe odkryte ewentualnie przez niemieckich naukowców mogą wpaść w ręce Sowietów. Rozpoczęto zatem operację Epsilon mającą na celu przechwycenie czołowych niemieckich fizyków jądrowych i sprowadzenie ich do Anglii. Heisenberg i dziewięciu innych – w tym Hahn, von Weizsäcker i von Laue – zostali przewiezieni do Farm Hall, majestatycznej posiadłości w pobliżu Cambridge, gdzie internowano ich na sześć miesięcy.

Naszpikowana ukrytymi mikrofonami Farm Hall stanowiła szczególne laboratorium, w którym królikami doświadczalnymi byli sami naukowcy. Celem tego „eksperymentu" było przekonanie się, czy zrelaksowani, dobrze traktowani badacze, nieświadomi tego, że są na podsłuchu, będą otwarcie rozmawiać między sobą o tym, co zamierzali zrobić, i co faktycznie udało im się osiągnąć. Gdy w sierpniu alianci zrzucili bomby atomowe na japońskie miasta Hiroszimę i Nagasaki, reakcje rezydentów Farm Hall zostały nagrane i poddane skrupulatnej analizie.

Wszystko wskazywało na to, że byli oni zszokowani tym, iż aliancki projekt budowy bomby jądrowej zrealizowany został w tak szybkim tempie. Podczas gdy oni sami faktycznie pracowali nad taką bronią, ich wysiłki paraliżowane były przez niedostateczne finansowanie i fakt, że Heisenberg nie znał się na sprawach technicznych. Jego myślenie było zbyt abstrakcyjne, jak na produkcję bomb. Informowali zatem swoich przełożonych, że zbudowanie bomby wymaga jeszcze wieloletnich badań i nie jest realne w najbliższej przyszłości.

Po zwolnieniu z Farm Hall Heisenberg kontynuował swoją karierę akademicką. W konsekwencji tego, że wojna zakończyła się zwycięstwem aliantów, Niemcy powróciły do swoich przedwojennych granic, z pewnymi zmianami. Zostały podzielone na cztery strefy okupacyjne, z których każda pozostawała pod administracją jednego z państw alianckich. Odrębnie na cztery strefy podzielono Berlin. Heisenberg osiadł w Getyndze, która znalazła się w sektorze brytyjskim.

Schrödinger z radością przyjął fakt, że Austria została wyzwolona i znów była republiką. Jednakże ona również została podzielona na cztery strefy okupacyjne, w tym sektor sowiecki na wschodzie. Jakkolwiek zaczął myśleć o powrocie, ze względu na sytuację polityczną pozostał na pewien czas w Dublinie – ten czas ostatecznie wydłużył się do dziesięciu lat. Postanowił ustąpić ze stanowiska dyrektora Szkoły Fizyki Teoretycznej i scedować tę funkcję na Heitlera, a on sam pozostał członkiem grona profesorskiego. Deklarowanym powodem była chęć większego skupienia się na własnych badaniach. Jednakże chodziły słuchy, że wdał się w spór z pracownikami technicznymi instytutu i doszedł do wniosku, iż ma dość administrowania.

Zmiany zaszły również w jego życiu rodzinnym, gdyż Hilde i Ruth wyjechały do Austrii. Anny bardzo zżyła się z Ruth w latach spędzonych z nią w domu przy Kincora Road. Gdy Hilde postanowiła powrócić do Innsbrucku i zamieszkać znów z Arthurem, zabierając ze sobą córkę, Anny była zrozpaczona i popadła w silną depresję, bez wątpienia pogłębianą przez nawiązywane nadal jeden po drugim romanse Erwina z innymi kobietami.

Einstein nie był absolutnie zainteresowany powrotem do Niemiec. Gdyby to uczynił, zastałby morze zniszczeń. Podobnie jak niemal całe centrum Berlina, kamienica w Dzielnicy Bawarskiej, gdzie przedtem mieszkał, leżała w gruzach. Jego domek nad jeziorem w Caputh, które należało do sektora sowieckiego, został wywłaszczony. Oblicze większości niemieckich miast uległo diametralnym zmianom i wymagały one całych dekad odbudowy. Jednak najbardziej szokujący był bilans ofiar w ludziach. Naziści w sposób systematyczny wymordowali miliony Europejczyków, w tym sześć milionów Żydów. Kolejne miliony zginęły w następstwie działań wojennych. Niezliczone rzesze innych były bezdomne, okaleczone, owdowiałe, osierocone bądź ucierpiały w inny sposób. Uczony nigdy nie mógłby zapomnieć ani wybaczyć takich niewysłowionych okropności.

Pomimo wielkiego smutku i gniewu wznowił swoje prace nad jednolitą teorią pola. Wspólnie z Ernstem Strausem zajął się czymś, co nazwał „uogólnieniem relatywistycznej teorii grawitacji". Nieco podobnie jak u Schrödingera, obejmowało to manipulowanie koneksjami afinicznymi, które wiążą ze sobą punkty w czasoprzestrzeni, i obserwowanie, jaki wpływ mają te zmiany na równania pola. Projekt ten początkowo realizował na własną rękę, publikując swe wyniki w postaci artykułu, którego był jedynym autorem, ale popełnił błąd w obliczeniach, co skorygował Straus. W efekcie powstała wspólna praca, którą opublikowali w 1946 roku.

Einstein w żadnej mierze nie uważał, by jego próby stworzenia jednolitej teorii pola uwieńczone zostały sukcesem. W ostatniej dekadzie swojego życia stosował eklektyczne podejście, traktując rozmaite modyfikacje ogólnej teorii względności jako możliwości do rozważenia, a nie ostateczne słowo. Mimo to jego kolosalna sława gwarantowała, że praktycznie wszystko, co tylko wytworzył, niezależnie, jak bardzo miało to abstrakcyjny bądź szkicowy charakter, studiowane było uważnie przez grono chętnych odbiorców. Musiał także zmagać się z konkurencją – zwłaszcza ze strony pewnego starego kumpla rezydującego w Dublinie.

ROZDZIAŁ 7

FIZYKA WIZERUNKOWA

Nie lubię rodziny Stein!
Jest Gert, jest Ep i jest Ein.
Teksty Gert są nudne,
Posągi Epa zaś paskudne,
I nikt nie rozumie, co robi Ein.

– Autor nieznany, w: „Time", 10 lutego 1947 roku

Po zakończeniu wojny publiczny wizerunek Einsteina stał się zdecydowanie bardziej skomplikowany. Paradoksalnie zrzucenie bomb na Hiroszimę i Nagasaki w oczach opinii publicznej nierozerwalnie skojarzyło go z amerykańskim programem atomowym, pomimo iż nigdy nie uzyskał certyfikatu bezpieczeństwa wymaganego od badaczy uczestniczących w tajnych projektach militarnych. Fakt, że podczas wybuchu bomby jądrowej masa przemienia się w energię, sprawił, iż odtąd teoria względności wywoływała w umysłach ludzi obraz grzyba atomowego. (Nawet dzisiaj nieraz używana jest fraza, jakoby Einstein był „ojcem bomby atomowej"). Jeśli postrzegano go przed wojną jako geniusza, to jej rezultat ewidentnie nadał mu dodatkowo przymioty superbohatera.

Pokłosiem tego wizerunku była przedziwna plotka opublikowana 23 maja 1948 roku w popularnej rubryce gazetowej Waltera Winchella, zatytułowana *Naukowcy obserwują, jak blok stalowy ulega stopieniu przez wiązkę światła*. Winchell zapewniał miliony swoich czytelników, że Einstein wraz z dziesięcioma byłymi nazistowskimi naukowcami pracuje nad supermocnym promieniem śmierci. Według jego relacji: „Jedenastu naukowców (z Einsteinem na czele) nałożyło azbestowe kombinezony – i obserwowało wiązkę światła. (...) Stalowy blok – 20 na 20 cali – uległ stopieniu w czasie krótszym, niż zajmuje nam przekręcenie wyłącznika domowej lampy. Ta nowa tajna broń stosowana z samolotów umożliwi niszczenie całych miast"[158].

Według akt Einsteina w FBI, upublicznionych w ostatnich dziesięcioleciach na mocy ustawy o swobodnym dostępie do informacji, plotka ta została potraktowana na tyle poważnie, że doczekała się oficjalnego dementi ze strony amerykańskiego wywiadu wojskowego, które stwierdzało, iż „informacja ta nie ma żadnego pokrycia w faktach i (...) niemożliwe jest skonstruowanie takiego urządzenia, które raziłoby skutecznie na odległość większą niż kilka stóp"[159].

W aktach FBI Einsteina odnotowane są również obawy, że mógłby on zbiec do Związku Sowieckiego. Zapewne po części brały się one z przekonania, że zabrałby wtedy ze sobą starannie chronione jądrowe sekrety. Były jednak mocno przesadzone, zważywszy, iż Einstein nigdy nie został dopuszczony do udziału w amerykańskim programie atomowym i nie wiedział nic o szczegółach technicznych bomby.

Jak na ironię, ewidentnie poza wiedzą FBI, wielki fizyk miał romans z Rosjanką, Margaritą Konienkową, którą podejrzewano o to, że była szpiegiem. Spotkał Konienkową w 1935 roku, gdy jej mąż, uznany rzeźbiarz Siergiej Konienkow, wykonywał popiersie Einsteina na zamówienie Institute for Advanced Study, i w jakiś czas później nawiązał z nią bliską znajomość. Historycy dowiedzieli się o ich związku dopiero w 1998 roku, gdy na pewnej aukcji wypłynęły listy miłosne Einsteina do Konienkowej, datowane na 1945 i 1946 rok[160]. Jak gdyby antycypując obecny trend do tworzenia zbitek imion, na przykład „Brangelina" na określenie Brada Pitta i Angeliny Jolie, Albert i Margarita wymyślili dla siebie przydomek „Almar". Mniej więcej w tym samym czasie, kiedy ich listy stały się znane opinii publicznej, pewien były sowiecki szpieg utrzymywał, jakoby Konienkowa była kimś w rodzaju Maty Hari i miała za zadanie wydobycie od Einsteina tajników amerykańskiego programu atomowego. Wprawdzie istotnie przedstawiła go sowieckiemu wicekonsulowi w Nowym

Jorku, jednak jak dotąd nie ma żadnych poważnych dowodów, że była szpiegiem, nie mówiąc już o tym, by uwiódłszy go, wyciągnęła z niego jakiekolwiek tajne wojskowe informacje – których zresztą i tak nie posiadał. Na szczęście ówczesne tabloidy o niczym się nie dowiedziały; Einstein był już i tak wystarczająco nieufny wobec prasy.

Dla Einsteina przez cały czas większość tego, co wypisywała o nim prasa, była absurdalna. Zapytany raz w wywiadzie dla szwajcarskiej gazety o najbardziej odpowiednią lekturę dla młodych ludzi, udzielił odpowiedzi pokazującej, z jak wielką pogardą odnosił się do prasy: „Człowiek czytający wyłącznie gazety (...) przypomina mi skrajnego krótkowidza, który wstydzi się nosić okulary. Jest on całkowicie zdany na osądy i trendy swojego wieku, nie widząc i nie słysząc niczego innego”[161].

Nic wszakże nie przygotowało Einsteina na zalew zainteresowania, kiedy z Dublina nadeszła wieść, jakoby Schrödinger ubiegł go w wyścigu ku jednolitej teorii pola. Aby wyjaśnić nieporozumienia, zmuszony był osobiście stawić czoła dociekliwym dziennikarzom. Co najmniej część lawinowo rosnącej liczby doniesień prasowych napędzana była sytuacją, w jakiej znalazł się de Valera.

Wobec głębokiego kryzysu gospodarczego, jaki dotknął Irlandię, Dev miał nadzieję, że DIAS, założony przez niego Olimp mądrości, zajaśnieje pełnym blaskiem. Konieczne było, by Schrödinger, teraz czołowy gracz irlandzkiej nauki, zdobywał dla niej jak najwięcej punktów. „Irish Press”, tuba propagandowa rządu, czuła się w obowiązku dopingować rodzimą drużynę i triumfalnie obwieszczać jej sukcesy, gdyż opozycja polityczna tylko czekała na nadarzającą się okazję. Wypatrując skrzętnie jakichkolwiek potknięć, żądna była je natychmiast wykorzystać.

GASNĄCA GWIAZDA DEVA

W okresie powojennym, po ponad dziesięciu latach u władzy, gwiazda taoiseacha wyraźnie przygasła. Olbrzymie bezrobocie, racjonowanie żywności i emigracja przypominająca czasy głodu ziemniaczanego złożyły się na narastające poczucie, że nie ma on już na względzie trosk zwykłych ludzi. Fianna Fáil zaczęła tracić zwolenników na rzecz nowo powstałej partii socjaldemokratycznej Clann na Poblachta. Debaty w Dáilu stały się bardziej brutalne; deputowanych krytykujących politykę rządu trzeba było napominać, by zwracając się do de Valery, używali jego tytułu.

Premier zaś w dalszym ciągu angażował się mocno w DIAS. On i jego partia wciąż przytaczali powstanie Instytutu jako olbrzymie osiągnięcie pomimo braku dowodów na zrealizowanie założonego celu – uczynienia z niego ośrodka o międzynarodowym znaczeniu. Na przykład podczas wyborów powszechnych w Irlandii w 1948 roku założenie dublińskiego Instytutu partia zaliczyła do swych największych sukcesów[162].

Pośród niepokojów społecznych de Valera i dyrekcja DIAS postanowili rozszerzyć jego misję przez powołanie do życia Szkoły Fizyki Kosmicznej. Jakkolwiek dodawanie nowych obszarów badawczych przewidziane było w akcie założycielskim Instytutu, de Valera uświadomił sobie, że będzie musiał wystąpić do Dáilu o dodatkowe środki na nową szkołę. Ten zamach na skarb państwa w ciężkich czasach ściągnął na niego burzę głosów krytycznych. Podczas debaty parlamentarnej 13 lutego 1947 roku poseł James Dillon z Fine Gael, konsekwentny przeciwnik rządu de Valery, przeprowadził zajadły atak:

„Dochodzę do wniosku, że ma to na celu wyłącznie zapewnienie taniego i oszukańczego poklasku dla skompromitowanej administracji – perorował Dillon. – Pamiętam, jak w *Życiu de Valery* pisano, że polityka stanowi dla niego nieznośną mękę; że w istocie szczęście w jego mniemaniu polega na oderwaniu się od wszelkich spraw przyziemnych i możliwości swobodnego wędrowania po wysokich rejonach matematyki, gdzie mało kto jest w stanie mu towarzyszyć. I właśnie taki spektakl jest teraz naszym udziałem – on wraz z ekspertem od fizyki kosmicznej rezydującym przy Merrion Square bujają w kosmicznym eterze, podczas gdy ignoranci z partii Fine Gael, Clann na Talmhan i Partii Pracy zajmują się emerytami, krowami i innymi godnymi pogardy rozważaniami"[163].

Nie jest jasne, czy użyte przez Dillona określenie „ekspert od fizyki kosmicznej rezydujący przy Merrion Square" odnosiło się do Schrödingera czy do kogoś innego. Niezależnie od tego, kto oprócz de Valery mógł być celem jego przytyków, nie ulegało wątpliwości, że DIAS znalazł się pod ostrzałem z powodu swojej elitarności. Schrödinger stanął wobec ogromnej presji, by uzasadnić swoją szczególną pozycję i sowite wynagrodzenie pobierane w czasach dotkliwego niedostatku.

ASYMETRYCZNA KOMITYWA

Począwszy od wymiany zdań o mechanice falowej na początku lat dwudziestych XX wieku po ich wędrówki po okolicach Caputh pod koniec lat dwudziestych i dyskusje o filozofii kwantów w połowie lat trzydziestych, przyjaźń Einsteina i Schrödingera przez lata się pogłębiała. Ich korespondencja o jednolitej teorii pola na początku lat czterdziestych ujawniła wspólne zainteresowania, które jeszcze bardziej zbliżyły ich do siebie. Jednak czasem, w którym ich teoretyczne cele i metody były najbliższe, był niewątpliwie okres między styczniem 1946 roku a styczniem 1947 roku, kiedy każdy z nich próbował rozszerzyć ogólną teorię względności przez rezygnację z wymogów symetrii. Obaj dążyli wówczas do jedności prawie w tym samym duchu. Ich koncepcje różniły się jedynie w mniej istotnych szczegółach. W ciągu owego roku współpracowali ze sobą w niemal każdym możliwym sensie, z tym jedynym wyjątkiem, że nie opublikowali wspólnie żadnej pracy. Natomiast ich współpraca urwała się z dnia na dzień, gdy Schrödinger, częściowo pod wpływem presji, by dokonać czegoś dla Deva, ogłosił zwycięstwo nad Einsteinem w spektakularnym oświadczeniu na forum Akademii Królewskiej.

Dlaczego Schrödinger nagle zrezygnował ze współpracy i kontynuował badania na własną rękę? Chociaż ich zainteresowania teoretyczne się pokrywały, sytuacja życiowa obu była radykalnie odmienna. Einstein nie musiał dbać o to, by zadowolić swoich przełożonych. W tym czasie zarówno zarząd IAS w Princeton, jak i społeczność fizyków w ogóle traktowali go jako relikt – kogoś, kim można się pochwalić, a nie z kim tworzyć naukę – i on o tym wiedział. Nie musiał również się troszczyć o zapewnienie bytu swojej rodziny, jako że Elsa już dawno nie żyła. Jedynie jego własny wewnętrzny nadzorca nakazywał mu nie ustawać w poszukiwaniach.

Natomiast Schrödinger, słusznie czy nie, uważał, że wciąż musi się wykazywać, uzasadnić otrzymywane wynagrodzenie, a może nawet zasłużyć na podwyżkę. Wykład „Czym jest życie", omawiany przez międzynarodową prasę, podbudował jego pozycję. Dokonanie czegoś „w stylu Einsteina" umocniłoby ją jeszcze bardziej. Zatem skupił całą swoją uwagę na tym, co robi Einstein, i czy on sam może w tym albo pomóc, albo zrobić to lepiej. Zachowywał się niczym adept sztuk walki starannie obserwujący każdy ruch mistrza, usiłujący go naśladować i oczekujący, aż nadejdzie dzień, kiedy wreszcie uda mu się go pokonać.

Schrödinger nie miał przy tym bynajmniej makiawelicznych zamysłów. Był autentycznie zainteresowany poszukiwaniem jednolitej teorii, które było zadaniem na miarę jego matematycznego talentu. Ostatnią rzeczą, której by pragnął, było urażenie czy też zdradzenie Einsteina. Jakoś wyobrażał sobie, że uda mu się zaimponować Devowi i sponsorom Instytutu w taki sposób, iż Einstein nie będzie osobiście czuł się dotknięty. Nie zdawał sobie zupełnie sprawy, aż było za późno, że ogłaszając triumfalnie swój sukces, obrazi swojego przyjaciela i postawi go w trudnej sytuacji.

Prowadzona między nimi korespondencja pozwala prześledzić kolejne etapy rozwoju ich idei. 22 stycznia 1946 roku Einstein opisał Schrödingerowi w liście, jak uogólnić teorię względności przez zachowanie niesymetrycznych członów tensora metrycznego. Była to koncepcja, do której właśnie doszedł we współpracy ze Strausem. Przypomnijmy sobie, że tensor metryczny określa, jak mierzone są odległości w czasoprzestrzeni, stanowiąc uogólnienie twierdzenia Pitagorasa na przestrzenie zakrzywione. Można go zapisać w postaci macierzy 4×4 o szesnastu składowych. Normalnie, ze względu na symetrię, jedynie dziesięć z nich jest niezależnych. Jednakże Einstein postanowił zrezygnować z symetrii, przywracając samodzielny charakter pozostałych sześciu składowych. Jego motywem, aby tak postąpić, była chęć zapewnienia miejsca dla elektromagnetyzmu – podobnie jak w wypadku wcześniejszych prób z dodatkowym wymiarem.

Einstein zwrócił uwagę Schrödingerowi, że Pauli miał zastrzeżenia co do jego nowej metody. Pauliemu generalnie nie podobał się pomysł mieszania składowych symetrycznych i niesymetrycznych, gdyż uważał, że taki układ nie będzie się prawidłowo zachowywał podczas transformacji, a zatem nie może być układem fizycznym. Trawestując werset biblijny, Pauli powiedział kiedyś Weylowi: „Co Bóg rozłączył, człowiek niechaj na powrót nie łączy"[164].

„Pauli pokazał mi język", poskarżył się Einstein Schrödingerowi[165]. Nie było to nic nowego. Pauli niezwłocznie poddawał krytyce *każdą* metodę, jakiej próbował Einstein, i tak się niefortunnie składało, że zawsze miał rację. Ale może tym razem „bicz Boży" coś przeoczył? Einstein chciał, by Schrödinger coś mu poradził.

19 lutego Schrödinger odpisał, podając kilka sugestii. Pokazał, że można wyrazić tensor metryczny w taki sposób, iż „Pauli przestanie pokazywać język"[166]. Nalegał także, by Einstein uwzględnił pole mezonowe (oddziaływania silne), co uczyniłoby unifikację oddziaływań fizycznych bardziej kompletną.

Owo pole mezonowe okazało się kością niezgody między nimi. Einstein nie chciał komplikować sprawy przez dodanie kolejnego oddziaływania. Uważał, że wystarczy, jeśli stworzy matematycznie sensowną teorię grawitacji i elektromagnetyzmu, pozbawioną uprzykrzonych osobliwości. Dla Schrödingera zunifikowanie tylko dwóch z trzech znanych wówczas oddziaływań było dalece niewystarczające. Chciał zdobyć pełny tryplet, który będzie obejmował wszystkie znane siły. Przez całą wiosnę spierali się o tę kwestię, a każdy z nich upierał się przy swoim, nie ustępując ani na piędź.

Z kolei Schrödinger w pewnym momencie uznał, że Einstein obrał sobie nazbyt ambitny cel, porywając się na stworzenie wolnej od osobliwości teorii, która opisywałaby w pełni zachowanie się elektronów. Jak to miał w zwyczaju, do opisania swoich odczuć posłużył się metaforą zwierzęcą. „Wybrałeś się na grubego zwierza, jak mawiają Anglicy – pisał do Einsteina 24 marca. – Ty polujesz na lwy, tymczasem ja mówię o królikach"[167].

PODARUNEK OD BABKI DIABŁA

Pomimo odmiennego podejścia Einstein i Schrödinger stawali się sobie coraz bliżsi. 7 kwietnia Einstein zaczął swój list od serdecznego komplementu: „Ta korespondencja sprawia mi wielką przyjemność, ponieważ jesteś mi najbliższym bratem i twój umysł działa tak podobnie do mojego"[168].

Schrödinger czuł się podekscytowany i zaszczycony rolą tak bliskiego powiernika. Trudno sobie wyobrazić większą pochwałę dla fizyka niż stwierdzenie, że jego umysł działa jak u Einsteina. A już szczytem szczęścia jest przeczytanie tych słów w liście od samego wielkiego uczonego. Innym razem Einstein nazwał Schrödingera „sprytnym draniem", co jeszcze bardziej wbiło go w dumę.

W trakcie swego długiego dialogu, kiedy przesyłali sobie szczegółowe listy raz lub dwa w miesiącu, niejednokrotnie naigrawali się z przeszkód, na jakie się natykali. Kanwą jednego z takich żarcików był komentarz Einsteina do pewnego problemu matematycznego, jaki potrzebował rozwiązać. Nazwał go mianowicie „podarunkiem od babki diabła". Miał na myśli zły urok – dojmujące poczucie, że jest skazany na porażkę – lecz Schrödinger uznał to określenie za wielce zabawne.

W odpowiedzi Schrödinger opisał własne odczucia. „Już od dawna się tak serdecznie i na całe gardło nie uśmiałem, jak z «podarunku babki diabła» – wyznawał. – Albowiem wcześniej przedstawiłeś właśnie taką kalwarię, na jaką ja też się wspiąłem, tylko po to, by ostatecznie otrzymać coś, co było przypuszczalnie równie niezadowalające, jak Twój wynik"[169].

Einstein odpowiedział: „Twój ostatni list był nieopisanie interesujący. I bardzo przejęło mnie, że także poświęciłeś tyle uwagi «babce diabła»"[170].

Obaj fizycy wspólnie stawili czoła matematycznym demonom na lewo i prawo. Jeden z trapiących ich problemów dotyczył pojęcia niezmienniczości. Standardowa ogólna teoria względności miała tę idealną cechę, że proste transformacje, takie jak zmiana lub obrót układu odniesienia, nie wpływały na wyniki fizyczne. Jednakże niektóre rozszerzone jej wersje nie wykazywały takiej niezmienniczości. Jedne człony transformowały się inaczej niż inne. Coś takiego sprawia, że teoria jest ułomna. To tak, jak gdyby wziąć łatwy do prowadzenia samochód, dołączyć do niego przyczepę i liczyć na to, że gdy skręcimy w prawo, przyczepa również podąży w tym kierunku. W przeciwnym razie przyczepą zarzuci i przypuszczalnie się zerwie.

Pod koniec 1946 roku obaj fizycy tak się do siebie zbliżyli, że Schrödinger próbował namówić Einsteina, by przeniósł się do Irlandii, bo idealnie pracowałoby im się razem. Ten uprzejmie odmówił, pisząc: „Nie przesadza się starej rośliny do nowej doniczki"[171].

Gdzieś w styczniu 1947 roku Schrödinger dokonał czegoś, co uznał za ważny przełom. Znalazł oto prosty lagranżjan, który był zgodny z jego ogólną teorią unitarną i prowadził do równań pola dla grawitacji, elektromagnetyzmu i pola mezonowego – a przynajmniej tak mu się wydawało. Podekscytowany przygotował dla Akademii Królewskiej sprawozdanie, które wygłosił na jej posiedzeniu 27 stycznia.

MOWA ŻYCIA

Zima 1947 roku w Irlandii była wyjątkowo sroga. Przejmujące zimno i opady śniegu sprawiły, że występujące niedobory opału stały się jeszcze bardziej dotkliwe. Nic dziwnego, że popularność rządu gwałtownie spadła. Pod koniec stycznia w Dublinie zapanowały ujemne temperatury i zaczął padać lekki śnieg. Pogoda pogarszała się z dnia na dzień.

Pomimo leżącej na ziemi warstwy śniegu rowerzyści nadal brnęli przez ulice w centrum miasta. Schrödinger nie zrażał się pogodą, ponieważ miał misję do wypełnienia. Pedałując po Dawson Street, dużej arterii biegnącej równolegle do głównej ulicy Dublina, Grafton Street, dojechał do siedziby Akademii z „kluczem do Wszechświata" w zanadrzu – prostą kombinacją symboli, którą dałoby się wypisać nawet na znaczku pocztowym, a która jego zdaniem stanowiła lagranżjan reprezentujący wszystko, co istnieje we Wszechświecie; i wystarczy wstawić go do równań ruchu wymyślonych przez Hamiltona, by w magiczny sposób otrzymać wszystkie znane oddziaływania fizyczne.

Majestatyczny budynek z cegły przeniknięty był duchem Hamiltona. W 1852 roku, kiedy Akademia przeniosła się na Dawson Street, był on największym irlandzkim uczonym i stałym uczestnikiem jej posiedzeń. Będąc głęboko zainteresowany relacją między przestrzenią i czasem, był zafascynowany obserwacją, jak fizycy łączą je ze sobą w strukturze matematycznej swoich teorii. Jak się kiedyś wyraził: „Jeden czasu, trzy przestrzeni w ciąg symboli wszystko zmieni"[172].

Sala posiedzeń Akademii, zaprojektowana przez znanego architekta Fredericka Clarendona, była szczytem elegancji. Olbrzymie żyrandole zwisały z wysokich sufitów, uzupełniając przyćmione światło padające z wąskich okien usytuowanych nad balkonami. Przy ścianach stały półki wypakowane opasłymi tomami, przypominające członkom Akademii o wartości gromadzonej od stuleci wiedzy. Każda seria wykładów, starannie zachowana dla potomności w sprawozdaniach Akademii, dodawała kolejny tom do tej kolekcji.

Taoiseach zajął swoje miejsce na sali, wraz z około dwudziestoma innymi słuchaczami, wśród których byli studenci i profesorowie. Bez wątpienia był szczęśliwy, że może być tutaj, zamiast odpierać ataki rozjuszonej opozycji w Dáilu. Jego obecność praktycznie gwarantowała pełne zrelacjonowanie posiedzenia w prasie. Reporterzy z „Irish Press" i „Irish Times", którzy z przecieków wiedzieli, że posiedzenie może być godne uwagi, mieli oczy szeroko otwarte, niecierpliwie oczekując rewelacji.

Prezes Akademii, Thomas Percy Claude Kirkpatrick – lekarz, bibliofil i historyk medycyny – wstąpił na podium. On także przyjechał na rowerze, gdyż nie miał własnego samochodu. Kirkpatrick przedstawił nowego członka, hrabiego Rosse, oraz pierwszego mówcę, botanika Davida Webba, który poświęcił swój wykład pewnemu gatunkowi roślin, występującemu w Irlandii.

Następnie przyszła kolej na Schrödingera. Na sali zapanowała cisza i wszystkie oczy zwrócone były na austriackiego noblistę.

„Im bardziej zbliżamy się do prawdy, tym bardziej wszystko staje się proste – zaczął Schrödinger. – Przypadł mi zaszczyt wyłożenia państwu tutaj zgromadzonym zasadniczego zrębu afinicznej teorii pola, stanowiącej rozwiązanie utrzymującego się od trzydziestu lat problemu – jak wiarygodnie uogólnić wspaniałą teorię Einsteina z 1916 roku”[173].

Reporterzy skrupulatnie sporządzający notatki widzieli już w myślach wielkie nagłówki obwieszczające nową rewolucję naukową. Mieli tylko nadzieję, że uda im się zrozumieć z matematycznego zapisu wystarczająco wiele, by móc przekazać czytelnikom, na czym ona polega.

Schrödinger wyjaśnił, że Einstein i Eddington byli bardzo blisko właściwego lagranżjanu, który jest pierwiastkiem kwadratowym z wyznacznika tensora Ricciego wziętego ze znakiem ujemnym, ale dopiero on go faktycznie z powodzeniem zastosował (jak pamiętamy, tensor Ricciego opisuje krzywiznę czasoprzestrzeni, a wyznacznik jest pewnym sposobem zsumowania jego elementów). Wskazał, że zasadnicza różnica między wcześniejszymi próbami a tym, co on zrobił, polega na użyciu niesymetrycznej koneksji afinicznej. Niewymienieni z nazwiska koledzy próbowali mu to wyperswadować, ale on postawił na swoim.

Schrödinger posłużył się analogią zwierzęcą (swoją ulubioną) w celu uzasadnienia użycia koneksji afinicznej, która nie była symetryczna, a tym samym zawierała dodatkowe, niezależne składowe. „Człowiek chce, by wierzchowiec przeskoczył przeszkodę. Patrzy na niego i mówi: «Ten biedny koń ma cztery nogi. Będzie mu bardzo trudno skoordynować wszystkie cztery naraz. Już wiem, co zrobię. Nauczę go skakać w kolejnych etapach. Najpierw zwiążę mu tylne nogi i każę pokonać przeszkodę wyłącznie przy użyciu przednich. To będzie o wiele prostsze. A potem zobaczymy, może z czasem nauczy się używać wszystkich czterech nóg». Powyższe porównanie opisuje znakomicie całą sytuację. To biedactwo [koneksja afiniczna] miało tylne nogi związane przez wymóg symetrii, co pozbawiło je 24 z 64 stopni swobody. W rezultacie nie było w stanie skakać, wobec czego uznano, że nie nadaje się do niczego"[174].

Na zakończenie swojego wykładu Schrödinger poczynił szokującą zapowiedź, że jego teoria pozwoli wyjaśnić, dlaczego rotująca masa, taka jak Ziemia, ma pole magnetyczne. W porównaniu z 1943 rokiem jego ambicje ewidentnie wzrosły – od znalezienia przyczyn anomalii ziemskiego pola magnetycznego do wyjaśnienia samego pola. To ci dopiero fanfaronada w jego wykonaniu! Nie znał się w ogóle na geomagnetyzmie i najwyraźniej nie zdawał sobie sprawy, jak wielkich postępów w jego wyjaśnieniu dokonano przy użyciu modelu jądra Ziemi.

Na przykład w 1936 roku duńska geofizyk Inge Lehmann wykazała na podstawie analizy fal sejsmicznych, że Ziemia ma zarówno wewnętrzne, jak i zewnętrzne jądro. W 1940 roku amerykański geofizyk Francis Birch podał model magnetyzmu Ziemi oparty na założeniach dotyczących tego, jak zachowuje się żelazo w warunkach wysokiego ciśnienia, jakie panuje w jej wnętrzu. Model ten był dość prymitywny i mało dokładny, niemniej jednak stanowił sensowny punkt wyjścia dla dalszych badań ziemskiego magnetyzmu. W tym świetle próba wyjaśnienia geomagnetyzmu podjęta przez Schrödingera była nie tylko całkowicie chybiona, ale nawet nie brała zupełnie pod uwagę najnowszych dokonań w tej dziedzinie.

SMOK W ZIMIE

Po zakończeniu posiedzenia Akademii Schrödinger pospiesznie wskoczył na swój rower, usiłując ujść ciekawskim reporterom. Pedałował z trudem przez śnieg, omijając samochody tak szybko, jak tylko mógł.

Dziennikarze dopadli go dopiero w jego domu przy Kincora Road, gdzie wręczył im egzemplarze tekstu swojego wykładu, uzupełnione wyjaśnieniami napisanymi w języku przystępnym dla laików. Nie ulegało wątpliwości, że entuzjastyczne doniesienia lada moment się ukażą, nie tylko w kraju, ale i za granicą.

Materiały Schrödingera dla prasy, zatytułowane *Nowa teoria pola*, zawierały historyczny przegląd koncepcji cząstek i oddziaływań fizycznych, poczynając od starożytnych Greków, a na Einsteinie kończąc. Pokazał w nich, że nieustającym motywem była chęć opisania materii i oddziaływań przy użyciu geometrii. Stanowiło to doskonałe tło dla jego własnych dokonań. Owo kalendarium sugerowało, że logicznie rzecz biorąc, jest on następcą starożytnych Greków i Einsteina. Po przedstawieniu głównych zarysów swojej teorii zaznaczył wielokrotnie, że Einstein i Eddington stworzyliby ją już w latach dwudziestych, gdyby mieli bardziej otwarty umysł. Wspomniał o swoim przekonaniu, że niemal na pewno jest ona słuszna. Dowodem miały być testy pola magnetycznego Ziemi, które, jak sądził, mogą być wyjaśnione jedynie za jej pomocą.

„Irish Press" pisała następnego dnia o historycznym wystąpieniu Schrödingera, cytując jego słowa: „Teoria ta obejmuje absolutnie wszystko w dziedzinie fizyki". Oprócz streszczenia wykładu artykuł zawierał wywiad z uczonym, podczas którego poproszono go, by wyraził swą teorię w prostych słowach. Odparł na to, że „praktycznie niemożliwe jest uproszczenie tej teorii, tak by człowiek z ulicy był w stanie ją zrozumieć. Otwiera ona nowe perspektywy w dziedzinie fizyki pól. To jest właśnie coś, czym my, naukowcy, powinniśmy się zajmować, zamiast budowania bomb atomowych. Stanowi ona uogólnienie. Obecnie teoria Einsteina stała się jej szczególnym przypadkiem, podobnie jak kamień wyrzucony prosto do góry jest szczególnym przypadkiem ogólnej idei paraboli"[175].

Zapytany o odrzucenie przez Einsteina wcześniejszej wersji teorii, Schrödinger odpowiedział, że jest to dobry przykład dla młodych fizyków, iż nawet najbardziej genialni uczeni mogą się mylić. Innymi słowy, dał do zrozumienia, że miał odwagę, by nie przejmując się negatywną opinią Einsteina, podążać dalej własną drogą aż do uzyskania właściwego rozwiązania. Przyznając, że istniała możliwość, iż to on jest w błędzie, powiedział, że w takim wypadku wyszedłby na „skończonego durnia".

Międzynarodowe środki masowego przekazu szybko podchwyciły relację „Irish Press". Na przykład 31 stycznia „Christian Science Monitor" przytoczył deklarację Schrödingera, że ubiegł Einsteina na drodze ku jednolitej teorii pola i tym samym zakończył trwające od trzydziestu lat poszukiwania[176].

Po początkowym przypływie pewności siebie Schrödingera szybko naszły dokuczliwe myśli, jak jego brawura zostanie odebrana. Co pomyśli sobie Einstein, gdy się o tym wszystkim dowie? Niewątpliwie zrozumie okoliczności – atakowany zewsząd i dramatycznie niedofinansowany dubliński Institute for Advanced Studies; obecność wśród słuchaczy de Valery, na którym musiał wywrzeć odpowiednie wrażenie; nękający nieustannie reporterzy. W końcu to był tylko naukowy wykład skierowany do środowiska akademickiego – dopiero prasa nadała mu taki rozgłos. Oto niektóre z argumentów, jakie Schrödinger wymyślił na usprawiedliwienie swojego postępowania.

3 lutego Schrödinger napisał list do Einsteina, w którym objaśniał swoje nowe wyniki i uczulał go na zaistniałą sytuację. Ostrzegając wielkiego fizyka, że zapewne wkrótce dopadną go dziennikarze z pytaniami o jego opinię o nowej teorii, dodał coś na kształt przeprosin. Stan płac i emerytur w dublińskim IAS, wyjaśniał, był tak fatalny, że musiał chwalić się nieco ponad miarę, aby zwrócono większą uwagę na Instytut. Innymi słowy, podkoloryzował do pewnego stopnia znaczenie swoich wyników, by zapewnić rozgłos tak potrzebny złaknionej gotówki instytucji.

Pod koniec swojego listu Schrödinger zastanawiał się, co zrobi, jeśli jego oparty na wyznaczniku lagranżjan okaże się błędny. „Kładę się spać z wyznacznikiem i wstaję z nim – pisał. – Po prostu nie ma niczego innego, co byłoby sensowne. (...) Jeśli się mylę, to uznam, że jestem iguanodonem, powiem: «Zimno, zimno, zimno», i wetknę głowę w śnieg"[177].

Schrödinger wyjaśnił Einsteinowi, że iguanodon to zwierzę występujące w utworze Kurda Lasswitza. Jakkolwiek na tym poprzestał, przyjrzyjmy się, o co mu chodziło. Lasswitz był uznanym autorem fantastyki naukowej. W jego powieści *Homchen – Ein Tiermärchen aus der oberen Kreide* (Homchen – opowieść o zwierzętach z epoki późnej kredy) iguanodon jest długoszyim smokiem z czasów prehistorycznych, który żyje w gęstych paprociach, przyzwyczajony, by grzać się w promieniach słonecznych. Pewnego dnia z niepokojem stwierdza, że panuje przeraźliwe zimno. Wychyla szyję ze swojego legowiska, ale szybko chowa ją z powrotem i mruczy pod nosem: „Zimno, zimno, zimno". Ponieważ nastąpiło ochłodzenie klimatu, pozostaje bez śniadania dopóty, dopóki znów się nie ociepli. Kto wie, jak długo będzie musiał czekać?

W istocie owej mroźnej zimy 1947 roku Schrödinger był niczym smok, który głośno zaryczał, lecz potem musiał wycofać się do swojej jamy. Płomienie jego buńczucznych oświadczeń spaliły relacje z jednym z najbliższych przyjaciół. Nadzieje na dalsze wspólne zgłębianie jednolitych teorii pola poszły z dymem. Einstein na razie przestał odpowiadać na jego listy. Tak, jak się tego obawiał, Schrödinger znalazł się tam, gdzie było „zimno, zimno, zimno".

OBRAŻANIE DUBLINA

Jedno z doniesień międzynarodowej prasy zostało zauważone w Dublinie i mocno uraziło jego dumę. Pod rządami de Valery bowiem stolica podejmowała wysiłki, by uchodzić za ważny ośrodek badań naukowych. Tymczasem artykuł opublikowany 10 lutego w „Time" nie tylko nie zauważał tych starań, lecz wręcz odmalowywał to miasto jako przeciwieństwo centrum życia umysłowego. Zaczynał się on następująco: „W ubiegłym tygodniu z tak mało znaczącego pod względem osiągnięć naukowych miejsca jak Dublin nadeszły wiadomości o człowieku, który nie tylko rozumie Einsteina, ale i wysforował się niczym Banderzwierz daleko do przodu (jak sam twierdzi) w mglistą, elektromagnetyczną nieskończoność. (...) Jeśli tak jest faktycznie, to zaliczył naukowego wielkiego szlema"[178]. U góry strony zamieszczono proponowany przez Schrödingera lagranżjan i związane z nim formuły wraz z dopiskiem, że „dla laika wygląda to na niezrozumiałe bazgroły".

Lekceważące potraktowanie irlandzkiej nauki przez reportera zauważone zostało przez urodzonego w Dublinie matematyka Johna Lightona Synge'a, wówczas profesora w Instytucie Technicznym Carnegie w Pittsburghu, który wystosował list do redaktora naczelnego, opublikowany 3 marca, wzywający go do zamieszczenia sprostowania i podkreślający, że z Dublina pochodził chociażby Hamilton[179].

Zamiast uznać podany przez Synge'a przykład słynnego dublińskiego uczonego, redaktor naczelny odwołał się do argumentów *ad personam*. W odpowiedzi na list wskazał mianowicie na stryja uczonego, dramaturga Johna Millingtona Synge'a, jako przykład, że Dublin powinien być kojarzony z literatami, a nie naukowcami. „Niechaj Wielki Dubliński Matematyk Synge ma na uwadze wielkie duchy tego miasta (wśród nich swojego stryja, autora *The Playboy of the Western World*) i przyzna, że Dublin jest miastem pisarzy".

Synge'owi niewątpliwie zależało na tym, by zdystansować się od stryja i wyjaśnić, że z Dublinem związani są utalentowani ludzie wielu różnych profesji. Odpowiedź redaktora naczelnego świadczy o tym, jak ciężko jest walczyć ze stereotypami.

Warto dodać, że w rok później Synge został mianowany członkiem dublińskiego Institute for Advanced Studies i pracował potem przez wiele lat u boku Schrödingera, wnosząc na tyle znaczący wkład do badań ogólnej teorii względności, że autor jego biografii nazwał go „bez wątpienia największym irlandzkim matematykiem i fizykiem teoretycznym od czasów Hamiltona"[180].

Irlandzka prasa odnotowała debatę o naukowym charakterze Dublina, przy czym „Irish Times" określił Synge'a mianem „genialnego matematyka"[181]. Inna tamtejsza gazeta, „Tuam Herald", wspomniała o sporze w parlamencie o Szkołę Fizyki Kosmicznej. Po przytoczeniu artykułu z „Time" z komentarzem Synge'a zakończyła: „Postawa niektórych naszych deputowanych podczas niedawnej debaty w Dáilu na temat Szkoły Fizyki Kosmicznej daje wiele do myślenia"[182].

W istocie dyskusje po obu stronach Atlantyku o tym, czy Dublin jest czy nie jest „naukowy", pokazują siłę błędnych przekonań, którym de Valera chciał się właśnie przeciwstawić, zakładając DIAS i sprowadzając Schrödingera. Pomimo wszystkich jego wysiłków wygląda na to, że nie osiągnął jednak swojego celu, by doprowadzić do uznania odrodzenia irlandzkiej nauki na całym świecie.

RIPOSTA EINSTEINA

Naturalnie opinia publiczna była zainteresowana tym, co ojciec teorii względności sam uważa; czy czuje, że ktoś go ubiegł w jego dążeniu do unifikacji, czy też nie. William Laurence, korespondent „New York Timesa", który wielokrotnie pisał o Einsteinie w ostatnim okresie jego życia, wysłał mu egzemplarz pracy Schrödingera i wspomniane materiały dla prasy, by wysondować jego reakcję. Pracę tę przesłał jednocześnie Eugene'owi Wignerowi, Robertowi Oppenheimerowi i innym wybitnym fizykom. W liście do Einsteina Laurence napisał: „Jeśli po przejrzeniu tych papierów uzna Pan, że zgadza się z dr. Schrödingerem, byłbym głęboko zobowiązany, gdybym mógł otrzymać od Pana oświadczenie, że tak właśnie jest"[183].

„Times" opublikował trzy artykuły o domniemanym przełomie, wraz z wypowiedzią Einsteina, że „odmawia komentarza" (jak się okazało, do czasu)[184]. Drugi artykuł, opisujący wystąpienie Schrödingera, opatrzony był tytułem: *Teoria Einsteina podobno uogólniona: naukowiec z Dublina twierdzi, że sformułował jednolitą teorię pola poszukiwaną od 30 lat*[185]. W trzecim artykule zaznaczono, że jakkolwiek Schrödinger może mieć rację, jest on „świadom czekających go po drodze pułapek"[186].

Wkrótce potem agencja prasowa Overseas News Agency niezależnie przesłała Einsteinowi artykuł Schrödingera. Sypiąc sól na ranę, jej dyrektor zarządzający Jacob Landau analogicznie zapytał go o opinię na temat „zalet teorii i jej konsekwencji"[187].

Sądząc po reakcji Einsteina, był on wręcz wściekły. Z pomocą Strausa ułożył własne oświadczenie dla prasy. Choć jego początek utrzymany był w neutralnym, naukowym tonie, pod koniec staje się on uszczypliwy. Einstein pisał: „Fundamenty fizyki teoretycznej nie są na razie ustalone. Dążymy do tego, by znaleźć najpierw użyteczną (logicznie prostą) jej podstawę. Laik naturalnie skłonny jest sądzić, że rozwój dokonuje się w taki sposób, że podstawa ta wyprowadzana jest z faktów empirycznych drogą kolejnych uogólnień (abstrahowania). Tak jednak wcale nie jest".

Wyjaśniwszy, że teoria Schrödingera jest po prostu matematyczną wprawką (i to nieszczególnie udaną), a nie realnym fizycznym rezultatem, Einstein na zakończenie połajał prasę: „Podobne komunikaty pełne sensacyjnych określeń wyrabiają u ludzi, którzy nie mają na co dzień do czynienia z nauką, mylne pojęcie o tym, jak naprawdę przebiegają badania naukowe. Czytelnik odnosi wrażenie, iż w nauce co pięć minut dokonuje się kolejna rewolucja, coś na podobieństwo zamachu stanu w małych niestabilnych państwach. W rzeczywistości w nauce teoretycznej mamy do czynienia z ciągłym procesem rozwoju, do którego najlepsze umysły kolejnych pokoleń wnoszą swój wkład uzyskany niestrudzonym wysiłkiem, i tak powoli dochodzimy do głębszego pojmowania praw przyrody. Rzetelne dziennikarstwo powinno oddać sprawiedliwość takiemu właśnie charakterowi pracy naukowej"[188].

Komentarz Einsteina dotyczący opisywania przez prasę badań naukowych był trafny. Niemniej jednak stosował się również do tego, jak relacjonowane były jego własne próby sformułowania jednolitej teorii pola, które niejednokrotnie traktowano jako wielkie przełomy, a nie kolejne etapy badań. Na przykład podczas szumu medialnego, jaki wywołała w 1929 roku jego koncepcja teleparalelizmu, zamiast ucinania spekulacji, Einstein jeszcze bardziej je podsycał swymi publicznymi wypowiedziami o jej wielkim znaczeniu.

Gdy krytyczna odpowiedź Einsteina została opublikowana w wydawanym w Waszyngtonie dzienniku „Pathfinder", jak również w „Irish Press", Schrödinger wydał własne oświadczenie dla prasy, sprowadzając wszystko do problemu wolności akademickiej: „Niewątpliwie profesor Einstein jest ostatnim człowiekiem, który kwestionowałby prawo akademika do przedstawiania wyników swoich badań na forum Akademii i swobodnego wyrażania swojej opinii"[189].

Jak wspominała Anny, była nawet mowa o drodze sądowej, przy czym każda ze stron zamierzała oskarżyć drugą o plagiat. Pauli, dowiedziawszy się o tym, postanowił podjąć się mediacji. Ostrzegł adwersarzy, że ewentualny proces byłby bardzo niekorzystny wizerunkowo. „Poza tym – stwierdził – tak naprawdę nie widzę, po co cała ta afera. Ta teoria jest kiepska. Gdybyście w jakikolwiek sposób powiązali z nią *moje* nazwisko, wówczas ja miałbym pełne prawo pozwać *was*"[190].

Schrödinger szybko doszedł do wniosku, że kontynuowanie sporu byłoby nierozsądne. Już miał wystarczająco dużo kłopotu ze swoim przyjacielem i sprawy wymknęły się spod kontroli. Zaczął nazywać cały ten incydent *Die Einstein Schweinerei* (świństwem Einsteina).

Pomimo iż sam Schrödinger dał za wygraną, pewien satyryk zdecydował się go zastąpić. Kryjąc się pod pseudonimem Brian O'Nolan, napisał zjadliwy felieton zarzucający Einsteinowi snobizm. „Czy wiecie, że mi się ta jego mowa w ogóle nie podobała? – komentował. – Przede wszystkim to przywdziewanie druidycznych szat, o czym świadczył szyderczy uśmieszek na wstępie. (...) Ja jestem, zaiste, *laikiem*. A laik jest *z natury* skłonny myśleć sobie coś całkiem głupiego, [na przykład] że złoto rośnie na drzewach. (...) To jest tylko nadużycie, nic więcej"[191].

Podobnie jak Schrödinger, Einstein powstrzymał się od dalszych zaczepek (nie zareagował też w żaden sposób na artykuł O'Nolana; przypuszczalnie nawet o nim w ogóle nie wiedział). Jednak dopiero po upływie kolejnych trzech lat podjął na nowo korespondencję ze swoim starym przyjacielem.

KAMIENIE MILOWE

W 1948 roku John Wheeler, fizyk z Princeton, który mieszkał nieopodal Einsteina i często go odwiedzał, przyniósł mu ekscytujące nowiny. Otóż jego błyskotliwy uczeń Richard Feynman wynalazł jedyne w swoim rodzaju podejście do mechaniki kwantowej, zwane „sumowaniem po historiach", stanowiące uogólnienie zasady najmniejszego działania Hamiltona, które pozwalało na badanie, jak fotony przekazywane są pomiędzy elektronami i innymi cząstkami naładowanymi elektrycznie, dając początek oddziaływaniom elektromagnetycznym. W tym procesie foton odgrywa rolę tak zwanej cząstki wymiany, której istnienie wymagane jest przez teorię cechowania elektromagnetyzmu Weyla. Feynman wykazał, że w odróżnieniu od mechaniki klasycznej, w której cząstki poruszają się po ściśle określonych trajektoriach, w procesach kwantowych na końcowy rezultat składają się wszystkie możliwe trajektorie wzięte z wagami odpowiadającymi wartościom prawdopodobieństwa każdej z nich.

Łatwiej zrozumiemy różnicę między mechaniką klasyczną a sumowaniem po historiach u Feynmana, jeśli posłużymy się analogią, w której mamy chłopca w wysokich butach wracającego piechotą ze szkoły do domu. Przypuśćmy, że ma on wybór między trzema możliwymi drogami: najkrótszą po piasku, nieco dłuższą przez błoto i jeszcze dłuższą po żwirze. W mechanice klasycznej obrałby najszybszą drogę, a zatem jego buty byłyby zapiaszczone. Porównajmy to z wersją kwantową, w której stan końcowy jest rezultatem sumowania po historiach. W tym wypadku miałby na butach oprócz dużej ilości piasku również sporo błota i nieco żwiru. Wyglądałoby to na to, że podążał wszystkimi trzema drogami naraz, choć w jakiś dziwny sposób „większość jego" wybrała drogę najszybszą.

Początkowo wielki problem w metodzie Feynmana stanowiło występowanie niepożądanych członów nieskończonych. Jednakże on sam – i niezależnie od niego fizycy Julian Schwinger i Shin'ichirō

Tomonaga – znalazł sposób na wyeliminowanie tych nieskończoności przez zastosowanie procedury zwanej „renormalizacją", która polega na uszeregowaniu członów w taki sposób, że przy sumowaniu znoszą się wzajemnie, pozostawiając skończony wynik.

Teoretyczne dokonania Feynmana, Schwingera i Tomonagi, nazwane elektrodynamiką kwantową (QED), otworzyły drogę do lepszego zrozumienia wzajemnych oddziaływań cząstek. Choć ich metody dotyczyły początkowo tylko oddziaływań elektromagnetycznych, później zmodyfikowano je tak, by charakteryzowały także słabe i silne oddziaływania jądrowe. Stanowiło to decydujący krok na drodze ku standardowemu modelowi oddziaływań, umożliwiającemu wyjaśnienie elektromagnetyzmu oraz oddziaływań słabych i silnych w ramach jednolitego opisu.

Dla Einsteina tego rodzaju rozwiązania teoretyczne nie były interesujące. Jak wspominał Wheeler, koncepcja sumowania po historiach wysunięta przez Feynmana nie wywarła na nim większego wrażenia. Powodem było to, że opierała się na prawdopodobieństwie. „Nie jestem w stanie uwierzyć, by Pan Bóg grał w kości – powiedział Einstein Wheelerowi – ale chyba zasłużyłem sobie, by mieć prawo mylić się na własny rachunek"[192].

Tego roku Schrödinger (wraz z Anny) uzyskał obywatelstwo irlandzkie. Był on ze wszech miar zadowolony ze swej przybranej ojczyzny, nie licząc tęsknoty za austriackimi górami – oraz, rzecz jasna, za Hilde i Ruth. Jedynym szkopułem było to, że jego mecenas przestał być taoiseachem. Dev został zmuszony do ustąpienia po wyborach w lutym 1948 roku, gdy partie opozycyjne zdołały utworzyć koalicję parlamentarną, która odsunęła Fianna Fáil od władzy. Ta zmiana ekipy rządzącej dowodziła, że irlandzka demokracja ma się dobrze. Wkrótce Irlandia oficjalnie stała się republiką – którą *de facto* była od drugiej połowy lat trzydziestych XX wieku.

Na przełomie 1948 i 1949 roku, na ponad trzy miesiące przed swoimi siedemdziesiątymi urodzinami, Einstein wymagał operacji brzucha. Po przyjęciu do Brooklyn Jewish Hospital w sylwestra został zoperowany, a następnie przez szereg dni odpoczywał. Gdy opuszczał szpital tylnym wyjściem, obległy go hordy paparazzich, prosząc, by im pozował do zdjęć. Ostro odmówił, krzycząc: „Nie! Nie! Nie!”[193]. Ale fotografowie nadal nie chcieli dać mu spokoju i ostatecznie musiał wezwać policję, by go eskortowała.

Jednym z głównych punktów obchodów urodzin Einsteina owego roku była wizyta u niego grupy dzieci pozbawionych domu przez wojnę, wśród których była jego daleka krewna, jedenastoletnia Elizabeth Kerzek. Towarzyszył im William Rosenwald, prezes organizacji United Jewish Appeal, który obiecał uczonemu, że dołoży starań, by do końca roku znaleźć wszystkim tym młodym uchodźcom nowy dom. Sam będąc uchodźcą, Einstein zawsze zabiegał o to, by wszystkim uchodźcom z Europy zapewnić możliwości zamieszkania i pracy oraz pisał niezliczone listy poparcia dla tego rodzaju wysiłków.

Institute for Advanced Study, kierowany w owym czasie przez Oppenheimera, który objął to stanowisko pod koniec wojny, uhonorował swego najsłynniejszego uczonego, organizując wspólnie z Uniwersytetem Princeton konferencję, która zgromadziła wielu uczestników. Jednym z wielu wybitnych badaczy składających Einsteinowi wyrazy uznania był Weyl, który już dawno zarzucił próby unifikacji na rzecz czystej matematyki. Fizycy zaczęli stosować jego teorię cechowania do świata cząstek ze znakomitymi rezultatami.

Bohr nie mógł wziąć udziału w konferencji, lecz przesłał nagrane życzenia. Jego dialog z Einsteinem dawał mu satysfakcję, odkąd zaczął go postrzegać jako coś w rodzaju „próby ogniowej” dla paradoksalnych aspektów mechaniki kwantowej. Uważał, że odpowiedzi jego i innych badaczy na trafiające w samo sedno pytania Einsteina znacząco przyczyniały się do umocnienia filozofii kwantów.

Inny mówca, fizyk I.I. Rabi, snuł prognozy, że wpływ grawitacji na zegary atomowe zostanie precyzyjnie wykazany, zanim Einstein skończy 80 lat. W istocie niewiele się pomylił. Jakkolwiek jubilat nie dożył tego wieku, w 1959 roku, kiedy stuknęłaby mu osiemdziesiątka, Robert

Pound, fizyk z Harvardu, wraz ze swym uczniem Glenem Rebką przeprowadził eksperymenty, w których udało mu się zmierzyć grawitacyjne przesunięcie ku czerwieni – wynikającą z ogólnej teorii względności zmianę częstotliwości światła w polu grawitacyjnym. Stanowiło to kolejny triumf teorii Einsteina.

Innym uczestnikiem konferencji wychwalającym Einsteina był Wigner, który w późniejszych latach zainteresował się bliżej paradoksalnymi aspektami mechaniki kwantowej, analizując eksperymenty myślowe, takie jak EPR i kot Schrödingera. Wymyślony przez niego paradoks „przyjaciela Wignera" rozszerzał dylemat z kotem przez wyobrażenie sobie przyjaciela, który wprawdzie otwiera pojemnik i widzi, co stało się ze zwierzakiem, ale zachowuje to dla siebie. Wigner zadał pytanie, czy w takim wypadku, z perspektywy zewnętrznego obserwatora, jego przyjaciel dopóty będzie znajdował się w kombinacji stanów szoku i ulgi, dopóki nie zakomunikuje komuś wyniku swojej obserwacji. Ten eksperyment myślowy jeszcze bardziej unaoczniał rolę świadomego podmiotu w ortodoksyjnej interpretacji mechaniki kwantowej.

Prasa również zamieszczała peany na cześć Einsteina, podkreślając, że nie ustaje on w swych poszukiwaniach prawdy o Wszechświecie. „New York Times" trafnie stwierdził, że „do końca swoich dni będzie starał się znaleźć (...) wszechobejmującą ideę, która połączyłaby zarówno grawitację, elektromagnetyzm, jak i olbrzymie siły spajające Wszechświat działające wewnątrz jąder atomów w ramach jednego fundamentalnego prawa"[194].

Pod koniec roku Einstein znów był przekonany, że lada moment jego dążenia zostaną uwieńczone sukcesem. Ten siedemdziesięciolatek wciąż miał zdolność rozpalania wyobraźni świata. Po raz kolejny to on, a nie jego konkurenci, znalazł się w świetle reflektorów.

ROZDZIAŁ 8

OSTATNI WALC – EINSTEIN I SCHRÖDINGER U SCHYŁKU SWOICH DNI

Człowiek sam nie uświadamia sobie tego, co jest istotne w jego życiu, i z pewnością nie obchodzi to innych. (...) To, co gorzkie, i to, co słodkie, bierze się z zewnątrz, a to, co trudne, z wewnątrz, z naszego własnego wysiłku. Przez większość czasu zajmuję się tym, co leży w mojej naturze, i doprawdy jest dla mnie czymś krępującym, że zyskuje to mi tyle szacunku i miłości. (...) Żyję w samotności, która bardzo dokucza w młodych latach, jest wszakże błogosławieństwem dla człowieka dojrzałego.

– Albert Einstein, *Autoportret*

Miesiące poprzedzające swoje siedemdziesiąte pierwsze urodziny Einstein spędził w mniej więcej taki sam sposób jak przed pięćdziesiątymi urodzinami – prezentując i promując nową teorię unifikacji. Z tej okazji wydawnictwo Princeton University Press postanowiło opublikować w marcu 1950 roku kolejne, zmienione wydanie *Istoty teorii względności*, książki opartej na wykładach na ten temat wygłoszonych przez niego na Uniwersytecie Princeton w maju 1921 roku. Ta zaktualizowana wersja zawierała aneks, w którym Einstein wyjaśniał przystępnie swoją „uogólnioną teorię grawitacji".

Ostatnią rzeczą, jakiej uczony pragnął przy tej okazji, była kolejna niepotrzebna scysja medialna. Nie musiał przejmować się Schrödingerem, który spokorniał i zachowywał się bez zarzutu. Strapiony bez wątpienia milczeniem, jakie zapadło między nimi, Schrödinger uświadomił sobie, jak głupie z jego strony było narażanie przyjaźni dla ulotnej szansy na chwałę. A jednak Einsteinowi nie udało się uniknąć kontrowersji.

Wybuchł zakulisowy spór dotyczący przedwczesnego ujawnienia nowych materiałów.

Datus Smith i Herbert Bailey, odpowiednio dyrektor i redaktor naczelny Princeton University Press, mieli starannie opracowany harmonogram prezentacji najnowszej teorii Einsteina. Zaplanowali wydać komunikat dla prasy w lutym, gdy dostępna już będzie nowa książka. Czytelnicy mieli się dowiedzieć o rzekomo przełomowej nowej wizji, kupując książkę i zaglądając do jej aneksu.

Jednakże około Bożego Narodzenia 1949 roku Smith i Bailey odkryli, że Einstein umówił się niezależnie z „Scientific American" na publikację napisanego przez siebie materiału o uogólnionej teorii. „Scientific American" zamierzał to niebawem ogłosić. Ostatnią rzeczą, której pragnęli obaj wydawcy, było, by ludzie przeczytali ten artykuł zamiast książki, wobec czego zdecydowali się przyspieszyć jej premierę.

Krótko po zorganizowanej przez siebie konferencji prasowej ze zdumieniem przeczytali w numerze „Life" z 9 stycznia artykuł napisany przez Lincolna Barnetta, autora świeżo wydanej książki pod tytułem *The Universe and Dr. Einstein* (Wszechświat i dr Einstein)[195]. W tekście tym nie tylko objaśniał on uogólnioną teorię Einsteina językiem dostępnym dla laika, tym samym uprzedzając zaplanowany aneks, ale i nie wspominał ani słowem o nowej edycji Princeton University Press, dając wręcz do zrozumienia, że teoria została już wydana drukiem. Była to po części prawda, gdyż Einstein publikował jej wcześniejsze wersje, ale od tego czasu istotnie ją zmodyfikował. Smith i Bailey obawiali się, że czytelnicy będą zdezorientowani i w konsekwencji książka przejdzie bez echa.

Gdy Smith wystosował do niego utrzymane w gniewnym tonie pismo wytykające brak wzmianki o nowej książce, Barnett w odpowiedzi usprawiedliwiał się, że pominięcie to nie było zamierzone[196]. Chciał, by „Life" ubiegł „Scientific American" w walce o temat, który uznał za sensacyjny. Co więcej, powziął informację o nowej teorii Einsteina niezależnie, na konferencji Amerykańskiego Stowarzyszenia na rzecz Rozwoju Nauki (American Association for the Advancement of Science), gdzie wystawione było wydanie jednej ze wcześniejszych wersji. Na koniec zapewnił, że „Life" jeszcze nie raz napisze o tej teorii i nie omieszka wtedy powołać się na książkę. Smith uznał to za rozsądne wytłumaczenie i przyjął przeprosiny[197].

Na domiar złego, aby jeszcze bardziej skomplikować Smithowi i Baileyowi życie, mniej więcej w tym samym czasie Einstein zadzwonił do nich i powiedział, że równania jego uogólnionej teorii da się wyrazić w prostszej postaci. Nalegał, by wstrzymali proces wydawniczy książki, dopóki nie wprowadzi odpowiednich zmian do aneksu, który musiał być jeszcze przetłumaczony z niemieckiego na angielski przez żonę Bargmanna, Sonję. Wydawcy przystali na to, choć niewątpliwie ponieśli w konsekwencji dodatkowe koszty. To był przecież Einstein, co mogli zatem innego zrobić? Już po wydrukowaniu książki Einstein znalazł kilka błędów w swoich obliczeniach, które zostały poprawione w erracie dołączonej do każdego egzemplarza.

W całej tej historii warto wspomnieć jeszcze jeden incydent. W połowie stycznia Einstein otrzymał list od niejakiej Frances Hagemann z miejscowości Maplewood w stanie New Jersey, która utrzymywała, że sformułowanie użyte w artykule w „Life": „jednolity harmonijny gmach kosmicznych praw" stanowi jej własność chronioną prawami autorskimi, a on ukradł je za pośrednictwem Komisji Energii Atomowej.

„To jest ostrzeżenie, abyś trzymał pan ręce z dala od mojej własności – pisała. – Nie przeczytałam jeszcze pańskiej książki, ale gdy to uczynię, jeśli znajdę w niej jakiekolwiek naruszenie moich praw autorskich, będę pana ścigała sądownie z pełną mocą prawa"[198].

Przesłała także kopię tego listu do Baileya, który odpisał jej, wyjaśniając, że inkryminowane wyrażenie pochodziło od redakcji „Life", a nie od Einsteina[199]. Hagemann nie dała za wygraną i urażonym tonem odpowiedziała Baileyowi, z kopią dla Einsteina, że ochronie prawnej podlegają jej idee, a nie tylko słowa[200]. Brak dokumentów, które świadczyłyby o tym, że kiedykolwiek formalnie złożyła skargę do sądu.

Wieść o teorii dotarła także do międzynarodowej prasy. W „Irish Times" pewien reporter miał za złe, że większość ludzi nie jest na tyle wykształcona, by zrozumieć nową teorię Einsteina, poza kilkoma tęgimi głowami w rodzaju Schrödingera. Dziennikarz pisał: „Niestety dr Einstein jest w tej dziedzinie zupełnie osamotniony i zaledwie garstka ludzi z innych części świata jest w stanie choćby wspiąć się i zerknąć za mur, jaki ją otacza. (...) Irlandia jest w tym fortunnym położeniu, że jeden z jej obywateli, dr Schrödinger, należy do wybrańców, którzy potrafią zrozumieć, a co więcej, wytłumaczyć niektóre aspekty nowej teorii"[201].

„New York Times" wychwalał nową teorię jako „najważniejsze osiągnięcie" Einsteina. „Jego najnowsza intelektualna synteza – spekulował – być może odsłoni przed człowiekiem wielkie, niewyobrażalne wprost siły, dotychczas ukryte przed jego wzrokiem"[202].

Jest rzeczą doprawdy zadziwiającą, że w siedemdziesiątym pierwszym roku życia Einsteina, ponad ćwierć wieku po jego ostatniej przełomowej publikacji, zaproponowany przez niego zestaw równań unifikacyjnych, które nie przeszły żadnego testu empirycznego, wywołał taką sensację. Każda teoria Einsteina, niezależnie od tego, czy wiarygodna, była niczym słodki nektar dla roju reporterów i domorosłych fizyków, którzy hurmem rzucali się, by choć odrobinę poczuć jej smak – i niekiedy dochodziło przy tym do gwałtownych przepychanek.

Natomiast z punktu widzenia fizyków należących do głównego nurtu kolejne próby unifikacji podejmowane przez Einsteina były coraz bardziej absurdalne, gdyż pomijały znaczną część znanego świata cząstek. W danych z obserwacji promieniowania kosmicznego odkryto całe mnóstwo nowych składników subatomowych, takich jak miony, piony i kaony, a Einstein w swych teoriach nawet nie próbował ich wyjaśnić, konsekwentnie ignorując też istnienie oddziaływań jądrowych.

Robert Oppenheimer, na przykład, choć bardzo lubił Einsteina i darzył ogromnym szacunkiem jego wcześniejsze, przełomowe dokonania, to, czym aktualnie się on zajmował, uważał za bezużyteczne i pozbawione większego sensu. Pisał: „Sądzę, że było jasne (...) iż jego teoria ma ograniczony charakter, nie obejmując poważnej części tego, co było już wtedy wiadome fizykom, a czego praktycznie nie znano w czasach studenckich Einsteina. Zatem podejście to było stanowczo zbyt zawężone i uwarunkowane historycznymi zaszłościami. Jakkolwiek Einstein wzbudzał podziw, a nawet miłość każdego z nas za swoją wytrwałość w realizacji obranego programu badawczego, zasadniczo stracił kontakt z bieżącym nurtem fizyki, ponieważ wielu nowych rzeczy nie przyjmował do wiadomości, bo był już na to za stary"[203].

POKORA I OPTYMIZM

Schrödinger wciąż miał wyrzuty sumienia, że przed trzema laty wszedł w spór z Einsteinem. Aby mu to wynagrodzić, wspaniałomyślnie wychwalał jego dążenie do unifikacji, dezawuując własne badania.

„Należę do tych, którzy sami podejmowali takie próby, nie osiągnąwszy żadnych w pełni zadowalających wyników – przyznał Schrödinger. – Jeżeli jemu się to teraz udało, bez wątpienia jest to ogromny sukces"[204].

Pomimo dążenia Schrödingera do pogodzenia się z Einsteinem pozostawały między nimi istotne różnice w kwestii tego, co ich zdaniem stanowi zupełną teorię. W odróżnieniu od Einsteina Schrödinger uważał za konieczne, by wziąć pod uwagę oddziaływania jądrowe. Podczas gdy Einstein ewidentnie zrezygnował z dokonywania eksperymentalnych przewidywań, Schrödinger ciągle podkreślał ich znaczenie, choć jego pogląd, co faktycznie jest empirycznym potwierdzeniem, był dość niekonwencjonalny. Nadal posługiwał się przykładem ziemskiego pola magnetycznego, pomimo iż w gruncie rzeczy nie znał się na geofizyce. Ponadto jako twórca równania falowego kładł większy nacisk niż Einstein na sukcesy standardowej mechaniki kwantowej w zakresie przewidywania zjawisk fizycznych. I wreszcie od czasu swych pierwszych prac poświęconych ogólnej teorii względności opublikowanych w 1917 roku Schrödinger niezmiennie uwzględniał w równaniach stałą kosmologiczną, z której Einstein zrezygnował.

Einstein zarzucił człon kosmologiczny wobec odkrycia przez Hubble'a faktu kosmologicznej ekspansji. Natomiast Schrödinger uważał, że jest on istotny, jakkolwiek znikomy. Argumenty na rzecz stałej kosmologicznej przytoczył w swej wydanej w 1950 roku książce *Space-Time Structure* (Struktura czasoprzestrzeni), wszechstronnej monografii omawiającej ogólną teorię względności i pokrewne teorie. Twierdził, że jedną z zalet jego teorii afinicznej jest to, iż w naturalny sposób wyjaśnia pochodzenie stałej kosmologicznej i uzasadnia, dlaczego ma ona niezerową, choć małą wartość[205]. Było to z jego strony wręcz prorocze, gdyż zgadza się z przyjmowaną aktualnie wizją Wszechświata przyspieszającego pod wpływem nieznanej ciemnej energii. Okazało się, że przeczucie go nie myliło.

W swej książce Schrödinger uwzględniał również możliwość, że zunifikowane teorie nie będą miały żadnych rozwiązań, ale nie uznawał tego za defekt. Zwracał uwagę, że nawet gdyby udało się znaleźć klasyczne rozwiązania, przypuszczalnie nie będą one opisywać właściwości kwantowych cząstek subatomowych[206].

W odróżnieniu od Einsteina był przekonany, że uogólnienia ogólnej teorii względności jako takie nie wystarczą do uzyskania realistycznych rozwiązań dla cząstek. Sądził, że to raczej proste funkcje falowe, będące rozwiązaniami jego własnego równania falowego, okażą się bardziej użytecznym narzędziem do badania niuansów mechaniki kwantowej.

APELACJA DO NAJWYŻSZEJ INSTANCJI

Jesienią 1950 roku Einstein i Schrödinger zaczęli znów ze sobą korespondować. Być może uświadomili sobie, jak bardzo cenne było dla nich wzajemne sprawdzanie swoich koncepcji. Schrödinger wciąż był niezmiernie ostrożny, by nie urazić swojego drogiego przyjaciela. Nauczył się już, że nie powinien głośno mówić o wyższości własnych teorii.

Einstein w dalszym ciągu dłubał przy swej uogólnionej teorii. W liście do Schrödingera z datą 3 września przyznawał, że jego wysiłki mogą zakrawać na donkiszoterię. „Wszystko to pachnie starym dobrym Don Kichotem – pisał, mając na myśli jedno ze swoich założeń matematycznych – ale jeśli chce się spełnić wymóg reprezentowania rzeczywistości fizycznej, nie ma innego wyboru"[207].

W swych dyskusjach podjęli kwestię niezadowalających aspektów pomiaru kwantowego – ulubiony temat ich obu. Schrödinger, jak zwykle szybko zmieniający zainteresowania, zwrócił się znów ku filozofii. Zależało mu na tym, by wykazać w kontekście historycznym, że ortodoksyjna interpretacja mechaniki kwantowej stanie się pewnego dnia przestarzała. Swoje poglądy przedstawił w opublikowanym w 1952 roku artykule *Are There Quantum Jumps?* (Czy istnieją przeskoki kwantowe?), gdzie porównał kwantową nieciągłość do starożytnej astronomii Ptolemeusza opartej na systemie epicykli, która została zastąpiona systemem kopernikańskim. Kopię tego artykułu wysłał Einsteinowi, bez wątpienia licząc na jego entuzjastyczną reakcję.

Wkrótce potem jednolite teorie pola typu afinicznego znalazły się w ogniu krytyki. W 1953 roku ukazało się wiele prac, w tym artykuły fizyków C. Petera Johnsona i Josepha Callawaya, wykazujących, że uogólniona teoria Einsteina – i analogicznie teoria Schrödingera – nie zapewnia prawidłowego opisu zachowania się cząstek naładowanych, jakie istnieją w przyrodzie. Einstein szybko dał odpór krytykom, a Schrödinger jeszcze bardziej się rozczarował.

W maju 1953 roku, otrzymawszy artykuł z najnowszymi koncepcjami Einsteina, Schrödinger zaoferował nieco konstruktywnej krytyki wraz z paroma sugestiami o charakterze matematycznym. Dbając o to, by nie urazić Einsteina, zaczął swój list od słów: „Proszę, nie gniewaj się na mnie za moją krnąbrność"[208].

Einstein w swej odpowiedzi w czerwcu podszedł do sprawy z humorem. „Spieraliśmy się sporo, bez rezultatu, o to, jak teoria afiniczna jest naturalna. Jedynie Pan Bóg mógłby rozstrzygnąć pomiędzy naszymi intuicyjnymi wyborami. Ale podobnie jak to jest tutaj w wypadku Sądu Najwyższego, nie ma On obowiązku zajmowania się takimi apelacjami"[209].

BOHM, SPINY I POMIAR KWANTOWY

Wielu fizyków, którzy spędzili jakiś czas w Princeton w latach czterdziestych lub na początku lat pięćdziesiątych XX wieku, ma coś do opowiedzenia o Einsteinie. Jedni widywali go, jak idzie piechotą przez miasto, ewentualnie w towarzystwie swoich asystentów, inni byli na którymś z jego wykładów, z reguły wygłaszanych po niemiecku. Ci nieliczni szczęściarze, którzy mieli okazję go osobiście poznać i dyskutować z nim, zachowali niezatarte wspomnienia tych cennych momentów – historie te bez wątpienia opowiadali swoim przyjaciołom i członkom rodziny po wiele razy.

Fizyk Robert Romer z Amherst College opisał swoje „pół godziny z Einsteinem" – proszoną wizytę u niego w domu w lutym 1954 roku. Spotkanie to było satysfakcjonujące i zapadło mu głęboko w pamięć. „Pani Dukas przywitała mnie i zaprowadziła na górę do niewielkiego i zagraconego gabinetu. I tam był Einstein, wyglądający «całkiem jak Einstein»: spodnie khaki, szara bluza, ubrany mniej więcej w stylu, w jakim ja się teraz ubieram"[210].

Jednym z najbardziej dojmujących wspomnień Romera była dyskusja o eksperymencie myślowym EPR. Zapamiętał on, że Einstein zapytał: „Czy naprawdę wierzy pan, że gdyby ktoś zmierzył tu spin atomu, mogłoby to wpłynąć na wynik pomiaru spinu dokonanego gdzieś tam hen?", pokazując ręką w dal Mercer Street. Z perspektywy czasu Romera dziwiło, że Einstein, mówiąc o tym eksperymencie, posługiwał się pojęciem spinu, a nie położenia i pędu, jak w oryginalnej pracy. Wygląda to na jedną z pierwszych wzmianek o spinowej wersji EPR, zaproponowanej przez fizyka Davida Bohma w 1957 roku w artykule opublikowanym wspólnie z Yakirem Aharonovem.

Einstein poznał Bohma pod koniec lat czterdziestych, gdy był on asystentem w Princeton. Bohm interesował się bardzo mechaniką kwantową i napisał podręcznik na ten temat. Po opublikowaniu swojej książki nabrał wątpliwości co do niektórych aspektów jej ortodoksyjnej interpretacji, między innymi „upiornego działania na odległość". Podzielił się nimi z Einsteinem i obaj przeprowadzili wiele owocnych dyskusji dotyczących logicznych luk teorii kwantów. Bohm postanowił opracować alternatywne, deterministyczne wyjaśnienie oparte na koncepcji zmiennych ukrytych – nieobserwowalnych, działających zakulisowo czynników. W tym czasie został zmuszony opuścić Princeton w konsekwencji swojej odmowy złożenia zeznań przed kongresową Komisją do spraw Działalności Antyamerykańskiej, tropiącej Amerykanów podejrzanych o komunizm w erze makkartyzmu. Z pomocą Einsteina uzyskał nowe stanowisko na brazylijskim uniwersytecie w São Paulo, gdzie kontynuował swoje prace nad deterministycznym odpowiednikiem standardowej mechaniki kwantowej. W rezultacie powstała teoria nawiązująca do idei de Broglie'a i Schrödingera z lat dwudziestych, że funkcja falowa jest fizyczną realnością, a nie teoretycznym konglomeratem probabilistycznej informacji o cząstkach. W 1927 roku Louis de Broglie opublikował deterministyczną interpretację mechaniki kwantowej opartą na mających realny charakter falach wyznaczających zachowanie się cząstki, które nazwał „falami pilotującymi". Dlatego niekiedy koncepcje de Broglie'a i Bohma, choć wysunięte niezależnie, określane są zbiorczo jako „teoria de Broglie'a–Bohma".

Eksperyment myślowy EPR w wersji Bohma–Aharonova zakłada dwa elektrony z tego samego poziomu energetycznego rozlatujące się w przeciwnych kierunkach. Zakaz Pauliego wymusza, by elektrony te miały przeciwne stany spinowe – jeśli jeden spin jest skierowany do góry, to drugi jest skierowany w dół. Zanim dokona się pomiaru, nie jest możliwe poznanie, który jest który. Zatem oba elektrony tworzą splątany stan kwantowy będący mieszaniną po równi obydwu możliwości: góra–dół i dół–góra. Teraz wyobraźmy sobie, że eksperymentator mierzy spin jednego z elektronów przy użyciu magnetometru, a zaraz potem inny badacz mierzy spin drugiego. Zgodnie z ortodoksyjną interpretacją mechaniki kwantowej cały układ momentalnie skolapsuje do jednego ze swych spinowych stanów własnych – albo góra–dół, albo dół–góra.

Zatem jeśli dla pierwszego elektronu odczytano, że spin jest skierowany do góry, to tym samym dla drugiego jest skierowany w dół. Wobec braku oddziaływania poprzez przestrzeń między oboma elektronami skąd drugi elektron „wie" od razu, jaki ma być kierunek jego spinu?

W 1964 roku fizyk John Bell zbadał tę kwestię jeszcze głębiej, wynajdując matematyczny sposób na rozróżnienie między standardową kwantowomechaniczną interpretacją stanu splątanego a alternatywnym wyjaśnieniem przy użyciu zmiennych ukrytych. Opierał się przy tym na spinowej wersji eksperymentu myślowego EPR podanej przez Bohma i Aharonova. Okazało się, że twierdzenie Bella ma decydujące znaczenie dla dalszych analiz, co naprawdę dzieje się, gdy obserwator dokonuje pomiaru układu kwantowego. Zostało ono empirycznie zweryfikowane w 1982 roku przez eksperyment polaryzacyjny przeprowadzony przez francuskiego fizyka Alana Aspecta i jego współpracowników.

Badania Bohma i Bella dotyczyły interpretacji mechaniki kwantowej, a nie jej zastosowań. Bardziej praktyczną kwestią było uogólnienie kwantowej teorii pola, tak by obejmowała nie tylko elektromagnetyzm. Chodziło o zastąpienie elektrodynamiki kwantowej teorią, która opisywałaby również inne siły – oddziaływania jądrowe i grawitację.

W tym względzie mniej więcej wtedy, gdy odbywało się „pół godziny z Einsteinem" Romera, nastąpił istotny teoretyczny przełom. W pierwszej połowie 1954 roku fizyk Chen-Ning „Frank" Yang i matematyk Robert Mills opublikowali pracę, w której rozszerzyli teorię pola cechowania Weyla, tak by obejmowała inne grupy symetrii oprócz prostego obrotu. Jak pamiętamy, oryginalna teoria cechowania, stosująca się do elektromagnetyzmu, może, niczym obracający się kurek na dachu, wskazywać w dowolnym kierunku, a zatem charakteryzuje ją pewnego typu kołowa symetria obrotowa.

Grupa symetrii obrotów o dowolny kąt nazywana jest U(1). Zasadniczą cechą U(1) jest to, że stanowi ona grupę abelową, co oznacza, że kolejność działań nie ma znaczenia. Jeśli obrócimy śmigło wentylatora o jedną czwartą zgodnie z ruchem wskazówek zegara, a następnie o jedną trzecią przeciwnie do ruchu wskazówek, znajdzie się ono w tym samym położeniu, gdy dokonamy tego w odwrotnej kolejności.

Praca Yanga i Millsa rozszerzała koncepcję Weyla na nieabelowe grupy symetrii. Prostym przykładem w fizyce są obroty w trzech wymiarach, które mogą być reprezentowane przez grupę SU(2). Weźmy jajko, zaznaczmy starannie punkt na jego skorupce, a następnie obróćmy je o jedną czwartą zgodnie w ruchem wskazówek zegara wokół dłuższej osi i o jedną trzecią przeciwnie do ruchu wskazówek zegara wokół krótszej osi. W odróżnieniu od obrotu w dwóch wymiarach, jeśli zmienimy kolejność obracania, punkt na jajku znajdzie się w innym położeniu. Innymi słowy, w odniesieniu do grup nieabelowych, takich jak grupa SU(2), kolejność wykonywania operacji ma znaczenie.

Ważnym aspektem teorii cechowania Yanga–Millsa (którego dowiedli później holenderscy fizycy Gerardus 't Hooft i Martinus Veltman w pracy uhonorowanej Nagrodą Nobla) jest to, że, podobnie jak QED, jest ona renormalizowalna, co oznacza, że obliczenia dają skończone wyniki. Okazało się, że te właściwości idealnie predysponują ją do modelowania słabych i silnych oddziaływań jądrowych oprócz elektromagnetyzmu. Oczywiście Einsteina nie interesowała unifikacja zawierająca elementy probabilistyczne, taka jak w wypadku koncepcji opartych na kwantowej teorii pola.

To właśnie zakomunikował Einstein Heisenbergowi, który odwiedził go w domu podczas swego tournée z wykładami po Stanach Zjednoczonych jesienią 1954 roku. Przy kawie i ciasteczkach Heisenberg raz jeszcze usiłował przekonać twórcę teorii względności o probabilistycznych aspektach przyrody. Miał nadzieję, iż uda mu się skusić Einsteina, zwłaszcza że sam, jak nadmienił, zaczął pracować nad własną jednolitą teorią pola opartą na zasadach kwantowych. Aby nie psuć sobie popołudnia, unikali wszelkich wzmianek o polityce. Jednakże Einstein pozostawał niewzruszony. Skarcił Heisenberga, przywołując po raz kolejny swoje słynne powiedzenie: „Ale przecież chyba nie sądzisz, że Pan Bóg gra w kości”[211].

PAPIER I OŁÓWEK

Po spotkaniu z Heisenbergiem Einsteinowi pozostało jeszcze tylko pół roku życia. Od 1948 roku zdawał sobie sprawę, że ma w piersi tykającą bombę zegarową – tętniaka aorty, który mógł w każdej chwili pęknąć. Wątłe zdrowie było jednym z powodów, dla których ograniczył podróże i przez większość czasu przebywał w Princeton. W istocie raz udał się na odpoczynek do Saratogi na Florydzie, ale była to jedna z rzadkich okazji, kiedy wyjechał z miasta.

Śmierć siostry Mai w 1951 roku pogrążyła go w głębokim smutku. Czuł się teraz bardziej samotny niż kiedykolwiek wcześniej. Jedynym pocieszeniem pod koniec życia było to, że zbliżył się ze swoim synem Hansem Albertem, który przeniósł się do Stanów Zjednoczonych i został profesorem z dziedziny hydrotechniki w Berkeley. Ilekroć Hans Albert go odwiedzał, nadrabiali utracony czas, gawędząc o swoich wzajemnych zainteresowaniach naukowych.

Przerażony perspektywą wojny jądrowej Einstein poświęcał wiele czasu kampanii na rzecz powstania rządu światowego. Uważał, że powierzenie kontroli nad środkami masowej zagłady jednej globalnej władzy może być jedynym sposobem, by nie dopuścić do jej użycia. Wiedząc, że jego dni na tym świecie są policzone, chciał zrobić, co tylko było w jego mocy, dla uratowania naszej planety.

Jako zagorzały orędownik ustanowienia żydowskiej ojczyzny, był wstrząśnięty zaciekłym konfliktem toczącym się w powstałym w 1948 roku państwie Izrael. Mając nadzieję, że Żydzi i Arabowie są w stanie żyć wspólnie na ziemi palestyńskiej w warunkach pokoju i równości, wzywał do wynegocjowania rozwiązania sporów terytorialnych. Pragnął Izraela pozostającego w przyjaznych stosunkach i akceptowanego przez swoich sąsiadów.

Gdy w 1952 roku zmarł pierwszy prezydent Izraela Chaim Weizmann, Einsteinowi oficjalnie zaproponowano, by został jego następcą na tym stanowisku. Choć uznał to za wielki honor, szybko i uprzejmie odrzucił propozycję. Niewątpliwie pewną rolę w tej decyzji odegrały jego problemy z sercem i niechęć do podróży, ale najważniejszym powodem było to, że przedkładał samotność nad pozostawanie w świetle reflektorów, oraz to, że nie pociągała go funkcja głowy państwa – zwłaszcza gdyby nie aprobował decyzji podejmowanych przez rząd.

Ostatnim dokonaniem wielkiego uczonego na arenie publicznej było podpisanie manifestu Russella–Einsteina, apelu o pokój na świecie, którego inicjatorem był filozof Bertrand Russell. Posługując się argumentem, że w kolejnej wojnie światowej bez wątpienia użyta zostałaby broń jądrowa w rodzaju bomby wodorowej, co doprowadziłoby do zniszczenia wielkich miast i zagroziło zagładą ludzkości, petycja ta wzywała do położenia kresu konfliktom zbrojnym na rzecz pokojowego rozstrzygania kwestii spornych. Einstein podpisał dokument 11 kwietnia 1955 roku, zaledwie na tydzień przed śmiercią.

Kilka końcowych dni jego życia naznaczone było silnymi bólami, niemniej jednak znosił je dzielnie i zachowywał sprawność umysłu. 13 kwietnia Helen Dukas z zaskoczeniem znalazła go leżącego na podłodze. Wezwała lekarza, który niezwłocznie przyszedł i przepisał morfinę, by dać mu wytchnienie w cierpieniu. Nazajutrz przyszło kilku lekarzy i poinformowało Dukas, że tętniak stał się niestabilny i lada moment może pęknąć. Zalecili operację, lecz Einstein odmówił, twierdząc, że żył już dostatecznie długo i czas mu odejść. Gdy następnego dnia znów sparaliżował go ból, Dukas zadzwoniła po karetkę, która zabrała go do Szpitala Princeton.

Nawet będąc w ostatecznej agonii, Einstein wciąż chciał pracować nad jednolitą teorią pola. Na dzień przed śmiercią poprosił o swój notatnik i ołówek, by móc kontynuować obliczenia. Syn przyjechał do szpitala i czuwał przy nim przez cały dzień wraz z zaufanym wykonawcą jego woli Ottonem Nathanem i Helen Dukas.

18 kwietnia nad ranem linia świata Einsteina osiągnęła swój punkt końcowy – ostateczną osobliwość na przestrzeni ludzkiego życia. Tak jak ostrzegali lekarze, tętniak nagle pękł. Konający wymamrotał swoje

ostatnie słowa po niemiecku do pielęgniarki, która nie znała tego języka. Zatem niestety zostały one stracone dla potomności.

Einstein nie chciał mieć pomnika nagrobnego, a nawet grobu jako takiego. Z wyjątkiem mózgu jego ciało zostało skremowane, a prochy rozrzucono na wietrze. Dziwacznym trafem patolog Thomas Harvey, który badał zwłoki uczonego przed ich kremacją, podjął na własną rękę decyzję, by wyjąć jego mózg i zachować go do celów badawczych. W ciągu kolejnych lat pokroił niektóre jego fragmenty na plasterki i poddawał analizie. Obecnie niektóre z tych plasterków można oglądać jako eksponat w Muzeum Mütter w Filadelfii.

Stosowny hołd dla Einsteina złożono w kilka miesięcy po jego śmierci. W Bernie odbyła się zorganizowana przez Pauliego duża konferencja z okazji jubileuszu szczególnej teorii względności. Przyciągnęła ona czołowych badaczy z całego świata; niektórzy z nich, na przykład Bergmann, przyjechali ponownie do Europy po raz pierwszy po wojnie. Wzruszający moment nadszedł, gdy Bruria Kaufman, ostatnia z asystentów Einsteina, przedstawiła zgromadzonym jego ostatnią pracę na temat jednolitej teorii pola.

TĘSKNOTA ZA WIEDNIEM

Wraz z odejściem Einsteina Schrödinger stracił jednego ze swoich najwierniejszych korespondentów. Pomimo kryzysu z 1947 roku obaj wciąż ogromnie polegali wzajemnie na swojej opinii. Na szczęście zdążyli podjąć na nowo korespondencję za życia Einsteina; inaczej Schrödinger miałby jeszcze większe wyrzuty sumienia.

Od 1946 roku miał nadzieję na powrót do Austrii. Jednak nie bardzo mu się uśmiechało wracać do Wiednia, póki miasto to było częściowo okupowane przez Armię Czerwoną i otoczone przez sowiecki sektor. Zmęczony polityką, nie zamierzał stać się pionkiem w zimnej wojnie. W jego kodeksie najlepszą drogą postępowania była neutralność.

Ucieszył się zatem, gdy w 1955 roku byłe państwa alianckie doszły do porozumienia co do wycofania wszystkich obcych wojsk z Austrii. W zamian kraj ten solennie zobowiązał się, że pozostanie neutralny i wolny od broni jądrowej na czas nieograniczony. Z punktu widzenia Schrödingera, który doświadczył na własnej skórze austro-węgierskiego imperializmu, austriackiego faszyzmu i hitlerowskiego anszlusu, była to najlepsza polityczna wiadomość w życiu.

Mając propozycję z Uniwersytetu Wiedeńskiego, uczony żywił nadzieję na udaną podublińską karierę. Gdy wraz z Anny wchodził na pokład statku, by wyruszyć z miasta, które go przygarnęło, w drogę powrotną do miasta rodzinnego, de Valera żegnał ich ostatni. Był to dla Schrödingera moment słodko-gorzki, gdyż choć ukochał Irlandię, tęsknił za górzystym krajobrazem swojej ojczyzny. Gdy przybył do Wiednia, Związkowe Ministerstwo Oświaty urządziło mu uroczyste powitanie. W Austrii bardzo ucieszono się z powrotu znamienitego rodaka.

Ze smutkiem należy przyznać, że czas po powrocie nie był dla Schrödingera tak radosny i spokojny, jak się tego spodziewał. Erwin i Anny pod koniec życia byli bardzo schorowani. Obydwoje mieli poważne problemy z oddychaniem. Oprócz ostrej astmy Anny cierpiała na głęboką depresję i leczono ją wstrząsami elektrycznymi, które przed erą antydepresantów uważane były za standardową terapię w takiej przypadłości. Erwin miewał ataki zapalenia oskrzeli i płuc, do których przyczyniało się to, że przez całe życie intensywnie palił. Po operacji katarakty zmuszony był nosić grube okulary. Oprócz tego miał zapalenie żył, miażdżycę tętnic, nadciśnienie i problemy z sercem. Podczas swych wędrówek musiał często przystawać dla nabrania tchu. Irytowało go, że nie jest już w stanie wspinać się po górach, na które kiedyś wchodził z łatwością.

Tuż przed opuszczeniem Dublina Schrödinger zapadł na tak ostre zapalenie oskrzeli, że chcąc mieć choć trochę odpoczynku, przedawkował pigułki nasenne, na domiar popijając je whiskey. Następnego ranka Anny znalazła go praktycznie bez życia. Nie mogąc dobudzić męża, w popłochu czym prędzej wezwała lekarza. Na szczęście udało się doprowadzić Erwina do stanu przytomności i ostatecznie wyszedł z tego.

Urządziwszy się na Uniwersytecie Wiedeńskim, Schrödinger usiłował skupić się na swojej pracy badawczej. Pomimo licznych dolegliwości udało mu się pod koniec życia realizować kilka nowych projektów. Wziął pod swoją opiekę młodego fizyka Leopolda Halperna, który został jego ostatnim asystentem. Halpern pracował później u Paula Diraca, współlaureata Nagrody Nobla z fizyki z 1933 roku.

Nawiązując do filozoficznych zainteresowań swojej młodości, Schrödinger napisał esej *Was ist wirklich?* (Co jest rzeczywiste?), pomyślany jako dopełnienie *Die Suche nach dem Weg* z 1925 roku. Oba teksty wydał łącznie pod tytułem *Meine Weltansicht* (Mój pogląd na świat), traktując jako definitywny wyraz swoich poglądów na istotę życia, świadomości i rzeczywistości. Kilka lat wcześniej opublikował książkę o filozofii greckiej *Die Natur und die Griechen* (Grecy a przyroda). Pozostając wierny duchowi Platona i Arystotelesa, zawsze postrzegał siebie bardziej jako filozofa przyrody niż specjalistę od obliczeń, choć nie ulega wątpliwości, że był w nich też biegły.

COŚ SIĘ ZMIENIA, COŚ SIĘ KOŃCZY

12 sierpnia 1957 roku Erwinowi stuknęła siedemdziesiątka. Wkrótce potem zdecydował, że najwyższy czas odejść w stan spoczynku. Wraz z zakończeniem roku akademickiego przyznano mu status profesora emerytowanego, oznaczający wiele przywilejów akademickich, lecz już bez obowiązków dydaktycznych. Było dość nietypowe, by ktoś ustępował ze stanowiska na uczelni tak szybko po mianowaniu, lecz Schrödinger w swym życiu nigdzie nie zagrzał długo miejsca, zwłaszcza na początku kariery naukowej. Wyjątkiem był Dublin, gdzie przepracował ponad dziesięć lat.

Nie zachowały się żadne świadectwa, jak zareagował na opublikowany w lipcu 1957 roku artykuł Hugh Everetta III, doktoranta z Princeton,

„Relative State" Formulation of Quantum Mechanics (Sformułowanie mechaniki kwantowej w terminach stanów względnych). Praca ta przedstawiała to, co potem zostało nazwane „interpretacją wielu światów" mechaniki kwantowej, stanowiącą pomysłową alternatywę dla jej ortodoksyjnego pojmowania. Jakkolwiek uchodzi ona obecnie za pozycję klasyczną, w owym czasie przeczytało ją niewielu fizyków. Wheeler, promotor Everetta, popierał jego oryginalne idee, chociaż obawiał się, że fizycy głównego nurtu, tacy jak Bohr, uznają je za nazbyt ekscentryczne. Rzeczywiście, Bohr nie poświęcił pracy Everetta uwagi. Dopiero gdy fizyk Bryce DeWitt rozpropagował tę hipotezę w latach siedemdziesiątych XX wieku, zdobyła ona zwolenników.

Co ciekawe, Einstein miał do czynienia z Everettem znacznie wcześniej. W 1943 roku Hugh jako 12-latek napisał do wielkiego fizyka list, w którym zadał pytanie, czy Wszechświat ma charakter losowy czy też jednoczy go jakaś zasada. Einstein przesłał chłopcu uprzejmą odpowiedź, chwaląc go za to, jak postawił samodzielnie problem filozoficzny, i wskazał drogę do jego pokonania.

Interpretacja wielu światów dostarcza jednoznacznego sposobu wyjaśnienia doświadczenia z kotem Schrödingera. Zakłada ona, że każda obserwacja kwantowa wiąże się z rozdzieleniem się rzeczywistości na miriady niezależnych rozgałęzień. Everett sprytnie rozwiązał problem determinizmu i roli obserwatora przez stwierdzenie, że świadomość obserwatora również rozdziela się niepostrzeżenie wraz ze światem rzeczywistym, a zatem każda z kopii obserwatora będzie przekonana, że to właśnie jej scenariusz stanowi tę prawdziwą, zdeterminowaną z góry rzeczywistość, i będzie miała rację w odniesieniu do tego konkretnego rozgałęzienia. Nie dochodzi do żadnego kolapsu, co eliminuje problem wpływu pomiaru na to, co jest mierzone. W konsekwencji umieszczenie kota w stalowym pojemniku wraz z zabójczym mechanizmem uruchamianym przez promieniowanie doprowadza do rozgałęzienia rzeczywistości odpowiadającego możliwości rozpadu. W jednej gałęzi próbka materiału promieniotwórczego ulegnie rozpadowi, a kot zostanie otruty ku przygnębieniu obserwatora, podczas gdy w drugiej próbka pozostanie w stanie pierwotnym, kot przeżyje, a obserwator się ucieszy.

Everett doszedł do wniosku, że konsekwencją jego interpretacji jest nieśmiertelność[212]. Dla każdej śmierci z jakichkolwiek powodów zawsze istniałaby odrębna gałąź odpowiadająca przeżyciu. Zatem gdyby umieszczać kota w pojemniku na godzinę dziennie, jedna jego wersja zawsze przeżyłaby do dnia następnego, i tak dalej.

Gdyby taka nieśmiertelność była możliwa, nie wiedzielibyśmy nic o tych wszystkich kopiach nas samych, które padły ofiarą okrutnego losu. Nie oglądalibyśmy żałobników opłakujących naszą śmierć w innych gałęziach. Widzielibyśmy natomiast, jak odchodzą nasi bliscy – a przynajmniej tak możemy sądzić, z perspektywy naszej własnej gałęzi. Nie wiadomo zatem, czy tego rodzaju nieśmiertelność traktowalibyśmy jako dobrodziejstwo czy przekleństwo. Jest w tym pewna analogia do sytuacji Erwina i Anny pod koniec lat pięćdziesiątych, kiedy to obydwoje cierpieli już na tyle dolegliwości, że każde z nich zaczęło się spodziewać, iż pozostanie bez swej drugiej połówki.

W 1958 roku Heisenberg wkroczył spóźniony na scenę unifikacji, ogłaszając publicznie własną teorię pola. W odróżnieniu od prób Einsteina i Schrödingera oparta ona była na standardowej mechanice kwantowej i fizyce cząstek. Wykorzystując spinory (obiekty matematyczne podobne do wektorów, lecz podlegające innym regułom transformacji), uwzględniała wszystko, co wiadomo było na temat słabych oddziaływań jądrowych, w tym najnowsze odkrycie Yanga i T.D. Lee, że parzystość nie zostaje zachowana. Zachowanie parzystości polega na tym, że zwierciadlane odbicie danego procesu jest równoważne temu procesowi. Jak wykazali Yang i Lee, procesy, w których uczestniczą oddziaływania słabe – siły pozwalające wyjaśnić wiele typów rozpadów promieniotwórczych – nie zawsze mają tę właściwość. W tym czasie Schrödinger wycofał się już z gry i nie komentował publicznie jednolitej teorii Heisenberga – która zresztą nie miała żadnego potwierdzenia eksperymentalnego.

W tymże samym roku zmarł Pauli, który miał pewien wkład w jednolitą teorię Heisenberga. Świat fizyków był zszokowany, gdyż miał on zaledwie 58 lat i nadal bardzo aktywnie pracował naukowo. On i Heisenberg pozostawali zwaśnieni przez większą część owego roku, czego zarzewiem było nazwanie go w jednym z komunikatów dla prasy „asystentem Heisenberga"[213]. Oburzony tym określeniem Pauli zaczął otwarcie krytykować teorię Heisenberga. Usłyszawszy w radiu przeciwnika wypowiadającego się na temat swojej teorii, że pozostało w niej uzupełnić tylko parę drobnych szczegółów, Pauli wysłał fizykowi George'owi Gamowowi rysunek przedstawiający pusty prostokąt z napisem „To ma pokazać światu, że potrafię malować tak jak Tycjan. Brakuje tu tylko technicznych szczegółów"[214].

Rozsierdzony na Pauliego Heisenberg nie pojawił się na jego pogrzebie. Stanowiło to godny pożałowania finał niegdyś owocnej współpracy. W porównaniu z Paulim i Heisenbergiem, Einstein i Schrödinger byli względem siebie znacznie bardziej wyrozumiali pomimo krótkiego epizodu ich batalii w prasie.

Dwoma szczęśliwymi momentami w końcowym okresie życia Schrödingera były ślub Ruth z Arnulfem Braunizerem w maju 1956 roku oraz narodziny pierwszego dziecka Ruth i Arnulfa, Andreasa, w lutym 1957 roku. Kilka lat wcześniej Erwin wyznał Ruth, że jest jej biologicznym ojcem, dlatego mógł teraz otwarcie napawać się rolą dziadka. Niestety, przybrany ojciec Ruth, Arthur March, zmarł na krótko przed urodzeniem się Andreasa.

Braunizerowie osiedlili się w Alpbach, uroczym miasteczku w górach Tyrolu niedaleko Innsbrucku. Świeże powietrze i obfitość kwiatów sprawiły, że stało się ono również ulubionym miejscem pobytu Schrödingerów. Zapewniało im wytchnienie od zgiełku Wiednia i odpoczynek w wygodnych warunkach. W chwili gdy piszę te słowa, Ruth i Arnulf nadal tam mieszkają.

W maju 1960 roku lekarz zakomunikował Erwinowi ponurą diagnozę – gruźlica, którą, jak sądził, pokonał przed kilkudziesięciu laty, powróciła.

W ciągu roku oddychanie sprawiało mu coraz większą trudność, a pod jego koniec został przyjęty do szpitala, gdzie spędził okres Bożego Narodzenia.

Schrödinger dał znać Anny, że nie chciałby spędzić swych ostatnich chwil w szpitalu. Po wypisaniu więc zabrała go do domu i czuwała przy nim, delikatnie trzymając za rękę. Problemy ich późnych lat uwydatniły głębokie uczucia, jakimi się wciąż darzyli. W swych ostatnich słowach deklarował swoje pełne oddanie dla niej.

4 stycznia 1961 roku Schrödinger rozstał się z tym światem. Pod nadzorem Hansa Thirringa jego ciało zabrano do koronera na autopsję, a następnie przewieziono do Alpbach, gdzie 10 stycznia został pochowany na miejscowym cmentarzu. Thirring wygłosił mowę pożegnalną na pogrzebie swojego długoletniego przyjaciela. Na grobie postawiono krzyż z kutego żelaza, na którym znajduje się okrągła tablica z wyrytym jego słynnym równaniem.

Wiele lat później Ruth umieściła na grobie plakietkę z jednym z wierszy Schrödingera. Utwór ten, zawierający wers „wszystko, co jest, jednym bytem jest", zwięźle ujmuje jego wedyjską filozofię, że wszystko, co istnieje, jest ze sobą wzajemnie powiązane i wieczne[215]. To zestawienie poezji na plakietce z fizyką na tablicy stanowi wręcz idealne uczczenie jego skomplikowanej duszy.

KOT WKRADA SIĘ DO KULTURY

Po śmierci Schrödinger znany był fizykom przede wszystkim ze swego równania falowego, natomiast biolodzy (i entuzjaści biologii) pamiętali go głównie dzięki książce *Czym jest życie?*. Jednak paradoks z kotem, za sprawą którego stał się tak słynny po latach, pozostawał niezauważony przez opinię publiczną. Uległo to zmianie w latach siedemdziesiątych XX wieku, kiedy powstały dzieła literackie z nurtu fantastyki naukowej wykorzystujące motyw tajemniczego kota.

Jedne z pierwszych utworów spekulujących na ten temat, *Schrödinger's Cat* Ursuli Le Guin, ukazał się w 1974 roku. Le Guin dowiedziała się o kwantowym eksperymencie myślowym, przeczytawszy „fizykę dla wieśniaków", jak to sama określiła. „To była bez wątpienia znakomita metafora z punktu widzenia pewnego typu fantastyki naukowej"[216].

Inni autorzy w kolejnych latach spłodzili multum frapujących opowieści o kwantowym kocie. Wiele z nich przedstawiało wizje równoległych wszechświatów i tym podobną tematykę. W 1979 roku Robert Anton Wilson opublikował *The Universe Next Door* (Wszechświat obok nas), pierwszy tom „Schrödinger's Cat Trilogy", opowieści o alternatywnych historiach. Książka *Kot, który przenika ściany* Roberta Heinleina z 1985 roku opisuje możliwość kreowania nowych rzeczywistości dzięki podróżom w czasie. Mniej więcej w tym samym okresie konsekwencje paradoksu z kotem rozważane były w wielu książkach popularnonaukowych. Z czasem kwantowa menażeria powiększyła się – występowały w niej bowiem już nie tylko koty, choć je opisywano najczęściej, ale i inne stworzenia, a nawet ludzie uwikłani w niezwykłą sytuację zawieszenia między życiem i śmiercią.

W 1982 roku Cecil Adams w felietonie z cyklu „The Straight Dope"(Prosto z mostu) opublikował wiersz, który również zalicza się do kanonu literatury o kwantowym kiciusiu (zwłaszcza odkąd, znacznie później, został rozpropagowany w Internecie). Opisuje on zaciekły spór między Winem (Schrödinger) i Alem (Einstein) o rolę przypadku we Wszechświecie, w którym jako argumenty pojawiają się zarówno koci paradoks, jak i uwaga o Bogu rzucającym kośćmi. Ich epicka batalia kończy się tym, że Win zakłada się na pogrzebie Ala o to, czy pójdzie on do nieba.

Po utorowaniu sobie pazurami drogi przez literaturę niesamowity kot trafił do świata muzyki dzięki kapeli Tears for Fears. Na stronie B jednego ze swoich singli w latach dziewięćdziesiątych XX wieku zespół ten umieścił piosenkę *Schrödinger's Cat* (później nagrali także utwór *God's mistake* ze słowami „Bóg nie gra w kości" – umieszczając opinię Einsteina w kontekście zadumy nad nieprzewidywalnością miłości). Autor słów Roland Orzabal wyjaśniał: „Moja piosenka (...) to taki przytyk do klasycznego naukowego sposobu patrzenia na świat, przytyk pod adresem racjonalistycznego materializmu, rozkładania wszystkiego na części składowe bez możliwości złożenia ich z powrotem, widzenia poszczególnych drzew, a nie lasu. Pod koniec śpiewam: «Kot Schrödingera jest dla świata martwy. Ale czy na pewno, czy jedynie śpi? Niejednoznaczność, niepewność to jest to, co lubię»"[217].

W ostatnim czasie kot Schrödingera stał się memem kultury masowej. Pojawia się na T-shirtach, w komiksach (takich jak popularny internetowy komiks *xkcd*) oraz serialach telewizyjnych (jak *The Big Bag Theory* czy *Futurama*). Bodaj najgłośniejszym jego upamiętnieniem było nawiązujące do tego eksperymentu doodle w logo Google'a 12 sierpnia 2013 roku, w 126. rocznicę urodzin Schrödingera. W konsekwencji tak licznych i różnorodnych odniesień w kulturze kot Schrödingera – a nawet samo określenie „Schrödingera" w zastosowaniu do czegokolwiek – stał się symbolem niejednoznaczności w ogóle.

NAUKOWA SPUŚCIZNA

Większość tego, co obecnie wiemy o skomplikowanych kolejach życia Schrödingera i Einsteina, poznaliśmy dzięki ujawnieniu materiałów archiwalnych. Niestety, ranga ich intelektualnej spuścizny stała się podłożem długoletniej batalii o to, kto ma tymi materiałami zarządzać.

W 1963 roku Anny przyjęła gościa ze Stanów Zjednoczonych, którym był filozof i historyk nauki Thomas Kuhn. Uczestniczył on w projekcie mającym na celu pełne udokumentowanie dziejów fizyki kwantowej. Po udzieleniu mu wywiadu Anny zaoferowała Kuhnowi wielkie, ważące ponad 90 kilogramów pudło wypełnione listami, rękopisami, dziennikami i innymi osobistymi zapiskami jej zmarłego męża. Była to istna skarbnica materiałów o Schrödingerze, która miała się okazać bezcenna dla historyków.

Kuhn starannie dopilnował, aby większość materiału została skopiowana (głównie na mikrofilm), i przekazał oryginały do Biblioteki Uniwersyteckiej w Wiedniu, gdzie wciąż po kilkudziesięciu latach się znajdują, podczas gdy naukowcy studiują kopie w repozytoriach i ośrodkach badawczych na całym świecie.

Po śmierci Anny w 1965 roku Ruth stała się jedyną spadkobierczynią po Schrödingerze, ale o istnieniu cennego pudła dowiedziała się dopiero w latach osiemdziesiątych. W rozmowie z Walterem Thirringiem, dyrektorem Instytutu Fizyki na Uniwersytecie Wiedeńskim, usłyszała od niego, że nie ma żadnych nowych materiałów. W 2006 roku zwróciła się do rektora uniwersytetu o zwrot spuścizny. Uniwersytet wystąpił o opinię prawną, postanawiając rozstrzygnąć kwestię własności na drodze procesowej. Braunizerowie wynajęli własnego adwokata i zaczęły się sądowe przepychanki o ustalenie, kto jest prawowitym właścicielem tych materiałów[218].

Sprawa ciągnęła się przez wiele lat. Istotny postęp nastąpił jesienią 2008 roku, kiedy obie strony zgodziły się co do kroków prowadzących do możliwego rozwiązania[219]. Idea była taka, by założyć nową fundację, która sprawowałaby pieczę nad materiałami. Rozstrzygnięcie nastąpiło ostatecznie w październiku 2014 roku, gdy spuściznę piśmienniczą Schrödingera wpisano na listę światowego dziedzictwa UNESCO.

Spuścizna Einsteina również stała się przedmiotem prawnej potyczki. Po jego śmierci administrowali nią Otto Nathan i Helen Dukas. Osobiście udzielali pozwoleń na wykorzystanie jego wizerunku i wszystkich materiałów, zanim większość jej zasobów nie została przewieziona do siedziby Uniwersytetu Hebrajskiego w Jerozolimie. Równoległe archiwum powstało w Princeton, zapewniając badaczom dostęp do skopiowanych dokumentów. Nathan i Dukas podpisali umowę z wydawnictwem Princeton University Press na rozpoczęcie publikacji pism Einsteina w postaci opracowanych tomów. Jednakże w latach siedemdziesiątych między Nathanem a wydawnictwem wybuchł spór o dobór redaktorów i konieczny stał się arbitraż w sądzie. Naczelnym redaktorem projektu mianowany został fizyk i historyk nauki John Stachel.

Wtedy nastąpił zwrot akcji, którego nikt się nie spodziewał. Stachel i inny historyk, Robert Schulmann, dowiedzieli się o przechowywanym w sejfie w Berkeley depozycie, w którym druga żona Hansa Alberta, Elizabeth, ukryła około pięciuset listów między Einsteinem a Milevą. Kolekcja ta zawierała mniej więcej pięćdziesiąt wczesnych listów miłosnych, które rzuciły światło na nieznany dotąd okres w życiu Einsteina. Po dalszych polemikach między zarządem spuścizny Einsteina i Princeton University Press wydawnictwo uzyskało prawa do opublikowania tej korespondencji miłosnej. Wielu czytelników było zszokowanych kontrastem między gorącymi uczuciami, jakie Albert deklarował wobec Milevy na początku znajomości, a głęboką wzgardą okazywaną jej później przed ich rozwodem.

Zarówno życie Einsteina, jak i Schrödingera uświadamia nam, że najbardziej genialni uczeni są ludźmi. Oprócz spektakularnych eksplozji inwencji mają długie okresy, kiedy pomimo mozolnego wysiłku nie posuwają się ani o krok do przodu. W ich relacjach z innymi osobami zdarzają się i okresy czułości, i przypadki zdrady. Bywa tak, że uganiają się za ulotnymi iluzjami, by potem powrócić czym prędzej do domu, do tych, którym naprawdę na nich zależy.

W korespondencji między Einsteinem i Schrödingerem odnaleźć można znaczną dozę serdeczności i wzajemnego wspierania się. Można by rzec, iż tak jak Don Kichot i Sancho Pansa skończyli na uganianiu się za wiatrakami. Każdy z nich doskonale zdawał sobie sprawę, że ich poszukiwania mogą zostać uznane za donkiszoterię, a życie, jakie wiodą, za ekscentryczne. A jednak *compañeros* trwali przy sobie wzajemnie – jeśli nie zawsze w świetle jupiterów, to w głębi swoich serc.

ZAKOŃCZENIE

DALEJ NIŻ EINSTEIN I SCHRÖDINGER – NIEUSTAJĄCE POSZUKIWANIE JEDNOŚCI

Jeśli chodzi o fotografię, przynajmniej jedna rzecz jest w niej dobra – po zrobieniu zdjęcia ma się z nim potem spokój. Zostało ono wykonane. Natomiast teoria nigdy nie jest wykonana do końca.

– Albert Einstein, zrelacjonowane w „Christian Science Monitor", 14 grudnia 1940 roku

Kto będzie następnym Einsteinem? Czy kiedykolwiek ktoś prześcignie go w jego genialnych dokonaniach? Czy ktoś znajdzie w sobie tyle inwencji, by urzeczywistnić jego marzenie o jednolitej teorii opisującej całą rzeczywistość fizyczną? Jak się przekonaliśmy, pomimo iż był znakomitym fizykiem, laureatem Nagrody Nobla i człowiekiem renesansowym, Schrödinger nigdy nie dorównał Einsteinowi sławą w skali międzynarodowej (to znaczy, poza Irlandią w latach czterdziestych XX wieku). Jeśli już, to jego kot zgarnął całą chwałę – przynajmniej jako mem kulturowy. Niemniej jednak z pewnością nie był jedynym, który próbował wejść w buty Einsteina.

Od 1919 roku, kiedy opinia publiczna po raz pierwszy poznała smak teorii względności dzięki doniesieniom o pomiarach dokonanych podczas zaćmienia Słońca, wykazywała ona nienasycony apetyt na wszelkie wiadomości o Einsteinie i jego ewentualnych następcach. Za życia Einsteina, jak widzieliśmy, prasa trąbiła o każdej zaproponowanej przez niego jednolitej teorii pola, jak gdyby stanowiła istotny przełom. Po śmierci uczonego historie o wybitnych badaczach będących na wyciągnięcie ręki od wypełnienia jego misji wciąż trafiały na nagłówki gazet. Ogólnie rzecz biorąc, Einstein, jego niedokończone poszukiwania oraz pytanie, kto mógłby go zastąpić na tronie, służą jako punkty odniesienia od niemal stu lat.

Badacze doskonale wiedzą, że postęp w jakiejkolwiek dziedzinie nauki dokonywany jest na ogół małymi kroczkami, co zajmuje całe lata, a nawet dziesięciolecia. Przełomowe odkrycia są czymś nader rzadkim. Niejednokrotnie naukowiec wyrabia sobie pozycję dzięki temu, że miał szczęście, by być we właściwym miejscu o właściwym czasie. Większość badań naukowych prowadzą obecnie duże zespoły, a nie pojedynczy ludzie.

Pomimo to wciąż żywy jest mit samotnego geniusza zmieniającego mocą swego intelektu wszystko wokół nas. Jeśli wpiszemy frazę „next Einstein" (bądź „następca Einsteina") do jakiejkolwiek wyszukiwarki internetowej, zostaniemy zasypani wynikami wszelkiego autoramentu – od recept na edukacyjny sukces po przechwałki w życiorysach i tekstach autopromocyjnych. Oto wybrana próbka pytań zadawanych w mediach w ostatnim czasie: „Czy następca Einsteina okaże się «surfującym luzakiem»?[220]. Czy jest to cudowne dziecko z wyjątkowym IQ?[221]. A co, jeśli następcą Einsteina będzie komputer?[222]. Czy aplikacja na smartfona zidentyfikuje przyszłego Einsteina?[223]. A może pomocne w tym będzie staromodne DVD dla maluchów? W 2009 roku „New York Times" w jednym z nagłówków radził z ewidentną ironią: „No Einstein in Your Crib? Get a Refund!" (W łóżeczku dziecinnym nie masz Einsteina? Wystąp o zwrot kosztów!)[224].

Faktyczna recepta na Einsteina polegała na dobraniu w idealnych proporcjach istotnych problemów naukowych, które wymagały radykalnego rozwiązania, nadzwyczajnej intuicji, często sprzeciwiającej się powszechnie przyjmowanym przekonaniom, ironicznie fotogenicznego wizerunku (któż by pomyślał, że potargany sweter, wąs przypominający myjkę do naczyń i czupryna rozwichrzonych siwych włosów mogą być tak atrakcyjne?) i wszędobylskich kamer. Narodziny jego sławy przypadły mniej więcej w tym samym czasie co złota era Hollywood, kiedy to kroniki filmowe pokazywały najnowszą modę, przypadki i dziwactwa celebrytów. Podobnie jak Douglas Fairbanks, Mary Pickford,

Charlie Chaplin, Barrymore'owie, i niezliczone inne gwiazdy filmowe lat dwudziestych, trzydziestych i czterdziestych XX wieku, Einstein gościł na ekranach tysięcy kin w miastach i miasteczkach. Publiczność oglądała go, jak podczas swych przechadzek przystaje, by pomachać ręką pozdrawiającym go wielbicielom, wygłasza mowy na temat bieżących wydarzeń, firmuje rozmaite przedsięwzięcia charytatywne czy od czasu do czasu informuje o postępach swoich badań. Pragnąc za wszelką cenę wypełnić swoje normy materiału, który mógłby zainteresować czytelników, reporterzy schłeptywali bez reszty wszelkie nowiny o żydowsko-niemieckim uczonym niczym wygłodzone koty rozlane mleko.

Nie wiadomo, czy jest możliwe, by receptę tę kiedykolwiek powtórzyć. Przede wszystkim mamy do czynienia z istną eksplozją publikacji. W kolejce do sławy rywalizuje wiele teorii – znacznie więcej niż w czasach Einsteina i Schrödingera. Natomiast olbrzymie energie potrzebne do ich zweryfikowania wymagają coraz droższych i dłuższych w budowie urządzeń, takich jak Wielki Zderzacz Hadronów nieopodal Genewy w Szwajcarii. W odróżnieniu choćby od obserwacji zaćmień postępu w naukach eksperymentalnych generalnie dokonywano o wiele wolniej i bardziej ostrożnie, gromadząc znacznie więcej danych przed ogłoszeniem ostatecznych wyników. W fizyce wysokich energii działają zespoły liczące setki badaczy, a nie samotni pionierzy. Z kolei media uległy olbrzymiemu zróżnicowaniu i nie wydaje się możliwe, by wszyscy zapatrzeni byli na te same naukowe sławy.

Peter Higgs, jeden z laureatów Nagrody Nobla z fizyki w 2013 roku, stanowi rzadki przykład powszechnie znanego wybitnego teoretyka, a jednak pod względem rozpoznawalności swojego nazwiska nie może rywalizować z Einsteinem. Nazwana na jego cześć cząstka, bozon Higgsa, potocznie określana jest jako „boska cząstka", stąd kiedy ogłoszono jej odkrycie w 2012 roku, spora część rozgłosu w prasie szła na konto Boga (ku rozczarowaniu mieszkańców Indii, ich rodak Satyendra Bose, od którego nazwiska pochodzi nazwa „bozon", nie doczekał się choćby wzmianki).

TRIUMF MODELU STANDARDOWEGO

Odkrycie bozonu Higgsa dostarczyło ostatniego brakującego elementu układanki dla Modelu Standardowego fizyki cząstek – struktury teoretycznej najbardziej aktualnie zbliżonej do jednolitej teorii pola. Model Standardowy obejmuje zunifikowane wyjaśnienie elektromagnetyzmu i oddziaływań słabych, określanych łącznym terminem oddziaływań elektrosłabych. Zawiera również opis oddziaływań silnych – sił, które spajają protony i neutrony w jądra atomowe. Pozostaje jeszcze grawitacja, która nie wchodzi w skład Modelu Standardowego.

Początki unifikacji elektrosłabej sięgają roku 1961, tego samego, w którym zmarł Schrödinger, kiedy to fizyk Sheldon Glashow zaproponował, że elektromagnetyzm i oddziaływania słabe mogą być zunifikowane w ramach teorii zakładającej istnienie czterech bozonów wymiany (cząstek przenoszących oddziaływania): fotonów, dwóch naładowanych elektrycznie bozonów oznaczanych jako W^+ i W^-, reprezentujących rozpad słaby, oraz czwartego bozonu, reprezentującego słabą wymianę neutralną. W owym czasie czwartego typu oddziaływania – między dwiema cząstkami o ładunku tego samego znaku – jeszcze nie zaobserwowano. Lagranżjan (człon opisujący energię) zastosowany przez Glashowa nie był całkiem prawidłowy, lecz sama koncepcja czterech rodzajów cząstek wymiany okazała się strzałem w dziesiątkę.

Dokuczliwy problem przy unifikowaniu elektromagnetyzmu z oddziaływaniami słabymi stanowiło jednak to, że te dwie siły mają zupełnie odmienny zasięg i natężenie. Elektromagnetyzm działa na olbrzymią odległość, czego jesteśmy świadkiem, gdy obserwujemy światło dochodzące z gwiazd odległych od nas o biliony kilometrów. Oddziaływania słabe, przeciwnie, działają jedynie w skali jądrowej. Ponadto, na poziomie subatomowym, elektromagnetyzm jest około dziesięciu milionów razy silniejszy od oddziaływań słabych. Jeżeli na początku Wszechświata siły te stanowiły jedno oddziaływanie, to dlaczego postrzegamy je obecnie jako tak skrajnie różniące się od siebie?

Jak ustalili fizycy, to właściwości bozonów wymiany, przeskakujących tam i z powrotem pomiędzy cząstkami materii, wyznaczają zasięg i natężenie oddziaływań. Bozony bezmasowe, takie jak fotony, generują potężne siły działające na dużą odległość, natomiast ciężkie bozony, takie jak cząstki wymiany W i Z, dają słabsze siły o krótkim zasięgu. W konsekwencji wyjaśnienie obecnych różnic między oddziaływaniami słabymi i elektromagnetycznymi sprowadza się do zrozumienia, w jaki sposób bozony W i Z zyskały masę.

W tym miejscu wchodzi do gry mechanizm Higgsa, genialny sposób wyjaśnienia, jak, w miarę jak Wszechświat ochładzał się po gorącym początku w Wielkim Wybuchu, większość cząstek zyskała masę, natomiast fotony nie. Zaproponowany niezależnie w 1964 roku przez kilka grup badaczy, w tym Higgsa, François Englerta (który otrzymał Nagrodę Nobla razem z Higgsem) i Roberta Brouta oraz zespół złożony z Geralda Guralnika, Carla Richarda Hagena i Thomasa Kibble'a, zakłada on, że wczesny Wszechświat wypełniony był przez pole wykazujące określoną symetrię cechowania. Spontaniczne złamanie tej symetrii towarzyszące obniżeniu się temperatury kosmosu nadało większości cząstek masę, pozostawiając fotony jako cząstki bezmasowe.

Możemy wyobrażać sobie tę symetrię jako coś w rodzaju wirujących wiatraczków umieszczonych w każdym punkcie pola, które same swobodnie obracając się w trzech wymiarach, wydmuchują powietrze we wszystkich możliwych kierunkach. Gdy Wszechświat stał się chłodniejszy, zapanowały w nim takie warunki, że początkowa symetria pola Higgsa uległa spontanicznemu złamaniu. Każdy z wiatraczków przybrał stałą pozycję, z tym że wszystkie stały się zorientowane tak samo. Przed unieruchomieniem podmuchy wiatraczków wzajemnie się znosiły, pozwalając wszystkim cząstkom poruszać się swobodnie, tak jak chcą. Gdy jednak wiatraczki przybrały jednakową orientację i zaczęły dmuchać w jednym kierunku, ich podmuchy zaczęły wpływać na większość cząstek, skracając im zasięg poruszania się i redukując ich liczbę. Jedynie fotony, niewrażliwe na podmuchy, zachowały swą pierwotną liczbę i nieograniczony zasięg.

Pod koniec lat sześćdziesiątych XX wieku dwaj fizycy: amerykański Steven Weinberg i pakistański Abdus Salam niezależnie od siebie podali lagranżjan (w myśl opisanej wcześniej teorii cechowania Yanga–Millsa) zawierający składowe pola Higgsa wraz z bozonami wymiany i polami fermionowymi reprezentującymi cząstki materii. Był on skonstruowany tak, by ulegał spontanicznemu złamaniu symetrii poniżej pewnej temperatury, w której to trzy bozony wymiany, W^+, W^- i Z^0, nabywałyby masy na mocy mechanizmu Higgsa, a fotony pozostawały bezmasowe. Masę uzyskiwałyby również fermiony. Jedna ze składowych pierwotnego pola Higgsa pozostawałaby jako masywna cząstka – bozon Higgsa.

Do tego czasu odkryto już tyle cząstek elementarnych, że pojawił się problem wyboru, które z fermionów mają charakter fundamentalny. Większość fizyków podejrzewała, że protony i neutrony nie mają charakteru fundamentalnego, lecz zbudowane są z mniejszych składników. Owe mniejsze elementy początkowo nazywano różnie, ale ostatecznie społeczność fizyków przystała na termin „kwarki" zaproponowany przez Murraya Gell-Manna, któremu spodobało się brzmienie tego słowa, gdy zauważył je w cytacie z *Finneganów trenu* Jamesa Joyce'a: „Three quarks for Muster Mark"*. Ponieważ w protonach i neutronach (podobnie jak we wszystkich cząstkach należących do kategorii zwanej barionami) były akurat po trzy kwarki, nazwa ta okazała się bardzo trafna.

Gdy kwarki zostały sklasyfikowane według swoich właściwości, okazało się, że tworzą odrębne rodziny, zwane generacjami. Pierwsza generacja, kwarki „górny" i „dolny", to cząstki, z których zbudowane są protony i neutrony. Druga generacja, „dziwny" i „powabny", zawiera bardziej masywne, egzotyczne cząstki. I wreszcie trzecia, jeszcze cięższa, obejmująca „wysoki" i „niski", została odkryta dopiero w latach osiemdziesiątych (kwark niski) i dziewięćdziesiątych (kwark wysoki) XX wieku. Każda z generacji obejmuje także cząstki antymaterii o tej samej masie, lecz

---

* Była to parafraza okrzyku „Drei Mark für muster Quark!" – Trzy marki za znakomity twaróg – który Joyce usłyszał na targu we Fryburgu Bryzgowijskim (przyp. tłum.).

przeciwnym ładunku, zwane antykwarkami. Poszczególne typy kwarków, takie jak „górny" czy „dziwny", określane są jako „zapachy".

Leptony, cząstki, które nie podlegają oddziaływaniom silnym, analogicznie tworzą trzy generacje. Pierwsza składa się z elektronów i neutrin, bardzo lekkich, szybko poruszających się cząstek. Druga obejmuje miony i neutrina mionowe. Trzecią kategorię tworzą masywne taony i neutrina tau.

W odróżnieniu od unifikacji proponowanych przez Einsteina i Schrödingera elektrosłaba teoria unifikacji podsuwała wiele konkretnych, możliwych do testowania przewidywań. Chodziło między innymi o istnienie słabego prądu neutralnego (oddziaływania słabego między cząstkami o ładunku tego samego znaku), istnienie bozonów W^+, W^- i Z^0 o określonych masach oraz realny charakter bozonu Higgsa. W ciągu lat siedemdziesiątych i osiemdziesiątych eksperymenty w akceleratorze cząstek w CERN-ie (Europejska Organizacja Badań Jądrowych) w pobliżu Genewy w Szwajcarii zweryfikowała każde z tych przewidywań oprócz ostatniego. Ostatecznie bozon Higgsa został potwierdzony przez dane dotyczące zderzeń cząstek zebrane w Wielkim Zderzaczu Hadronów w CERN-ie.

Oprócz unifikacji elektrosłabej Model Standardowy obejmuje również opis oddziaływań silnych, które polegają na wymianie cząstek zwanych gluonami. Gluony stanowią jak gdyby klej (glue), który utrzymuje kwarki razem w grupach po trzy (lub parach kwark-antykwark w wypadku mezonów). W analogii do dodatniego i ujemnego ładunku elektrycznego każdy kwark charakteryzuje się ładunkiem kolorowym. „Kolor" w tym kontekście nie ma nic wspólnego z jego wyglądem, stanowiąc po prostu zwięzły sposób wyrażenia pewnej konkretnej wielkości podlegającej zachowaniu. Oddziaływania silne powstają w sposób naturalny w wyniku przerzucania się gluonami pomiędzy kwarkami o różnych kolorach. Kwantowa teoria pola opisująca to zjawisko nosi nazwę chromodynamiki kwantowej (QCD), przez analogię do elektrodynamiki kwantowej.

Wziąwszy pod uwagę, w jaki sposób Model Standardowy opisuje rzeczywistość, zabawnie jest pomyśleć sobie o tych wszystkich sensacyjnych doniesieniach prasowych proklamujących, jakoby jednolite teorie pola proponowane przez Einsteina i Schrödingera stanowiły ostateczny opis Wszechświata. Obraz rzeczywistości fizycznej, jaki ukształtował się w ciągu ostatnich dziesięcioleci, jest radykalnie odmienny od tego, jaki ktokolwiek mógł przewidywać w czasach II wojny światowej. Najwyraźniej Wszechświat ma dla nas w zanadrzu jeszcze wiele niespodzianek. Czy może być tak, że nowe odkrycia pewnego dnia sprawią, iż Model Standardowy zostanie uznany za przestarzały?

PAMIĘTAJCIE O LUKACH

Przez lata przewidywania Modelu Standardowego były testowane raz po raz z coraz większą precyzją. Pod tym względem jest to nadzwyczaj skuteczna teoria, wyjaśniająca wszystko, od magnesów na lodówkę po dynamo słoneczne. Oferuje ona bezprecedensową jak dotychczas unifikację, łącząc w ramach jednolitego opisu trzy z czterech znanych oddziaływań fizycznych. Jedynie grawitacja wciąż pozostaje osobno.

Ten sam poziom pewności dotyczy ogólnej teorii względności. Liczne przeprowadzane z wysoką precyzją eksperymenty zweryfikowały wiele przewidywań mistrzowskiej teorii grawitacji Einsteina. Najnowsze testy polegają na pomiarach satelitarnych zjawiska zwanego „wleczeniem układu inercjalnego", opisanego teoretycznie przez długoletniego przyjaciela Schrödingera Hansa Thirringa i innego austriackiego fizyka Josefa Lensego jeszcze w 1918 roku. Wleczenie układu inercjalnego polega na odkształceniu czasoprzestrzeni wokół Ziemi wywołanym przez jej obrót. Jedynym ważniejszym przewidywaniem ogólnej teorii względności jak dotąd niepotwierdzonym bezpośrednio jest istnienie fal grawitacyjnych, postulowane przez Einsteina również w 1918 roku.

Czy zatem wystarczy połączyć Model Standardowy z ogólną teorią względności, by uzyskać potężne narzędzie do zgłębiania właściwości świata fizycznego? Nie, jeśli weźmiemy pod uwagę ewidentne luki – zjawiska, których ani jedna, ani druga teoria nie potrafi wyjaśnić. Ciemna energia, czynnik przyspieszający ekspansję Wszechświata, oraz ciemna materia, niewidoczna substancja, która powstrzymuje galaktyki przed rozleceniem się we wszystkie strony, stanowią zagadki dorównujące tym, wobec których stali pionierzy fizyki kwantowej. Wspomnieliśmy już o tym, że ciemna materia wydaje się odpowiadać stałej kosmologicznej, członowi w równaniach zaproponowanemu przez Einsteina (który z czasem się z tego wycofał), a później forsowanemu przez Schrödingera. Jednakże nikt nie ma pojęcia, jakie może być fizyczne pochodzenie ciemnej energii, która działa niczym antygrawitacja.

Natura ciemnej materii to kolejna zagadka naszych czasów. Zidentyfikowana po raz pierwszy w latach trzydziestych XX wieku przez szwajcarskiego astronoma Fritza Zwickiego w ramach jego badań gromady Coma, stanowi niewidoczną masę niezbędną, by za pośrednictwem oddziaływań grawitacyjnych zapewnić stabilność struktur astronomicznych. Ponieważ odkrycie Zwickiego w swoim czasie zostało w zasadzie zignorowane, minęło kolejne pół wieku, zanim poszukiwania ciemnej materii podjęto na poważnie. Bodźcem do tego było ustalenie przez astronomów Verę Rubin i Kenta Forda, że Galaktyka Andromedy i inne galaktyki nie zawierają wystarczających ilości widocznej materii, by utrzymać gwiazdy na ich peryferiach poruszające się z dużymi prędkościami. Galaktyki zdają się działać niczym karuzela, w której najszybsze, zewnętrzne koniki utrzymywane są przez niewidoczne więzy. Począwszy od lat osiemdziesiątych, astronomowie i fizycy cząstek poszukują słabo świecących ciał niebieskich i/lub niewidocznych cząstek z dostatecznie dużym grawitacyjnym biglem, by mogły stanowić ciemną materię. Uwagę zaczęto skupiać na zimnych (a zatem wolno poruszających się) cząstkach, które podlegałyby oddziaływaniom słabym i grawitacji, lecz nie elektromagnetyzmowi (stąd niemożliwość ich zaobserwowania). Poszukiwania takich cząstek prowadzono w przerobionych chodnikach kopalnianych zarówno głęboko pod ziemią, by uniknąć „szumu" zwykłych cząstek, jak i w przestrzeni kosmicznej. W czasie gdy to piszę, wciąż brak definitywnego empirycznego potwierdzenia cząstek ciemnej materii.

Gdyby ciemna energia i ciemna materia były czymś rzadkim, być może moglibyśmy nie spieszyć się z ich wyjaśnianiem i zająć innymi problemami w fizyce, które wymagają rozwiązania. Tymczasem jest wręcz przeciwnie – stanowią one 95 procent wszystkiego, co w ogóle istnieje. Według najnowszych oszacowań astronomicznych aż 68 procent Wszechświata to ciemna energia, a pełne 27 procent to ciemna materia, co pozostawia zaledwie 5 procent, które mogą być wyjaśnione przez Model Standardowy w połączeniu z konwencjonalną ogólną teorią względności. Niektórzy proponowali, by zmodyfikować teorię względności, naśladując Einsteina, który usiłował poszerzyć jej zakres. Jednakże ogromna większość społeczności fizyków uznaje przytłaczającą skuteczność zarówno Modelu Standardowego, jak i ogólnej teorii względności w opisywaniu tego, co faktycznie obserwujemy. Niechęć do majstrowania przy czymś, co odniosło sukces, rodzi dylemat, jak wyjść poza te dwa dwudziestowieczne arcydzieła, a być może nawet je zunifikować.

Niezależnie od problemu z ciemnymi składnikami Wszechświata w Modelu Standardowym pozostają inne niewyjaśnione kwestie. Dlaczego niektóre cząstki (kwarki) odczuwają oddziaływania silne, a inne (leptony) im nie podlegają? Czy nauka jest w stanie wytłumaczyć, dlaczego istnieje o tyle więcej materii niż antymaterii w obserwowalnym Wszechświecie? Dlaczego istnieją jedynie trzy generacje fundamentalnych i dlaczego mają one dane wartości masy? Czy istnieje sposób na przemianę fermionów w bozony i odwrotnie, który ujawniłby powiązanie między cząstkami materii a polami energetycznymi? To tylko niektóre z wielu otwartych pytań, jakie stoją dzisiaj przed fizyką cząstek.

MARZENIA O GEOMETRII, SYMETRII I JEDNOŚCI

W ciągu ostatnich dziesięcioleci marzenie Einsteina, Schrödingera, Eddingtona, Hilberta i innych, by wyjaśnić wszystko, co fizycznie istnieje, przy użyciu czystej geometrii, wyraźnie odżyło. Wygląda na to, że ilekroć nauka odchodzi od pitagorejskiego ideału, że „wszystko jest liczbą", myślący abstrakcyjnie szukają sposobu, by do niego powrócić.

W miejsce teoretyków wyobrażających sobie fale materii (typu de Broglie'a/Schrödingera) oscylujące na poziomie atomowym wielu obecnie rozważa struny (włókna) i membrany (powierzchnie) energii wibrujące w znacznie mniejszej skali. Owe struny i membrany są czysto geometrycznymi strukturami, które splątując się i podrygując, generują znane właściwości cząstek. Teoria strun jest rozległą dziedziną – przyjrzyjmy się jej trochę.

Początkowym bodźcem do powstania teorii strun były nieudane próby japońskiego fizyka Yoichiro Nambu i innych pod koniec lat sześćdziesiątych i na początku lat siedemdziesiątych XX wieku, polegające na modelowaniu oddziaływań silnych przez łączenie cząstek elastycznymi włóknami energii. Takie „struny bozonowe", jak je nazwano, działały niczym smycz psa, ograniczając cząstkę do niewielkiego obszaru (skali atomowej), lecz dając jej pełną swobodę w jego obrębie.

W 1971 roku francuski fizyk Pierre Ramond odkrył sposób modelowania jako strun także fermionów. Opracował on metodę, zwaną „supersymetrią", dzięki której struny bozonowe mogły być przekształcane w struny fermionowe przez jak gdyby „obrót" w abstrakcyjnej przestrzeni. Dokonany przez niego przełom zainspirował teoretyków Johna Schwarza i André Neveu do stworzenia ogólnej teorii zarówno cegiełek-fermionów, jak i sił-bozonów przy wykorzystaniu strun wibrujących w różny sposób. Takim wszechstronnym włóknom nadano miano „superstrun". Osobliwą cechą teorii superstrun jest to, że jest ona kompletna pod względem matematycznym (pozbawiona elementów uznawanych za niefizyczne) dopiero w przestrzeni o dziesięciu lub większej liczbie wymiarów. Wcześniej w tym samym roku fizyk Claud Lovelace dowodził, jakoby struny bozonowe wymagały dwudziestu sześciu wymiarów, zatem to, że teraz wystarczało tylko dziesięć, wydawało się istotnym postępem.

W połowie lat siedemdziesiątych fizycy przegryzali się przez książki i artykuły opisujące teorię Kaluzy–Kleina w wyższych wymiarach, mając nadzieję nauczyć się, jak się z nimi obchodzić. Podręcznik ogólnej teorii względności napisany przez Bergmanna w latach czterdziestych, ze słowem wstępnym Einsteina, pomógł społeczności teoretyków na nowo zaznajomić się z metodami radzenia sobie z więcej niż czterema wymiarami. Stara koncepcja kompaktyfikacji Oskara Kleina – zwijania dodatkowych wymiarów tak ciasno, że stają się nieobserwowalne – doczekała się odrodzenia. Teoretycy znaleźli sposoby na zapętlenie sześciu nadmiarowych wymiarów wokół maleńkich, ciasno upakowanych przestrzeni, niczym mikroskopijne kłębki sznurka. Matematycy Eugenio Calabi i Shing-Tung Yau podali klasyfikację takich zwiniętych przestrzeni, nazwanych rozmaitościami Calabiego–Yau.

W 1975 roku wzrósł poziom podekscytowania wśród społeczności fizyków, gdy Schwarz i francuski fizyk Joël Scherk zaproponowali wyjaśnienie grawitacji przy użyciu supersymetrii. Pokazali oni, jak grawitony, hipotetyczne bozony przenoszące przyciąganie grawitacyjne, pojawiają się w sposób naturalny w ich teoriach dzięki zastosowaniu metod supersymetrii do innych rodzajów cząstek. Grawitacja, twierdzili badacze, stanowi zatem naturalną konsekwencję unifikacji bozonów i fermionów. Wystarczy pożenić je ze sobą, by narodziły się grawitony.

Niektórzy badacze, zwłaszcza francuscy teoretycy Eugène Cremmer, Bernard Julia i Scherk z École Normale Supérieure w Paryżu, holenderski fizyk Bernard de Wit, pracujący z niemieckim fizykiem Hermannem Nicolaiem, zespół holenderskiego fizyka Petera van Nieuwenhuizena w Stony Brook i inni, zastosowali supersymetrię do standardowej (nieużywającej strun) kwantowej teorii pola. Podejście takie nazwano supergrawitacją. Cremmer, Julia i Scherk dowiedli, że taka teoria idealnie pasuje do jedenastowymiarowej czasoprzestrzeni z siedmioma wymiarami skompaktyfikowanymi. Pomimo iż początkowo zapowiadała się obiecująco, supergrawitacja napotkała trudności z odzwierciedleniem pewnych aspektów świata cząstek.

We współpracy z brytyjskim fizykiem Michaelem Greenem Schwarz kontynuował badanie właściwości superstrun. W 1984 roku Green i Schwarz ogłosili, że opracowali dziesięciowymiarowy model wolny od anomalii (defektów matematycznych). Ponadto w odróżnieniu od QED, teorii elektrosłabej i innych konwencjonalnych kwantowych teorii pola, superstrunowa teoria pola dawała skończone wyniki, a zatem nie wymagała eliminowania członków nieskończonych przez renormalizację. Ich dokonania, obwołane „rewolucją superstrun", dawały wiele powodów do świętowania. Wielu fizyków sądziło, że być może dzięki superstrunom uda się w końcu spełnić marzenie Einsteina o jedności.

Podobnie jak Einstein, Schrödinger i inni odkryli, że istnieje wiele sposobów rozszerzenia ogólnej teorii względności. Green, Schwarz i inni badacze – w tym błyskotliwy teoretyk Edward Witten z Institute for Advanced Study, który podał dowody kluczowych twierdzeń – zdali sobie sprawę z dopuszczalności różnych typów teorii superstrun. W istocie mieli do czynienia z istnym *embarras de richesse*. Teoria superstrun wkrótce stała się labiryntem z miriadami możliwych dróg. Kto mógłby dostarczyć nici Ariadny prowadzącej do jednej, ogólnej teorii obejmującej całą rzeczywistość fizyczną?

W 1995 roku na konferencji w Kalifornii Witten proklamował drugą rewolucję superstrun, tym razem polegającą na użyciu oprócz strun również membran. Nazwał to podejście „M-teorią", enigmatycznie wyjaśniając, że choć M oznacza „membranę", może równie dobrze pochodzić od słowa „magiczny" bądź „mystery" (tajemnica). M-teoria zjednoczyła kilka różnych typów teorii strun oraz supergrawitację w ramach jednej metodologii. Innowacją analizowaną pod koniec lat dziewięćdziesiątych przez Nimę Arkaniego-Hameda, Savasa Dimopoulosa, Gię Dvali, Lisę Randall, Ramana Sundruma i innych była idea, że jeden z dodatkowych wymiarów może być „duży" (to znaczy nie mikroskopijny), lecz niedostępny dla wszystkich rodzajów pól oprócz grawitonów. To wyjaśniałoby, dlaczego grawitacja jest wiele słabsza niż pozostałe oddziaływania fizyczne.

W odróżnieniu od Modelu Standardowego i ogólnej teorii względności nie znaleziono ni krzty potwierdzenia empirycznego dla supersymetrii, teorii superstrun, M-teorii czy dodatkowych wymiarów. Dlaczego zatem koncepcje te mają takie powodzenie u teoretyków? Odgrywają tu rolę takie czynniki, jak matematyczne piękno, symetria i kompletność – uderzająco podobne do kryteriów, które przemawiały do Einsteina. Plus fakt, że brak wiarygodnych alternatyw.

Pętlowa grawitacja kwantowa, stworzona przez Abhaya Ashtekara, Carla Rovellego, Lee Smolina i innych, oferuje bodaj najszerzej popieraną metodę kwantowania grawitacji, inną niż z użyciem strun. Podobnie jak ogólna teoria unitarna Schrödingera. Kładzie ona nacisk na zasadniczą rolę koneksji afinicznej, która zostaje po modyfikacji użyta jako zmienna kwantowa. Czasoprzestrzeń zostaje zastąpiona czymś w rodzaju geometrycznej piany. Badacze od teorii strun często stawiają zarzut, że pętlowa grawitacja kwantowa nie jest teorią wszystkiego, lecz jedynie skwantowaną teorią grawitacji. Z kolei zwolennicy grawitacji kwantowej ripostują, że teoria strun traktuje grawitację zarówno jako tło (metrykę czasoprzestrzeni, w której działają pola), jak i jako pole (grawitony), a nie jako jednoznaczną całość. Ich celem jest zrozumienie najpierw działania grawitacji na poziomie kwantowym przed podjęciem prób połączenia jej z innymi oddziaływaniami.

Zbadanie pełnych konsekwencji teorii strun/M-teorii oraz pętlowej grawitacji kwantowej wymagałoby sięgnięcia do skali Plancka, maleńkich rozmiarów, na których obowiązuje zarówno teoria kwantowa, jak i grawitacja. Tak ogromne energie pozostają na razie daleko poza naszym zasięgiem. Na szczęście teorie wysokich energii wywołują również skutki przy niższych energiach. Zatem Wielki Zderzacz Hadronów może wykryć stany cząstek, które pozwalają na wgląd w fizykę wykraczającą poza Model Standardowy. Przykładem mogą być supersymetryczni partnerzy cząstek – odpowiedniki fermionów o właściwościach bozonów, i *vice versa*. Odkrycie takich cząstek stanowiłoby silne potwierdzenie supersymetrii i pozwoliłoby wyłonić ewentualnych kandydatów na ciemną materię. Choć jak dotąd żadnej nie znaleziono, wielu fizyków nie traci nadziei na zidentyfikowanie superpartnerów w danych ze zderzacza, gdy tylko dostatecznie wiele ich uda się zgromadzić i przeanalizować.

SZYBCIEJ NIŻ ŚWIATŁO. POWIASTKA KU PRZESTRODZE

Badacze, studenci, agencje finansujące badania, miłośnicy nauki, autorzy podejmujący tematykę naukową oraz wszyscy inni zainteresowani tym, co znajduje się poza Modelem Standardowym, czekają niecierpliwie na najmniejsze wzmianki o nowych, niewyjaśnionych zjawiskach. Po włożeniu mnóstwa czasu i pieniędzy w Wielki Zderzacz Hadronów i inne gigantyczne projekty naukowe, nic dziwnego, że powszechnie oczekuje się uzyskania przełomowych wyników.

Fizycy muszą być jednak ostrożni, by nie ogłaszać za szybko sukcesu, choćby nie wiadomo jak ich kusiło, by to uczynić. Zespoły, które zidentyfikowały bozon Higgsa, czekały cierpliwie na zebranie statystyk wykluczających inne możliwości, pomimo iż trwało to wiele miesięcy. Była to prawdziwa lekcja wytrwałości. Niemniej jednak zdarzają się badacze wybiegający przed orkiestrę – ogłaszający odkrycie, zanim inne zespoły zdołają dostarczyć krytycznych danych na jego potwierdzenie.

Jakkolwiek spór Einsteina ze Schrödingerem toczył się w latach czterdziestych XX wieku, wnioski, jakie można z niego wyciągnąć, wciąż są aktualne. Instytucje, od których zależy finansowanie, często wymagają od naukowców, by udowadniali wagę swoich badań, zazwyczaj w formie komunikatów prasowych. Przedwczesne ogłoszenie niezweryfikowanego odkrycia może pozostawić trwałe wrażenie, które szkodzi przyszłym badaniom w danej dziedzinie. Nawet jeżeli doniesienie takie zostanie obalone, w pamięci opinii publicznej może na długo pozostać jako faktyczny przełom, a nie nieudana próba.

Weźmy na przykład komunikat zespołu badawczego z laboratorium w Gran Sasso we Włoszech we wrześniu 2011 roku o wykryciu cząstek poruszających się szybciej od światła. Podczas gdy społeczność naukowa w większości podchodziła do niego sceptycznie lub co najmniej z ostrożnością, sprawa ta była szeroko relacjonowana w międzynarodowej prasie. Nie biorąc pod uwagę przeprowadzanych od kilkudziesięciu lat eksperymentów, które potwierdzają szczególną teorię względności i zawartą w niej graniczną wartość prędkości, odkrycie to przedstawiano jako papierek lakmusowy teorii względności i uświęconej zasady, że skutek jest czymś późniejszym od przyczyny. Na przykład artykuł w brytyjskim dzienniku „Guardian" donosił: „Naukowcy z Gran Sasso mają ujawnić dowody (...) na niepokojącą możliwość istnienia sposobu przesłania informacji wstecz w czasie, co zatrze granicę między przeszłością a teraźniejszością i obróci wniwecz fundamentalne prawo przyczyny i skutku"[225].

Owe rzekome dowody, że coś może poruszać się szybciej od światła, zaprezentowane zostały przez zespół OPERA (Oscillation Project with Emulsion-tRacking Apparatus), którego zadaniem było śledzenie strumieni neutrin pochodzących z akceleratora w CERN-ie pod Genewą w Szwajcarii, w odległości ponad 700 kilometrów. Po trzyletniej serii pomiarów zespół uzyskał wynik oznaczający, że neutrina przybywają o 60 miliardowych części sekundy wcześniej, niż gdyby poruszały się z prędkością światła – przy założeniu, że aparatura eksperymentalna działa poprawnie.

„Rezultat ten stanowił dla nas całkowite zaskoczenie – oznajmił rzecznik OPERA Antonio Ereditato w komunikacie wydanym dla prasy. – Po wielu miesiącach sprawdzania wszystkiego nie stwierdziliśmy żadnego efektu instrumentalnego, który mógłby wyjaśnić zmierzoną wartość"[226].

W komunikacie prasowym i doniesieniach agencyjnych podkreślano, że odkrycie to wymaga dodatkowej weryfikacji i nie powinno być od razu brane za dobrą monetę. Jednak poważne konsekwencje, gdyby efekt ten miał się okazać prawdziwy, sprawiły, że wkrótce Internet – a w szczególności sieć społecznościowa Twitter – huczał od spekulacji i niewyszukanych żartów.

„Los Angeles Times" zamieścił w kilka dni po ogłoszeniu odkrycia wielki nagłówek *Neutrino Jokes Hit Twittersphere Faster Than the Speed of Light* (Żarty o neutrinach krążą po Twitterze szybciej od prędkości światła). Artykuł opatrzony tym tytułem zawierał przykłady dowcipów, takie jak: „Nie wpuszczamy tutaj neutrin szybszych od światła, powiedział barman. Do baru wchodzi neutrino"[227].

Do szaleństwa tego wkrótce przyłączyli się twórcy piosenek, w tym irlandzka kapela Corrigan Brothers & Pete Creighton z utworem *Neutrino Song*. „Czyżby stary Albert się mylił? – brzmiała jedna z linijek. – Wspaniała teoria względności została obalona"[228].

Gdyby teoria Einsteina faktycznie legła w gruzach, fizyka teoretyczna stanęłaby przed nieoczekiwanym wyzwaniem. Być może potrzeba by było nowego Einsteina, by pozbierać to, co z niej pozostało, i złożyć z tego bardziej trwałą teorię. Tymczasem jak to często bywa, doniesienia o śmierci teorii względności były mocno przesadzone.

W czerwcu 2012 roku CERN wydał komunikat prasowy w duchu nieodłącznego powiedzonka Emily Litelli* „nie ma sprawy", w którym przeczytać można było, że „pierwotny wynik przedstawiony przez zespół OPERA przypisać należy wadliwemu elementowi układu pomiaru czasu opartego na włóknach optycznych". Prędkości neutrin, co zostało potwierdzone przez zespół OPERA i trzy inne eksperymenty, nie przekraczały prędkości światła. To jest „to, czego wszyscy się w głębi duszy spodziewaliśmy", stwierdził dyrektor naukowy CERN-u Sergio Bertolucci[229].

W czasie gdy zapadła kurtyna w dramatycznym epizodzie z udziałem zespołu OPERA, memy z neutrinami szybszymi od światła dawno zniknęły z Twittera i innych mediów. Jednakże bez wątpienia pierwotne doniesienie niepotrzebnie zaburzyło postrzeganie nauki przez opinię publiczną. Na przykład wyszukiwarka Google przy wyszukiwaniu

---

* Fikcyjna postać grana przez aktorkę komediową Gildę Radner w amerykańskim programie telewizyjnym *Saturday Night Live* (przyp. tłum.)

informacji o neutrinach nadal podpowiada „szybsze od światła" jako często szukaną frazę. Kto wie, ilu uczniów wspomagających się Internetem przy pisaniu pracy domowej natrafiło na wczesne doniesienia w wynikach wyszukiwania i uznało poruszające się szybciej niż światło cząstki za realną możliwość?

W następstwie tego incydentu Ereditato i koordynator OPERA w zakresie fizyki Dario Autiero postanowili podać się do dymisji, gdy większość zespołu wypowiedziała się przeciwko nim w głosowaniu o wotum zaufania. Głosowanie to i rezygnacje, do których doprowadziło, odzwierciedliły powszechne poczucie, że kierownictwo zespołu zbytnio pospieszyło się z ogłoszeniem wyników.

DROGA PRZED NAMI

Cierpliwość nie jest cechą charakterystyczną prasy, zwłaszcza w erze internetowej, kiedy kolejne doniesienia nadchodzą z szybkością karabinu maszynowego. Media łapczywie pożerają treści wszelkiego rodzaju, o ile tylko są w stanie je wykorzystać, by podać coś nowego i interesującego dla swych odbiorców. Nieopublikowane raporty, spekulacje, wyniki wstępne czy odkrycia, które nie przeszły jeszcze przez proces naukowej recenzji, uznawane zostają niekiedy za godne opublikowania na równi ze starannie zweryfikowanymi wnioskami.

Cierpliwość często nie jest również atrybutem polityków, zwłaszcza w okresie wyborów. Widzieliśmy, że polityczne losy de Valery zależały w pewnej mierze od tego, czy dubliński Institute for Advanced Studies i jego pozostałe ukochane projekty okażą się rewelacyjnym sukcesem czy też studnią do topienia pieniędzy. Świadomość tego popychała Schrödingera – i tubę de Valery, „Irish Press" – do obwieszczania jego wstępnych wyników, jak gdyby to były kamienne tablice wręczone na górze Synaj. Schrödinger ogłaszał swoje teorie zaledwie w parę tygodni od zakończenia obliczeń matematycznych i zanim jeszcze padło na nie oko jakiegokolwiek recenzenta. W obecnych czasach budżet nauki stał się łatwym celem, co nakłada dodatkową presję na badaczy, by jak najszybciej promować swoje osiągnięcia.

A jednak cierpliwość jest właśnie tym, czego potrzeba podczas długiej i ciężkiej drogi, jaką przejść musi fizyka fundamentalna, aby dotrzeć do kolejnych przełomów. Nikt nie wie, kiedy uda się znaleźć pierwsze oznaki zjawisk wykraczających poza Model Standardowy. Jakim kosztem zostanie odniesiony ten sukces? Ilu lat zbierania danych i ich statystycznej analizy potrzeba będzie, zanim uzyska się niepodważalne potwierdzenie nowej fizyki?

Widzieliśmy niebezpieczeństwa, jakie rodzi pochopne ogłaszanie wyników i lekceważenie sprawdzonego przez czas procesu weryfikacji. W ten sposób wprowadza się w błąd opinię publiczną i w ostatecznym rachunku szkodzi naukowcom. Choć zarówno Einstein, jak i Schrödinger padali niekiedy ofiarą mieszanki myślenia życzeniowego i nieuzasadnionego rozgłosu nadawanego ich wysoce spekulatywnym hipotezom unifikacyjnym, to w spokojniejszych momentach obaj podkreślali potrzebę głębokiego, refleksyjnego i trzeźwego odczytywania nauki. Byłoby dobrze, gdybyśmy przeczytali dzieła nie tylko ich, lecz także uczonych oraz filozofów, którzy stali się dla nich inspiracją, jeśli chcemy prawidłowo ocenić aktualny stan fizyki i przewidzieć, dokąd dojdzie ona w przyszłości.

ZALECANA LITERATURA

(Pozycje o charakterze technicznym oznaczone są gwiazdką.)

Aczel Amir, *Present at the Creation: Discovering the Higgs Boson*, Random House, Nowy Jork 2010.

Cassidy David C., *Beyond Uncertainty: Heisenberg, Quantum Physics, and the Bomb*, Bellevue Literary Press, Nowy Jork 2010.

Cassidy David C., *Einstein and Our World*, Humanity Books Amherst, NY 2004.

Clark Ronald W., *Einstein: The Life and Times*, Avon Books, Nowy Jork 1971.

Crease Robert P., Mann Charles C., *The Second Creation: Makers of the Revolution in Twentieth-Century Physics*, Rutgers University Press, New Brunswick, NJ 1996.

Davies Paul, Superforce: *The Search for a Grand Unified Theory of Nature*, Simon and Schuster, Nowy Jork 1984.

Einstein Albert, *Zapiski autobiograficzne,* przeł. Jacek Bieroń, Znak, Kraków 1996.

Einstein Albert, *Ideas and Opinions*, przeł. Sonja Bargmann, Bonanza Books, Nowy Jork 1954.

Einstein Albert, *Istota teorii względności*, przeł. Andrzej Trautman, Prószyński i S-ka, Warszawa 1997.

Einstein Albert, *Out of My Later Years* Citadel Press, Nowy Jork 2000.

*Einstein Albert, Bergmann Peter, *On a Generalization of Kaluza's Theory of Electricity*, „Annals of Mathematics" 1938, nr 39, s. 683–701.

Farmelo Graham, *Churchill's Bomb: How the United States Overtook Britain in the First Nuclear Arms Race*, Basic Books, Nowy Jork 2013.

Farmelo Graham, *The Strangest Man: The Hidden Life of Paul Dirac, Mystic of the Atom*, Basic Books, Nowy Jork 2009.

Fine Arthur, *The Shaky Game: Einstein, Realism and the Quantum Theory*, University of Chicago Press, Chicago 1986.

Fölsing Albrecht, *Albert Einstein: A Biography*, przeł. Ewald Osers, Penguin, Nowy Jork 1997.

Frank Philipp, *Einstein: His Life and Times*, Nowy Jork 1949.

Freund Peter, *A Passion for Discovery*, World Scientific, Hackensack, NJ 2007.

Gefter Amanda, *Trespassing on Einstein's Lawn: A Father, a Daughter, the Meaning of Nothing, and the Beginning of Everything*, Bantam, Nowy Jork 2014.

Goenner Hubert, „Unified Field Theories: From Eddington and Einstein up to Now," w: *Proceedings of the Sir Arthur Eddington Centenary Symposium*, red. V. de Sabbata i T. M. Karade, World Scientific, Singapur 1984, s. 176–196.

Greene Brian, *Struktura Kosmosu: przestrzeń, czas i struktura rzeczywistości*, przeł. Ewa L. Łokas i Bogumił Bieniok, Prószyński i S-ka, Warszawa 2006.

Gribbin John, *Skąd się wziął kot Schrödingera: geniusz z Wiednia i kwantowa rewolucja*, przeł. Sebastian Szymański, Prószyński i S-ka, Warszawa 2014.

Gribbin John, *W poszukiwaniu kota Schrödingera: realizm w fizyce kwantowej*, przeł. Jacek Bieroń, Zysk i S-ka, Poznań 1997.

Gribbin John, *Kotki Schrödingera, czyli poszukiwanie rzeczywistości*, przeł. Jacek Bieroń, Zysk i S-ka, Poznań 1999.

Halpern Paul, *Collider: The Search for the World's Smallest Particles*, Wiley, Hoboken 2009.

Halpern Paul, *Nasz inny wszechświat: poza kosmiczny horyzont i dalej*, przeł. Janusz Popowski, Prószyński i S-ka, Warszawa 2014.

Halpern Paul, *The Great Beyond: Higher Dimensions, Parallel Universes, and the Extraordinary Search for a Theory of Everything*, Wiley, Hoboken 2004.

Henderson Linda Dalrymple, *The Fourth Dimension and Non-Euclidean Geometry in Modern Art*, MIT Press, Cambridge, MA 2013.

Hoffmann Banesh, przy współpracy Helen Dukas, *Albert Einstein: Creator and Rebel*, Viking, Nowy Jork 1972.

Holton Gerald, Elkana Yehuda (red.), *Albert Einstein: Historical and Cultural Perspectives*, Princeton University Press, Princeton 1982.

Howard Don, *Albert Einstein as a Philosopher of Science*, „Physics Today" 2005, nr 58, s. 34–40.

*Howard Don, *Einstein on Locality and Separability*, „Studies in History and Philosophy of Science" 1987, nr 16, s. 171–201.

*Howard Don, *Who Invented the Copenhagen Interpretation? A Study in Mythology*, „Philosophy of Science" 2004, nr 71, s. 669–682.

Howard Don, Stachel John (red.), *Einstein: The Formative Years 1879–1909*, Birkhäuser, Boston 2000.

Isaacson Walter, *Einstein: jego życie, jego wszechświat*, przeł. Jarosław Skowroński, Grupa Wydawnicza Foksal, Warszawa 2013.

Jammer Max, *The Conceptual Development of Quantum Mechanics*, McGraw-Hill, Nowy Jork 1966.

Kaku Michio, *Kosmos Einsteina: jak wizja wielkiego fizyka zmieniła nasze rozumienie czasu i przestrzeni*, przeł. Janusz Popowski, Prószyński i S-ka, Warszawa 2001.

Kragh Helge, *Quantum Generations: A History of Physics in the Twentieth Century*, Princeton University Press, Princeton 1999.

Mach Ernst, *The Science of Mechanics: A Critical and Historical Exposition of Its Principles*, przeł. Thomas McCormack, Open Court, Chicago 1897.

Mach Ernst, *Space and Geometry*, przeł. Thomas McCormack, Open Court, Chicago 1897.

Mehra Jagesh, *Erwin Schrödinger and the Rise of Wave Mechanics, Part 1: Schrödinger in Vienna and Zurich, 1887–1925*, The Historical Development of Quantum Theory, t. 5, Springer, Nowy Jork 1987.

Moore Walter, *Schrödinger: Life and Thought*, Cambridge University Press, Nowy Jork 1982.

Pais Abraham, *„Pan Bóg jest wyrafinowany...": nauka i życie Alberta Einsteina*, przeł. Piotr Amsterdamski, Prószyński i S-ka, Warszawa 2001.

Parker Barry, *Einstein's Dream: The Search for a Unified Theory of the Universe*, Plenum, Nowy Jork 1986.

Parker Barry, *Search for a Supertheory: From Atoms to Superstrings*, Plenum, Nowy Jork 1987.

*Pesic Peter, *Beyond Geometry: Classic Papers from Riemann to Einstein*, Dover, Nowy Jork 2006.

Pickover Clifford, *Surfing Through Hyperspace: Understanding Higher Universes in Six Easy Lessons*, Oxford University Press, Nowy Jork 1999.

*Putnam Hilary, *A Philosopher Looks at Quantum Mechanics (Again)*, „British Journal for the Philosophy of Science" 2005, nr 26, s. 615–634.

Sayen Jamie, *Einstein in America*, Crown, Nowy Jork 1985.

*Schrödinger Erwin, *Space-Time Structure*, Cambridge University Press, Cambridge 1950.

Schrödinger Erwin, *My View of the World*, przeł. Cecily Hastings, Ox Bow Press, Woodbridge, CT 1983.

Schrödinger Erwin, *Czym jest życie?*, przeł. Piotr Amsterdamski, Prószyński i S-ka, Warszawa 1998.

Seelig Carl, *Albert Einstein: A Documentary Biography*, przeł. Mervyn Savill, Staples Press, Londyn 1956.

Smith Peter D., *Einstein: Life and Times*, Haus Publishing, Londyn 2005.

Stachel John, *Einstein from „B" to „Z"*, Birkhäuser, Boston 2002.

Stachel John, „History of Relativity", w: *Twentieth Century Physics*, t. 1, red. Laurie Brown et al., American Institute of Physics Press, Nowy Jork 1995.

Thirring Walter, *Cosmic Impressions: Traces of God in the Laws of Nature*, przeł. Margaret A. Schellenberg, Templeton Foundation Press, Filadelfia 2007.

*Vizgin Vladimir, „The Geometrical Unified Field Theory Program", w: *Einstein and the History of General Relativity*, red. Don Howard i John Stachel, s. 300–314, Birkhäuser, Boston 1989.

*Vizgin Vladimir, *Unified Field Theories: In the First Third of the 20th Century*, przeł. J. B. Barbour, Birkhäuser, Boston 1994.

Weinberg Steven, *Sen o teorii ostatecznej*, przeł. Piotr Amsterdamski, Zysk i S-ka Wydawnictwo, Poznań 1997.

Weyl Hermann, *Space, Time, Matter*, Dover, Nowy Jork 1950.

PRZYPISY

WSTĘP: SPRZYMIERZEŃCY I WROGOWIE

[1] Erwin Schrödinger, *The New Field Theory*, styczeń 1947, Albert Einstein Duplicate Archive, Princeton, NJ, s. 22–152.

[2] *Unifying the Cosmos*, „New York Times", 16 lutego 1947 r.

[3] Elihu Lubkin, *Schrödinger's Cat*, „International Journal of Theoretical Physics" 1979, nr 18 (8), s. 520.

[4] Hilary Putnam, prywatna korespondencja z autorem, 4 sierpnia 2013 r.

[5] Walter Thirring, *Cosmic Impressions: Traces of God in the Laws of Nature*, przeł. Margaret A. Schellenberg, Templeton Foundation Press, Filadelfia 2007, s. 54.

[6] Walter Thirring, *Cosmic Impressions*, op. cit., s. 55.

[7] *Einstein Tribute to Schroedinger*, „Irish Times", 29 czerwca 1943 r., s. 3.

[8] Albert Einstein, *Statement to the Press*, luty 1947, Albert Einstein Duplicate Archive, s. 22–146.

[9] Albert Einstein, cytowany w: *Einstein's Comment on Schroedinger Claim*, „Irish Press", 27 lutego, s. 1.

[10] Myles na gCopaleen [Brian O'Nolan], *Cruiskeen Lawn*, „Irish Times", 10 marca 1947 r., s. 4.

[11] John Moffat, *Einstein Wrote Back: My Life in Physics*, Thomas Allen, Toronto 2010, s. 67.

[12] Peter Freund, *A Passion for Discovery*, World Scientific, Hackensack, NJ 2007, s. 5–6.

ROZDZIAŁ 1: MECHANIZM WSZECHŚWIATA

13 Albert Einstein, *Autobiographical Notes*, przeł., red. Paul Arthur Schilpp, Open Court, La Salle, IL 1979, s. 9.

14 John Casey, *The First Six Books of the Elements of Euclid*, Hodges, Figgis, Dublin 1885, s. 6.

15 Idee Einsteina były antycypowane przez brytyjskiego matematyka Williama Kingdona Clifforda, który w 1870 roku wykorzystał opis krzywizny Riemanna do modelowania materii przez geometrię. Clifford również przetłumaczył traktat Riemanna na angielski, publikując swój przekład w 1873 roku. Jednak dopiero długo po sformułowaniu przez Einsteina ogólnej teorii względności w 1915 roku wkład Clifforda w badania powiązań między materią i geometrią stał się szerzej znany.

16 Ernst Mach, *Die Leitgedanken meiner naturwissenschaftlichen Errkenntnislehre und ihre Aufnahme durch die Zeitgenossen*, „Scientia" 1910, nr 8, przekład pod tytułem *The Guiding Principles of My Scientific Theory of Knowledge and Its Reception by My Contemporaries*, w: S. Toulmin (red.), *Physical Reality*, Harper & Row, Nowy Jork 1970, s. 37–38.

17 Erwin Schrödinger, *Antrittsrede des Herrn Schrödinger*, Sitz. Ber. Preuss. Akad. Wiss. (Berlin) 1929, s. C, cytowane w: Jagesh Mehra, Helmut Rechenberg, *Erwin Schrödinger and the Rise of Wave Mechanics, Part 1: Schrödinger in Vienna and Zurich, 1887–1925*, The Historical Development of Quantum Theory, t. 5, Springer, Nowy Jork 1987, s. 81.

18 Przyczyny błędnego wyniku Hasenöhrla omówione są w: Stephen Boughn, *Fritz Hasenöhrl and* $E = mc^2$, „European Physical Journal" H 2013, nr 38, s. 261–278.

19 Wywiad z Hansem Thirringiem przeprowadzony przez Thomasa S. Kuhna w Wiedniu, 4 kwietnia 1963 r., Archive for the History of Quantum Physics, American Philosophical Society, Filadelfia.

20 A. Einstein, *Autobiographical Notes*, s. 15.

21 Albert Einstein do Anny Keller Grossmann, przedruk w: Carl Seelig, *Albert Einstein: A Documentary Biography*, przeł. Mervyn Savill, Staples Press, Londyn 1956, s. 208.

22 Max Talmey, *Einstein as a Boy Recalled by a Friend*, „New York Times", 10 lutego 1929 r., s. 11.

[23] Max von Laue, cytowane w: Carl Seelig, *Albert Einstein...*, op. cit., s. 78.

[24] Hermann Minkowski, przemówienie wygłoszone na XVIII Zgromadzeniu Niemieckich Przyrodników i Lekarzy, 21 września 1908 r.

ROZDZIAŁ 2: PRZEPRAWA Z GRAWITACJĄ

[25] „Punch", 19 listopada 1919 r., s. 422, cytowane w: Alistair Sponsel, *Constructing a 'Revolution in Science': The Campaign to Promote a Favourable Reception for the 1919 Solar Eclipse Experiments*, „British Journal for the History of Science" 2002, nr 35 (4), s. 439.

[26] Jagdish Mehra, Helmut Rechenberg, *Erwin Schrödinger and the Rise of Wave Mechanics, Part 1: Schrödinger in Vienna and Zurich, 1887–1925*, The Historical Development of Quantum Theory, t. 5, Springer, Nowy Jork 1987, s. 166.

[27] George de Hevesy do Ernesta Rutherforda, 14 października 1913 r. Rutherford Papers, University of Cambridge, cytowane w: Ronald W. Clark, *Einstein: The Life and Times*, World Publishing, Nowy Jork 1971, s. 158.

[28] Erwin Schrödinger, *Space-Time Structure*, Cambridge University Press, Cambridge 1963, s. 1.

[29] Albert Einstein, mowa wygłoszona w Kioto, Japonia, 14 grudnia 1922 r., cytowane w: Engelbert L. Schücking, Eugene J. Surowitz, *Einstein's Apple*, nieopublikowany rękopis, 2013.

[30] Albert Einstein do Arnolda Sommerfelda, 29 października 1912 r., w: *Albert Einstein, The Collected Papers of Albert Einstein*, t. 5: *The Swiss Years: Correspondence, 1902–1914*, English translation supplement, red. Don Howard, przeł. Anna Beck, Princeton University Press, Princeton 1995, dok. 421.

[31] Carl Seelig, *Albert Einstein: A Documentary Biography*, przeł. Mervyn Savill, Staples Press, Londyn 1956, s. 108.

[32] Albert Einstein do Paula Ehrenfesta, styczeń 1916, w: Carl Seelig, *Albert Einstein...*, op. cit., s. 156.

[33] Richard Feynman, *„Pan raczy żartować panie Feynman!": przypadki ciekawego człowieka*, przeł. Tomasz Bieroń, Społeczny Instytut Wydawniczy Znak, Kraków 2007.

[34] Walter Moore, *Schrödinger: Life and Thought*, Cambridge University Press, Nowy Jork 1982, s. 105.

[35] Erwin Schrödinger, przeł. i cyt. w: Alex Harvey, „How Einstein Discovered Dark Energy", 2012, http://arxiv.org/abs/1211.6338.

[36] Albert Einstein, *Bemerkung zu Herrn Schrödingers Notiz Über ein Lösungssystem der allgemein kovarianten Gravitationsgleichungen*, „Physikalische Zeitschrift" 1918, nr 19, s. 165–166, przeł. i red. M. Janssen et al. w: *The Collected Papers of Albert Einstein*, t. 7: *The Berlin Years: Writings, 1918–1921*, Princeton University Press, Princeton 2002, dok. 3.

[37] A. Harvey, „How Einstein Discovered Dark Energy".

[38] Ben Almassi, *Trust in Expert Testimony: Eddington's 1919 Eclipse Expedition and the British Response to General Relativity*, „Studies in History and Philosophy of Science", Part B 2009, nr 40 (1), s. 57–67.

[39] Tamże.

[40] *Eclipse Showed Gravity Variation*, „New York Times", 8 listopada 1919 r., s. 6.

[41] Tamże.

[42] *Revolution in Science ... New Theory of the Universe ... Newtonian Ideas Overthrown*, „Times" (Londyn), 7 listopada 1919 r., s. 1.

[43] Erwin Schrödinger, *Space-Time Structure*, Cambridge University Press, Cambridge 1963, s. 2.

[44] Albert Einstein, *On the Method of Theoretical Physics* (wykład w Oksfordzie, 1933), przeł. S. Bargmann, w: *Albert Einstein: Ideas and Opinions*. Bonanza Books, Nowy Jork 1954, s. 270–276.

[45] David Hilbert, MacTutor online biography, University of St. Andrews, http://www-history.mcs.st-andrews.ac.uk/Biographies/Hilbert.html.

[46] Albert Einstein do Hermanna Weyla, 8 marca 1918 r., w: *Albert Einstein, The Collected Papers of Albert Einstein*, t. 8: *The Berlin Years: Correspondence, 1914–1918*, English translation supplement, red. Klaus Hentschel, przeł. Ann M. Hentschel, Princeton University Press, Princeton 1998.

[47] Daniela Wünsch, *Der Erfinder der 5. Dimension, Theodor Kaluza*, Termessos, Getynga 2007, s. 66.

[48] Theodor Kaluza Jr., wywiad w NOVA: What Einstein Never Knew, PBS, nadany po raz pierwszy 22 października 1985 r.

[49] Arthur S. Eddington, *A Generalisation of Weyl's theory of the Electromagnetic and Gravitational Fields*, „Proceedings of the Royal Society of London", Ser. A 1921, nr 99, s. 104–122.

ROZDZIAŁ 3: FALE MATERII I PRZESKOKI KWANTOWE

50 Omar Khayyam, *The Rubaiyat of Omar Khayyam*, przeł. Edward Fitzgerald Dover, Nowy Jork 2011.

51 Jagdish Mehra, Helmut Rechenberg, *Erwin Schrödinger and the Rise of Wave Mechanics, Part 1: Schrödinger in Vienna and Zurich, 1887–1925, The Historical Development of Quantum Theory*, t. 5, Springer, Nowy Jork 1987, s. 408.

52 Erwin Schrödinger, *My View of the World*, przeł. Cecily Hastings, Ox Bow Press, Woodbridge, CT 1983, s. 7.

53 Baruch Spinoza, *Etyka w porządku geometrycznym dowiedziona*, przeł. Ignacy Myślicki, na nowo opracował Leszek Kołakowski, Wydawnictwo Naukowe PWN, Warszawa 2010.

54 Albert Einstein, cytowane w: *Einstein Believes in 'Spinoza's God*, „New York Times", 25 kwietnia 1929 r., s. 1.

55 Albert Einstein, *Religion and Science*, „New York Times Magazine", 9 listopada 1930 r., SM1.

56 E. Schrödinger, *My View of the World*, op. cit., s. 21.

57 W. Heitler, *Erwin Schrödinger Obituary* „Roy. Soc. Obit." 1961, nr 7, s. 223–234.

58 Wolfgang Pauli, cytowane w: Werner Heisenberg, *Physics and Beyond*, Harper and Row, Nowy Jork 1971, s. 25–26.

59 Peter Freund, *A Passion for Discovery*, World Scientific, Hackensack, NJ 2007, s. 162.

60 Erwin Schrödinger do Alberta Einsteina, 3 listopada 1925 r., Albert Einstein Duplicate Archive, Princeton, NJ, 22-004.

61 E. Schrödinger, *My View of the World*, op. cit., s. 54.

62 Hermann Weyl, zrelacjonowane w: Abraham Pais, *Inward Bound: Of Matter and Forces in the Physical World*, Oxford University Press, Nowy Jork 1988, s. 252.

63 Arnold Sommerfeld do Erwina Schrödingera, 3 lutego 1926 r., zrelacjonowane w: J. Mehra, H. Rechenberg, *Erwin Schrödinger and the Rise of Wave Mechanics*, op. cit., s. 537.

64 Wywiad z Annemarie Schrödinger przeprowadzony przez Thomasa S. Kuhna w Wiedniu, 5 kwietnia 1963 r., Archive for the History of Quantum Physics, American Philosophical Society, Filadelfia.

65 Erwin Schrödinger do Alberta Einsteina, 23 kwietnia 1926 r., Albert Einstein Duplicate Archive, 22-014.

66 Erwin Schrödinger do Nielsa Bohra, 24 maja 1924 r., cyt. i przeł. w: O. Darrigol, *Schrödinger's Statistical Physics and Some Related Themes*, w: M. Bitbol i O. Darrigol (red.), Erwin Schrödinger, *Philosophy and the Birth of Quantum Mechanics*, Editions Frontières, Gif-sur-Yvette 1992.

67 Albert Einstein do Maxa Borna, 4 grudnia 1926 r., w: *Albert Einstein–Max Born, Briefwechsel (Correspondence)*, red. Max Born, Monachium 1969, s. 129, cytowane w: Alice Calaprice, Trevor Lipscombe, *Albert Einstein: A Biography*, Greenwood Press, Westport, CT 2005, s. 92.

68 Albert Einstein do Maxa Borna, maj 1927 r., przedruk w: A. Einstein, H. Born, M. Born, *Albert Einstein, Hedwig und Max Born, Briefwechsel: 1916–1955*, komentarz Max Born, posłowie Bertrand Russell, przedmowa Werner Heisenberg, Edition Erbrich, Frankfurt nad Menem 1982, s. 136, cyt. i przeł. w: Hubert Goenner, „On the History of Unified Field Theories", *Living Reviews in Relativity*, 2004, http://relativity.livingreviews.org/Articles/lrr-2004-2/download/lrr-2004-2Color.pdf.

69 Albert Einstein do Erwina Schrödingera, 31 maja 1928 r., Albert Einstein Duplicate Archive, 22-022, cyt. i przeł. w: G.G. Emch, *Mathematical and Conceptual Foundations of 20th-Century Physics*, North Holland, Amsterdam 2000, s. 295.

70 Abraham Pais, *Tu żył Einstein*, przeł. Marek Krośniak, Prószyński i S-ka, Warszawa 2007.

ROZDZIAŁ 4: W POSZUKIWANIU UNIFIKACJI

71 Wywiad z Annemarie Schrödinger przeprowadzony przez Thomasa S. Kuhna w Wiedniu, 5 kwietnia 1963 r., Archive for the History of Quantum Physics, American Philosophical Society, Filadelfia.

72 Paul Heyl, *What Is an Atom?*, „Scientific American" nr 139 (lipiec 1928), s. 9–12.

73 *Current Magazines*, „New York Times", 1 lipca 1928 r.

74 Albert Einstein, cytowane w: *Einstein Declares Women Rule Here*, „New York Times", 8 lipca 1921 r.

75 *Woman Threatens Prof. Einstein's Life*, „New York Times", 1 lutego 1925 r.

76 *A Deluded Woman Threatens Krassin and Professor Einstein*, „The Age" (Melbourne, Australia), 3 lutego 1925 r., s. 9.

77 Wythe Williams, *Einstein Distracted by Public Curiosity*, „New York Times", 4 lutego 1929 r.

78 Einstein do Zanggera, koniec maja 1928 r., Einstein Archives, Hebrew University of Jerusalem, sygn. 40-069, przeł. i cyt. w: Tilman Sauer, *Field Equations in Teleparallel Spacetime: Einstein's Fernparallelismus Approach Towards Unified Field Theory*, „Historia Mathematica" 2006, nr 33, s. 404–405.

79 *Einstein Extends Relativity Theory*, „New York Times", 12 stycznia 1929 r., s. 1.

80 Albert Einstein, cytowane w: *Einstein Is Amazed at Stir over Theory; Holds 100 Journalists at Bay for a Week*, „New York Times", 19 stycznia 1929 r.

81 Albert Einstein, cytowane w: *News and Views*, „Nature", 2 lutego 1929 r., przedruk w: Hubert Goenner, *On the History of Unified Field Theories*, w: *Proceedings of the Sir Arthur Eddington Centenary Symposium*, red. V. de Sabbata i T. M. Karade, s. 176–196, World Scientific, Singapur 1984.

82 H.H. Sheldon, cytowane w: *Einstein Reduces All Physics to 1 Law*, „New York Times", 25 stycznia 1929 r.

83 *Einstein Is Viewed as Near the Mystic*, „New York Times", 4 lutego 1929 r.

84 Will Rogers, *Will Rogers Takes a Look at the Einstein Theory*, „New York Times", 1 lutego 1929 r.

85 *Byproducts: Some Parallel Vectors*, „New York Times", 3 lutego 1929 r.

86 Wolfgang Pauli, *[Besprechung von] Band 10 der Ergebnisse der exakten Naturwissenschaften*, „Ergebnisse der exakten Naturwissenschaften" 1931, nr 11, s. 186, cyt. i przeł. w: H. Goenner, *On the History of Unified Field Theories*, op. cit.

87 *Einstein Flees Berlin to Avoid Being Feted*, „New York Times", 13 marca 1929 r.

88 *Einstein Is Found Hiding on Birthday*, „New York Times", 14 marca 1929 r.

89 Walter Moore, *Schrödinger: Life and Thought*, Cambridge University Press, Nowy Jork 1982, s. 242.

90 Paul Dirac, cyt. w: *Erwin Schrödinger*, Archive for the History of Quantum Physics.

91 Albert Einstein, cyt. w: *Einstein Affirms Belief in Causality*, „New York Times", 16 marca 1931 r., s. 1.

92 *Physicists Scan Cause to Effect with Skepticism*, „Christian Science Monitor", 13 listopada 1931 r., s. 8.

[93] Albrecht Fölsing, *Albert Einstein: A Biography*, przeł. Ewald Osers, Penguin, Nowy Jork 1997, s. 617.

[94] W. Moore, *Schrödinger...*, op. cit., s. 255.

ROZDZIAŁ 5: UPIORNE POWIĄZANIA I KOTY ZOMBI

[95] Annemarie Schrödinger, zrelacjonowane w: Walter Moore, *Schrödinger: Life and Thought*, Cambridge University Press, Nowy Jork 1982, s. 265.

[96] *Relative Tide and Sand Bars Trap Einstein; He Runs His Sailboat Aground at Old Lyme*, „New York Times", 4 sierpnia 1935 r., s. 1.

[97] Don Duso, zrelacjonowane w: Sandi Fairbanks, *All Points North Magazine*, lato 2008, www.apnmag.com/summer_2008/fairbanks_einstein.php.

[98] Albert Einstein do Elżbiety, królowej Belgii, jesień 1935, cyt. w: Ronald Clark, *Einstein: The Life and Times*, World Publishing, Nowy Jork 1971, s. 529.

[99] Albert Einstein, cytowane w: „Einsteinhaus in Caputh", www.einstein-sommerhaus.de.

[100] W. Moore, *Schrödinger...*, op. cit., s. 294.

[101] Erwin Schrödinger do Alberta Einsteina, 7 czerwca 1935 r., cyt. i przeł. w: Don Howard, *Revisiting the Einstein-Bohr Dialogue*, „Iyyun: The Jerusalem Philosophical Quarterly" nr 56 (styczeń 2007), s. 21–22.

[102] Albert Einstein do Erwina Schrödingera, 19 czerwca 1935 r., Albert Einstein Duplicate Archive, Princeton, NJ, 22-047.

[103] Tamże.

[104] *Einstein Attacks Quantum Theory*, „New York Times", 4 maja 1935 r.

[105] Albert Einstein do Erwina Schrödingera, 8 sierpnia 1935 r., Albert Einstein Duplicate Archive, 22-049.

[106] Tamże.

[107] Erwin Schrödinger do Alberta Einsteina, 19 sierpnia 1935 r., Albert Einstein Duplicate Archive, 22-051.

[108] Ruth Braunizer, zrelacjonowane przez Leonharda Braunizera, prywatna korespondencja z autorem, 6 maja 2014 r.

[109] Albert Einstein do Erwina Schrödingera, 4 września 1935 r., Albert Einstein Duplicate Archive, 22-052.

[110] Erwin Schrödinger, *Die Gegenwärtigen Situation in der Quantenmechanik*, „Die Naturwissenschaften" 1935, nr 23, s. 807–812, 824–828, cyt. i przeł. w:

Arthur Fine, *The Shaky Game: Einstein, Realism and the Quantum Theory*, University of Chicago Press, Chicago 1986, s. 65.

111 Erwin Schrödinger, *Indeterminism and Free Will*, „Nature", 4 lipca 1936 r.

112 Tamże.

113 Wywiad z Annemarie Schrödinger przeprowadzony przez Thomasa S. Kuhna w Wiedniu, 5 kwietnia 1963 r., Archive for the History of Quantum Physics, American Philosophical Society, Filadelfia.

114 Helge Kragh, *Quantum Generations: A History of Physics in the Twentieth Century*, Princeton University Press, Princeton 1999, s. 218–229.

115 Jamie Sayen, *Einstein in America*, Crown, Nowy Jork 1985, s. 147.

116 Lucien Aigner, *A Book May Be Written, a Shoe Made – But a Theory – It's Never Finished*, „Christian Science Monitor", 14 grudnia 1940 r., s. 3.

117 Nathan Rosen, *Reminiscences*, w: Gerald Holton, Yehuda Elkana (red.), *Albert Einstein: Historical and Cultural Perspectives*, Princeton University Press, Princeton 1982, s. 406.

118 Erwin Schrödinger, *Die Hand jedem Willigen. Bekenntnis zum Führer... Graz Tagespost*, 30 marca 1938 r., przeł. i cyt. w: W. Moore, *Schrödinger: Life and Thought*, op. cit., s. 337.

119 Erwin Schrödinger, cyt. w: *History of the Dublin Institute for Advanced Studies: 1935–1940: Formation of the School*, Dublin Institute for Advanced Studies, www.dias.ie/index.php?option=com_content&view=article&id=804:theoreticalhistory1935-1940.

120 Erwin Schrödinger, nieopublikowany rękopis, Dublin Institute for Advanced Studies Archive, cyt. w: W. Moore, *Schrödinger: Life and Thought*, op. cit., s. 348.

121 Brian Fallon, *An Age of Innocence: Irish Culture, 1930–1960*, Palgrave Macmillan, Londyn 1998, s. 14.

ROZDZIAŁ 6: IRLANDZKA IDYLLA

122 Walter Thirring, *Cosmic Impressions: Traces of God in the Laws of Nature*, przeł. Margaret A. Schellenberg, Templeton Foundation Press, Filadelfia 2007, s. 55.

123 Nicola Tallant, *Dev Tricked Public into Investing in Irish Press, File Reveals*, „Irish Independent", 31 października 2004 r., s. 1.

124 L. Mac G., *A Professor at Home*, „Irish Press", 1 listopada 1940 r., s. 5.

125 *People and Places*, „Irish Press", 11 sierpnia 1942 r., s. 2.

126 *The 'Atom Man' at Home: Dr. Erwin Schrödinger Takes a Day Off*, „Irish Press", 1 lutego 1946 r., s. 7.

127 Gespräch mit Ruth Braunizer über Erwin Schrödinger (wywiad z Ruth Braunizer o Erwinie Schrödingerze), Österreichische Mediathek, 1997, http://www.oesterreich-am-wort.at/treffer/atom/14957620-36E-00084-00000AF8--1494EDB5.

128 Ruth Braunizer, *Memories of Dublin – Excerpts from Erwin Schrödinger's Diaries*, w: Gisela Holfter (red.), *German-Speaking Exiles in Ireland 1933–1945*, Rodopi, Amsterdam 2006, s. 265.

129 Albert Einstein, cyt. w: Robert P. Crease, *The Great Equations: Breakthroughs in Science from Pythagoras to Heisenberg*, W.W. Norton, Nowy Jork 2010, s. 197.

130 Leopold Infeld, *Visit to Dublin*, „Scientific American" nr 181 (październik 1949), s. 11.

131 Erwin Schrödinger, *Some Thoughts on Causality*, „Irish Times", 15 listopada 1939 r., s. 5.

132 Myles na gCopaleen [Brian O'Nolan], zrelacjonowane w: Paddy Leahy, *How Myles na gCopaleen Belled Schrödinger's Cat*, „Irish Times", 22 lutego 2001 r., s. 15.

133 Myles na gCopaleen [Brian O'Nolan], *Cruiskeen Lawn*, „Irish Times", 3 sierpnia 1942 r., s. 3.

134 Flann O'Brien [Brian O'Nolan], *The Third Policeman*, Dalkey Archive Press, Chicago 2006, s. 116.

135 *Observer Says*, „Irish Press", 9 listopada 1943 r., s. 3.

136 Tamże.

137 *Famous Physicist's Memory to Be Honoured by Special Stamp*, „Irish Press", 6 listopada 1943 r., s. 1.

138 Albert Einstein do Hansa Muehsama, wczesne lato 1942 r., cyt. w: Carl Seelig, *Albert Einstein: A Documentary Biography*, przeł. Mervyn Savill, Staples Press, Londyn 1956, s. 230.

139 Peter Seyyfart, *Einstein, Mann Popular at Princeton; Students 'Praise' Them in Jingles*, „Milwaukee Journal", 12 sierpnia 1939 r.

140 Léon Rosenfeld do Friedricha Hernecka, 1962, opublikowane w: F. Herneck, *Einstein und sein Weltbild*, Buchverlag der Morgen, Berlin 1976, s. 280.

[141] Albert Einstein, wystąpienie na American Scientific Congress, 15 maja 1940 r., zrelacjonowane w: William L. Laurence, *Einstein Baffled by Cosmos Riddle*, „New York Times", 16 maja 1940 r., s. 23.

[142] Institute for Advanced Study School of Mathematics, Confidential Memo, 19 kwietnia 1945 r., IAS Archive, Princeton, NJ.

[143] Albert Einstein, Wolfgang Pauli, *On the Non-Existence of Regular Stationary Solutions of Relativistic Field Equations*, „Annals of Mathematics" nr 44 (kwiecień 1943), s. 13.

[144] Michael Lawlor, *Forward from Einstein*, „Irish Press", 1 lutego 1943 r., s. 2.

[145] *Scholars Acclaim His Theory*, „Irish Press", 2 lutego 1943 r., s. 2.

[146] *Science: Schroedinger*, „Time", 5 kwietnia 1943 r.

[147] *Einstein's Comment on Schroedinger Theory*, „Irish Press", 10 kwietnia 1943 r., s. 1.

[148] *Einstein Tribute to Schroedinger*, „Irish Times", 29 czerwca 1943 r., s. 3.

[149] George Prior Woollard, *Transcontinental Gravitational and Magnetic Profile of North America and Its Relation to Geologic Structure*, „Geological Society of America Bulletin" nr 54 (6) (1 czerwca 1943 r.), s. 747–789.

[150] *Schroedinger's New Theory Confirmed*, „Irish Press", 28 czerwca 1943 r., s. 1.

[151] Erwin Schrödinger do Alberta Einsteina, 13 sierpnia 1943 r., Albert Einstein Duplicate Archive, 22-075.

[152] Albert Einstein do Erwina Schrödingera, 10 września 1943 r., Albert Einstein Duplicate Archive, 22-076.

[153] Erwin Schrödinger do Alberta Einsteina, 31 października 1943 r., Albert Einstein Duplicate Archive, 22-088.

[154] Albert Einstein do Erwina Schrödingera, 14 grudnia 1943 r., Albert Einstein Duplicate Archive, 22-090.

[155] Zrelacjonowane w: Walter Moore, *Schrödinger: Life and Thought*, Cambridge University Press, Nowy Jork 1982, s. 418. Moore spekulował, że ponieważ Schrödinger zawsze chciał mieć syna, miał nadzieję, iż zajdzie ona w ciążę, licząc na to, że to będzie chłopiec.

[156] John Gribbin, *Skąd się wziął kot Schrödingera: geniusz z Wiednia i kwantowa rewolucja*, przeł. Sebastian Szymański, Prószyński i S-ka, Warszawa 2014.

[157] Matthew Benjamin, *Catcher, Spy: Moe Berg*, „US News and World Report", 27 stycznia 2003 r.

ROZDZIAŁ 7: FIZYKA WIZERUNKOWA

158 Walter Winchell, *Scientists See Steel Block Melted by Light Beam*, „Spartanburg Herald Journal", 23 maja 1948 r., s. A4.

159 D.M. Ladd, Office Memorandum to the Director, Federal Bureau of Investigation, February 15, 1950, *FBI Records: The Vault*, http://vault.fbi.gov/Albert Einstein.

160 Robin Pogrebin, *Love Letters by Einstein at Auction*. „New York Times", 1 czerwca 1998 r.

161 Relacjonowane w: Carl Seelig, *Albert Einstein: A Documentary Biography*, przeł. Mervyn Savill, Staples Press, Londyn 1956, s. 115.

162 *A Summary of Fianna Fáil's Self Claimed Achievements as Used by the Party During the General Election of 1948*, University College Dublin Archive P150/2756, przedruk w: Diarmaid Ferriter, *Judging Dev: A Reassessment of the Life and Legacy of Éamon de Valera*, Royal Irish Academy Press, Dublin 2007, s. 296.

163 James Dillon, *Constituent School of the Dublin Institute for Advanced Studies – Motion*, „Dáil Éireann Proceedings" nr 104 (13 lutego 1947 r.).

164 Wolfgang Pauli, cyt. w: Vladimir Vizgin, *Unified Field Theories: In the First Third of the 20th Century*, przeł. J.B. Barbour, Birkhäuser, Boston 1994, s. 218.

165 Albert Einstein do Erwina Schrödingera, 22 stycznia 1946 r., Albert Einstein Duplicate Archive, Princeton, NJ, 22-093.

166 Erwin Schrödinger do Alberta Einsteina, 19 lutego 1946 r., Albert Einstein Duplicate Archive, 22-094.

167 Erwin Schrödinger do Alberta Einsteina, 24 marca 1946 r., Albert Einstein Duplicate Archive, 22-102.

168 Albert Einstein do Erwina Schrödingera, 7 kwietnia 1946 r., Albert Einstein Duplicate Archive, 22-103.

169 Erwin Schrödinger do Alberta Einsteina, 13 czerwca 1946 r., Albert Einstein Duplicate Archive, 22-107.

170 Albert Einstein do Erwina Schrödingera, 16 lipca 1946 r., Albert Einstein Duplicate Archive, 22-109.

171 Albert Einstein do Erwina Schrödingera, 27 stycznia 1947 r., Albert Einstein Duplicate Archive, 22-136.

172 William Rowan Hamilton, cyt. w: Robert Percival Graves, *Life of Sir William Rowan Hamilton*, Hodges, Figgis, Dublin 1882.

173 Erwin Schrödinger, *The Final Affine Field-Laws*, wystąpienie w Royal Irish Academy, 27 stycznia 1947 r., Albert Einstein Duplicate Archive, 22-143.

174 Tamże.

175 Erwin Schrödinger, cyt. w: *Dr. Schroedinger: Einstein Theory of Relativity*, „Irish Press", 28 stycznia 1947 r., s. 5.

176 *Dublin Man Outdoes Einstein*, „Christian Science Monitor", 31 stycznia 1947 r., s. 13.

177 Erwin Schrödinger do Alberta Einsteina, 3 lutego 1947 r., Albert Einstein Duplicate Archive, 22-138.

178 *Science: Einstein Stopped Here*, „Time", 10 lutego 1947 r.

179 John L. Synge, *Letter to the Editor*, „Time", 3 marca 1947 r.

180 Petros S. Florides, *John Lighton Synge*, „Biographical Memoirs of Fellows of the Royal Society" nr 54 (grudzień 2008), s. 401.

181 Nichevo [R.M. Smyllie], *Higher Maths*, „Irish Times", 22 marca 1947 r., s. 7.

182 S. McC., *And Now Cosmic Physics*, „Tuam Herald", 12 kwietnia 1947 r.

183 William L. Laurence do Alberta Einsteina, 7 lutego 1947 r., Albert Einstein Duplicate Archive, 22-141.

184 *Einstein Declines Comment*, „New York Times", 30 stycznia 1947 r.

185 *Einstein's Theory Reportedly Widened*, „New York Times", 30 stycznia 1947 r.

186 *Unifying the Cosmos*, „New York Times", 16 lutego 1947 r.

187 *Unifying the Cosmos*, „New York Times", 16 lutego 1947 r.

188 Albert Einstein, *Statement to the Press*, luty 1947 r., Albert Einstein Duplicate Archive, 22-146.

189 Erwin Schrödinger, cyt. w: *Schroedinger Replies to Einstein*, „Irish Press", 1 marca 1947 r., s. 7.

190 Peter Freund, *A Passion for Discovery*, World Scientific, Hackensack, NJ 2007, s. 5.

191 Myles na gCopaleen [Brian O'Nolan], *Cruiskeen Lawn*, „Irish Times", 10 marca 1947 r., s. 4.

192 John Archibald Wheeler, wywiad udzielony autorowi, Princeton, 5 listopada 2002 r.

193 *Einstein Leaves Hospital*, „New York Times", 14 stycznia 1949 r.

194 William L. Laurence, *World Scientists Hail Einstein at 70*, „New York Times", 13 marca 1949 r.

ROZDZIAŁ 8: OSTATNI WALC – EINSTEIN I SCHRÖDINGER U SCHYŁKU SWOICH DNI

195 Lincoln Barnett, *U.S. Science Holds Its Biggest Powwow and Finds It Has a New Einstein Theory to Ponder – The Meaning of Einstein's New Theory*, „Life", 9 stycznia 1950 r.

196 Datus Smith do Lincolna Barnetta, 6 stycznia 1950 r., Princeton University Press Archive, Box 7, Princeton University Library; Lincoln Barnett do Datusa Smitha, 18 stycznia 1950 r., Princeton University Press Archive.

197 Datus Smith do Lincolna Barnetta, 23 stycznia 1950 r., Princeton University Press Archive.

198 Frances Hagemann do Alberta Einsteina (z kopią do Herberta Baileya), 14 stycznia 1950 r., Princeton University Press Archive.

199 Herbert Bailey do Frances Hagemann, 18 stycznia 1950 r., Princeton University Press Archive.

200 Frances Hagemann do Herberta Baileya (z kopią do Alberta Einsteina), 26 stycznia 1950 r., Princeton University Press Archive.

201 „Irish Times", 2 stycznia 1950 r., s. 5.

202 William L. Laurence, *Einstein Publishes His 'Master Theory*, „New York Times", 15 lutego 1950 r.

203 Robert Oppenheimer, *On Albert Einstein*, „New York Review of Books", 17 marca 1966 r.

204 Erwin Schrödinger, wywiad w: *Einstein Has New Theory of Laws of Gravitation*, „Irish Press", 26 grudnia 1949 r., s. 1.

205 Erwin Schrödinger, *Space-Time Structure*, Cambridge University Press, Cambridge 1963, s. 114.

206 Tamże, s. 116.

207 Albert Einstein do Erwina Schrödingera, 3 września 1950 r., Albert Einstein Duplicate Archive, 22-171.

208 Erwin Schrödinger do Alberta Einsteina, 15 maja 1953 r., Albert Einstein Duplicate Archive, 22-210.

209 Albert Einstein do Erwina Schrödingera, 9 czerwca 1953 r., Albert Einstein Duplicate Archive, 22-212.

210 Robert Romer, *My Half Hour with Einstein*, „Physics Teacher" 2005, nr 43, s. 35.

[211] Albert Einstein, cyt. w: Werner Heisenberg, *Encounters with Einstein*, Princeton University Press, Princeton 1989, s. 121.

[212] Eugene Shikhovtsev, *Biographical Sketch of Hugh Everett, III*, red. Kenneth W. Ford, http://space.mit.edu/home/tegmark/everett/everett.html.

[213] Arthur I. Miller, *Deciphering the Cosmic Number: The Strange Friendship of Wolfgang Pauli and Carl Jung*, Norton, Nowy Jork 2010, s. 269.

[214] Wolfgang Pauli do George'a Gamowa, 1 marca 1958 r., relacjonowane w: A.I. Miller, *Deciphering the Cosmic Number...*, op. cit., s. 263.

[215] Erwin Schrödinger, wiersz z 1942 roku, przekład Arnulf Braunizer, przedrukowany w: Amir Aczel, *Present at the Creation: Discovering the Higgs Boson*, Random House, Nowy Jork 2010, s. 33.

[216] Ursula K. Le Guin, w wywiadzie udzielonym Irvowi Broughtonowi, *Conversations with Ursula K. Le Guin*, University Press of Mississippi, Jackson 2008, s. 59.

[217] Roland Orzabal, prywatna korespondencja z autorem, 17 września 2013 r.

[218] Klaus Taschwer, *Der Streit um Schrödingers Kiste*, „Der Standard" (Austria), 19 grudnia 2007 r.

[219] *Schrödingers Erbe: Gerichtlicher Streit beigelegt*, Österreichischen Rundfunk, 13 maja 2009 r.

ZAKOŃCZENIE: DALEJ NIŻ EINSTEIN I SCHRÖDINGER – NIEUSTAJĄCE POSZUKIWANIE JEDNOŚCI

[220] *Laid-Back Surfer Dude May Be Next Einstein*, FoxNews.com, 16 listopada 2007 r., www.foxnews.com/story/2007/11/16/laid-back-surfer-dude-may-be-next-einstein.

[221] *Autistic Boy, 12, with Higher IQ than Einstein Develops His Own Theory of Relativity*, *Daily Mail Online*, 24 marca 2011 r., www.dailymail.co.uk/news/article-1369595/Jacob-Barnett-12-higher-IQ-Einstein-develops-theory-relativity.html.

[222] *Will the Next Einstein Be a Computer?*, KitGuru Online Forum, www.kitguru.net/channel/science/jules/will-the-next-einstein-be-a-computer.

[223] Kane Fulton, *Ubuntu on Android May Help Find Next Einstein*, TechRadar, June 18, 2013, wwwtechradar.com/us/news/software/operating-systems/-ubuntu-on-android-may-help-find-next-einstein--1159142.

[224] Tamar Lewin, *No Einstein in Your Crib? Get a Refund!*, „New York Times", 24 października 2009 r., s. A1.

[225] Ian Sample, *Faster Than Light Particles Found, Claim Scientists*, „The Guardian", 22 września 2011 r.

[226] Antonio Ereditato, komunikat prasowy, OPERA experiment, 23 września 2011 r.

[227] *Neutrino Jokes Hit Twittersphere Faster Than the Speed of Light*, „Los Angeles Times", 24 września 2011 r.

[228] Corrigan Brothers & Pete Creighton, *Neutrino Song*, 10 października 2011 r., www.youtube.com/watch?v=vpMY84T8WY0.

[229] Sergio Bertolucci, komunikat prasowy, CERN, 8 czerwca 2012 r.

INDEKS